大学赤本シリーズ

529

同志社大学

文学部・経済学部
－学部個別日程

教学社

は　し　が　き

おかげさまで，大学入試の「赤本」は，今年で創刊70周年を迎えました。

これまで，入試問題や資料をご提供いただいた大学関係者各位，掲載許可をいただいた著作権者の皆様，各科目の解答や対策の執筆にあたられた先生方，そして，赤本を使用してくださったすべての読者の皆様に，厚く御礼を申し上げます。

以下に，創刊初期の「赤本」のはしがきを引用します。これからも引き続き，受験生の目標の達成や，夢の実現を応援してまいります。

本書を活用して，入試本番では持てる力を存分に発揮されることを心より願っています。

編者しるす

＊　　＊　　＊

学問の塔にあこがれのまなざしをもって，それぞれの志望する大学の門をたたかんとしている受験生諸君！　人間として生まれてきた私たちは，自己の欲するままに，美しく，強く，そして何よりも人間らしく生きることをねがっている。しかし，一朝一夕にして，この純粋なのぞみが達せられることはない。私たちの行く手には，絶えずさまざまな試練がまちかまえている。この試練を克服していくところに，私たちのねがう真に人間的な世界がはじめて開かれてくるのである。

人生最初の最大の試練として，諸君の眼前に大学入試がある。この大学入試は，精神的にも身体的にも，大きな苦痛を感ぜしめるであろう。あるスポーツに熟達するには，たゆみなき，はげしい練習を積み重ねることが必要であるように，私たちは，計画的・持続的な努力を払うことによって，この試練を克服し，次の一歩を踏みだすことができる。厳しい試練を経たのちに，はじめて満足すべき成果を獲得できるのである。

本書は最近の入学試験の問題に，それぞれ解答を付し，さらに問題をふかく分析することによって，その大学独特の傾向や対策をさぐろうとした。本書を一般の参考書とあわせて使用し，まとはずれのない，効果的な受験勉強をされるよう期待したい。

（昭和35年版「赤本」はしがきより）

挑む人の、いちばんの味方

赤本創刊70周年

1954年に大学入試の過去問題集を刊行してから70年。赤本は大学に入りたいと思う受験生を応援しつづけてきました。これからも，苦しいとき落ち込むときにそばで支える存在でいたいと思います。

そして，勉強をすること，自分で道を決めること，努力が実ること，これらの喜びを読者の皆さんが感じることができるよう，伴走をつづけます。

そもそも赤本とは…

受験生のための大学入試の過去問題集！

70年の歴史を誇る赤本は，500点を超える刊行点数で全都道府県の370大学以上を網羅しており，過去問の代名詞として受験生の必須アイテムとなっています。

…………… なぜ受験に過去問が必要なのか？ ……………

大学入試は大学によって問題形式や頻出分野が大きく異なるからです。

赤本の掲載内容

傾向と対策

これまでの出題内容から，問題の「**傾向**」を分析し，来年度の入試に向けて具体的な「**対策**」の方法を紹介しています。

問題編・解答編

- 年度ごとに問題とその解答を掲載しています。
- 「**問題編**」ではその年度の試験概要を確認したうえで，実際に出題された過去問に取り組むことができます。
- 「**解答編**」には高校・予備校の先生方による解答が載っています。

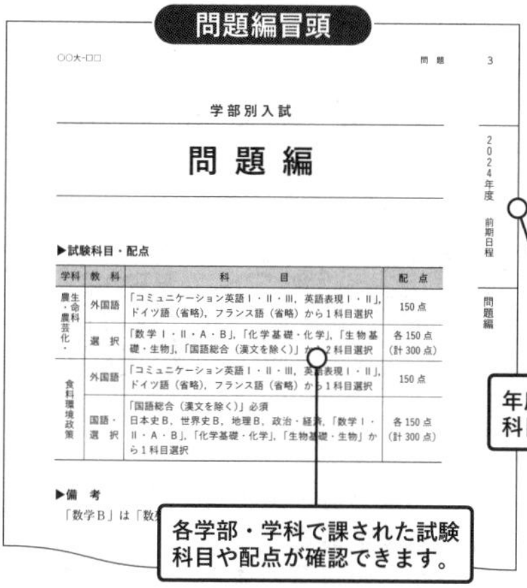
問題編冒頭
学部別入試
問題編
▶試験科目・配点
年度や日程・方式などの試験区分と科目名が確認できます。
各学部・学科で課された試験科目や配点が確認できます。

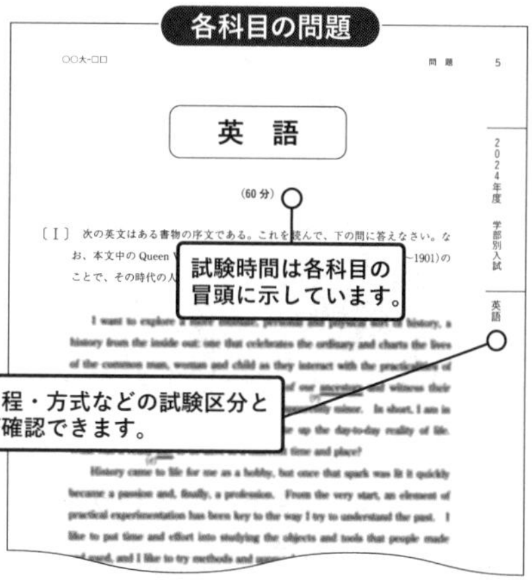
各科目の問題
英　語
(60分)
試験時間は各科目の冒頭に示しています。

他にも，大学の基本情報や，先輩受験生の合格体験記，在学生からのメッセージなどが載っていることがあります。

2024年度から
見やすい
デザインに！
NEW

掲載内容について

著作権上の理由やその他編集上の都合により問題や解答の一部を割愛している場合があります。
なお，指定校推薦入試，社会人入試，編入学試験，帰国生入試などの特別入試，英語以外の外国語科目，商業・工業科目は，原則として掲載しておりません。また試験科目は変更される場合がありますので，あらかじめご了承ください。

受験勉強は

過去問に始まり，

STEP 1

なにはともあれ

まずは解いてみる

しずかに…
今，自分の心と
向き合ってるんだから
ムーン
それは
問題を解いて
からだホン!

過去問は，**できるだけ早いうちに解く**のがオススメ！
実際に解くことで，**出題の傾向，問題のレベル，今の自分の実力**がつかめます。

STEP 2

じっくり具体的に

弱点を分析する

分析の結果だけど
英・数・国が苦手みたい
スリー
必須科目だホン
頑張るホン

間違いは自分の弱点を教えてくれる**貴重な情報源。**
弱点から自己分析することで，**今の自分に足りない力や苦手な分野**が見えてくるはず！

合格者があかす 赤本の使い方

傾向と対策を熟読

（Fさん／国立大合格）

大学の出題傾向を調べるために，赤本に載っている「傾向と対策」を熟読しました。

繰り返し解く

（Tさん／国立大合格）

1周目は問題のレベル確認，2周目は苦手や頻出分野の確認に，3周目は合格点を目指して，と過去問は繰り返し解くことが大切です。

過去問に終わる。

STEP 3

志望校にあわせて

苦手分野の重点対策

明日からはみんなで頑張るよ！
参考書も！ 問題集も！
よろしくね！
呼んだ?
なにを!?
どこから!?
グッ
グッ

参考書や問題集を活用して，苦手分野の**重点対策**をしていきます。**過去問を指針**に，合格へ向けた具体的な学習計画を立てましょう！

STEP 1 ▶ 2 ▶ 3

サイクルが大事！

実践を繰り返す

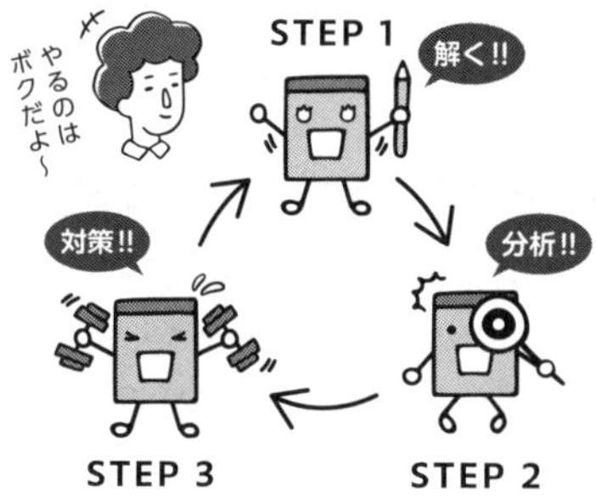
やるのはボクだよ～
STEP 1
解く!!
分析!!
対策!!
STEP 3
STEP 2

STEP 1～3を繰り返し，実力アップにつなげましょう！
出題形式に慣れることや，**時間配分を考えること**も大切です。

目標点を決める
（Yさん／私立大合格）
赤本によっては合格者最低点が載っているので，それを見て目標点を決めるのもよいです。

時間配分を確認
（Kさん／私立大学合格）
赤本は時間配分や解く順番を決めるために使いました。

添削してもらう
（Sさん／私立大学合格）
記述式の問題は先生に添削してもらうことで自分の弱点に気づけると思います。

新課程入試 Q&A

2022年度から新しい学習指導要領（新課程）での授業が始まり，2025年度の入試は，新課程に基づいて行われる最初の入試となります。ここでは，赤本での新課程入試の対策について，よくある疑問にお答えします。

Q1. 赤本は新課程入試の対策に使えますか？

A. もちろん使えます！

旧課程入試の過去問が新課程入試の対策に役に立つのか疑問に思う人もいるかもしれませんが，心配することはありません。旧課程入試の過去問が役立つのには次のような理由があります。

● 学習する内容はそれほど変わらない

新課程は旧課程と比べて科目名を中心とした変更はありますが，学習する内容そのものはそれほど大きく変わっていません。また，多くの大学で，既卒生が不利にならないよう「経過措置」がとられます（Ｑ３参照）。したがって，出題内容が大きく変更されることは少ないとみられます。

● 大学ごとに出題の特徴がある

これまでに課程が変わったときも，各大学の出題の特徴は大きく変わらないことがほとんどでした。入試問題は各大学のアドミッション・ポリシーに沿って出題されており，過去問にはその特徴がよく表れています。過去問を研究してその大学に特有の傾向をつかめば，最適な対策をとることができます。

出題の特徴の例	・英作文問題の出題の有無 ・論述問題の出題（字数制限の有無や長さ） ・計算過程の記述の有無

新課程入試の対策も，赤本で過去問に取り組むところから始めましょう。

Q2. 赤本を使う上での注意点はありますか？

A. 志望大学の入試科目を確認しましょう。

過去問を解く前に，過去の出題科目（問題編冒頭の表）と 2025 年度の募集要項とを比べて，課される内容に変更がないかを確認しましょう。ポイントは以下のとおりです。科目名が変わっていても，実際は旧課程の内容とほとんど同様のものもあります。

英語・国語	科目名は変更されているが，実質的には変更なし。 ▶▶ **ただし，リスニングや古文・漢文の有無は要確認。**
地歴	科目名が変更され，「歴史総合」「地理総合」が新設。 ▶▶ **新設科目の有無に注意。ただし，「経過措置」（Q３参照）により内容は大きく変わらないことも多い。**
公民	「現代社会」が廃止され，「公共」が新設。 ▶▶ **「公共」は実質的には「現代社会」と大きく変わらない。**
数学	科目が再編され，「数学 C」が新設。 ▶▶ **「数学」全体としての内容は大きく変わらないが，出題科目と単元の変更に注意。**
理科	科目名も学習内容も大きな変更なし。

数学については，科目名だけでなく，どの単元が含まれているかも確認が必要です。例えば，出題科目が次のように変わったとします。

旧課程	「数学Ⅰ・数学Ⅱ・数学 A・数学 B（数列・ベクトル）」
新課程	「数学Ⅰ・数学Ⅱ・数学 A・**数学 B（数列）・数学 C（ベクトル）**」

この場合，新課程では「数学C」が増えていますが，単元は「ベクトル」のみのため，実質的には旧課程とほぼ同じであり，過去問をそのまま役立てることができます。

Q3. 「経過措置」とは何ですか？

A. 既卒の旧課程履修者への対応です。

多くの大学では，既卒の旧課程履修者が不利にならないように，出題において「経過措置」が実施されます。措置の有無や内容は大学によって異なるので，募集要項や大学のウェブサイトなどで確認しておきましょう。

○旧課程履修者への経過措置の例

- 旧課程履修者にも配慮した出題を行う。
- 新・旧課程の共通の範囲から出題する。
- 新課程と旧課程の共通の内容を出題し，共通範囲のみでの出題が困難な場合は，旧課程の範囲からの問題を用意し，選択解答とする。

例えば，地歴の出題科目が次のように変わったとします。

旧課程	「日本史Ｂ」「世界史Ｂ」から１科目選択
新課程	「**歴史総合**，日本史探究」「**歴史総合**，世界史探究」から１科目選択※ ※旧課程履修者に不利益が生じることのないように配慮する。

「歴史総合」は新課程で新設された科目で，旧課程履修者には見慣れないものですが，上記のような経過措置がとられた場合，新課程入試でも旧課程と同様の学習内容で受験することができます。

新課程の情報は WEB もチェック！
より詳しい解説が赤本ウェブサイトで見られます。
https://akahon.net/shinkatei/

科目名が変更される教科・科目

	旧課程	新課程
国語	国語総合 国語表現 現代文A 現代文B 古典A 古典B	現代の国語 言語文化 論理国語 文学国語 国語表現 古典探究
地歴	日本史A 日本史B 世界史A 世界史B 地理A 地理B	歴史総合 日本史探究 世界史探究 地理総合 地理探究
公民	現代社会 倫理 政治・経済	公共 倫理 政治・経済
数学	数学Ⅰ 数学Ⅱ 数学Ⅲ 数学A 数学B 数学活用	数学Ⅰ 数学Ⅱ 数学Ⅲ 数学A 数学B 数学C
外国語	コミュニケーション英語基礎 コミュニケーション英語Ⅰ コミュニケーション英語Ⅱ コミュニケーション英語Ⅲ 英語表現Ⅰ 英語表現Ⅱ 英語会話	英語コミュニケーションⅠ 英語コミュニケーションⅡ 英語コミュニケーションⅢ 論理・表現Ⅰ 論理・表現Ⅱ 論理・表現Ⅲ
情報	社会と情報 情報の科学	情報Ⅰ 情報Ⅱ

目　次

2022年度 問題と解答

●学部個別日程（文・経済学部）

解答用紙は，赤本オンラインに掲載しています。
https://akahon.net/kkm/dsh/index.html

※掲載内容は，予告なしに変更・中止する場合があります。

掲載内容についてのお断り

推薦選抜入試は掲載していません。

UNIVERSITY GUIDE

大学情報

基本情報

沿革

1875（明治 8）	官許同志社英学校開校
	1884（明治 17）彰栄館（同志社最初の煉瓦建築）竣工
	1886（明治 19）礼拝堂（チャペル）竣工
	1887（明治 20）書籍館（現・有終館）開館
	1894（明治 27）クラーク神学館（現・クラーク記念館）開館
1912（明治 45）	専門学校令による同志社大学開校
1920（大正 9）	大学令による同志社大学の開校。文学部，法学部を設置
1944（昭和 19）	文，法の 2 学部を法文学部 1 学部に縮小
1946（昭和 21）	学部を復旧し元の 2 学部に
1947（昭和 22）	文学部神学科が神学部となる
1948（昭和 23）	新制大学開校。神，文，法，経済学部を設置
1949（昭和 24）	商学部，工学部を設置
1950（昭和 25）	短期大学部（夜間 2 年制）を設置
1954（昭和 29）	短期大学部を発展的に解消，2 部（4 年制）を設置（文，法，経済，商，工各学部）

1975（昭和 50）	創立 100 周年
2004（平成 16）	政策学部を設置
2005（平成 17）	社会学部，文化情報学部を設置
2008（平成 20）	生命医科学部，スポーツ健康科学部を設置。工学部を理工学部に改組再編・名称変更
2009（平成 21）	心理学部を設置
2011（平成 23）	グローバル・コミュニケーション学部を新設。国際教育インスティテュートを開設
2013（平成 25）	グローバル地域文化学部を設置

校章

正三角形を 3 つ寄せたこのマークは，国あるいは土を意味するアッシリア文字『ムツウ』を図案化したものです。考案者の湯浅半月は，同志社が生んだ詩人（代表作『十二の石塚』）であり古代オリエント学者でもありました。制定された当時，半月は同志社神学校教授でした。制定以来，知・徳・体の三位一体あるいは調和をめざす同志社の教育理念をあらわすものと解釈されています。

学部・学科の構成

（注）学部・学科および大学院に関する情報は 2024 年 4 月現在のものです。

大　学

●**神学部**　今出川校地
神学科

●**文学部**　今出川校地
英文学科
哲学科
美学芸術学科
文化史学科
国文学科

●**社会学部**　今出川校地
社会学科
社会福祉学科
メディア学科
産業関係学科
教育文化学科

●**法学部**　今出川校地
法律学科
政治学科（現代政治コース，歴史・思想コース，国際関係コース）

●**経済学部**　今出川校地
経済学科

●**商学部**　今出川校地
商学科（商学総合コース，フレックス複合コース）

●**政策学部**　今出川校地
政策学科

●**グローバル地域文化学部**　今出川校地
グローバル地域文化学科（ヨーロッパコース，アジア・太平洋コース，アメリカコース）

●**文化情報学部**　京田辺校地

文化情報学科

●**理工学部**　京田辺校地

インテリジェント情報工学科

情報システムデザイン学科

電気工学科

電子工学科

機械システム工学科

機械理工学科

機能分子・生命化学科

化学システム創成工学科

環境システム学科

数理システム学科

●**生命医科学部**　京田辺校地

医工学科

医情報学科

医生命システム学科

●**スポーツ健康科学部**　京田辺校地

スポーツ健康科学科

●**心理学部**　京田辺校地

心理学科

●**グローバル・コミュニケーション学部**　京田辺校地

グローバル・コミュニケーション学科（英語コース，中国語コース，日本語コース）　※日本語コースは外国人留学生を対象としたコース

大学院

神学研究科／文学研究科／社会学研究科／法学研究科／経済学研究科／商学研究科／総合政策科学研究科／文化情報学研究科／理工学研究科／生命医科学研究科／スポーツ健康科学研究科／心理学研究科／グローバル・スタディーズ研究科／脳科学研究科／司法研究科（法科大学院）／ビジネス研究科（ビジネススクール）

大学所在地

今出川校地

京田辺校地

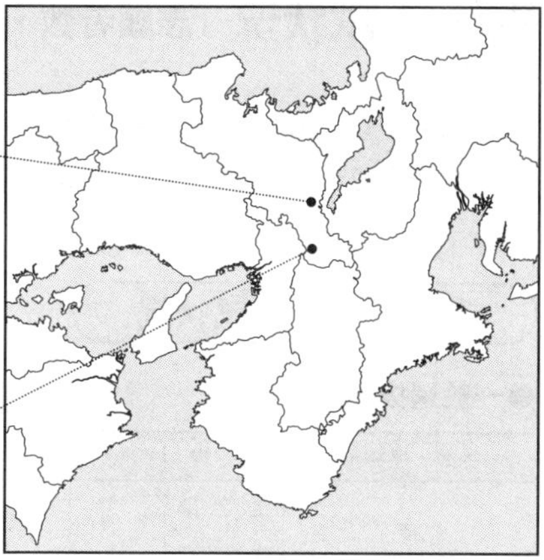

今出川校地　〒602-8580　京都市上京区今出川通烏丸東入
京田辺校地　〒610-0394　京田辺市多々羅都谷１－３

入試データ

入試状況（志願者数・競争率など）

○競争率は受験者数（個別学力検査等を課さない場合は志願者数）÷合格者数で算出。
○大学入学共通テストを利用する入試は1カ年のみ掲載。

2024年度 入試状況

●一般選抜入試

学部・学科等		日程	募集人員	志願者数	受験者数	合格者数	競争率
神		全学部	31	64	62	16	3.9
		学部個別		220	209	63	3.3
文	英文	全学部	185	520	507	212	2.4
		学部個別		784	764	331	2.3
	哲	全学部	48	239	229	78	2.9
		学部個別		310	298	102	2.9
	美学芸術	全学部	49	213	208	64	3.3
		学部個別		248	236	78	3.0
	文化史	全学部	76	380	373	164	2.3
		学部個別		451	435	161	2.7
	国文	全学部	79	327	316	104	3.0
		学部個別		396	378	149	2.5
社会	社会	全学部	51	206	199	46	4.3
		学部個別		728	690	161	4.3
	社会福祉	全学部	54	149	143	27	5.3
		学部個別		663	635	144	4.4
	メディア	全学部	53	178	173	33	5.2
		学部個別		499	482	91	5.3
	産業関係	全学部	47	36	35	12	2.9
		学部個別		446	436	201	2.2

（表つづく）

学部・学科等		日程	募集人員	志願者数	受験者数	合格者数	競争率
社会	教育文化	全学部	42	128	125	49	2.6
		学部個別		310	297	121	2.5
法	法律	全学部	380	1,343	1,286	481	2.7
		学部個別		2,177	2,070	801	2.6
	政治	全学部	104	212	207	81	2.6
		学部個別		579	546	226	2.4
経済		全学部	510	2,135	2,045	655	3.1
		学部個別		3,679	3,524	1,087	3.2
商	商学総合	全学部	344	919	885	257	3.4
		学部個別		2,126	2,032	586	3.5
	フレックス複合	全学部	75	180	176	43	4.1
		学部個別		467	441	127	3.5
政策		全学部	204	737	709	145	4.9
		学部個別		1,820	1,729	377	4.6
文化情報		全学部（文系）	130	309	289	72	4.0
		全学部（理系）		282	266	88	3.0
		学部個別（文系型）		488	465	159	2.9
		学部個別（理系型）		304	285	126	2.3
理工	インテリジェント情報工	全学部	23	519	498	172	2.9
		学部個別	23	464	427	138	3.1
	情報システムデザイン	全学部	23	546	524	170	3.1
		学部個別	23	526	475	163	2.9
	電気工	全学部	27	324	311	167〈26〉	1.9
		学部個別	27	321	301	148	2.0
	電子工	全学部	29	512	494	260	1.9
		学部個別	29	376	353	173	2.0
	機械システム工	全学部	37	745	725	412	1.8
		学部個別	32	649	614	277	2.2
	機械理工	全学部	27	489	467	266	1.8
		学部個別	23	426	399	181	2.2
	機能分子・生命化	全学部	26	595	581	274	2.1
		学部個別	27	616	575	268	2.1

（表つづく）

学部・学科等		日程	募集人員	志願者数	受験者数	合格者数	競争率
理工	化学システム創成工	全学部	26	527	512	261	2.0
		学部個別	27	516	485	232	2.1
	環境システム	全学部	16	430	413	192〈9〉	2.2
		学部個別	17	399	377	166	2.3
	数理システム	全学部	11	237	223	89	2.5
		学部個別	13	297	279	121	2.3
生命医科	医工	全学部	30	288	271	144	1.9
		学部個別	36	380	358	192	1.9
	医情報	全学部	30	199	191	106	1.8
		学部個別	36	179	165	88	1.9
	医生命システム	全学部	17	520	503	196	2.6
		学部個別	24	534	509	198	2.6
スポーツ健康科		全学部（文系）	90	320	303	94	3.2
		全学部（理系）		134	130	52	2.5
		学部個別（文系型）		403	386	105	3.7
		学部個別（理系型）		138	130	53	2.5
心理		全学部（文系）	79	377	368	109	3.4
		全学部（理系）		100	93	25	3.7
		学部個別		512	483	149	3.2
グローバル・コミュニケーション	英語コース	全学部	50	210	202	46	4.4
		学部個別		381	366	103	3.6
	中国語コース	全学部	26	56	55	21	2.6
		学部個別		146	138	54	2.6
グローバル地域文化	ヨーロッパコース	全学部	46	175	172	67	2.6
		学部個別		268	256	93	2.8
	アジア・太平洋コース	全学部	37	114	109	40	2.7
		学部個別		187	179	62	2.9
	アメリカコース	全学部	31	109	107	25	4.3
		学部個別		235	231	59	3.9
合計			3,480	40,731	38,923	13,964	—

（備考）理工学部電気工・環境システム学科においては，全学部日程において第 2 志望合格を実施した。合格者数の〈 〉内は第 2 志望合格者で外数。競争率は第 1 志望合格者数より算出している。

●大学入学共通テストを利用する入試

学部・学科等			募集人員	志願者数	合格者数	競争率
神			2	42	7	6.0
文	英文	A方式	25	141	42	3.4
		B方式	10	414	215	1.9
	哲		3	117	40	2.9
	美学芸術		3	125	35	3.6
	文化史		5	200	49	4.1
	国文		4	244	63	3.9
社会	社会		5	144	27	5.3
	社会福祉		5	78	8	9.8
	メディア		5	69	23	3.0
	産業関係		5	23	1	23.0
	教育文化		5	255	60	4.3
法	法律		20	964	426	2.3
	政治		10	170	76	2.2
経済			27	1,673	543	3.1
商	商学総合		25	754	202	3.7
政策	3科目方式		30	399	72	5.5
	4科目方式		5	163	60	2.7
文化情報	A方式		20	187	34	5.5
	B方式		10	676	220	3.1
理工	インテリジェント情報工		5	209	40	5.2
	情報システムデザイン		5	245	59	4.2
	電気工		5	106	36	2.9
	電子工		5	215	73	2.9
	機械システム工		2	155	15	10.3
	機械理工		2	175	19	9.2
	機能分子・生命化		5	202	40	5.1
	化学システム創成工		5	201	40	5.0
	環境システム		2	243	41	5.9
	数理システム		2	116	27	4.3
生命医科	医工		5	135	39	3.5
	医情報		3	51	13	3.9
	医生命システム		2	181	30	6.0

（表つづく）

学部・学科等		募集人員	志願者数	合格者数	競争率
スポーツ健康科	3 科 目 方 式	5	250	67	3.7
	5 科 目 方 式	10	276	100	2.8
	スポーツ競技力加点方式	15	185	88	2.1
心 理		5	300	69	4.3
グローバル地域文化	ヨーロッパコース	2	68	14	4.9
	アジア・太平洋コース	2	47	10	4.7
	アメリカコース	2	45	10	4.5
合 計		313	10,243	3,033	—

2023年度 入試状況

●一般選抜入試

（　）内は女子内数

学部・学科等		日 程	募集人員	志願者数	受験者数	合格者数	競争率
神		全学部	31	86(45)	85(45)	23(10)	3.7
		学部個別		210(99)	206(97)	61(26)	3.4
文	英文	全学部	185	543(309)	530(299)	216(122)	2.5
		学部個別		843(487)	822(476)	348(198)	2.4
	哲	全学部	48	177(69)	171(67)	77(34)	2.2
		学部個別		264(108)	256(104)	107(43)	2.4
	美学芸術	全学部	49	161(122)	154(116)	52(41)	3.0
		学部個別		242(188)	231(181)	71(51)	3.3
	文化史	全学部	76	449(208)	437(204)	131(57)	3.3
		学部個別		583(262)	569(260)	165(69)	3.4
	国文	全学部	79	302(190)	295(188)	101(61)	2.9
		学部個別		377(237)	365(230)	129(87)	2.8
社会	社会	全学部	51	256(151)	250(149)	52(35)	4.8
		学部個別		890(387)	853(375)	164(83)	5.2
	社会福祉	全学部	54	81(60)	78(57)	22(18)	3.5
		学部個別		356(175)	350(171)	141(61)	2.5
	メディア	全学部	53	162(110)	160(108)	33(21)	4.8
		学部個別		442(278)	433(272)	114(65)	3.8
	産業関係	全学部	47	77(38)	72(36)	10(4)	7.2
		学部個別		839(283)	809(279)	174(59)	4.6
	教育文化	全学部	42	124(76)	120(73)	39(25)	3.1
		学部個別		385(216)	362(205)	99(62)	3.7
法	法律	全学部	380	1,300(533)	1,256(513)	462(195)	2.7
		学部個別		2,122(829)	2,014(790)	744(309)	2.7
	政治	全学部	104	209(82)	197(78)	77(29)	2.6
		学部個別		582(193)	550(181)	204(75)	2.7
経済		全学部	510	2,094(477)	2,006(460)	692(177)	2.9
		学部個別		3,581(941)	3,423(899)	1,158(316)	3.0

（表つづく）

学部・学科等		日程	募集人員	志願者数	受験者数	合格者数	競争率
商	商学総合	全学部	344	1,026(399)	991(386)	219(92)	4.5
		学部個別		2,626(868)	2,513(836)	547(191)	4.6
	フレックス複合	全学部	75	196(60)	187(57)	42(15)	4.5
		学部個別		424(136)	408(127)	111(38)	3.7
政策		全学部	204	421(141)	411(137)	188(56)	2.2
		学部個別		1,176(462)	1,140(446)	514(198)	2.2
文化情報		全学部(文系)	130	261(133)	252(129)	75(32)	3.4
		全学部(理系)		181(58)	175(57)	75(29)	2.3
		学部個別(文系型)		433(211)	404(195)	148(79)	2.7
		学部個別(理系型)		291(72)	275(71)	139(36)	2.0
理工	インテリジェント情報工	全学部	23	612(45)	593(44)	227(10)	2.6
		学部個別	23	508(35)	482(32)	178(10)	2.7
	情報システムデザイン	全学部	23	541(66)	526(61)	155(19)	3.4
		学部個別	23	617(64)	583(56)	191(13)	3.1
	電気工	全学部	27	307(16)	300(13)	178(7) 〈 8(0)〉	1.7
		学部個別	27	202(7)	196(5)	103(1)	1.9
	電子工	全学部	29	506(24)	492(22)	261(10)	1.9
		学部個別	29	403(12)	389(11)	191(4)	2.0
	機械システム工	全学部	37	874(65)	845(62)	430(30)	2.0
		学部個別	32	764(43)	721(39)	302(14)	2.4
	機械理工	全学部	27	465(26)	453(24)	251(15) 〈 16(1)〉	1.8
		学部個別	23	372(20)	346(17)	184(7)	1.9
	機能分子・生命化	全学部	26	460(165)	446(160)	268(103)	1.7
		学部個別	27	489(143)	459(134)	248(78)	1.9
	化学システム創成工	全学部	26	505(144)	494(143)	299(89)	1.7
		学部個別	27	460(115)	441(110)	252(68)	1.8
	環境システム	全学部	16	410(84)	396(84)	183(38) 〈 9(0)〉	2.2
		学部個別	17	390(70)	369(67)	164(27)	2.3
	数理システム	全学部	11	216(18)	205(15)	87(6)	2.4
		学部個別	13	237(21)	218(19)	113(10)	1.9

(表つづく)

学部・学科等		日　程	募集人員	志願者数	受験者数	合格者数	競争率
生命医科	医　工	全学部	30	281(84)	274(84)	157(55)	1.7
		学部個別	36	305(83)	286(78)	160(45)	1.8
	医情報	全学部	30	263(85)	256(82)	108(35)	2.4
		学部個別	36	257(53)	237(48)	100(14)	2.4
	医生命システム	全学部	17	499(297)	476(277)	184(103)	2.6
		学部個別	24	386(224)	366(213)	148(78)	2.5
スポーツ健康科		全学部（文系）	90	274(96)	259(90)	72(30)	3.6
		全学部（理系）		145(32)	138(30)	54(19)	2.6
		学部個別（文系型）		371(123)	348(116)	97(37)	3.6
		学部個別（理系型）		145(31)	140(30)	54(16)	2.6
心　理		全学部（文系）	79	431(267)	410(257)	114(80)	3.6
		全学部（理系）		93(39)	85(35)	23(9)	3.7
		学部個別		607(372)	576(356)	164(103)	3.5
グローバル・コミュニケーション	英語コース	全学部	50	178(94)	174(92)	42(25)	4.1
		学部個別		338(179)	321(173)	88(47)	3.6
	中国語コース	全学部	26	58(46)	58(46)	27(20)	2.1
		学部個別		143(94)	142(94)	65(42)	2.2
グローバル地域文化	ヨーロッパコース	全学部	46	243(164)	241(163)	66(45)	3.7
		学部個別		391(250)	384(248)	88(64)	4.4
	アジア・太平洋コース	全学部	37	133(104)	131(102)	33(25)	4.0
		学部個別		262(197)	258(195)	73(51)	3.5
	アメリカコース	全学部	31	82(40)	81(40)	25(14)	3.2
		学部個別		162(84)	160(84)	62(31)	2.6
合　計			3,480	40,157 (13,914)	38,565 (13,405)	14,026 (4,647)	—

（備考）理工学部電気工・機械理工・環境システム学科においては，全学部日程において第２志望合格を実施した。合格者数の〈　〉内は第２志望合格者で外数。競争率は第１志望合格者数より算出している。

2022 年度 入試状況

●一般選抜入試

（　）内は女子内数

学部・学科等		日程	募集人員	志願者数	受験者数	合格者数	競争率
神		全学部	31	58(28)	56(27)	18(10)	3.1
		学部個別		172(65)	160(60)	50(19)	3.2
文	英　文	全学部	185	513(295)	499(286)	209(126)	2.4
		学部個別		801(477)	776(466)	351(216)	2.2
	哲	全学部	48	190(62)	186(60)	60(16)	3.1
		学部個別		275(109)	265(105)	91(37)	2.9
	美学芸術	全学部	49	186(148)	184(147)	52(43)	3.5
		学部個別		236(190)	231(185)	80(63)	2.9
	文化史	全学部	76	330(152)	321(149)	145(72)	2.2
		学部個別		470(222)	457(217)	200(102)	2.3
	国　文	全学部	79	389(240)	371(229)	106(61)	3.5
		学部個別		525(321)	510(313)	135(90)	3.8
社　会	社　会	全学部	51	211(127)	207(123)	55(28)	3.8
		学部個別		702(300)	679(293)	177(96)	3.8
	社会福祉	全学部	54	125(87)	123(85)	26(19)	4.7
		学部個別		564(275)	548(269)	143(76)	3.8
	メディア	全学部	53	163(117)	162(117)	31(25)	5.2
		学部個別		460(279)	453(276)	101(64)	4.5
	産業関係	全学部	47	46(22)	45(21)	7(　3)	6.4
		学部個別		606(196)	598(194)	211(60)	2.8
	教育文化	全学部	42	118(77)	111(72)	52(35)	2.1
		学部個別		268(150)	252(140)	111(69)	2.3
法	法　律	全学部	380	1,376(510)	1,329(492)	411(153)	3.2
		学部個別		2,370(851)	2,251(811)	705(253)	3.2
	政　治	全学部	104	199(65)	192(65)	67(29)	2.9
		学部個別		669(209)	633(203)	203(78)	3.1
経　済		全学部	510	1,957(394)	1,880(382)	663(144)	2.8
		学部個別		3,529(798)	3,390(768)	1,187(251)	2.9

（表つづく）

学部・学科等		日　程	募集人員	志願者数	受験者数	合格者数	競争率
商	商学総合	全学部	344	836(299)	802(288)	250(90)	3.2
		学部個別		2,146(703)	2,049(673)	633(197)	3.2
	フレックス複合	全学部	75	102(42)	94(39)	35(12)	2.7
		学部個別		242(81)	232(77)	78(31)	3.0
政策		全学部	204	509(191)	495(188)	158(52)	3.1
		学部個別		1,319(544)	1,278(530)	397(174)	3.2
文化情報		全学部(文系)	130	194(74)	188(69)	76(30)	2.5
		全学部(理系)		142(38)	134(33)	61(16)	2.2
		学部個別(文系型)		320(152)	303(147)	102(52)	3.0
		学部個別(理系型)		211(46)	200(43)	108(26)	1.9
理工	インテリジェント情報工	全学部	23	705(57)	680(55)	243(14)	2.8
		学部個別	23	572(43)	529(41)	185(14)	2.9
	情報システムデザイン	全学部	23	559(70)	540(66)	194(17)	2.8
		学部個別	23	489(60)	452(56)	202(15)	2.2
	電気工	全学部	27	286(12)	274(11)	158(7) 〈 12(1)〉	1.7
		学部個別	27	228(9)	213(9)	104(5)	2.0
	電子工	全学部	29	404(18)	384(17)	225(12)	1.7
		学部個別	29	343(6)	329(6)	155(3)	2.1
	機械システム工	全学部	37	775(56)	746(54)	426(37)	1.8
		学部個別	32	673(39)	636(36)	301(13)	2.1
	機械理工	全学部	27	405(21)	394(20)	237(14)	1.7
		学部個別	23	299(12)	278(11)	168(5)	1.7
	機能分子・生命化	全学部	26	446(152)	438(151)	247(74)	1.8
		学部個別	27	388(131)	366(127)	185(57)	2.0
	化学システム創成工	全学部	26	515(142)	508(141)	290(68)	1.8
		学部個別	27	461(110)	439(108)	248(59)	1.8
	環境システム	全学部	16	409(98)	394(93)	172(42) 〈 9(3)〉	2.3
		学部個別	17	339(66)	313(56)	137(24)	2.3
	数理システム	全学部	11	242(33)	227(30)	97(11)	2.3
		学部個別	13	227(22)	210(19)	107(5)	2.0

（表つづく）

学部・学科等		日程	募集人員	志願者数	受験者数	合格者数	競争率
生命医科	医工	全学部	30	276(82)	262(75)	138(45)	1.9
		学部個別	36	349(79)	322(70)	177(42)	1.8
	医情報	全学部	30	224(90)	215(85)	113(40)	1.9
		学部個別	36	216(68)	207(64)	104(33)	2.0
	医生命システム	全学部	17	388(240)	372(234)	153(93)	2.4
		学部個別	24	338(199)	311(185)	134(80)	2.3
スポーツ健康科		全学部（文系）	90	252(89)	245(87)	68(27)	3.6
		全学部（理系）		104(19)	99(17)	36(9)	2.8
		学部個別（文系型）		371(117)	355(112)	104(35)	3.4
		学部個別（理系型）		100(17)	94(16)	39(8)	2.4
心理		全学部（文系）	79	411(257)	402(252)	111(72)	3.6
		全学部（理系）		74(31)	69(28)	22(8)	3.1
		学部個別		571(353)	550(345)	163(102)	3.4
グローバル・コミュニケーション	英語コース	全学部	50	172(95)	166(92)	37(24)	4.5
		学部個別		366(206)	358(202)	88(41)	4.1
	中国語コース	全学部	26	46(39)	46(39)	20(16)	2.3
		学部個別		85(57)	83(55)	45(30)	1.8
グローバル地域文化	ヨーロッパコース	全学部	46	172(112)	170(110)	59(40)	2.9
		学部個別		293(173)	286(168)	101(54)	2.8
	アジア・太平洋コース	全学部	37	121(104)	117(100)	43(33)	2.7
		学部個別		203(165)	198(161)	79(65)	2.5
	アメリカコース	全学部	31	88(52)	83(50)	26(17)	3.2
		学部個別		212(123)	199(118)	63(36)	3.2
合計			3,480	37,726 (12,860)	36,203 (12,414)	13,570 (4,368)	—

（備考）理工学部電気工・環境システム学科においては，全学部日程において第２志望合格を実施した。合格者数の〈　〉内は第２志望合格者で外数。競争率は第１志望合格者数より算出している。

合格最低点（一般選抜入試）

●合否の目安

合否の判定は 3 教科の合計得点により行われる。

合格最低点は以下に示すとおりであるが，**法・経済学部の英語については基準点(80 点)** が設けられており，英語が 79 点以下の場合，3 教科の総得点が合格最低点を上回っていても不合格となる。

●選択科目間の得点調整について

両日程・全学部において，選択科目間の得点調整が実施されている。計算式は以下のとおり。

150 点満点の場合

$$\text{調整点} = \frac{\text{得点} - \text{当該科目の平均点}}{\text{当該科目の標準偏差}} \times 15 + \text{選択科目全ての平均点}$$

200 点満点の場合

$$\text{調整点} = \left[\frac{\text{得点} - \text{当該科目の平均点}}{\text{当該科目の標準偏差}} \times 15 + \text{選択科目全ての平均点} \right] \times \frac{200}{150}$$

ただし，調整点＜ 0 の場合，調整点は 0 点。また，調整点＞150（200）の場合，調整点は 150 点（200 点）。なお，当該科目の得点が 0 点または満点の場合，得点調整は行われない。

●全学部日程

学部・学科等		満点	2024	2023	2022
神		500	347	365	365
文	英文	500	338	357	358
	哲		348	355	367
	美学芸術		348	365	364
	文化史		353	372	367
	国文		353	361	373
社会	社会	500	373	387	384
	社会福祉		350	358	361
	メディア		371	374	382
	産業関係		339	373	363
	教育文化		353	369	364
法	法律	500	351	371	374
	政治		348	375	374
経済		500	345	368	359
商	商学総合	500	353	379	368
	フレックス複合		353	379	368
政策		500*	355	383	406
文化情報		文系 500	344	354	354
		理系 550	309	296	300
理工	インテリジェント情報工	550	350	332	335
	情報システムデザイン		350	334	329
	電気工		①301 ②308	①300 ②301	①305 ②310
	電子工		317	304	313
	機械システム工		301	305	295
	機械理工		304	①300 ②303	301
	機能分子・生命化		318	297	297
	化学システム創成工		320	296	303
	環境システム		①321 ②337	①315 ②330	①322 ②339
	数理システム		352	342	347

（表つづく）

学部・学科等		満点	2024	2023	2022
生命医科	医工	600	316	311	314
	医情報		308	320	301
	医生命システム		358	350	350
スポーツ健康科		文系 500	319	344	345
		理系 550	260	279	273
心理		文系 500	356	375	372
		理系 500	314	312	319
グローバル・コミュニケーション	英語コース	550	407	425	424
	中国語コース	500	340	359	358
グローバル地域文化	ヨーロッパコース	500	358	391	376
	アジア･太平洋コース		357	377	370
	アメリカコース		364	370	374

（備考）理工学部の①は第 1 志望合格者の最低点，②は第 2 志望合格者の最低点を示す。

＊2023・2022 年度は 550 点満点。

●学部個別日程

学部・学科等		満点	2024	2023	2022
神		500	351	376	338
文	英文	500	327	367	360
	哲		337	365	369
	美学芸術		340	372	364
	文化史		343	381	370
	国文		342	370	376
社会	社会	500	372	395	377
	社会福祉		347	359	352
	メディア		369	380	374
	産業関係		335	378	349
	教育文化		349	375	354
法	法律	500	340	357	371
	政治		337	360	371
経済		500	334	357	359
商	商学総合	500	366	394	344
	フレックス複合		366	394	344
政策		500	371	356	373
文化情報		文系型 500	353	360	367
		理系型 550	328	324	303
理工	インテリジェント情報工	450	267	273	253
	情報システムデザイン		263	272	240
	電気工		235	240	236
	電子工		248	257	246
	機械システム工		244	258	235
	機械理工		244	250	229
	機能分子・生命化		233	241	223
	化学システム創成工		235	248	228
	環境システム		246	259	231
	数理システム		257	260	248
生命医科	医工	500	303	276	268
	医情報		290	288	259
	医生命システム		334	308	298

（表つづく）

<table>
<tr><th colspan="2">学部・学科等</th><th>満点</th><th>2024</th><th>2023</th><th>2022</th></tr>
<tr><td colspan="2" rowspan="2">スポーツ健康科</td><td>文系型
500</td><td>339</td><td>349</td><td>349</td></tr>
<tr><td>理系型
550</td><td>307</td><td>302</td><td>288</td></tr>
<tr><td colspan="2">心理</td><td>500</td><td>369</td><td>393</td><td>351</td></tr>
<tr><td rowspan="2">グローバル・コミュニケーション</td><td>英語コース</td><td>550</td><td>396</td><td>414</td><td>425</td></tr>
<tr><td>中国語コース</td><td>500</td><td>325</td><td>339</td><td>354</td></tr>
<tr><td rowspan="3">グローバル地域文化</td><td>ヨーロッパコース</td><td rowspan="3">500</td><td>370</td><td>405</td><td>360</td></tr>
<tr><td>アジア・太平洋コース</td><td>369</td><td>392</td><td>352</td></tr>
<tr><td>アメリカコース</td><td>375</td><td>384</td><td>357</td></tr>
</table>

募集要項（願書）の入手方法

大学案内・入試ガイドは6月に発行される予定です。一般選抜・大学入学共通テスト利用入試の入試要項の発行時期については大学ホームページ等でご確認ください。郵送をご希望の方は，大学ホームページよりお申し込みください。テレメールでも請求できます。

問い合わせ先

同志社大学　入学センター入学課
〒602-8580　京都市上京区今出川通烏丸東入
TEL　075-251-3210〔直通〕
FAX　075-251-3082
ホームページ　https://www.doshisha.ac.jp
E-mail　ji-nyugk@mail.doshisha.ac.jp

同志社大学のテレメールによる資料請求方法

スマホ・ケータイから　QRコードからアクセスしガイダンスに従ってご請求ください。
パソコンから　教学社 赤本ウェブサイト(akahon.net)から請求できます。

気になること、聞いてみました！

在学生メッセージ

大学ってどんなところ？　大学生活ってどんな感じ？
ちょっと気になることを，在学生に聞いてみました。

以下の内容は 2020～2022 年度入学生のアンケート回答に基づくものです。ここで触れられている内容は今後変更となる場合もありますのでご注意ください。

メッセージを書いてくれた先輩　［文学部］R.O. さん　［法学部］小野倫敬さん　安東賢信さん

大学生になったと実感！

大学からは自分で時間割を作成することができます。また，科目は自分の興味があることに応じて選ぶことができます。アルバイトやサークルをするのも自由です。しかし，高校までとは違い，進路などを考えるときには自分から説明会やインターンシップに足を運ばねばなりません。受け身ではいつまでも貴重な情報を得ることができないのが大学という場所だと思います。ですが，あらゆる面で，束縛されずにアクティブに活動できるのは大学生のいいところだと思います。（安東さん／法）

大学生活に必要なもの

大学生として必要なものはパソコンです。パソコンは授業中に調べものをしたり，レポートを作成したり，さらには履修登録をするために使用したりと必須アイテムです。大学にもパソコンがありますが，自分のパソコンを持っていないと自宅や授業で使用する際に困る場合があるので，自分のパソコンを用意することをおすすめします。また，Wi-Fi などのインターネットが使える環境の準備も必要です。（小野さん／法）

この授業がおもしろい！

文化史学科日本史コースの必修科目である日本文化史演習。少人数で行われる漢文講読の授業で，学生それぞれに漢文史料が割り振られて，それについて調査して発表を行うことを主としている。他の人の発表を聞くと，自分の力ではわからなかった新たな発見があってとてもおもしろい。（R.O. さん／文）

おもしろい授業は外交論についての授業です。歴代日本首相のアメリカとの外交について学ぶことができる授業です。この授業では，メディアに多数出演されている有名教授の話を聞くことができ，日米関係についての理解を深めることができます。戦後公開された映画「ゴジラ」のゴジラは何を表しているのか，亡くなった日本兵なのか，アメリカ人なのか，など身近な題材を基にした話もあり，教授の研究に引き込まれました。（小野さん／法）

部活・サークル活動

演劇のサークルに入っている。年に4回ほど新町キャンパスにある小ホールで公演を行っており，それに向けた稽古が主な活動内容となっている。同志社大学には演劇のサークルが複数あり，他にも多種多様なサークルがあるので，自分に合ったサークルを選択することができる。（R.O. さん／文）

私は2つのサークルに所属しています。1つ目は野球のサークルで，週に1回程度，集まって野球をしています。私は野球初心者ですが楽しく活動しています。2つ目はキャンプのサークルで，子供たちが夏休みにキャンプをする際にボランティアをするサークルです。子供たちと川遊びをしたりご飯を作ったり，かけがえのない思い出をつくることができます。（小野さん／法）

交友関係は？

入学式で話しかけてくれた人と仲良くさせてもらっている。また，少人数クラスで席が隣の人に話しかけると仲良くなれると思う。積極的に話しかけることが大切。先輩とはやはりサークルを通じて交流することがメインだと思う。交友関係を広げるためには積極性は不可欠だと感じている。（R.O. さん／文）

いま「これ」を頑張っています

現在，高校からやっているギターを猛練習しています。軽音サークルにも入っているので1曲でも多くの曲を上手に弾けるようになれたらと思っています！ サークルの中では，自分の知らないバンドや曲のことを共有できるのでいい刺激になっています。（安東さん／法）

おススメ・お気に入りスポット

大学の図書館。蔵書数も多く，落ち着いた雰囲気で勉強や読書に集中できる。また，古書特有の独特な香りが漂っている書庫も気に入っている。中には史料がたくさんあり，レポートや発表資料の作成に非常に役立つ。(R.O. さん／文)

大学周辺のお気に入りスポットは鴨川です。鴨川周辺は夏でも涼しいので散歩をするのに快適です。その他にも自転車で 20 分くらいの場所に河原町があるので買い物ができますし，地下鉄に乗れば 10 分程度で京都駅に行けるので，学校の立地がとてもいいです。(小野さん／法)

入学してよかった！

同志社大学に入学してよかったと思うことは，自分に刺激を与えてくれる友人が多いことです。中国語検定 1 級を持っている友人や，弁護士を目指して必死に勉強している友人など，尊敬できる友人は多岐にわたります。そのような友人たちとの出会いを通して自分の世界観を広げることができました。(小野さん／法)

高校生のときに「これ」をやっておけばよかった

受験英語だけでなく，英会話など実践的な英語にもっと触れておけばよかったと痛感している。同志社大学は外国人留学生も多く，また英語教育にも力を入れているため，英語が苦手で受験英語の勉強しかしてこなかった自分にとって，ついていくのが難しいという状況になってしまっている。(R.O. さん／文)

合格体験記

みごと合格を手にした先輩に，入試突破のためのカギを伺いました。
入試までの限られた時間を有効に活用するために，ぜひ役立ててください。

（注）ここでの内容は，先輩方が受験された当時のものです。2025 年度入試では当てはまらないこともありますのでご注意ください。

・アドバイスをお寄せいただいた先輩・

Message

N.M. さん 文学部（美学芸術学科）
全学部日程 2024 年度合格，愛媛県出身

試験前日は新しい問題に取り組んでわからないと焦ってしまうかもしれないので，今まで取り組んできたインプットを繰り返しました。自信にもつながりますし，基礎が大切な同志社大学では最後まで戦力を高められました。

Message

T.Y. さん 法学部（法律学科）
全学部日程・学部個別日程 2024 年度合格，茨城県出身

周りに流されるのではなく，自分のレベルや現状に合わせて，試験日までに淡々とこなしていくことです。

Message

M.Y. さん　政策学部
全学部日程 2024 年度合格，三重県出身

私は浪人生でした。毎朝同じ時間に起きて同じ時間に予備校に行って勉強するというサイクルを習慣化させました。早寝早起き朝ごはんを徹底していたので風邪をひくこともなかったです。人より早く予備校や学校に行って勉強するなどのちょっとした差が後々大きな差を生むことになると思います。受験期間は自分のやりたいことを我慢して勉強漬けの毎日になるとは思いますが，勉強だけの生活で自分が壊れてしまわないように，日々の中にちょっとした娯楽を入れることも大切です。

その他の合格大学　立教大（観光），國學院大（観光まちづくり），名城大（法），愛知大（地域政策〈共通テスト利用〉）

Message

S.K. さん　理工学部（インテリジェント情報工学科）
学部個別日程 2024 年度合格，神奈川県出身

最後まで諦めないことです。わからなくても，わかることを最後まで諦めずに書き続けることが肝心です。私はそれで合格最低点＋ 8 点で滑り込みました。

その他の合格大学　明治大（理工〈情報科〉），立命館大（情報理工〈共通テスト利用〉）

T.U. さん　スポーツ健康科学部
全学部日程（文系）2024 年度合格，滋賀県出身

とても基本的なことですが，睡眠時間をしっかりと確保して，栄養バランスのよい食事をし，適度にランニングなどの運動をしたりして，健康的な生活を続けたうえで，勉強していました。特に適度に運動することはとてもよかったと思っていて，ちょっと体を動かすだけでむしろその 1 日の自分の調子がよくなって，勉強により集中して取り組めました。

その他の合格大学　近畿大（経営〈経営〉），京都産業大（経営）

A.N. さん　社会学部（教育文化学科）
全学部日程・学部個別日程 2023 年度合格，兵庫県出身

合格のポイントは，正確に，確実に問題を解けるように練習したことです。同志社大学は標準レベルの問題が出題されますが，標準的な問題だからこそ他の受験生が取れるような問題を落としてはいけません。特に，英語や国語では 1 問の配点が高い問題が多くあり，その問題の出来で合否が変わる可能性が十分にあります。練習すれば必ず高得点を狙える実力を手に入れることができます。また，記述問題の対策も合格するために必要です。しっかりと自分の答案を解答用紙に表現できるように頑張ってください。

その他の合格大学　立命館大（経済〈共通テスト利用〉），関西大（経済，社会）

H.S. さん　生命医科学部（医生命システム学科）
全学部日程 2023 年度合格，広島県出身

合格するために最も大切なのは，本番の精神力だと思います。私は，本番では物理と数学で苦戦し，過去問と比べても全然できませんでした。絶望的でしたが，得意の英語で持ち直し，英語では 8 割を取ることができました。本番ではいかに気持ちをコントロールして，最後まで粘れるかが重要だと思います。また私は，本番に弱いタイプだとわかっていたので，どんなに緊張してもある程度の力は出せるよう，たくさん演習しました。本番で精神を安定させるための準備も大切だと思います。受験勉強や本番の試験で，つらいこと，焦ることはたくさんあると思います。それでも，私のように絶対に不合格だと思っても受かることはあるので，最後まで諦めないで頑張ってほしいです。

その他の合格大学　立命館大（薬〈共通テスト利用〉）

N.I. さん　商学部
学部個別日程 2021 年度合格，兵庫県出身

英単語を 2 年生の間にある程度覚えておいたことが，後々とても役に立ったと思います。英文を読んだときに知っている単語があると，スラスラ読めてモチベーションも上がるからです。なので，受験生の方は早めに英単語を覚えておくことをおすすめします。

その他の合格大学　同志社大（法，経済，政策）

入試なんでもQ&A

受験生のみなさんからよく寄せられる，
入試に関する疑問・質問に答えていただきました。

Q 「赤本」の効果的な使い方を教えてください。

A 志望校を決定した高3の4月に赤本で一通り問題形式を確認しました。1年の学習の指針を立てるためにも早めに一度目を通しておくべきです。本格的に取り組み始めたのは10月頃でした。周りは8月頃から取り組んでいたので焦りはありましたが，きちんと基礎ができてから取り組めたので，結果としては正解でした。同志社大学の英語は問題形式が同じなので，英語は志望学部にかかわらず全部解きました。
（N.M. さん／文）

A 最新年度の問題は，自分のレベルや志望校との距離を測るために，すぐに解きました。解き終わったら，何が足りなくてどうすればよいのかといった分析，次につなげる対策，そして解いた年度の過去問の復習をしっかりしました。その後に第一志望の学部以外の赤本も解くことで，形式に慣れたり，問題集として利用したりしました。最後に，時間配分の確認や本番当日と同じ時間割で解くといった仕上げとして残りの年度の問題を解きました。
（T.Y. さん／法）

Q　1年間のスケジュールはどのようなものでしたか？

A　高2の12月くらいから英文法や古典文法，単語などの基礎をやり始めて，文法事項に関しては夏休みまでにはほぼ完璧にしました。単語に関しては受験直前まで1個でも多く覚えようと継続してやりました。理想としては単語も夏休みまでに完璧にできれば強いと思います。僕は3科目受験だったので，とにかく配点の高い英語に一番勉強時間を割きました。現代文は，毎日継続して文章を読むように努力すれば感覚が染みついてきます。社会は，僕は始めるのが少し遅くて本格的には夏休みから始めたのですが，もう少し早く取りかかっておけば受験直前での仕上がりがよかったんだろうなぁと少し後悔しています。けれど，社会は最後の最後まで粘れば成績は伸びます！　受験直前に自分の思う完成度じゃなかったとしても，諦めずに最後まであがき続けてください。

（T.U. さん／スポーツ健康科）

Q　どのように学習計画を立て，受験勉強を進めていましたか？

A　1カ月の目標や終わらせたい参考書から逆算して1週間の計画を立てていました。計画はある程度の余裕をもたせて立てました。また，2カ月に一度，共通テスト模試を受けていたので，それで基礎が不足している苦手科目や分野を特定し，3科目の勉強時間を調節していました。

（N.M. さん／文）

A　英文法が苦手だったので，予備校の授業で習ったことをしっかり復習しました。全然身についていないなと思ったら毎日連続で復習し，定着してきたなと思ったら3日置きに復習するなど間隔を空けていきました。前日に次の日にすることをメモして，次の日にすぐ勉強に取りかかれるようにしました。うまく進まない日もあるので，そんな日のために何も予定を入れない予備日も作っておきました。日本史は最後のほうに近現代史が残ってしまわないように，10月くらいまでには一通り終わらせました。

（M.Y. さん／政策）

Q 学校外での学習はどのようにしていましたか？

A　家ではあまり勉強に集中できなかったので，休日や長期休暇は１日中塾にこもっていました。朝は10時からの開校でしたが，それまでは家ではあえて勉強しませんでした。塾に行くまでの時間は，軽くランニングをしたりニュースを見たりなど，なるべく遊び過ぎずに勉強以外のことをするように意識していました。電車で塾に通っていたので，電車に乗った瞬間にその日の勉強はスタートです。電車に乗っているときは，ひたすら単語を覚えまくりました。正直なところ，僕の受験勉強のなかで一番頑張ったなと思うのは，この時間です。座ってしまうとどうしても眠くなって全く頭に入っていないことに気づいてからは，意地でも立って単語帳を開いていました（笑）。往路は英単語，復路は古文単語などとすることを分けると，より集中力が上がった気がします。これを毎日，受験本番まで続けました。　（T.U. さん／スポーツ健康科）

Q 時間をうまく使うためにしていた工夫があれば，教えてください。

A　キッチンタイマーを使って時間を計り，45分勉強したら15分休憩（スマホも漫画もOK）ということをしていました。これならモチベーションも保てるし，かなり効率よく勉強することができます。また，英語などの暗記科目は電車やバスの中で取り組みました。家から高校まではバス・電車で片道１時間半程度で，往復しっかりと勉強すれば約３時間近くの勉強時間を手に入れることができました。　（S.K. さん／理工）

Q 同志社大学を攻略するうえで，特に重要な科目は何ですか？

A 英語です。配点が高いのと，得点調整がなくそのまま反映されるので，重要です。同志社大学は語彙力が大切なので，単語帳は『英単語ターゲット 1400』と『同 1900』（旺文社），『速読英単語　上級編』（Z 会），『システム英単語』（駿台文庫）の 4 冊を使いました。また，文法力も重要なので『Next Stage 英文法・語法問題』（桐原書店）で強化しました。そして何よりも長文に慣れる必要があるので，『やっておきたい英語長文』シリーズ（河合出版）や他大学の過去問を解きました。英作文は，実際に第三者に見てもらい添削してもらうことが大切です。日本語の微妙なニュアンスが英語に訳せていなかったりするのは自分ではなかなか気づけないので，私の場合は家庭教師の先生に添削してもらいました。

（N.M. さん／文）

A 数学です。理系であれば配点も高いですが，高難度のため「途中点をガッツリ取る」ということを心がけなければなりません。私は，赤本でわからなかった問題の解答例と自分の解答を見比べながら，考え方の違いを整理したり，赤本の解答例通りに自分で解答を作成してみたりということを繰り返しました。このようにすると自ずと合格につながる解答の書き方のコツが見えてくるのではないかと思います。他の同傾向の過去問を解いてみるのもよいでしょう。（S.K. さん／理工）

Q 苦手な科目はどのように克服しましたか？

A 私は国語がとても苦手でした。特に現代文のできるときとできないときの波が激しかったです。しかし，予備校の授業を受けて，教えてもらったことを徹底的に身につけたおかげで，本番でも緊張することなく力を発揮できました。同志社大学の国語には記述問題がありますが，現代文の解き方がしっかり身についていれば何も怖くありません。また，古文は単語が重要だと思います。早いうちに覚えてしまいましょう。助動詞などの古文文法もしっかりとやるべきです。（M.Y. さん／政策）

Q 併願をするうえで重視したことは何ですか？
また，注意すべき点があれば教えてください。

A 私は後悔しないように，受けるか迷った大学は基本受けました。ただし，３日連続受験することは避けました。自分でも気づかないうちに精神的にも体力的にも疲れます。また，大学の出題形式によって向き不向きが多少あります。過去問を見ていて，自分と相性が悪すぎると思うなら，併願校を変えてみてもいいかもしれません。たまに本命しか受けない人がいますが，それはあまりおすすめしません。１校だけでも練習として受けておくと本命大学の受験のときに，あまり緊張せず，力を発揮できると思います。 （M.Y. さん／政策）

Q 試験当日の試験場の雰囲気はどのようなものでしたか？
緊張のほぐし方，交通事情，注意点等があれば教えてください。

A 試験当日は，ほぼ確実に緊張します。僕は，なるべく気持ちを落ち着かせるために，受験勉強を始めたときからずっと続けてきて一番長い時間一緒にいたであろう単語帳を静かに見返していました。あれこれ見るのではなく，何か１つだけ自分のお気に入りの参考書などを試験会場に持って行って，じっくりとそれを読むのが一番緊張がほぐれるような気がします。また，僕は試験会場に着く時間を意識しました。８時半から試験会場に入室可能だったので，なるべく早めに自分の席についてイメトレをしていました。よい結果を出すには，もちろんそれまでの勉強の頑張りも必要だけれど，当日の自分のコンディションをよくして最大限のパフォーマンスをすることも必要です。当日に自分でできるあらゆる準備をしたうえで試験に臨むとよいと思います。あとは，周りには賢そうな受験生がたくさんいますが，あまり気にしてはいけません。あくまで自分との戦いです。試験中に自分のできることにだけ集中すればよい結果は望めるはずです。 （T.U. さん／スポーツ健康科）

Q 受験生へアドバイスをお願いします。

A 失敗したと思った科目があっても最後まで諦めず，とりあえず力を出し切って答案は全部埋めましょう。私は当日，英語の試験の手応えがなくて絶対ダメだと思い，すぐに帰りたい気持ちにさえなりましたが，なんとか残りの国語や日本史の試験も終えました。正直言って合格発表まで合格している自信はありませんでしたが，得点開示を見てみると国語や日本史だけでなく，英語も英作文や和訳を諦めずに書いたことで得点がもらえていました。あなたが一生懸命に書いた答案はきちんと採点者に見てもらえます。最後まで頑張ってきた全力を出し切りましょう。

（N.M. さん／文）

科目別攻略アドバイス

みごと入試を突破された先輩に，独自の攻略法や
おすすめの参考書・問題集を，科目ごとに紹介していただきました。

英　語

とにかく語彙力を強化しましょう。同志社大学の英語は単語単体で問われることもあるなど，何かと語彙が必要です。　（N.M. さん／文）

おすすめ参考書　『速読英単語　上級編』（Z 会）

同志社大学の英語はさまざまな分野の専門的話題から出題されることが多いですが，多くが選択式の問題ですから，単語さえわかれば雰囲気はつかめるのではないでしょうか。私は『リンガメタリカ』の文章と単語・熟語を何周も口に出して大きな声で音読し，頭に叩き込んでいきました。

（S.K. さん／理工）

おすすめ参考書　『話題別英単語リンガメタリカ』（Z 会）

日本史

日本史は時代の流れをしっかり攻略することが大切です。「いつ，どこで，どうしてそのような戦いが起こったのか？」「なぜ〇〇の輸出が増えたのか？」など，教科書に書かれている前後関係をしっかり把握しておきましょう。同志社大学の日本史は記述問題もあります。日頃から漢字を書く練習をして本番で頭が真っ白にならないように気をつけてください。

（M.Y. さん／政策）

おすすめ参考書 『**実力をつける日本史 100 題**』（Z会）
『**詳説日本史**』（山川出版社）

世界史

年号は必ず覚えておいてください。語呂をつかって覚えると速く覚えられると思います。また，用語だけではなくて背景も知っておくと，正誤判定問題で役に立つと思います。（N.I. さん／商）

数　学

同志社大学の文系数学はとても難しい問題が出題されることがありますが，それにくじけないことです。また，記述式の問題が 2 題あり，その問題では解答のプロセスをわかりやすく，また理にかなったものを書くことを心がけて解答を作成することです。（A.N. さん／社会）

おすすめ参考書 『**理系数学の良問プラチカ**』（河合出版）

物　理

いかに基本をきちんとおさえて応用問題につなげられるかがポイントです。（H.S. さん／生命医科）

おすすめ参考書 『**実戦 物理重要問題集 物理基礎・物理**』（数研出版）

国　語

設問の趣旨をしっかり把握することです。問われていることに答えないと，せっかく書いた答案も点数がつかなくなります。　(T.Y. さん／法)

現代文の正確な解き方を身につけることがポイント。古文単語，古文助動詞は早いうちに覚えましょう。　(M.Y. さん／政策)

おすすめ参考書　『つながる・まとまる古文単語 500PLUS』（いいずな書店）
『望月光　古典文法講義の実況中継①・②』（語学春秋社）

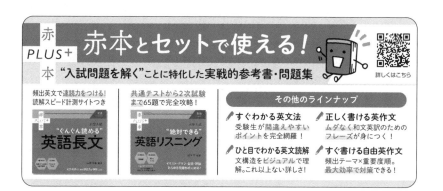

TREND & STEPS

傾向 と 対策

科目ごとに問題の「傾向」を分析し，具体的にどのような「対策」をすればよいか紹介しています。まずは出題内容をまとめた分析表を見て，試験の概要を把握しましょう。

注　意

「傾向と対策」で示している，出題科目・出題範囲・試験時間等については，2024 年度までに実施された入試の内容に基づいています。2025 年度入試の選抜方法については，各大学が発表する学生募集要項を必ずご確認ください。

また，新型コロナウイルスの感染拡大の状況によっては，募集期間や選抜方法が変更される可能性もあります。各大学のホームページで最新の情報をご確認ください。

英　語

年度	番号	項　目	内　容
2024	〔1〕	読　　解	空所補充，同意表現，語句整序，内容真偽，英文和訳
	〔2〕	読　　解	空所補充，同意表現，語句整序，内容真偽
	〔3〕	会 話 文，英 作 文	空所補充，和文英訳
2023	〔1〕	読　　解	空所補充，同意表現，語句整序，内容真偽
	〔2〕	読　　解	空所補充，同意表現，語句整序，内容真偽，英文和訳
	〔3〕	会 話 文，英 作 文	空所補充，和文英訳
2022	〔1〕	読　　解	空所補充，同意表現，語句整序，内容真偽
	〔2〕	読　　解	空所補充，同意表現，語句整序，内容真偽，英文和訳
	〔3〕	会 話 文，英 作 文	空所補充，和文英訳

読解英文の主題

年度	番号	主　題
2024	〔1〕	高齢運転者と交通事故の関連
	〔2〕	バイオテクノロジーがもたらす食料の可能性
2023	〔1〕	日系アメリカ人カメラマン小池恭
	〔2〕	地球の歴史上，泥と植物が大地に与えてきたもの
2022	〔1〕	人と同じ能力を持つ鳥類
	〔2〕	会話はいつ止めるべきか

傾向　高度な語彙力と堅実な読解力が求められる　柔軟な思考力と教養も必要

01　出題形式は？

試験時間は 100 分で，長文読解問題 2 題と会話文問題 1 題という構成。解答形式は，読解問題の英文和訳 1 問と，会話文問題の和文英訳 1 問が記述式で出題されているが，ほかはすべて選択肢の番号を解答用紙に記入する形式である。

02　出題内容はどうか？

読解問題：長文問題が 2 題出題されている。800 語レベルのものと 900～1000 語レベルのものが各 1 題という英文量である。これまでさまざまな分野の文章が取り上げられているが，ここ数年共通して見られるのは，高度な専門性とその視点のユニークさであろう。2022 年度では「会話はいつ止めるべきか」，2023 年度では「地球の歴史上，泥と植物が大地に与えてきたもの」，2024 年度は「バイオテクノロジーがもたらす食料の可能性」など，ステレオタイプの考え方とは異なる論旨が展開され，柔軟な思考力が要求されている。

設問では，類義語を見つける同意表現でかなり高度なレベルの語句が出題されている。この場合，前後関係から判断する必要がある。内容真偽では問題文の内容を別の視点から記述したものもあり，正確な読解力が必要である。英文和訳は，正確に文構造を把握した上で，より自然な日本語にする力が求められている。

会話文問題：空所に入る適切な表現を選択する問題では，会話の流れを読み取り，空所の前後から内容を類推する力が求められる。他大学に比べて会話文のテキストが長いのが特徴である。会話のトピックは，2022 年度が「オーディオブックについての会話」，2023 年度が「大学図書館前での会話」，2024 年度が「映画の歴史についての二人の会話」と，親しみやすいものが選ばれている。和文英訳は，高校で学習する基本的な構文を使って書く問題が出題されている。

03 難易度は？

読解問題の英文はかなり専門性が高く難しい。語彙のレベルも高く，単語力のない受験生は全体の文意が読み取れないおそれもある。構文は全般的にはそれほど複雑ではないが，1文が長く解釈に時間をとられるものもある。ただし，設問はすべてが難しいわけではなく，選択肢によっては消去法も使える。

会話文問題は，多少難しい語彙が含まれる場合もあるが，読解問題に比べればかなり取り組みやすいので，高得点を目指したい。

以上の点から，全体的に見て標準〜やや難レベルといえる。

対策

01 精読力の育成

長文対策といえば速読力と考えがちだが，1文1文の文構造を正確に把握して訳す力がなければ，速く読むことは決してできない。また問題を分析すれば気づくであろうが，求められるのは速く読んで概略をつかむ力よりも，文章を正確に読み取る力である。精読力なくして同志社大学の問題は解けないと考えてほしい。文構造の把握や英文解釈には，構文集や英文解釈の問題集が有効である。これは例年1問出題されている英文和訳にも役立つ。『入門英文解釈の技術 70』『基礎英文解釈の技術 100』（いずれも桐原書店）や，『大学入試 ひと目でわかる英文読解』（教学社）がお勧めである。

02 高度な語彙力の育成

「未知の単語は，前後の文脈でその意味を推測せよ」とよくいわれるが，各行に2語以上未知の語があれば推測は難しい。したがって語彙力を高めることが読解力の強化にもつながる。また，同意表現を選択する問題が多く出題されており，この対策としても語彙力の強化は欠かせない。かなり高度なレベルの単語まで出題されているので，市販の単語集を必ず1冊は仕上げておくこと。『システム英単語』（駿台文庫）がお勧めである。

03 多読を試みる

英文読解力は読んだ量に比例する。これから受験本番の日までどれだけ英文を読んだかによって合否は決まると思ってほしい。また，単語集で覚えた単語はそのままではなかなか使えず，英文の中で出合って初めて定着するものである。単語の定着率を高めるためにも，数多くの英文を読んでおきたい。『基礎英語長文問題精講』（旺文社），『やっておきたい英語長文500』『やっておきたい英語長文700』（いずれも河合出版）がお勧めである。

04 英作文の練習もしっかりと

例年，会話文問題の中で和文英訳が出題されているが，日頃から英文を書く習慣をつけておかないと，なかなか急には書けないものである。1日5問とか1日10問などと決めて，毎日英文を書いてみることを勧めたい。頻出構文をできるだけ多く暗記すると楽に書けるようになる。

05 一般教養を深めよう

長文の内容はかなり専門的である。政治・経済，心理学に関するものや時事問題に関するものがここ数年出題されている。新聞の政治・経済欄や社説には必ず目を通し，一般教養を深めるために自然科学分野など受験とは直接関係のない教科の授業にもしっかりと取り組むことが望まれる。また日本語の新書（岩波新書，新潮新書，講談社現代新書など）を多読することも有効である。こうして得た教養は大学入学後もきっと役に立つであろう。

06 徹底的な過去問研究を

この数年間，問題のレベル，量，出題形式においてほとんど変化がないので，過去問を数多く解き，自分に合った戦略を立てよう。さらに他学部の問題を解いてみることも大いに有効である。『同志社大の英語』（教学社）を利用することを勧める。

同志社大「英語」におすすめの参考書

Check!

- ✓『入門英文解釈の技術 70』（桐原書店）
- ✓『基礎英文解釈の技術 100』（桐原書店）
- ✓『大学入試 ひと目でわかる英文読解』（教学社）
- ✓『システム英単語』（駿台文庫）
- ✓『基礎英語長文問題精講』（旺文社）
- ✓『やっておきたい英語長文 500』（河合出版）
- ✓『やっておきたい英語長文 700』（河合出版）
- ✓『同志社大の英語』（教学社）

赤本チャンネルで同志社大特別講座を公開中

実力派講師による傾向分析・解説・勉強法をチェック →

日本史

年度	番号	内　容	形　式
2024	〔1〕	古代の仏教関係史	記述・選択
	〔2〕	南北朝の動乱，戦国時代　✓**史料**	記述・選択
	〔3〕	近世～近現代の対外関係史	選択・記述
2023	〔1〕	古代・中世の社会と経済　✓**史料**	記述・選択
	〔2〕	近世の宗教と学問・思想　✓**史料**	記述・選択
	〔3〕	太平洋戦争，占領体制と冷戦	選択・記述
2022	〔1〕	古代・中世の仏教史	選択・記述・配列
	〔2〕	「バテレン追放令」「オランダ国王の開国勧告」「日米修好通商条約」ほか―豊臣・徳川政権の対外関係史　✓**史料**	選択・記述
	〔3〕	近代の政治・社会運動　✓**史料**	記述・選択

傾向　時代は古代から近現代まで　テーマ史と文化史に注意

01　出題形式は？

大問数は3題，解答個数は年度によって多少の増減はあるものの，60個程度である。主に選択・記述法からなり，2022年度は選択法31個，記述法28個，配列法1個，2023年度は選択法30個，記述法30個，2024年度は選択法33個，記述法28個であった。試験時間は75分。

なお，2025年度は出題科目が「日本史探究」となる予定である（本書編集時点）。

02　出題内容はどうか？

時代別では，古代から近現代までほぼ全時代にわたって出題されている。

また，年度によっては戦後史や先史の出題が見られるなど，できるだけ広い時代を扱おうとする姿勢がうかがえる。そのほか，2022 年度〔1〕「古代・中世の仏教史」，2023 年度〔1〕「古代・中世の社会と経済」，2024 年度〔3〕「近世～近現代の対外関係史」のように複数の時代にまたがるテーマ史問題がよく出題されている。

分野別では，年度を通して見ると，政治史・外交史・社会経済史・文化史がバランスよく出題されている。さらに，文化史の大問は定番で，2022 年度〔1〕では「古代・中世の仏教史」，2023 年度〔2〕では「近世の宗教と学問・思想」，2024 年度〔1〕では「古代の仏教関係史」に関する設問が見られた。文化史対策は必須であり，図説も積極的に活用していきたい。また，年代や数値，もしくは時代区分，年代配列が問われることもあるので，こうした点も学習の際に意識して覚えておこう。

史料問題は，2023 年度・2024 年度はリード文の一部に史料が引用される程度だったが，過去には近世の政治に関する史料，2022 年度には豊臣・徳川政権の対外関係に関する史料をもとにした大問が出題された。設問は一問一答形式で空欄や関連事項について解答させるものであったが，過去には読解力を要する出題もあり，その対策もしておきたい。

03 難易度は？

レベルの高いものもあるが，扱われている内容・用語は全体的に教科書記載の事項が中心となっている。しかし，教科書の盲点になる部分が問われること，年度によっては歴史事項の年代の記述が求められていること，テーマ史の出題があることなどを考慮すると，表面的な学習では対応しきれない問題が多いといえよう。試験本番では，基本的な問題には手早く解答し，難しい問題の検討に十分な時間を割けるよう，時間配分を工夫しよう。

対策

01 教科書中心の学習を徹底

設問の多くは教科書の範囲内の学習で対応できるように配慮されており，教科書の精読・重点チェックがまず大切である。その際には『日本史用語集』（山川出版社）を利用して理解を深めたい。また，記述法の問題では，歴史名辞の正確な漢字表記が高得点のポイントになるので，普段から正確な漢字で記述するよう習慣づけること。

02 参考書を活用して補強

標準的歴史事項であっても，関連・派生の細かい事項に絡めて問われると難化する。また，テーマ史問題の中には詳細な事項も含まれる。以上の点をふまえて，参考書を精読・理解することにより，教科書の内容を補強するようにしたい。

03 年表・地図・図表，文化史の絵・写真などにも注意

年代や，歴史事項の年代配列が問われることもあるため，重要事項の年代を軸に，他事項との前後関係を整理しておくとよい。また，歴史地理対策として，文化遺産・遺跡などは地図と対照させながら理解したい。教科書に掲載されているような絵・写真などの説明文の中から問われたこともあるので見落とさないようにすること。そして，頻出の美術（建築・絵画・彫刻など）は『詳説日本史図録』（山川出版社），『新詳日本史』（浜島書店），『図説日本史通覧』（帝国書院）などの図説にも目を通して知識の定着をはかりたい。

04 文化史，社会経済史の整理

文化史は美術・芸能・宗教・学問・教育・文学と出題の幅が広い。部門

別通史はサブノートを作って整理すること。社会経済史は対策が手薄になりがちであるが，自分でまとめノートを作成するぐらいの対策を講じておく必要がある。各時代の中で全体的理解を心がけることも大切。

05 史料集をこまめに参照し，史料問題の実践を

ここ数年は本格的な読解をともなう出題はないものの，史料集を用いた学習もしておこう。教科書にも載っているような重要基本史料については，注にまでしっかり目を通し，史料の意義や背景についても整理しておくこと。学習の際には史料集を座右において，こまめに参照する習慣を身につけると知識の定着にもつながる。また，『日本史史料一問一答』（ナガセ）や，山川出版社，受験研究社，旺文社などの頻出史料の問題集を実践し，史料に関する知識を増やしたい。

06 私大型基本・標準レベルの問題集と他学部の問題の徹底演習

『日本史基礎問題精講』『日本史標準問題精講』『大学入試全レベル問題集日本史 私大標準レベル』（いずれも旺文社）などを利用し，私大型基本・標準レベルの問題演習を徹底し，そのレベルの知識を定着させたうえで，同志社大学の過去問演習を行おう。また，傾向が類似しているので，本シリーズを用いて他学部の過去問にもあたっておくことは非常に有効な対策となる。

世界史

年度	番号	内容	形式
2024	〔1〕	前近代中国における塩の専売制	選択・記述・正誤
	〔2〕	中世西ヨーロッパの社会経済史	記述・選択
	〔3〕	第一次世界大戦前後期のヨーロッパ	選択・記述・配列・正誤
2023	〔1〕	ヘロドトス著『歴史』からみた古代地中海世界とその周辺	選択・正誤・記述
	〔2〕	イスラーム世界の成立と二大宗派の対立　⊘史料	選択・記述・正誤
	〔3〕	世界恐慌から第二次世界大戦勃発までのヨーロッパ	記述・選択
2022	〔1〕	ギリシア文化の継承から見た地中海周辺の古代～近代文化	選択・正誤・記述
	〔2〕	唐～明代における中国の社会・経済　⊘地図	選択・記述・正誤
	〔3〕	統一からヴァイマル共和国成立までのドイツ史	記述・選択・正誤

傾向　基本事項の正しい内容理解を!!　短文の正誤判定問題に注意

01　出題形式は？

例年，大問は３題で，各50点ずつの配点となっている。解答個数は60個前後で，試験時間は75分。

文中の空欄に適語を入れて文章を完成させる空所補充問題が中心で，下線部について問う形式も出題されている。例年，選択法が中心で，次いで記述法が多い。また，特徴的な問題である「２つの短文の正誤判定問題」は毎年出題されており，2022年度では４つの短文の正誤法，2024年度では３つの短文から正文の数を答えさせる正誤法もみられた。さらに，2024

年度には配列法も出題されている。また，史料や地図を利用した出題があり，地理的知識を問う問題も散見される。

なお，2025 年度は出題科目が「世界史探究」となる予定である（本書編集時点)。

02 出題内容はどうか？

地域別では，大問数が 3 題と少ないこともあって，ヨーロッパやアジアなど広い地域が扱われることが多い。

欧米史では，大問 2 題がヨーロッパ関連という出題傾向が続いている。アジア史は，2022・2024 年度に中国が，2023 年度にイスラーム世界が出題されているが，過去には朝鮮を中心に東アジアから出題されるなど，年度によって変化が出やすい。アフリカ史が小問として見られることもある。

時代別では，大問が 3 題のため，時代的に偏る場合もあり，年度による変動が大きい。通史問題の大問と比較的短い期間の国家・王朝・テーマを問う大問が混在しているのが特徴となっている。ただ，近年は全体的にみると，古代から現代までを扱う出題となっている。

分野別では，政治・外交史が中心であるが，経済史や文化史・社会史にも注意しておきたい。文化史に関しては，2024 年度では出題数が少なかったものの，2022 年度は古代ギリシアの文化がリード文のテーマとなった他，古代から中世の西アジアの文化が問われた。2023 年度は古代ギリシアやヘレニズム文化からの出題もみられたので注意が必要である。また，他学部も含めて伝統的にキリスト教関連史や他の宗教史の出題が多い。

03 難易度は？

教科書レベルの基本的事項を問う問題が大半である。ただし，「2～4 つの短文の正誤判定問題」は難しく，得点差も生じやすい。基本事項中心の出題ということは，高レベルでの得点争いになるため，失点をどれだけ抑えるかが勝負となる。大問 3 題で，試験時間が 75 分あるので，時間的に厳しくはない。落ち着いて取り組み，ケアレスミスを徹底的になくし，確実に得点することが肝要である。

対策

01 教科書・用語集中心の学習を

出題される問題のほとんどが教科書のレベルで対応できるものなので，まずは教科書を精読することから始めるとよい。その際，空所補充問題が多いことを考慮して，重要語句とその前後の文章とのつながり，特にひとつの事件・事象の原因と結果に注目しながら読む習慣をつけるようにしたい。また，細かい知識が補助的に要求されることもあるので，脚注や本文周辺の図表・地図・写真の解説なども精読しておきたい。教科書学習をある程度終えたら，『世界史用語集』（山川出版社）などを用いてやや細かい内容も確認していくようにしよう。記述法も出題されているため，中国史関連の漢字表記は必ず練習しておくこと。

02 各国別・地域別に重要事項の整理を

同じ国・地域での長いスパンの歴史となると，教科書では記述が分散してしまうため学習しにくい。教科書の理解がほぼ終わった段階で，それぞれの国別（イギリス通史など），地域別（東南アジア通史など）に重要事項を年代順に整理しておこう。地域的な偏りがないよう各地域の通史を学習するには，教科書と並行して『新版 各国別世界史ノート』（山川出版社）などのサブノートを使用するのも効果的である。

03 文化史・経済史・宗教史も重点学習を

政治・外交史が中心だが文化史についても用語集などを活用しながらしっかり取り組むこと。学習の際には，単に人名と代表的な作品名の暗記ではなく，時代背景や文化と文化（あるいは文化人同士など）のつながり，年代，思想内容や作品内容なども整理しておこう。特に近代・現代のヨーロッパ文化は重点学習が必要である。また，経済・社会史や宗教史も目立つので，偏りのない学習・整理が必要である。

04 年代の把握と地図や史料の確認を

配列法や年代を記した正誤法の選択肢文の他，単純に年代を問う問題や年代幅を選択させる問題など，年代把握が必要な問題が出題される。重要な年代は暗記し，普段から年表などで歴史上の出来事の推移を確認する習慣をつけておきたい。また，地理的知識を問う問題も出されるので，教科書や資料集などに掲載されている地図で，都市や地域，河川の位置，時代による国家領域の変遷を確認しておくこと。さらに，史料を用いた小問も出題されることがあるので，教科書や図説に掲載されている重要史料には目を通しておきたい。

05 他学部も含めた過去問の研究を

すべての文系学部でほぼ同様の形式で出題されているため，他学部の過去問も必ず参照しておくこと。特徴的な「短文の正誤判定問題」も実際に解いて研究しておきたい。また正誤法攻略には基本的知識の他，慣れも必要となるので，演習が欠かせない。そこで『体系世界史』（教学社）などで多くの問題にあたり，事項の確認などを進めることも同志社大学攻略の効果的な対策となるだろう。

政治・経済

年度	番号	内　容	形　式
2024	〔1〕	基本的人権の保障	選択・記述・正誤
	〔2〕	現代企業の動向	記述・選択・正誤
	〔3〕	労働問題	記述・選択
2023	〔1〕	日本の刑事司法制度	記述・選択・正誤
	〔2〕	金融の仕組み	記述・選択・正誤
	〔3〕	中小企業と地方創生	記述・選択
2022	〔1〕	国会と内閣の関係	記述・選択・正誤
	〔2〕	日本の農業問題	記述・正誤・選択
	〔3〕	冷戦における国際情勢	記述・選択・正誤

傾向　基本的事項の消化が第一　踏み込んだ知識と時事問題への関心を深めよう

01　出題形式は？

例年大問3題の出題である。試験時間は75分あり，時間は十分に足りるであろう。リード文の空所に適語を補充（選択法・記述法）した上で，内容に関連した諸事項の設問に解答（選択法・記述法）する形式が中心である。また，正誤判定問題がほとんどすべての大問で出題されている。記述法では，解答にあたって「漢字」「カタカナ」「数字」「大文字のアルファベット」などの指示や字数の指定があることもあり，注意が必要である。

02 出題内容はどうか？

政治分野，経済分野から幅広く出題されている。2023・2024 年度のように，経済 2 題，政治 1 題と経済分野に傾斜した出題内容となることが多いが，2022 年度は政治 2 題，経済 1 題という内容だった。ここ数年を見ると，政治分野から人権や統治機構，国際政治分野から冷戦構造と核軍縮，経済分野から日本経済の動向や，それに国際経済の動向を絡めたものなど内容は多岐に及ぶ。また過去には計算問題が出題されたこともある。全体として，多くは教科書レベルの知識問題であるが，近年はそれにとどまらず，一部難問が出題される傾向が見られる。2022 年度の社会的共通資本を提唱した宇沢弘文，2023 年度の地域団体商標制度，2024 年度の大本事件や森戸事件などは難度が高いといえる。

03 難易度は？

全体的には，教科書や資料集を中心とした学習で対応できる設問が多いので，その部分を落とさなければ合格点に到達するであろう。ただ一部で教科書や資料集だけでは十分に対応できない知識を問う問題も含まれていて，そうした問題への対応はかなり困難である。それだけに教科書レベルで対応できる問題は確実に正解することが求められる。

対策

01 まずは教科書から

どんな難問でも教科書の内容や事項をふまえて出題されている。一部で教科書のレベルを超えた知識を問う問題が出されることがあるが，教科書の内容をふまえた問題を落とさなければ，合格点には到達する構成で出題されている。したがって，まずは教科書のマスターから学習を始めよう。本文をしっかり読み，基本事項を押さえたい。脚注や年表の事項，図版なども見落とさず確認していこう。日本国憲法は重要条文を暗記するくらい読み込んでおこう。

02 資料集，用語集の活用を

教科書とともに，資料集を使いこなそう。最新版の資料集をそばに置き，関連事項や統計など教科書では十分に記されていない事項をチェックしていこう。特に，統計は最新のデータまで押さえておきたい。資料集では歴史的な流れや関連事項も取り上げているので，しっかり読んでおこう。また，用語集（清水書院『用語集　政治・経済』など）を用意して，教科書や問題集に出てきた用語を押さえておきたい。

03 時事問題に敏感になろう

社会的な問題意識や時事的な問題への関心を問う問題が多い。それには毎日，新聞を読んだりニュースに注目しておいたりすることが肝心である。また，新聞やニュースの解説などに目を配る習慣をつけておけば，近年の政治，経済の動向も自然に頭に入ってくるであろう。

04 問題演習をしっかりと

他学部の問題も含めて，出題形式，内容が例年類似している。まずは本書で過去問に取り組み，出題形式，内容に慣れておこう。他学部の過去問にも目を通しておくことを勧めたい。

数　学

年度	番号	項　目	内　容
2024	〔1〕	小 問 3 問	(1)等差数列の和 (2)整数解の個数とじゅず順列 (3)空間内の直方体とベクトル
	〔2〕	図形と方程式	領域の図示，領域と最大・最小 ✓図示
	〔3〕	微・積分法	放物線と円，放物線と直線によって囲まれた図形の面積 ✓証明
2023	〔1〕	小 問 3 問	(1)対数関数のグラフ (2)三角形の内接円に関する計量 (3) n 進法と桁数
	〔2〕	微・積分法	放物線と直線によって囲まれた図形の面積
	〔3〕	数　　列	漸化式と数学的帰納法，整数部分の 1 の位の数字 ✓証明
2022	〔1〕	小 問 4 問	(1)部屋割りと組分けの方法 (2)剰余の定理 (3)漸化式と数列 (4)対数関数の最大・最小
	〔2〕	微・積分法	絶対値を含む関数で表される曲線の接線，面積
	〔3〕	ベクトル	ベクトルと座標平面上の図形，三角形の面積

出題範囲の変更

2025 年度入試より，数学は新教育課程での実施となります。詳細については，大学から発表される募集要項等で必ずご確認ください（以下は本書編集時点の情報）。

2024 年度（旧教育課程）	2025 年度（新教育課程）
数学Ⅰ・Ⅱ・A・B（数列，ベクトル）	数学Ⅰ・Ⅱ・A・B（数列）・C（ベクトル）

旧教育課程履修者への経過措置

2025 年度に限り，旧教育課程履修者の学習内容に配慮した出題範囲とする。

傾向　標準的な問題が中心　全項目を満遍なく学習しよう

01　出題形式は？

例年，大問 3 題の出題で，〔1〕が空所補充問題，〔2〕〔3〕が記述問題となっている。〔1〕については年度によって3，4問の小問に分かれているが，近年，空所の数は合計10個で一定している。解答用紙は問題用紙とは別になっており，B 4判大の用紙1枚の表に〔1〕〔2〕，裏に〔3〕を解答するようになっている。試験時間は75分。

02 出題内容はどうか？

場合の数と確率，微・積分法，数列の出題が多いが，いくつかの項目が融合された総合問題が多く，幅広い分野からの出題があるので，すべての項目を満遍なく学習することが大切である。

03 難易度は？

標準的な問題が中心で，総合的な思考力を問う良問が多い。また，文系の受験生は苦手とする者が多いであろう，場合分けを要する問題が，2022年度〔2〕，2023年度〔3〕などで出題されている点も注意すべきところである。試験時間が75分であることを考えると，2024年度の問題なら〔1〕25～30分，〔2〕20～25分，〔3〕25～30分で解けるようにしておきたい。

対策

01 頻出問題の解法マスターを

教科書や参考書の頻出問題が多く見られるので，普段からそれらを繰り返し学習し，解法パターンを身につけることが大切である。『Z会数学基礎問題集　チェック＆リピート』（Z会）等が役に立つだろう。さらに高得点をとるためには，数学全般の確実な知識に加え，さまざまな分野の視点からの考察力が必要である。レベル的には『毎年出る！　センバツ40題　文系数学標準レベル』（旺文社）が近いだろう。本書に限らないが，載っている問題をただ解くだけでなく，別解や周辺事項の解説などにも目を通すようにしよう。

02 図形やグラフに親しむこと

図形やグラフの問題が多く見られる。2022年度〔3〕，2023年度〔1〕(2)，2024年度〔1〕(3)，〔2〕などは図形に関する問題であった。図形分野を集中的に鍛えたい人には，『土田竜馬の数学［図形問題］プラチナルール』（KADOKAWA）のような本もある。普段から，グラフや図形を描いて解法の糸口をさぐる習慣をつけておきたい。

03 計算を工夫して行うこと

問題によっては煩雑な計算を必要とするので，参考書の模範解答などを参考にして，計算を効率化・簡略化する工夫をしたい。計算というとドリルのような問題集をイメージする人が多いと思うが，『試験時間と得点を稼ぐ　最速計算』（旺文社）のように，式の見方やちょっとしたコツなどにフォーカスした参考書もあるので，興味のある人は手にとってみて欲しい。2022年度〔2〕〔3〕，2023年度〔1〕(2)，〔2〕，2024年度〔3〕はともに後半の設問で図形の面積を求める出題があるが，図形の特徴をとらえて立式を工夫することで，かなり手間を省くことができる。

国　語

年度	番号	種　類	類別	内　容	出　典
2024	〔1〕	現代文	評論	内容説明，内容真偽 **記述**：内容説明（40字）	「労働の思想史」 中山元
	〔2〕	古　文	説話	語意，口語訳，内容説明，文法，内容真偽 **記述**：内容説明（30字）	「今昔物語集」
2023	〔1〕	現代文	評論	空所補充，内容説明，内容真偽 **記述**：内容説明（40字）	「テルマエと浮世風呂」 本村凌二 「葉隠入門」 三島由紀夫
	〔2〕	古　文	説話	語意，和歌解釈，口語訳，漢文の構造，文法，内容真偽 **記述**：内容説明（30字）	「本朝諸仏霊応記」　玉崗
2022	〔1〕	現代文	評論	空所補充，内容説明，内容真偽 **記述**：内容説明（40字）	「和歌史」 渡部泰明
	〔2〕	古　文	説話	語意，口語訳，文法，内容真偽 **記述**：内容説明（30字）	「今昔物語集」

傾向　現・古ともに正確な内容把握と選択肢吟味を　記述式問題で差のつく可能性が大

01　出題形式は？

現代文・古文各1題ずつ計2題の出題。試験時間は75分。ほとんどが選択式問題だが，現代文・古文ともに最後の1問は，記述式問題（現代文は40字・古文は30字）がほぼ定着している。解答用紙は〔1〕〔2〕合わせてB4判大用紙片面1枚。選択式にマークシート法は用いられていない。大問ごとの配点は現代文が90点，古文が60点である。

02 出題内容はどうか？

〈現代文〉 例年，かなりの長文が出題される。論理的読解が求められる評論文がほとんどである。文化論・文学論・社会論などを中心に，多彩な分野・テーマの文章が出題されている。設問は空所補充，内容説明，内容真偽を中心に出題されている。どの設問も単なる知識で解けるようなものではなく，文脈展開や論旨の的確な把握が求められ，さまざまな角度からの読解力が試されている。選択肢は本文との対応関係の把握に注意を要し，判断に迷うような微妙な表現も含まれるので，過去問演習による慣れが必要である。40 字の記述式問題は，本文の論旨全体をふまえて，筆者の見解・主張をまとめるものが多い。解答のポイントは大抵複数あり，相当の要約力・表現力が要求される。

〈古　文〉 近世の作品が出題されたこともあるが，中古・中世の作品が取り上げられることが多い。ジャンルは説話・日記・物語などが出題されている。2023 年度は，問題文中に漢文の書き下し文の引用があったことから，漢文の構文を判断する問いが出題された。漢文の基礎学習も必要である。全体的傾向として，基本古語・基本文法の知識が必要なのはもちろんのこと，深い古典常識に裏打ちされた精密な読解力が求められている。注や設問の選択肢自体が本文読解のヒントになっている場合があるので，うまく活用するとよい。設問内容は，語意，口語訳，文法，人物指摘，内容説明，内容真偽，和歌解釈など多彩である。30 字の記述式問題は，現代文と同様に的確な要約力が必要となる。単に現代語訳できれば答えられるという類のものではない。

03 難易度は？

現代文・古文ともに，おおむね標準的レベルである。選択式問題は，各選択肢の間に表現・用語の微妙な相違が見られ，慎重な判断が求められる。とはいえ一部の難問を除いて平易～標準的なものが多いので，確実に得点しておきたい。ケアレスミスは禁物である。また，記述式問題はさすがにハイレベルで，ここで差がつく可能性が高い。完全な解答文を練り上げるには相当な時間的余裕をもって臨む必要があり，時間配分にも注意したい。

その点で75分という試験時間はぎりぎりの線といえる。文章の長さなどを考えると，現代文45分，古文30分を目安にするとよいだろう。

対策

01 現代文

❶ 幅広いジャンルの評論の読解力を身につけたい。5000～7000字程度の長文の文章構成，論旨の展開，大意などを短時間で把握する練習が不可欠である。同志社大学などの難関大学で出題されるハイレベルな評論の読解力演習に役立つのは，『高校生のための現代思想エッセンス ちくま評論選』（筑摩書房）である。評論集であるが，文章のレベル，内容，多様性，設定されている設問とも，まさしく難関大学向けのもので，そのまま入試問題に採用できそうなものが，数多くずらりと並んでいる。じっくり取り組めば相当の読解力向上の対策になるだろう。そのほかには，文化論・文学論などを扱った新書類を読み，小見出しごとに，各段落のキーフレーズをチェックして要点を箇条書きにしたり，1文にまとめたりしてみよう。その上で，段落相互の論理的展開を明確にしてつかむ，筆者の提起する問題とその結論をつかむ，などの作業を心がけること。練習を積むことによって，長文の評論読解に慣れ，テーマと結論，それを結ぶキーワード，キーフレーズといった骨格をピックアップできるようになる。

❷ 選択式の説明問題で求められる主なものは，筆者の考え・その論拠の的確な把握である。論述内容の各要素の相互関係（自説と他説，主旨と具体例，結論と論証など）を整理して読み分けよう。特に微妙な相違の見られる選択肢については，骨格となる箇所に線を引いて本文と照合しながら正誤を見分ける練習が必要である。選択式問題対策用の問題集の，特に評論の問題を繰り返し解いておこう。また，設問形式のパターンに慣れるため，本書の過去問にあたることも大切である。

❸ 記述式問題は，筆者の見解，部分的解釈，全体的論旨の説明など，年度によっていろいろ工夫された設問になっているが，その解答に入れるべきポイントは，本文の要点箇所である。まず，設問が要求している条件

（本文全体をまとめるのか，解答の際に落としてはいけないことは何かなど）を的確に把握すること。制限字数は長くなくとも，本文の複数箇所の内容を組み合わせた解答になることも多いので，それを指定字数内に収める力が決め手になる。答えるべき内容をまず書いてみて，それを制限字数内に収まるよう削る，それでもだめなら他の語句に言い換える，といった作業が短時間でできるように熟達したい。文章の要約練習とともに，記述式の問題集で練習を重ねよう。同志社大学の 40 字という短い記述問題に対応できるような問題集としては，『船口の最強の現代文記述トレーニング』（Gakken）を勧めたい。問題集というよりも指導書だが，短めの記述問題に対して，何をどう注意して解答を作っていけばよいか，具体的な問題を例にとって，的を射た，丁寧な解説がなされている。もちろん，40 字という非常に短い字数に焦点が当たっているわけではないが，60 字程度のものが多いので，同志社大学の対策に十分役立つだろう。

❹　漢字の読み・書き取りは，他学部同様，最近は出題されていないが，意味・用法の理解を中心とした語彙力の充実には力を入れたい。記述式問題でも役に立つので，ノートを作って日頃から辞書を引く習慣をつけ，紛らわしい類義語，文芸・哲学・思想などの用語（「ポストモダン」「通時的」「パラダイム」など），外来語，故事成語，ことわざ，慣用句，四字熟語などの知識も身につけておこう。

02　古　文

❶　あまり有名でない作品からの出題もある。例年，内容は，ある事柄・事件を中心に人物関係が絡み，筆者の考えが織り込まれているものが多い。古典常識の知識を前提とした内容であることもある。教科書や問題集などで，種々の古文を読んで人物関係をとらえる練習を積むことを勧めたい。古文の世界での行動形式や約束事，さらには和歌の解釈についての知識を身につけるのに最適な問題集は『大学入試 知らなきゃ解けない古文常識・和歌』（教学社）である。敬語表現に注意して，文の主語，会話で誰が誰に話しているかを確認しながら読むこと。筆者の見解を 30 字でまとめる練習もしておくとよい。また心情内容や指示内容にも注意すること。

❷　基本古語・文法・慣用句・修辞法などの基本的知識の習得は絶対に欠

かせない。基本古語は単によく用いる意味を暗記するだけではなく，原義にさかのぼって理解すると応用がきく。また，文脈に即して意味を選ぶ練習を心がけたい。文法では，助動詞・助詞の用法と識別をしっかりと整理しておくこと。敬語の知識も人物関係をつかむ上で不可欠である。和歌の解釈が出題されることもあるので，和歌の修辞法を押さえ，慣用的な表現に注意しながら的確に解釈できるようにしておこう。こういった学習が，古文読解の基礎を養うことになる。

❸ 頻出の口語訳は，基本古語の習得はもちろんのこと，前後の文脈の把握，文法的理解がポイントになっていることが多い。空所補充なども，普段の学習で用語の文脈中での働き・意味に細心の注意を払うことが，効果的な対策になるはずである。選択肢は訳出・表現の仕方に微妙な違いをもつものが多いから，おおまかな理解では不十分。ポイントとなる古語・文法に注意して，正確な直訳と前後の文脈をふまえた内容把握ができるよう，口語訳の練習を積もう。

❹ 30 字の記述式問題がほぼ定着している。本文の内容の読み取りが前提だが，設問の条件に即した的確な表現が要求される。現代文の場合と同様，限られた時間で制限字数内にまとめる練習を怠らないようにしたい。

❺ 2023 年度のように，今後も，本文中に漢文があれば漢文の設問も出題されることがありうる。漢文に関する内容についても学習しておくことが必要である。

03 他学部の過去問演習

出題内容・設問形式は各学部とも似た傾向にあるので，現代文・古文とも，他学部の過去問を解いておくことを勧める。本シリーズを利用して選択肢の傾向に慣れ，ポイントのつかみ方や記述式問題のまとめ方などを練習し，多様な設問形式に慣れておこう。

同志社大「国語」におすすめの参考書

Check!

✓『高校生のための現代思想エッセンス ちくま評論選』(筑摩書房)
✓『船口の最強の現代文記述トレーニング』(Gakken)
✓『大学入試 知らなきゃ解けない古文常識・和歌』(教学社)

2024年度

問題と解答

学部個別日程（文・経済学部）

問 題 編

▶試験科目・配点

教　科	科　　　目	配　点
外国語	コミュニケーション英語Ⅰ・Ⅱ・Ⅲ，英語表現Ⅰ・Ⅱ	200 点
選　択	日本史Ｂ，世界史Ｂ，政治・経済，「数学Ⅰ・Ⅱ・Ａ・Ｂ」から１科目選択	150 点
国　語	国語総合，現代文Ｂ，古典Ｂ	150 点

▶備　考

- 経済学部は英語について基準点（80 点）を設けている。したがって英語が 79 点以下の場合，３教科の総得点が合格最低点を上回っていても不合格となる。
- 「数学Ｂ」は「数列」および「ベクトル」から出題する。

英　語

(100分)

〔Ⅰ〕　次の文章を読んで設問に答えなさい。[＊印のついた語句は注を参照しなさい。](77点)

Myrna was aging but active, a socially active woman who would crisscross* the Los Angeles area in her beloved* Mercedes* on her way to and from the market, concert halls and friends' homes. But today, the car doesn't leave the 85-year-old's Encino* garage. After a dementia* diagnosis, she was advised by her doctor to stop driving — and her children told her it was time to give up the keys. "I tried to put the fear of God in her, but she was very adamant*" about wanting to drive, her daughter, Cindy, says.

Myrna, whose last name is not being published to protect her privacy, is not unique. It can be difficult to help older adults transition from the driver's seat, experts say.

Japan, though, found a way in March 2017. The government enacted* a policy requiring (a) drivers 75 and older who fail a cognitive impairment test* to visit a physician before they renew their license. In the six months after the policy was implemented, physicians' tests showed that over 30,000 drivers had signs of dementia, and 674 had their licenses revoked*, *The Japan Times* reported at the time. The policy led to safety increases for older motorists, a new analysis shows. But injuries to older pedestrians and cyclists rose at the same time.

Researchers looked at police-reported data about motor vehicle collisions and pedestrian injuries between July 2012 and December 2019.

Crashes among drivers 75 and older had been increasing until the policy was instituted, the analysts write in the *Journal of the American Geriatrics Society**. Afterward, they dropped, with about 3,670 fewer collisions than expected. The rate fell (b) substantially for men between the ages of 70 and 75, the study shows. Women did not see as steep a decrease, (X) their collision rate fell, too.

The study also found a (c) corresponding rise in road injuries for both pedestrians and cyclists, 75 and older. There were 959 more such injuries than expected during the study period after the policy was implemented, with women more likely to be injured than men.

"Policymakers focus on just reducing motor vehicle collisions, (Y) realizing the potential harm for older pedestrians and bicyclists," says Haruhiko Inada, a physician and epidemiologist* who is a co-author of the study, which was conducted during his postdoctoral* research at Johns Hopkins Bloomberg School of Public Health. He and his team write that they see "strong evidence" of age-based cognitive screening* associated with increased road safety for older drivers. They were unclear, however, why road safety increased for the drivers after the policy was instituted. They surmised* that older adults may have driven differently or voluntarily (d) surrendered their licenses instead of continuing to drive after the policy came into effect.

The researchers also were unclear why the risk to older pedestrians and cyclists rose. It was probably because of a shift to "walking (and cycling) among older drivers after they stopped driving," Inada said in an email. The researchers say future studies should look at ways to make these (e) alternative forms of transportation safer for older people.

This kind of policy targets drivers of a certain age group, and data show that older age is not linked with more accidents, says Anne Dickerson, an occupational therapist and professor at East Carolina University, who has spent much of her career researching older drivers.

Drivers 65 and older are involved in fewer accidents per driver than their younger counterparts, according to the National Highway Traffic Safety Administration (NHTSA). As a group, though, older drivers are less likely to survive a severe crash, and studies show they are particularly vulnerable in intersections(f) involving left turns.

"Older drivers are not as dangerous as you might think," Inada said.

(中略)

"It's the pits," Myrna says of life after driving, citing(g) an unwalkable neighborhood and fears she won't be able to get away during a fire or other emergency. Her daughter has been ferrying(h) her to social engagements and helping her feel less isolated, but Myrna says she's lost a cherished sense of freedom and spontaneity*.

(ア)That doesn't have to be the case, Dickerson says.

Plan for future transportation needs: When you make retirement plans, consider transportation needs. With funding from NHTSA, Dickerson developed the Plan for the Road Ahead, a website that helps people create a "driving retirement plan," experiment with new forms of transportation such as ride booking and access information about research related to older drivers.

Push for better screening for all drivers: "We need a better way to assess(i) all drivers," Inada says. State laws vary, but screening can involve testing eyesight, on-road performance, knowledge of traffic laws and a review of medical conditions. In some states such as Florida, Alabama and Massachusetts, drivers with dementia are allowed to continue driving (Z) their physician reports they are unsafe.

Work toward equitable* transportation: People (あ)(い)(う)(え) to (お) of ways (か)(き) equitable transportation for all, Inada says. That involves having long-term conversations with family members, looking for ways to help extend older adults' (イ)"driving life expectancy" and addressing transportation inequities, he says.

(By Erin Blakemore, writing for *The Washington Post,* February 21, 2023)

［注］ crisscross　縦横無尽に動く

beloved　愛用の

Mercedes　メルセデス・ベンツ

Encino　ロサンゼルス市にある地区

dementia　認知症

adamant　頑固な

enacted　(enact　制定する)

cognitive impairment test　認知障害検査

revoked　(revoke　無効にする)

Journal of the American Geriatrics Society　アメリカ老年医学会の学会誌

epidemiologist　疫学者

postdoctoral　博士号取得後の

cognitive screening　認知機能が低下しているかどうかをふるい分けることができる検査

surmised　(surmise　推測する)

spontaneity　自発性

equitable　公平な

I－A　空所(X)～(Z)に入るもっとも適切なものを次の1～4の中からそれぞれ一つ選び、その番号を解答欄に記入しなさい。

(X)	1 and	2 but	3 so	4 if
(Y)	1 through	2 by	3 in	4 without
(Z)	1 because	2 whether	3 unless	4 when

I－B　下線部(a)～(i)の意味・内容にもっとも近いものを次の1～4の中からそれぞ

れ一つ選び、その番号を解答欄に記入しなさい。

(a) requiring
1 allowing　　2 commanding　　3 enabling　　4 persuading

(b) substantially
1 gradually　　2 greatly
3 spontaneously　　4 suspiciously

(c) corresponding
1 equivalent　　2 extreme　　3 increasing　　4 unclear

(d) surrendered
1 cleared up　　2 driven in　　3 given up　　4 taken over

(e) alternative
1 authentic　　2 efficient　　3 replacement　　4 temporary

(f) intersections
1 bridges　　2 crossroads　　3 sidewalks　　4 spins

(g) citing
1 criticizing　　2 mediating　　3 mentioning　　4 watching

(h) ferrying
1 caring　　2 encouraging　　3 preparing　　4 transporting

(i) assess
1 count　　2 engage　　3 improve　　4 judge

I－C　波線部 (ア) と (イ) の意味・内容をもっとも的確に示すものを次の１～４の中からそれぞれ一つ選び、その番号を解答欄に記入しなさい。

(ア) That doesn't have to be the case

1 There are ways for elders to regain some of their independence and sense of self-motivation, even without being able to drive

2 There is no particular need to be anxious about living in an inconvenient area or the risk of emergencies such as fires

3 In the case that elders want to continue driving, there is no need to return their licenses and feel isolated from social engagements

4　There are special transportation routes that allow seniors to drive with peace of mind to maintain their freedom and self-motivation

(イ) driving life expectancy

1　a situation when a person is judged to be able to operate a car safely

2　the estimated length of time that a person can safely operate a car

3　attitudes to safe driving that prevent life-threatening accidents

4　a state of mind that allows the driver to concentrate on safe driving

I－D　二重下線部の空所(あ)～(き)に次の1～8から選んだ語を入れて文を完成させたとき、(い)と(え)と(か)に入る語の番号を解答欄に記入しなさい。同じ語を二度使ってはいけません。選択肢の中には使われないものが一つ含まれています。

People (あ)(い)(う)(え) to (お) of ways (か) (き) equitable transportation for all

1　ages	2　need	3　think	4　all
5　depend	6　provide	7　of	8　to

I－E　本文の意味・内容に合致するものを1～8の中から三つ選び、その番号を解答欄に記入しなさい。

1　A Japanese government policy enacted in 2017 resulted in hundreds of older drivers no longer being allowed to drive.

2　According to Japanese police-reported data from 2012 to 2017, the number of car crashes for those aged over 75 had decreased.

3　The rate of decline in motor vehicle crashes after the implementation of the policy in Japan has been about the same for both males and females.

4　It is suggested that one of the reasons for improving traffic safety for elderly drivers was that many of them voluntarily surrendered their licenses.

5　Reasons for the rise in the risk of traffic accidents for older pedestrians and cyclists were proven after implementation of the policy.

6　Driving by the elderly has received attention, but some data suggest that simply being older does not lead to more accidents.

7　Dickerson has established a state office that provides individualized assistance for older drivers and those in driving retirement.

8　The United States conducts a screening process under standardized laws, including a vision test and a check of on-road capability.

I－F　本文中の太い下線部を日本語にしなさい。

Drivers 65 and older are involved in fewer accidents per driver than their younger counterparts

〔Ⅱ〕　次の文章を読んで設問に答えなさい。[＊印のついた語句は注を参照しなさい。](73点)

In 2008, the biotech industry had fallen on tough times: capital was drying up and businesses were struggling to survive. That's when Ryan Bethencourt saw an opportunity. A biologist with an entrepreneurial streak, he and a couple of friends started buying equipment from bankrupt companies and setting up their own small labs. By 2013, he had co-founded Counter Culture Labs, a "biohacker" space in Oakland, California. There, DIY-biology enthusiasts are now working on, among other projects, making real cheese in a way that bypasses the cow.

Bethencourt is part of a growing group of scientists, entrepreneurs(a), and lab tinkerers* who are forging(b) a bold new food future — one without animals. But they're not asking everyone to give up meat and dairy. Thanks to advances (　X　) synthetic biology, they're developing ways to produce actual animal products — meat, milk, egg whites, collagen — in the lab. And in doing so, they are shrinking the carbon footprint and slashing the land and water requirements of these goods with the goal of meeting the world's growing protein needs more sustainably.

Lab-grown (あ)(い)(う) a lot of (え)(お) (か) years. Dutch scientist Mark Post infamously produced the first lab-grown hamburger in 2013 to the tune of $325,000. But Post's costs have since dropped precipitously*, and one cultured-meat startup, Memphis Meats, has said it expects to have a product in stores by 2021.

However, this new food landscape extends well beyond meat. In the Oakland biohacker space, biologists, coders, and other volunteers with the Real Vegan Cheese project are figuring out how to produce the real thing, and they're keeping their findings open-source. In the startup arena(c), Perfect Day is racing to get their cow-free milk to market, Clara Foods is creating egg whites without eggs, and Geltor is making collagen in the lab. Bethencourt has supported these and other innovative(d) food startups through IndieBio, an investment group and business accelerator he cofounded in 2014.

What all these projects have in common is that they're harnessing the fermentation* process to make animal protein. "We've been using that technology for thousands of years," said Bethencourt in a recent talk. "Now we're starting to get sophisticated with it."

Producing animal protein in a lab looks like making beer, but with the help of a little synthetic biology. Scientists genetically modify yeast with a chunk* of DNA that tells the microbe* what protein to make. They then "brew" the yeast with nutrients in a bioreactor and isolate(e) the resulting proteins. In other words, microbes become factories that churn out the same substances that we now rely upon sentient* beings to produce.

In the case of Perfect Day, after isolating the yeast-derived cow's milk protein, they add in nutrients — as well as plant-based sugars and fats — to achieve texture and flavor similar to those of milk from an udder*. (Y) other milk substitutes, their milk doesn't need starches*, gums, and stabilizers, says company CEO Ryan Pandya, and it can be made into other higher-value products such as cheese and yogurt.

Raising cows and other livestock to feed ourselves has led to a familiar host of environmental woes* — CO_2 and methane emissions, air and water pollution, considerable land requirements — not to mention animal-welfare transgressions* and antibiotic resistance. At the same time, the demand for meat, dairy, and eggs continues to rise, particularly (f) in developing countries.

A preliminary life-cycle analysis of yeast-derived milk found that its production requires approximately two-thirds the amount of land and water that conventional milk production (ア) does. And, assuming wind energy powers the bioreactors, yeast-derived milk beats conventional milk by about half in terms of fossil fuel depletion* and global warming potential.

Of course, to reap* these environmental benefits in any meaningful way will require a massive scaling effort. Bethencourt believes this will be possible within a decade. But the problem isn't trivial (g). He sums up the crux* of it in a deceptively simple* question: "How efficiently can you turn a pound of sugar into a pound of the product you want?" The inputs to fermentation are essentially sugar water and yeast protein, but there's still a lot of experimentation to be done to output (h) proteins on a large scale. Some are just more difficult to make than others, says Kate Krueger, research director at New Harvest, a nonprofit that supports the science of cellular agriculture. "It's really hard to tell what's going to be hard to make until you try," says Krueger. Companies are doing R&D* as they go, and running a bioreactor is not cheap.

However, they're moving toward cost-competitiveness. Perfect Day is tailoring its process so that it can work within standard industrial fermentation facilities, according to Pandya. And Geltor is starting (Z) by selling their collagen products in the cosmetics industry, where a consistent, customizable product can command a premium, says company CEO Alexander Lorestani. They may (i)explore pharmaceutical* and food industry applications as their efficiency improves.

But efficiency is only one hurdle in the marketplace. The other is squeamishness*. Cellular agriculture will be realized only if consumers accept the technology and its products. (イ)To those who wrinkle their noses at the idea of a yeast-based system to produce milk, Isha Datar, executive director of New Harvest, likes to remind us of the current system: "Today, milk is made by artificially inseminating* a cow at 13 months of age, having it bear a calf nine months later, having the calf removed (to be made into veal*), and then maintaining the cow in a lactating* state for about two years. By age four, the dairy cow is culled* for beef."

Can we do better? Fermentation biotechnology has brought us cheese and yogurt. Now it could play a big part in feeding a growing world population while keeping agriculture's environmental footprint in check. And that's (ウ)a mouth-watering prospect.

(By Lindsey Doermann, writing for *Anthropocene,* 2018)

［注］ tinkerers　下町職人

precipitously　急激に

fermentation　発酵

chunk　かたまり

microbe　微生物

sentient　感知力のある

udder　（牛・羊などの）乳房

starches　でんぷん

woes　災い

transgressions　違反

depletion 減少

reap 受け取る

crux 最重要点

deceptively simple 一見単純に見える

R&D (Research and Development 研究開発)

pharmaceutical 製薬の

squeamishness 気難しさ

inseminating (inseminate 授精させる)

veal 仔牛の肉

lactating (lactate 乳を分泌する)

culled (cull 選び出す)

II－A 空所(X)～(Z)に入るもっとも適切なものを次の1～4の中からそれぞれ一つ選び、その番号を解答欄に記入しなさい。

(X) 1 at　2 for　3 in　4 on

(Y) 1 Despite　2 Including　3 Unlike　4 With

(Z) 1 at　2 from　3 in　4 off

II－B 下線部(a)～(i)の意味・内容にもっとも近いものを次の1～4の中からそれぞれ一つ選び、その番号を解答欄に記入しなさい。

(a) entrepreneurs

1 business journalists　2 company founders

3 computer programmers　4 policy makers

(b) forging

1 building　2 drawing　3 dreaming　4 expecting

(c) arena

1 arcade　2 field　3 gym　4 square

(d) innovative

1 applicable　2 fascinating　3 original　4 strange

(e) isolate

1 accommodate　2 create
3 modify　4 separate

(f) particularly
1 actively　2 especially　3 interestingly　4 slowly

(g) trivial
1 large　2 minor　3 specific　4 standard

(h) output
1 consume　2 examine　3 exclude　4 produce

(i) explore
1 call　2 question　3 order　4 research

Ⅱ－C　波線部 (ア)～(ウ) の意味・内容をもっとも的確に示すものを次の1～4の中からそれぞれ一つ選び、その番号を解答欄に記入しなさい。

(ア) conventional milk production
1 traditional methods of producing milk
2 operational standards in the dairy business
3 practical ways of preserving milk products
4 ideal standards of processing dairy products

(イ) To those who wrinkle their noses
1 To those who exhibit excitement
2 To those who show embarrassment
3 To those who express discomfort
4 To those who display admiration

(ウ) a mouth-watering prospect
1 a possibility that leads to different ideas
2 a plan that has limited potential
3 a plan that calls for action
4 a possibility that sounds promising

Ⅱ－D　二重下線部の空所(あ)～(か)に次の1～7から選んだ語を入れて文を完成させ

たとき、(い)と(う)と(お)に入る語の番号を解答欄に記入しなさい。同じ語を二度使ってはいけません。選択肢の中には使われないものが一つ含まれています。

Lab-grown (あ)(い)(う) a lot of (え)(お)(か) years.

1 in	2 meat	3 has	4 headlines
5 at	6 grabbed	7 recent	

II－E　本文の意味・内容に合致するものを次の1～8の中から三つ選び、その番号を解答欄に記入しなさい。

1 Ryan Bethencourt started his own business after several unsuccessful attempts in the dairy industry.

2 Bethencourt and his friends have been working on synthetic animal products to reduce the environmental impacts of conventional meat and dairy production.

3 Experts in the Oakland biohacker space shifted their focus from producing artificial meat to cow-produced cheese.

4 Biotechnology has greatly contributed to the beer-making industry with its revolutionary approach to fermentation.

5 Perfect Day first isolates milk protein and adds plant-based sugars and fats to produce synthetic milk with similar texture and flavor to cow's milk.

6 Recent experimentations have concluded that yeast protein must be added to several essential inputs in the fermentation process.

7 Perfect Day has completed its preparation process to move the whole company to standard industrial fermentation facilities.

8 The current system of milk production is undertaken with interventions in the natural insemination and lactation stages of cows.

〔Ⅲ〕 次の会話を読んで設問に答えなさい。(50点)

(*Hannah, a university student, is working on her computer.*)

Jacob: Hi Hannah. You sure look busy.

Hannah: Oh hey, Jacob. I've been working on the term paper for my film class. I was really hoping to be finished by now, but I'm making slow progress.

Jacob: I didn't know you were taking a film class. That sounds really interesting.

Hannah: I love it. And I'm learning so many new things about cinema. ＿＿＿＿(a)＿＿＿＿

Jacob: Oh yeah? Like what?

Hannah: Well, for example, the first films shown to the public were really short. Like just one minute or less. They were mostly a novelty to be shown at fairs and such. This was around the turn of the 20th century.

Jacob: Quite different from films today!

Hannah: True! After a while, films did start to get longer and more standardized, but for about 30 years there were a lot of changes and shifts in how they were made and distributed.

Jacob: ＿＿＿＿(b)＿＿＿＿ Wasn't that when silent films were popular?

Hannah: They eventually became a big hit with the public. In the 1910s and especially the 1920s, Hollywood started to take the lead in making feature films. ＿＿＿＿(c)＿＿＿＿ And that really accelerated cinema's popularity.

Jacob: I don't even think I know any people from that time.

Hannah: Well, you must have heard of Charlie Chaplin.

Jacob: Oh yes, of course. How could I forget him? He must have been tremendously popular, but I'm not sure why exactly.

Hannah: There are many reasons actually. He had tremendous appeal and a great way of performing physically in front of the camera. ______(d)______ He was one of the first actors to figure that out, and he could perform brilliantly. That's because of his background in comedic stage performance.

Jacob: I've seen old video clips of him with his hat, cane and funny mustache. They were pretty cute.

Hannah: Those would have been of his character called "The Tramp," and he was really funny and sweet. But that's not the only reason he was considered a genius. ______(e)______

Jacob: So basically he could do it all.

Hannah: Yes, and because of that, Chaplin led the way in Hollywood.

Jacob: So why did that become the place that is famous for movies?

Hannah: ______(f)______ Thomas Edison, who invented the motion picture camera, was then based on the East Coast. That's where the first short films were made. He controlled all the patents, and films made there required paying a fee. To escape that expense, filmmaking gradually moved across the country to California. That's the main reason.

Jacob: ______(g)______

Hannah: Definitely. In Hollywood it was much easier to make movies year-round.

Jacob: So when did movies start to have sound?

Hannah: In a way they always did. [映画が上映されている間、同時に小規模な楽団によって音楽が演奏されたものです。] But in answer to your question, 1927 was the year of the first "talkie," as sound films were called. Its title was *The Jazz Singer*.

Jacob: I guess the change wasn't great for Chaplin's career.

Hannah: ______(h)______ But his films in the talkie era continued to be hugely popular. He still relied on sounds and music more than dialogue, yet his talent was as strong as ever. He even composed some of the music.

Jacob: Amazing. You're making *me* want to take this course.

Hannah: Oh, the course is great. Writing this term paper sure is giving me a headache though!

Ⅲ－A　空所 (a)～(h) に入るもっとも適切なものを次の１～10の中からそれぞれ一つ選び、その番号を解答欄に記入しなさい。同じ選択肢を二度使ってはいけません。選択肢の中には使われないものが二つ含まれています。

1 He even wrote and directed most of his films.

2 Because there was no sound, you really had to act with your whole body.

3 Most of it I didn't know before.

4 It's true that he slowed down after that.

5 Well, it didn't used to be.

6 Amazingly, he had never acted before.

7 I don't know much about that era.

8 It's because Edison preferred it there.

9 The better weather probably helped too.

10 That was also when the concept of the movie star was born.

Ⅲ－B　本文中の［　　　］内の日本語を英語で表現しなさい。

映画が上映されている間、同時に小規模な楽団によって音楽が演奏されたものです。

日本史

（75分）

〔Ⅰ〕 古代の仏教寺院に関する文章（A）～（D）を読んで、〔　ア　〕～〔　コ　〕に入る語を解答欄Ⅰ－Aに漢字で記し、（　a　）～（　o　）に入る語をそれぞれの〔語　群〕から選び、番号を解答欄Ⅰ－Bに記入せよ。　(60点)

（A） 薬師寺は、天武天皇9年（680）に皇后の鸕野讃良《うののさらら》皇女、のちの持統天皇の病気平癒を祈願して天武天皇が発願、百僧を得度させたことに起源をもつ。平城遷都を受けて（　a　）から現在の位置に移された。奈良時代には（　b　）にもとづく仏教統制が進み、仏教界を統括する僧正・僧都・律師からなる（　c　）の制度も整備され、養老6年（722）にはその役所「（　c　）所」が薬師寺内に設けられた。薬師寺に残る唯一の天平時代の建築は、〔　ア　〕と称する小さな飾り屋根を有する三重塔、東塔である。また、東院堂の（　d　）や金堂の薬師三尊像など白鳳・天平時代の仏像のほか、鎮守の休ヶ岡《やすみがおか》八幡宮には神功皇后像・仲津姫命像と共に〔　イ　〕が伝来する。これは神仏習合の普及を象徴する平安初期の貴重な神像彫刻である。また薬師寺の僧〔　ウ　〕の著した最古の仏教説話集『日本霊異記』は、因果応報の目線で民間での仏教受容の様相を生々しく描き出している。

〔語　群〕

1．禁教令	2．難波宮	3．恭仁京
4．聖観音菩薩立像	5．宗旨人別改帳	6．蔵　人
7．僧　綱	8．藤原京	9．僧尼令
10．弥勒菩薩坐像	11．評　定	12．十一面観音立像
13．飛鳥京	14．三　綱	15．延喜式
16．釈迦三尊像		

（B） 東大寺は、夭逝した皇太子基王を供養するために聖武天皇が若草山山麓に創建した「山房」、すなわち金鐘寺を起源にもつとされる。（　e　）の尽力

で金光明寺と称する大和国国分寺に発展、さらに大仏造立計画とも結びつく。（　e　）が初代東大寺別当となった天平勝宝4年（752）には、聖武太上天皇・光明皇太后・孝謙天皇のもと菩提僊那を導師として〔　エ　〕が催された。翌年には、唐から（　f　）が来日し、東大寺の戒壇院設立に尽力、聖武太上天皇以下に授戒した。東大寺は華厳宗を軸としながらも六宗兼学の寺として君臨するが、桓武天皇の南都仏教排斥で次第に衰退し、空海が別当となると寺内に真言院が設けられ、そこを中心に密教化が進む。華厳経の毘盧遮那仏が真言密教の中心仏の〔　オ　〕と同体と位置づけられ、後世には朝夕の看経で密教経典「理趣経」が読まれるようになる。さらに治承・寿永の内乱で平重衡の南都焼き討ちを受ける。現在の南大門はこの再興時の貴重な建築である。そこに安置される金剛力士像の新造には、運慶・快慶のほかに、定覚、さらに運慶の長男で蓮華王院本堂千手観音像を制作した（　g　）までが加わっていたことが、吽形像内に納入されていた宝篋印陀羅尼経の奥書から明らかになっている。他方、法華堂（三月堂）の正堂は東大寺に残る数少ない奈良時代の建物で、本尊の（　h　）をはじめとする乾漆像、塑像の執金剛神など天平彫刻の宝庫でもある。

〔語　群〕

1．行　信	2．貞　慶	3．湛　慶
4．源　信	5．不動明王像	6．盧舎那仏像
7．定　朝	8．不空羂索観音像	9．如意輪観音像
10．行　基	11．良　弁	12．玄　昉
13．鑑　真	14．道　慈	15．空　也

（C）　延暦寺は、延暦7年（788）に最澄が三輪山から大物主神の分霊を比叡山に勧請して地主神大山咋《おおやまくい》神とともに祭り、薬師如来を本尊とする一乗止観院という草庵を建てたのが始まりである。すでに内供奉十禅師として桓武天皇の帰依を受けていた最澄は、延暦23年（804）には入唐、天台山で天台教学を学び、菩薩戒を受ける。帰国後は比叡山を天台教学の根本道場とした。従来の三戒壇、すなわち東大寺・筑紫観世音寺・（　i　）以外に、比叡山に独自の大乗戒壇を設置することを求めたので、南都の寺院から厳しい批判を

受けるが、弘仁10年（819）に『〔　カ　〕』を著して反駁、しかし勅許が下ったのは弘仁13年（822）、最澄没後7日目のことだった。翌年には延暦寺という寺号が許される。

後継者の円仁は、承和5年（838）に入唐し、五台山を巡礼、旅日記『〔　キ　〕』を記している。長安では、大興善寺で金剛界大法を、青龍寺で胎蔵大法・蘇悉地《そしつち》大法を学んだ。会昌の廃仏に遭遇して苦労するが、帰国後は延暦寺を統括する第3代〔　ク　〕に勅任されて天台密教を確立した。20歳年下の円珍も仁寿3年（853）に藤原良房らの支援を受けて入唐した。天台山巡礼後は長安の青龍寺で胎蔵・金剛界・蘇悉地の大法を学び、伝法灌頂を受けて、帰国後は第5代〔　ク　〕に勅任されている。彼らの受容した延暦寺の密教は、真言宗の「東密」に対して「台密」と呼ばれた。10世紀末、円仁門徒と円珍門徒との間の対立が顕在化し、円珍門徒は比叡山を下り、最終的に（　j　）を拠点とした。その後も山門派＝延暦寺と寺門派＝（　j　）との間で激しい抗争が繰り広げられている。

なお、〔　ク　〕に補任された人物には、『愚管抄』を執筆した慈円や「鳥獣戯画」を描いたといわれる鳥羽僧正（　k　）といった優れた文化人が多い。

〔語　群〕

1．六波羅蜜寺	2．室生寺	3．石山本願寺
4．讃岐善通寺	5．貞　慶	6．園城寺
7．覚　如	8．下野薬師寺	9．覚　猷
10．法勝寺	11．摂津四天王寺	12．玄　昉

(D)　教王護国寺は、平安京を守護する官寺として造営中の東寺を（　l　）が弘仁14年（823）に空海に下賜したもので、以後、真言密教の根本道場となる。空海は延暦23年（804）に留学僧として入唐した。一行のなかには既に宮廷の信頼を得ていた最澄や若き（　m　）（三筆の一人で後に承和の変で配流された人物）がいた。長安ではインド僧の般若三蔵や青龍寺の恵果に師事し、胎蔵・金剛界の灌頂、伝法灌頂を受けた。帰国後は、（　l　）の帰依を得て、高雄山寺を拠点として活動、弘仁7年（816）には修行道場として

高野山を下賜される。また弘仁13年（822）に東大寺に灌頂道場真言院を設けることが認められ、翌年には東寺を賜ることになる。空海はその東隣に〔　ケ　〕を開設、大学・国学のような入学者制限を設けず、儒教のみならず道教や仏教にわたる教育を目指した。『(　n　)』は24歳の時に執筆した草稿に改訂を加えた著作で、儒教・道教・仏教を思想的連続性の中に位置づけるものだが、その理念をふまえたものであろう。本寺の講堂には現在も当初の密教尊像が多数残る。また伝真言院曼荼羅と呼ばれる両界曼荼羅は、承和2年（835）正月8日から14日にかけて宮中真言院で修された法会（　o　）で使用されたものと伝えられる。

本寺には荘園文書をはじめとする貴重な古文書が多数伝来していたが、17世紀中葉、積極的に藩政改革を進めるとともに木下順庵ら儒学者を抜擢した好学の加賀藩主〔　コ　〕によって文書目録が作成され、彼の寄付した多くの桐箱に整理保存されたため、散逸することなく現在に伝わった。東寺百合文書と呼ばれるゆえんだが、現在は京都府の「京都学・歴彩館」に保管され、日本史研究にとって貴重な宝庫となっている。

〔語　群〕

1．風信帖　　2．平城天皇　　3．吉備真備
4．後七日御修法　　5．三教指帰　　6．性霊集
7．灌仏会　　8．御斎会　　9．専修念仏
10．嵯峨天皇　　11．桓武天皇　　12．山家学生式
13．藤原行成　　14．橘逸勢　　15．淳和天皇
16．橘諸兄

〔Ⅱ〕 次の文章・史料（1）～（3）を読んで、下記の設問ア～コに答えよ。

(40点)

(1) 鎌倉幕府の滅亡とともに京都へもどった後醍醐天皇は、（　ア　）の光厳天皇を退位させ、摂政・関白を廃して天皇みずからが政治をおこなう親政の体制を整えた。ここに公武一統の建武の新政がはじまった。しかし後醍醐天皇の政治は一貫性を欠き、先祖伝来の所領をもつ武士たちの不安を増大させた。

このような中で、1336年に京都へ攻めのぼった足利尊氏は、一度は破れて九州に逃げたが、再挙して京都を制圧し、（　ア　）の光明天皇を擁立した。

これに対して後醍醐天皇は吉野へ脱出し、南北朝の内乱がはじまった。

足利尊氏は新たに（　イ　）を定めて幕府再興の方針を明らかにし、ついで1338年に征夷大将軍に任じられた。室町幕府では、守護の人事などを将軍足利尊氏が握り、裁判や行政など広範な権限を弟の（　ウ　）にまかせていた。やがて政治方針をめぐって、（　ウ　）と執事高師直エとの対立がおき、1350年以降、複雑な争いが繰り返されたオ。

【設問ア】空欄（　ア　）には鎌倉時代中期に分裂対立した二皇統の一つが入る。後深草、伏見、後伏見、花園、光厳と続くこの皇統は、亀山、後宇多、後二条そして後醍醐に続く皇統と対立した。この皇統は、やがて北朝として室町幕府によって擁立された。この皇統の名称を漢字で解答欄Ⅱ－Aに記せ。

【設問イ】空欄（　イ　）には室町幕府の発足に際して足利尊氏の諮問にこたえた17カ条からなる政治方針の要綱を示した法令が入る。この名称を漢字で解答欄Ⅱ－Aに記せ。

【設問ウ】空欄（　ウ　）には、鎌倉の執権政治を理想とし、幕府機構の整備、法秩序の確立、仏教の興隆などを重視した人物が入る。この人物名を漢字で解答欄Ⅱ－Aに記せ。

【設問エ】江戸時代、赤穂浪士の仇討ちを題材にした作品群のうちには、高師直が、忠臣大星由良之助の主君塩冶判官の仇として登場する作品がある。大坂・竹本座で1748年に初演され、その後、浄瑠璃、歌舞伎の代表作となったこの作品の名称を漢字で解答欄Ⅱ－Aに記せ。

【設問オ】下線部オのような両派の対立によって、南北朝の内乱はさらに激化し、幕府権力の確立はいっそう混迷したといわれる。この室町幕府中枢部の内紛は北朝方の元号を冠して呼ばれる。その元号を漢字2字で解答欄Ⅱ－Aに記せ。

【設問カ】下記の（a）～（e）は、文章（1）の動乱の主な舞台である。それぞれの事象とその説明にしたがって、密接にかかわる旧国名を下記［語　群］から選び、その番号を解答欄Ⅱ－Bに記入せよ。

（a）北畠顕家が親王を擁して国府・多賀城に赴いた。

（b）多々良浜の戦いで足利尊氏が菊池氏を撃破した。

（c）足利尊氏が湊川で新田義貞・楠木正成らを破った。

（d）新田義貞が藤島で敗死した。

（e）北畠親房が小田城で『神皇正統記』を執筆した。

［語　群］

1．摂　津	2．陸　奥	3．越　前	4．薩　摩
5．筑　前	6．信　濃	7．常　陸	8．紀　伊
9．土　佐	10．出　雲		

（2）　応仁・文明の乱で、室町幕府内部は分裂し、乱が終息したあと将軍・幕府の権威は低下したが、まったく無力化したわけではなかった。しかし、1493年、管領細川氏嫡流の（　キ　）が、将軍（　ク　）を廃して足利義澄を新たに将軍に擁立すると、将軍と幕府の権威低下は決定的となった。この政変で畠山政長は討たれ、京都では細川氏が力をもった。そして細川氏もやがて両派に分裂し、それぞれ将軍を擁立して周辺諸国を巻き込んだ抗争が続いた。

【設問キ】空欄（　キ　）に入る人物名を漢字で解答欄Ⅱ－Aに記せ。

【設問ク】空欄（　ク　）に入る人物名を漢字で解答欄Ⅱ－Aに記せ。

（3）「一　朝倉か館の外《ほか》、国内□《(に)》城郭を構えさせましく候。惣別分限《ぶげん》あらん者、（　ケ　）谷へ引越、郷村には代官計《ばかり》置かるべき事。」　（朝倉英林壁書）

【設問ケ】空欄（　ケ　）には、戦国大名・朝倉氏が本拠地とした越前国内の地名が入る。この地名を漢字で解答欄Ⅱ－Aに記せ。

【設問コ】戦国時代、多くの大名は、家臣団の統制と農民支配のために分国法を制定した。下記の（f）～（h）の分国法は、どの戦国大名のものであるか、適切なものを下記［語　群］から選び、その番号を解答欄Ⅱ－Bに記入せよ。

（f）甲州法度之次第

（g）新加制式

（h）塵芥集

［語　群］

1．三好氏　　2．今川氏　　3．北条氏　　4．伊達氏

5．織田氏　　6．大内氏　　7．武田氏

〔Ⅲ〕 次の（1）～（3）の文章を読み【設問ア】～【設問ト】に答えよ。（50点）

（1） 18世紀末、日本の近海には外国船が度々現れ、幕府は外交方針の変更を迫られた。寛政4年（1792）、ロシア使節が来航ア し、漂流民イ を送り届けるとともに通商関係を求めたが、幕府はこれを拒否した。その後、幕府は（　ウ　）及び蝦夷地の海防強化を目指した。文化元年（1804）、ロシア使節が来航エ し、再度、通商関係を求めたものの、またしても幕府が拒否したため、後日、ロシア軍艦は樺太や択捉島を襲撃した。

日本を開国させたのはアメリカであった。嘉永6年（1853）、アメリカ東インド艦隊司令長官ペリーが浦賀へ来航し、大統領の国書を提出して開国を求めた。幕府はそれを受け取った上で、翌年の回答を約束して日本を去らせた。安政元年（1854）、ペリーが再度来航した。幕府はやむなく日米和親条約を結んだ。ついで3カ国オ① とも同様の条約を結び、幕府は200年以上にわたった鎖国政策を転換した。その後、日本はアメリカと日米修好通商条約を調印したが、その内容は日本にとって不利な内容をもつ不平等条約であった。ついで4カ国オ② ともほぼ同様の条約を結んだ。

これらの不平等条約を改正することは、明治新政府にとって国家の独立と富国強兵を目指す上で重要な課題だった。条約改正の機会は何度かあったものの、いずれも不成功に終わったカ。条約改正に成功したのは、（　キ　）外務大臣の時代である。（　キ　）は領事裁判権の撤廃と税権の一部回復、相

互の最恵国待遇を内容とする日英通商航海条約に調印した。

【設問ア・エ】下線部ア・エに関して、使節の名前として正しいものを下記から1つずつ選び、その番号を解答欄Ⅲ－Bに記入せよ。

1．プチャーチン　2．ラクスマン
3．ビッドル　4．レザノフ

【設問イ】下線部イに関して、この中の一人の見聞をもとに桂川甫周が著した漂流記の名称を解答欄Ⅲ－Aに漢字で記せ。

【設問ウ】空欄（　ウ　）に当てはまる地名を解答欄Ⅲ－Aに漢字で記せ。

【設問オ】下線部オ①②に関して、どちらの条約も締結した国として誤っているものを下記から1つ選び、その番号を解答欄Ⅲ－Bに記入せよ。

1．ロシア　2．イギリス　3．フランス　4．オランダ

【設問カ】下線部カに関して、条約改正の担当者と交渉結果の組み合わせとして正しいものを下記から1つ選び、その番号を解答欄Ⅲ－Bに記入せよ。

1．大隈重信—アメリカは賛成したがイギリスやドイツなどの反対により失敗。
2．寺島宗則—条約改正会議で欧米の同意を得たが国内の反対で失敗。
3．青木周蔵—イギリスは同意するも大津事件で引責辞職、挫折。
4．井上馨—アメリカ・ドイツ・ロシアと新条約を調印したが外国人判事の大審院任用問題で挫折。

【設問キ】空欄（　キ　）に当てはまる人物名を解答欄Ⅲ－Aに漢字で記せ。

（2）　第一次世界大戦の最中、ロシアで革命が起こった。連合国側のうち、日本ク を含む4カ国が共同でソヴィエト政権に干渉戦争をしかけ、日本はシベリア方面に出兵した。大戦が終わると、日本以外の3カ国はまもなく兵を引き揚げたが、日本はこの機会にシベリア東部へ勢力を伸ばそうと謀り、1922（大正11）年まで撤兵しなかった。

第一次世界大戦後、国際政治の主導権をにぎったアメリカは、パリ講和会議では十分議論をつくせなかった海軍軍縮と太平洋および極東問題などを審議するため、1921（大正10）年、各国代表をまねいて国際会議を開いた。日本は（　ケ　）を首席全権とする日本代表団を派遣した。会議では三つの条

約があらたに結ばれた。

こうした背景のもとに1920年代を通じて国際協調の気運が高まり、日本は国際連盟の常任理事国として国際社会において一定の責任を担うようになった。また外務大臣の（　コ　）は、アメリカとの協調関係を維持するとともに、中国に対しては武力によってではなく、外交交渉によって日本の経済的権益を守ろうとした。

【設問ク】下線部クに関して、この中に含まれる国名を下記から１つ選び、その番号を解答欄Ⅲ－Ｂに記入せよ。

１．アメリカ　　２．ポルトガル　３．スペイン　　４．オランダ

【設問ケ】空欄（　ケ　）に当てはまる人物名を解答欄Ⅲ－Ａに漢字で記せ。

【設問コ】空欄（　コ　）に当てはまる人物名を下記から１つ選び、その番号を解答欄Ⅲ－Ｂに記入せよ。

１．幣原喜重郎　２．広田弘毅　　３．内田康哉　　４．有田八郎

（３）　日本政府は1932（昭和７）年９月、（　サ　）を結んで満洲国を正式に承認した。しかし翌月、リットン調査団が報告書を公表し、満洲における日本の経済的利益を認めたものの、満洲国は自発的な民族自決運動によって成立したものではないとした。1933（昭和８）年２月、国際連盟臨時総会が開かれ、連盟はリットン報告書に基づき、満洲における中国の主権を認め、日本軍が合法的に管理することのできた満鉄付属地内へ兵を引きあげることを求める勧告案を提出した。勧告案は、大差で可決された。これに対し、日本全権団は総会議場から退場して、翌３月、日本は国際連盟からの脱退を通告した シ。その後、日本は独自で満洲経営に乗りだし、1934（昭和９）年には執政の溥儀を皇帝とする帝政に移行させた。また（　ス　）海軍軍縮条約の廃棄を通告し、後には第２次（　セ　）海軍軍縮会議からも脱退して国際的に孤立を深めた。

満洲事変後、関東軍は満洲国を安定させるため、勢力をさらに華北に拡大しようとした。日中両国の関係が悪化するなか、1937（昭和12）年７月、北京郊外の盧溝橋で日中両国軍が衝突した。政府は当初不拡大方針をとったが、戦線は拡大した。一方、中国軍は蔣介石の指揮のもとで、上海地域で激しい

応戦にでた。こうして正式な宣戦布告のないまま日中全面戦争に発展した。この間に中国では、第2次国共合作による（　ソ　）が結成された。

日中戦争の長期化に伴い、事態の打開のためには、ドイツと結んで南方に進出しようという空気がにわかに高まった。1940（昭和15）年9月、日本はドイツ、イタリアと同盟を結んだが、これはアメリカやイギリスを刺激した。日米衝突を回避するため、1941（昭和16）年4月から日米交渉を開始タしたが進展せず、同年11月末、ハル国務長官は最後通告的な案を提示した。日米交渉は絶望的となり、同年12月8日、日本軍はマレー半島に上陸するとともに、ハワイの真珠湾を奇襲攻撃し、アメリカ・イギリスに宣戦を布告した。開戦から約半年の間に、日本軍は香港・マニラ・シンガポールを占領し、ついで東南アジアから南太平洋にかけての広い地域をおさえた。戦局の転機は、1942（昭和17）年6月のミッドウェー海戦であり、この戦いで敗北した日本海軍は、これ以後、海と空の支配権を失い、アメリカ軍の本格的な反撃を受けた。その後、戦局は好転せず、1945（昭和20）年8月に敗戦を迎えた。

占領下の日本は、国際法上、大戦中の連合国との戦争状態を終結していなかった。そのため、連合国と平和条約を結ぶ必要があった。アジアにおける日本の戦略的価値を再認識したアメリカは、平和条約を締結して日本を独立させ、西側陣営の一員とすることを急いだ。国内ではすべての交戦国と講和をするべきとの（　チ　）論の主張もあったが、政府は早期講和につとめ、1951（昭和26）年9月、アメリカを中心とする48カ国とサンフランシスコ平和条約に調印した。翌年には、中華民国ツ、インドと平和条約を締結した。その際に両国は（　テ　）権を放棄した。以後も、サンフランシスコ平和条約に不参加あるいは調印拒否した国々との国交回復トが日本外交の課題として残された。

【設問サ】空欄（　サ　）に当てはまる協定を解答欄Ⅲ－Aに記せ。

【設問シ】下線部シに関して、国際連盟脱退が発効した時期として正しいものを下記から1つ選び、その番号を解答欄Ⅲ－Bに記入せよ。

1．1933年　　2．1934年　　3．1935年　　4．1936年

【設問ス】空欄（　ス　）に当てはまる地名を解答欄Ⅲ－Aに記せ。

【設問セ】空欄（　セ　）に当てはまる地名を解答欄Ⅲ－Aに記せ。

【設問ソ】空欄（　ソ　）に当てはまる語句を解答欄Ⅲ－Aに記せ。

【設問タ】下線部タに関して、この時の首相として正しいものを下記から1つ選び、その番号を解答欄Ⅲ－Bに記入せよ。

1．米内光政　　2．近衛文麿　　3．東条英機　　4．林銑十郎

【設問チ】空欄（　チ　）に当てはまる語句を解答欄Ⅲ－Aに漢字4字で記せ。

【設問ツ】下線部ツに関して、中華民国と締結した条約が無効になった時期として正しいものを下記から1つ選び、その番号を解答欄Ⅲ－Bに記入せよ。

1．1960年　　2．1965年　　3．1972年　　4．1978年

【設問テ】空欄（　テ　）に当てはまる語句を解答欄Ⅲ－Aに漢字4字で記せ。

【設問ト】下線部トに関して、戦後の首相と在任中の出来事の組み合わせとして正しいものを下記から1つ選び、その番号を解答欄Ⅲ－Bに記入せよ。

1．吉田茂―日ソ共同宣言の調印

2．鳩山一郎―日中平和友好条約の締結

3．岸信介―日本ビルマ平和条約の締結

4．佐藤栄作―日韓基本条約の締結

世界史

（75分）

〔Ⅰ〕　次の文章を読み，設問1～12に答えなさい。　（50点）

人は塩なしには生きられない。塩にふくまれるナトリウムは消化と発汗に欠かせないが，体内で作ることができない。他でも代用できる米や麦などと違い，塩は文字どおり(あ)生命維持に不可欠な必需品なのである。ある統計によれば，現在，中国は日本の10倍強の人口を擁しながら，海岸線の総延長は日本の半分弱に過ぎない。こうしたところからもうかがえるように，中国における塩の希少性は，周囲を海に囲まれている日本の比ではなかった。中国で塩の主要産地となってきたのは，大陸東部の沿海地域のほか，三国時代の関羽の出身地でもある解州の塩池（塩水湖）や(い)四川省に存在する塩井，モンゴル地域の(う)岩塩などであり，かぎられた場所でしかとれない塩は，古くから貴重な商品であった。収益性が高く，生産・流通に対する統制も容易であったために，歴代王朝政府によって塩の専売が行われてきた。

（　**a**　）が著した『史記』によれば，春秋時代，現在の（　**b**　）省をおもな領域とする(え)斉の桓公が宰相に登用した管仲は，海岸部の塩と魚を売って国を富ませたと伝えられる。

（　**a**　）が生きた漢の武帝の時代，北方で強勢をほこった（　**c**　）に対し，漢は，みずからも（　**c**　）に大敗した初代皇帝（　**d**　）以来の融和策から積極策へと転じ，毎年のように遠征軍を派遣した。これにより漢の領域は拡大したが，一連の遠征および占領地の維持に莫大な費用を要し，充実していた国庫も次第に窮乏する。(お)財政改革にのりだした武帝が行った施策のひとつが塩・鉄・酒の専売であった。生産者を統制管理し，流通・販売をすべて官が独占するという武帝時代の塩専売の制度は，各方面から強い反対を浴びて一時的に廃止されるものの，やがて復活し，後世のモデルとなった。

中国史上，塩の専売が制度として定着したのは，8世紀なかば以降のことである。755年に（　e　）がはじまると，深刻な財政難におちいった唐は，758年に塩の専売を開始する。当初は生産者を官の管理下に置き，塩の買い上げから運搬・販売まですべて官が行う制度であったが，やがて塩の運搬と販売を指定の商人に委託し，商人に卸売する際に塩税を徴収する制度が新たに導入された。(か)当時，成長をとげつつあった商人を活用するこの制度は成功をおさめ，塩税収入が政府の財政収入の半ばを占めるまでに激増した。

塩の専売が導入されてから，政府公認の販売価格は急騰したが，そのことは，公定価格より安価な塩の密売を横行させた。安価な密売塩の流通は，政府にとって重要な財源である塩税収入を減少させることになるため，歴代政権は塩密売にたずさわった違反者の取り締まりを厳しくするが，同時にそれは密売業者の地下潜伏と武装組織化をもたらした。特に（　e　）以降，(き)社会の流動化が顕著になり，没落して本籍地から離れる人口が増加するが，こうした人々の受け皿となったのは，(く)事実上，唐から自立した軍閥やさまざまな秘密結社，そして流通業であった。875年に（　b　）ではじまり，南は広州から北は洛陽および長安をふくむ広範囲に戦火を広げた（　f　）は，こうした流出人口を塩の密売集団が吸収し，勢力を拡大したものであった。

（　g　）上流で半農半牧の生活を営んでいた契丹（キタイ）をはじめとする(け)北方民族の政権と対峙し，軍事費の増加に直面した北宋も塩税収入を活用した。塩専売の歴史の上で重要なのは，(こ)北方の辺境で商人に軍糧となる穀物を納入させる見返りに，塩の販売手形を発給するようになったことである。のちに商人の納入品が穀物から銅銭に改められると，商人は銅銭を納入して得た手形を塩にひきかえて売りさばく一方，政府は得られた銅銭で軍隊に支給する穀物を購入するというように，塩の収入をもちいて辺境の軍隊を支える安定的な仕組みができあがった。北宋で導入された(さ)塩の販売手形は以後の歴代政権に受け継がれ，ツングース系の（　h　）人が建てた金と（　i　）を境界として対峙した南宋においても，塩の販売手形の売り上げによって得られた収入が，莫大な軍事支出を支えた。

設問1　文中の（　a　）～（　i　）に入る最も適切な語句を次の語群から1

つずつ選び，番号を解答欄Ｉ－Ａに答えなさい。同一記号は同一語句とする。

【語群】

1．安史の乱	2．渭水	3．永嘉の乱
4．衛満	5．王重陽	6．欧陽脩
7．河南	8．顔真卿	9．羌
10．匈奴	11．羯	12．項羽
13．黄河	14．黄巾の乱	15．紅巾の乱
16．黄巣の乱	17．呉楚七国の乱	18．湖南
19．山東	20．司馬遷	21．柔然
22．女真（女直）	23．赤眉の乱	24．陝西
25．鮮卑	26．趙匡胤	27．長江
28．長城	29．董仲舒	30．突厥
31．班固	32．楊堅	33．李世民
34．劉邦	35．遼河	36．淮河

設問２　下線部(あ)に関連して，明末中国における実学重視の風潮のなかで，李時珍が著した薬学・植物学解説書の書名を解答欄Ｉ－Ｂに漢字４文字で答えなさい。

設問３　下線部(い)の四川省に関連して述べた以下の１～４のうち，**誤っている**文を１つ選び，番号を解答欄Ｉ－Ａに答えなさい。

１．四川省の三星堆遺跡から，殷と同時代ながらも，それとは系統を異にする独特の青銅器文化が発見された。

２．後漢の皇帝から禅譲を受けて曹丕が帝位についたことに対抗して，劉備が四川に蜀を建てた。

３．現在，四川料理で多用されるトウガラシは，13世紀にはヨーロッパ人によって原産地のアメリカ大陸から中国に伝えられていた。

4．四川と湖北の境界にあたる山間部では，18世紀の人口増加に起因する社会矛盾が深刻化し，白蓮教徒が蜂起した。

設問4　下線部(う)の岩塩は，たとえばサハラ砂漠を縦断して西アフリカと地中海沿岸とを往来する交易においても主要な交易品のひとつであった。これに関連して，歴史上の長距離移動とそれにかかわる物品について述べた(a)(b)について，(a)(b)ともに正しい場合は数字**1**，(a)のみ正しい場合は数字**2**，(b)のみ正しい場合は数字**3**，(a)(b)ともに正しくない場合は数字**4**を，解答欄Ⅰ－Aに記入しなさい。

(a)　ソグド人が活躍した「オアシスの道」をつうじた東西交易では，絹をはじめとする贅沢品が隊商（キャラバン）によって運ばれた。

(b)　モンゴル帝国の時代，イスラーム世界で使われていたコバルト顔料が中国にもたらされたことにより，青磁が作られるようになった。

設問5　下線部(え)の人物は，春秋時代に「周王を尊び外敵の侵入を防ぐ」という名目の下，盟約の儀式を行って，列国の主導権を握ろうとした有力諸侯のひとりである。こうした有力諸侯を何と称するか。解答欄Ⅰ－Bに漢字2文字で答えなさい。

設問6　下線部(お)に関連して，武帝が行った財政政策として均輸法と平準法がある。それぞれの内容を説明した文X～Zの組み合わせとして正しいものを，次の1～6から1つ選び，番号を解答欄Ⅰ－Aに記入しなさい。

X．物価が低いときに物資を買い入れて貯蔵し，上がったときに売り出して，物価の安定と国家の収益増大を図る。

Y．中小商人に低利で融資を行い，商業を活発化させて，流通税の増収を図る。

Z．各地の特産物を国家に納めさせ，不足地域に転売して，物価調整と国家の収益を図る。

1．均輸法—X　平準法—Y　　2．均輸法—X　平準法—Z
3．均輸法—Y　平準法—Z　　4．均輸法—Y　平準法—X
5．均輸法—Z　平準法—X　　6．均輸法—Z　平準法—Y

設問7　下線部(か)に関連して，唐代の流通・商業の発展について述べた以下のア～ウのうち，正しい文はいくつあるか。正しい文の数を解答欄Ⅰ－Aに数字**1**～**3**で答えなさい。正しい文がない場合は数字**4**を記入しなさい。

ア．海上貿易の活発化を受けて，大運河が広州まで延伸された。

イ．海路で中国に至るムスリム商人が増え，広州・揚州などの港町が栄えた。

ウ．貨幣経済が発達し，会子とよばれる紙幣が流通した。

設問8　下線部(き)のような状況による税収減少を打開すべく，780年に新たに導入された税法の名称を解答欄Ⅰ－Bに漢字3文字で答えなさい。

設問9　下線部(く)にいう軍閥は，当初，傭兵軍団を率いる辺境防衛軍の指揮官としておかれた節度使が，財政・行政の権限を掌握して自立化の傾向を強めたものである。こうした軍閥の名称を解答欄Ⅰ－Bに漢字2文字で答えなさい。

設問10　下線部(け)に関連して，次の(1)(2)のそれぞれに(a)(b)の２つの文を挙げる。(a)(b)ともに正しい場合は数字**1**，(a)のみ正しい場合は数字**2**，(b)のみ正しい場合は数字**3**，(a)(b)ともに正しくない場合は数字**4**を，解答欄Ⅰ－Aに記入しなさい。

(1)

(a)　北宋は建国時に援軍を得た見返りとして，契丹に燕雲十六州を割譲した。

(b)　契丹は華北の農耕民もふくめて，一律に部族制によって支配した。

(2)

(a) 北宋と契丹は，北宋から毎年，銀や絹を贈ることを条件に澶淵の盟を結んだ。

(b) 北宋は澶淵の盟を破って，金と結んで契丹を攻撃した。

設問11 下線部(こ)と同様の政策は，のちの明の時代にも施行され，国家財政に深く関与することで巨万の富を築く特権商人を成長させた。こうした商人のうち，長城に近いという地の利を生かして台頭し，やがて全国規模で活動を展開した商人たちを総称して何と呼ぶか。解答欄Ｉ－Ｂに漢字４文字で答えなさい。

設問12 下線部(さ)に関連して，元の時代になると，こうした塩の販売手形が事実上の高額紙幣として流通するようになるが，これに対して，基本通貨である銀とともに，銅銭にかわって流通した紙幣の名称を解答欄Ｉ－Ｂに漢字２文字で答えなさい。

〔Ⅱ〕 次の文章を読み，設問１～３に答えなさい。 (50点)

民族大移動後の混乱以降，西ヨーロッパの皇帝・国王・諸侯・騎士などは，自らの安全をまもるため，たがいに政治的な結びつきを求めた。その過程で，ゲルマンの戦士層にみられた従士制をローマ帝国末期に由来する（**あ**：１．恩貸地制　２．カースト制　３．強制栽培制　４．奴隷制）に結びつけ，土地を媒介とした主従関係を築きあげた。この関係は，（**い**：１．臣下にだけ契約を守る義務がある　２．君主にだけ契約を守る義務がある　３．君主と臣下の双方に契約を守る義務がある　４．君主と臣下の双方に実質的な義務がない）のが特徴的で，一人で複数の主君をもつこともできた。

有力者たちは，それぞれ大小の領地である荘園を所有し，農民を支配する領主であった。農民は農奴と呼ばれ，移動の自由がなく，縁組で領外に出る場合も

（　ア　）を領主におさめる義務を課された。領主は，国王などから役人の立ち入りや課税を免除される（　イ　）を獲得した。荘園には手工業者も住み，自給自足的な現物経済が支配的であった。11世紀から13世紀にかけては，おおむね気候が温和で，（う：1．エンコミエンダ制　2．三圃制　3．屯田兵制　4．プロノイア制）の普及など，農業技術の進歩により農業生産が増大した。

このような封建社会が安定し，農業生産が増大すると，余剰生産物の交換が活発になり，貨幣経済が広がった。さらに，(1)イェルサレムを目指す十字軍の影響で交通が発達し，遠隔地貿易で発展する都市もあらわれた。（え：1．インド洋貿易　2．紅海貿易　3．地中海交易　4．北海交易）圏では，(2)ヴェネツィア・(3)ジェノヴァ・(4)ピサなどの海港都市が，(5)フィレンツェ産の毛織物などの商品とひきかえに，東方から香辛料や絹織物などの奢侈品を輸入し，また，(6)ミラノなどの内陸部の都市も商業と毛織物工業で栄えた。(7)リューベック・(8)ハンブルク・(9)ブレーメンなどは海産物・木材・穀物などの生活必需品を取引した。(10)ガン・(11)ブリュージュなどの都市は毛織物生産で繁栄し，(12)ロンドンはその原料である羊毛を輸出した。こうした商業圏を結んだのは，フランスの（　ウ　）地方，ドイツの(13)フランクフルトで開かれた大規模な定期市や(14)ニュルンベルクや(15)アウクスブルクなどの内陸都市であった。

西ヨーロッパの自治都市のなかで市民は封建的束縛から逃れて自由を手にした。各自治都市は，独自の行政組織をもって自治にあたった。はじめ市政を独占していたのは，遠隔地貿易に従事する大商人のギルドであった。その後，手工業者は商人層と抗争しながら市参事会の席をうばい，都市の統治にかかわった。この抗争を（お：1．義兵闘争　2．叙任権闘争　3．ツンフト闘争　4．文化闘争）という。同職ギルドによる規制は，この当時まだ弱かった手工業者の経済的地位を安定させたが，のちに経済や技術の自由な発展をさまたげた。一方，貸付金や姻戚関係などを背景に，君主の政策に介入する商人もあらわれ，アウクスブルクの（　エ　）家がその代表である。

1300年頃から，封建社会のしくみはしだいに衰退し，荘園に基づく経済体制がくずれはじめた。さらに14世紀にはいると気候が寒冷化し，凶作や飢饉，黒死病の流行，あいつぐ戦乱などで農業人口が減少した。早くから生産物地代から転換して（　**オ**　）が普及したイングランドでは，農民の身分的束縛が緩められた。その結果として，農奴身分から解放されて少額の地代を支払うだけの（　**カ**　）が誕生した。

領主が再び支配を強化しようとすると，1358年のフランスの（　**キ**　）などの農民一揆が各地でおきた。これらはいずれも鎮圧されたが，領主層の窮乏はますます深刻になった。さらに14～15世紀に（**か**：1．火砲　2．軍人奴隷　3．重装歩兵　4．青銅製馬具）の普及による戦術の変化で打撃を受けた騎士層は没落した。都市には，さまざまな職種の補助をする奉公人や日雇いなどの下層民のほか，（**き**：1．アラム人　2．クメール人　3．フェニキア人　4．ユダヤ人）のように，都市内に特別の居住場所を定められる集団もいた。

大航海時代の到来とともに，ヨーロッパの商業が直接世界にむすびつき，取引量・商品の種類も格段に増え，商業の中心が(16)リスボン・(17)アントウェルペン・(18)アムステルダムなどの大西洋沿岸の都市へ移った。こうした変化は（　**ク**　）と呼ばれる。世界商業圏の形成は，広大な海外市場を開くことで，資本主義経済の発達をうながした。大西洋沿岸のネーデルラントやイギリス，フランスが経済的先進地域になるとともに，東部ドイツやポーランドは，西欧から毛織物や奢侈品を輸入し，かわりに穀物や原材料を輸出する地域となった。東欧の領主層は，輸出穀物を増産するために大農場経営をおこない，農民の賦役労働を強化した（**く**：1．グーツヘルシャフト　2．集団農場　3．プランテーション　4．ブルシェンシャフト）がひろまった。

設問1　（　**ア**　）～（　**ク**　）に入るもっとも適切な語を解答欄Ⅱ－Aに記入しなさい。

設問2　（　**あ**　）～（　**く**　）に入るもっとも適切な選択肢をそれぞれ1～4より一つ選び，番号を解答欄Ⅱ－Bに記入しなさい。

設問3　以下の出来事A～Eが起きた都市として適切なものを波線部(1)～(18)より一つ選び，**1**から**18**の番号を解答欄Ⅱ－Cに記入しなさい。適切なものがないときは**19**を記入しなさい。

A　1451年頃に，後にスペイン女王によって「インド」に派遣されるコロンブスが生まれた。

B　1806年にナポレオンが大陸封鎖令を発した。

C　1830年に国際的にギリシアの独立を承認する会議が開かれた。

D　1848年に統一国家達成と憲法制定のために国民議会が開かれた。

E　1945年に国際軍事裁判所が設置され，ナチスの指導者が裁かれた。

〔Ⅲ〕　次の文章を読み，設問１～４に答えなさい。　　(50点)

帝国主義の時代，ヨーロッパの列強は①対抗する同盟関係を結びながら競合を深めていったが，なかでも複雑な民族問題を抱えて常に不安定な状況に置かれていたバルカン半島における対立構造は深刻であった。(ア)1908年の青年トルコ革命によってオスマン帝国の支配体制が動揺すると，オーストリアは管理下にあったボスニア・ヘルツェゴヴィナを併合した。これに対し，スラヴ人地域の併合をねらっていた（　**a**　）は強く反発した。（　**a**　）を支持するロシアは，1912年に4か国をバルカン同盟に結束させた。バルカン同盟はイタリア＝トルコ戦争に乗じてオスマン帝国に宣戦し勝利した（第１次バルカン戦争）。だがその直後，(イ)獲得した領土の分配をめぐってバルカン同盟国間での対立が深まり，第２次バルカン戦争が起こった。

バルカン半島の対立が激化するなか，1914年６月，オーストリア帝位継承者夫妻がサライェヴォで暗殺されたことをきっかけとして，オーストリアが（　**a**　）に宣戦したことを契機に，第一次世界大戦が勃発した。

数々の新兵器のもとで繰り広げられたこの戦争の死傷者は膨大な数に上った。挙国一致体制のもとで，戦前に反戦を唱えていた多くの労働組合や社会主義政党は戦争協力に転じたが，（　**b**　）らによって率いられたドイツのスパルタクス団など，反戦を掲げて結成された組織もあった。また，総力戦のなかで女性も軍需工場に動員され，その生産力が戦争を左右するようになった。このことは，戦後に女性の社会進出を促すきっかけとなり，②選挙権を求める女性たちの声もますます強まった。

1918年11月，(あ)ドイツが連合国と休戦協定を結び，ヨーロッパ全体を荒廃させた大戦が終わった。翌年ひらかれたパリ講和会議によって，敗戦国とのあいだで③ヴェルサイユ条約をはじめとした一連の諸条約が結ばれた。このうち，(ウ)オスマン帝国とのあいだに結ばれた条約により，オスマン帝国は，その領土をイギリス・イタリア・フランスの支配下に入れられ，存亡の危機にさらされた。無力状態となった政府に対して，④ムスタファ＝ケマル＝パシャは祖国解放運動を展開し，アンカラに臨時政府を樹立した。

イギリスは戦勝国であったが，多くの失業者がうまれ，経済の停滞が目立つようになった。国民のあいだでは労働党への支持が高まるようになり，⑤選挙法の改正もあって1923年の選挙で労働党は保守党につぐ第2党に躍進し，翌24年には（　**c**　）を首相とする労働党内閣が誕生した。

戦勝国のなかでも，イタリアは領土要求が満たされず，戦後の体制に強い不満を抱いた。国内では改革を求める労働者や農民の運動も広がり，ファシスト党が勢いを拡大した。対外的には，イタリアがかねてより(エ)領有を要求していた地域を1924年に獲得したのち，26年から27年にかけて（　**d**　）を保護国化した。さらに，⑥イタリアは，対立していたローマ教皇庁と1929年に条約を結んで，和解を果たした。

1929年10月のニューヨーク証券取引所の株価大暴落をきっかけとした世界恐慌は，(オ)資本主義経済から孤立していたソ連を除いた多くのヨーロッパ経済を揺るがした。なかでも，⑦1920年代以降，アメリカ資本の導入が進んでいたドイツでは，恐慌によってアメリカ資本が撤収したことで深刻な危機がうまれた。この状況下で，ヒトラーはナチス（ナチ党）を結成し支持を拡大した。1933年に政権を掌握したヒトラーは，ヴェルサイユ体制の打破を目指して⑧国際連盟からの脱退や再軍備宣言・徴兵制復活などを進めていった。

設問1　文中の（　**a**　）～（　**d**　）に入る最も適切な語句を次の語群から一つずつ選び，その番号を解答欄Ⅲ－Aに記入しなさい。なお，同じ記号には同じ語句が入る。

【語群】

1．アルバニア	2．エジプト	3．エチオピア
4．エーベルト	5．キプロス	6．ギリシア
7．コンゴ	8．シュトレーゼマン	9．セシル＝ローズ
10．セルビア	11．バルフォア	12．ピウスツキ
13．ヒンデンブルク	14．ホルティ	15．ポルトガル
16．マクドナルド	17．モロッコ	18．ルーマニア
19．ロイド＝ジョージ	20．ローザ＝ルクセンブルク	

設問2　下線部(ア)～(オ)に関連する以下の問いに対する答えを解答欄Ⅲ－Bに記入しなさい。

(ア)　青年トルコ革命によって1876年に公布された憲法が復活したが，この憲法を起草した人物名をカタカナで答えなさい。

(イ)　バルカン同盟を構成していた国のうち，第2次バルカン戦争において獲得した領土の分配をめぐって他の同盟国と対立した後，ドイツ・オーストリア陣営に接近した国の名前をカタカナで答えなさい。

(ウ)　1920年に連合国とオスマン帝国とのあいだで結ばれた条約名を答えなさい。

(エ)　イタリアがユーゴスラヴィアと国境紛争を起こして1924年に獲得した地域の当時の地名をカタカナ4文字で答えなさい。

(オ)　社会主義経済の建設を目指すソ連は，1928年に開始した第1次五カ年計画のもとで農業の集団化を推し進めたが，このときに建設された国営農場の名称をカタカナ5文字で答えなさい。

設問3　二重下線部(あ)に関連し，第一次世界大戦の終結にいたるまでのドイツの出来事について述べた次の文①～④を古いものから年代順に正しく配列したものを，次の選択肢1～6のうちから1つ選び，解答欄Ⅲ－Cに記入しなさい。

① ロシアとのあいだでブレスト＝リトフスク条約を締結

② ヴィルヘルム２世の亡命

③ 無制限潜水艦作戦を宣言

④ キール軍港で水兵の乱が起こる

1．①→②→③→④　2．①→④→③→②

3．③→②→①→④　4．③→①→④→②

5．④→②→③→①　6．④→①→②→③

設問４　波線部①〜⑧に関連する次の記述(i)(ii)のうち，(i)(ii)ともに正しい場合は数字**1**，(i)のみ正しい場合は数字**2**，(ii)のみ正しい場合は数字**3**，(i)(ii)ともに正しくない場合は数字**4**を，解答欄Ⅲ－Dに記入しなさい。

① 19世紀末〜20世紀初頭の同盟関係について

(i) ドイツのビスマルクはオーストリア，イタリアとともに三国同盟を結び，フランスの孤立化をはかった。

(ii) イギリスはドイツの脅威に備えてフランスとのあいだに英仏協商を結んだ後，ロシアの進出に対抗して日本とのあいだにも日英同盟を結んだ。

② 女性参政権について

(i) 1910年代にフランス，ドイツ，イギリスにおいて相次いで女性参政権が成立した。

(ii) 西欧をモデルとする近代国家建設を進めたトルコは，共和国憲法のもとで，政教分離や文字改革などの政策とともに女性参政権を導入した。

③ ヴェルサイユ体制を成立させた一連の諸条約について

(i) 連合国とオーストリアとのあいだにはサン＝ジェルマン条約が結ばれた。

(ii) 連合国とハンガリーとのあいだにはトリアノン条約が結ばれた。

④ ケマルによるトルコ共和国の樹立について

(i) ケマル率いるトルコ軍は，ギリシア軍を1922年に撃退してイズミルを回復した。

(ii) 1923年に連合国とのあいだで結んだ条約によって，治外法権の廃止と関税自主権の回復に成功した。

⑤ イギリスの選挙法改正について

(i) 1832年の選挙法改正により，秘密投票が実施された。

(ii) 1884年の選挙法改正においては，都市労働者が選挙権を獲得した。

⑥ 教皇庁とイタリアの和解について

(i) 両者のあいだで結ばれた条約はロカルノ条約と呼ばれ，これによって教皇庁（ヴァチカン市国）の独立が認められた。

(ii) 両者の対立は，イタリアが1870年に教皇領を併合したことがきっかけであった。

⑦ 世界恐慌前のドイツ経済について

(i) 賠償金支払いの新方式であるドーズ案をきっかけとして，ドイツではアメリカ資本の導入が進んだ。

(ii) 1929年のヤング案では，賠償総額の削減が認められず，ドイツ経済回復の足かせとなった。

⑧ 国際連盟について

(i) ドイツが国際連盟に加入していたのは，国際連盟設立直後の1920年から1933年までの期間であった。

(ii) ソ連は国際社会への参加を進め，1934年に国際連盟に加入した。

政治・経済

（75分）

〔Ⅰ〕　次の文章を読み、下の設問（設問１～設問10）に答えよ。　（50点）

自由権とは、個人の活動に対する国家権力などからの干渉・制限を排除する権利であり、精神の自由、ⓐ経済活動の自由、ⓑ人身の自由の３つに大別される。いわゆる「（　A　）論」によると、精神の自由を規制する場合、経済活動の自由より厳格な基準によって憲法違反でないかどうかが審査されなければならないとされる。

第二次世界大戦前の日本では、（　B　）やⓒ天皇機関説事件などの思想・学問に対する国家による弾圧や、（　C　）などの国家神道以外の宗教への抑圧があった。その反省から、日本国憲法では、精神の自由を広く保障している。具体的には、ⓓ思想・良心の自由、ⓔ信教の自由、集会・結社・ⓕ表現の自由および通信の秘密、ⓖ学問の自由を保障している。

【設問１】文中の（　A　）～（　C　）に入る最も適切な語句を、次の語群から１つ選び、その番号を、解答欄Ⅰ－乙のA～Cに記入せよ。

［語群］

1．目的・効果基準　　2．島田事件　　3．立川反戦ビラ事件
4．ポポロ事件　　5．大本事件　　6．比較衡量
7．二重の基準　　8．森戸事件
9．エホバの証人輸血拒否事件

【設問２】下線部ⓐに関連して、次の文章の（　ア　）～（　エ　）に入る最も適切な語句を、解答欄Ⅰ－甲のア～エに記入せよ。なお、ア、イおよびエは、

憲法上の語句である。

日本国憲法第22条は、「居住、移転及び（　ア　）の自由」の保障を定めているが、公共の福祉による制約を加え、経済活動に対する規制の可能性を認めている。

（　イ　）に関しても、日本国憲法第29条において、その不可侵を定める一方で、（　イ　）の内容について公共の福祉に適合することを求めている。たとえば、1951年に制定された（　ウ　）法は、私的に所有されている土地を、公共の利益となる事業に使用するなどの目的で強制的に取得するための法律である。もっとも、その取得にあたっては、日本国憲法第29条３項で定めるとおり、正当な（　エ　）をおこなわなければならない。

【設問３】下線部ⓐに関連して、次のａ～ｃの記述について、**正しいものには数字の１を、正しくないものには数字の２を**、解答欄Ⅰ－乙のａ～ｃに記入せよ。

ａ．国立マンション訴訟において、最高裁は、景観に対する住民の利益を認めず、当該利益への違法な侵害はないと判断した。

ｂ．森林法において共有林の分割請求に制限が設けられていたことについて、最高裁は、森林法の目的に照らし、日本国憲法第29条に反するものではないと判断した。

ｃ．薬事法違憲訴訟において、最高裁は、当時の薬事法（後に名称変更）の薬局開設距離制限規定を、公共の福祉の観点から妥当な制限であるとして、合憲であると判断した。

【設問４】下線部ⓑに関連して、次の文章の（　オ　）・（　カ　）に入る最も適切な語句を、解答欄Ⅰ－甲のオ・カに記入せよ。

国家がどのような行為を犯罪とし、どのような刑罰を科すかは、法律の定めを必要とするという（　オ　）主義は、日本国憲法第31条にその根拠を有する。また、同条は、法定手続の保障を定めるものでもあり、日本国憲法第33条においても、逮捕にあたっては、裁判官が発する（　カ　）を要するという（　カ　）主義が定められている。

【設問５】下線部ⓑに関連して、政治・宗教などの信条、言語、性差などを理由として拘束を受けている非暴力の人々を何というか。その語句を、解答欄Ｉ－甲に記入せよ。

【設問６】下線部ⓒに関連して、天皇機関説を主張し、発禁処分とされた著書の執筆者の氏名を、解答欄Ｉ－甲に記入せよ。

【設問７】下線部ⓓに関連して、**正しくないもの**を、次の１～４のうちから１つ選び、その番号を、解答欄Ｉ－乙に記入せよ。

1．自己の良心に従って、戦争への参加や兵役義務を拒否する良心的兵役拒否は、ドイツ憲法において定められている。
2．自己の思想や良心の表明を国家権力などに強制されない沈黙の自由は、日本国憲法第19条から導き出されると考えられている。
3．三菱樹脂事件では、学生運動への参加を隠していたことを理由に、企業が本採用を拒否したことが思想・信条による差別として違法となるかが争われた。最高裁は、日本国憲法第19条は私人間にも直接的に適用され、企業が思想・信条を理由に雇用を拒むことは違法であると判断した。
4．最高裁は、公立学校の音楽科教師に対して入学式の国歌斉唱の際にピアノ伴奏を求めることを校長が命じたことは、その教師の思想・良心の自由を侵すものではなく、日本国憲法第19条に違反するものではないと判断した。

【設問８】下線部ⓔに関連して、最高裁が合憲であると判断した事件を、次の１

～４のうちから１つ選び、その番号を、解答欄Ｉ－乙に記入せよ。

１．箕面忠魂碑・慰霊祭訴訟　　２．愛媛玉ぐし料訴訟
３．孔子廟訴訟　　４．空知太神社訴訟

【設問９】下線部ⓕに関連して、次の文章の（　Ｄ　）～（　Ｇ　）に入る最も適切な語句を、下の語群から１つ選び、その番号を、解答欄Ｉ－乙のＤ～Ｇに記入せよ。

表現の自由は、他者の権利との調整という観点から、制約を受けることがある。文学作品における表現の自由が争点となった（　Ｄ　）では、最高裁は、公共の福祉の観点からわいせつ文書の出版を禁止している（　Ｅ　）の規定を合憲であると判断した。

しかし、表現の自由を制限すべき場合においても、その方法・程度は必要最小限にとどめなければならない。この点において、日本国憲法上、表現の自由を検閲という方法により制限することが禁止されている。（　Ｆ　）においては、出版物の事前差止めが検閲に当たるかどうかや、表現の自由と名誉侵害の関係が争われたが、最高裁は、一定の場合、例外的に出版物の事前差止めが認められると判断した。

近時においては、インターネット上の誹謗中傷の実態への対処として、2022年の法改正により（　Ｇ　）が厳罰化されたが、これについても、表現の自由の観点から問題視する声があった。

［語群］

１．外務省機密漏洩事件　　２．組織犯罪処罰法
３．名誉毀損罪　　４．チャタレイ事件
５．共謀罪　　６．著作権法
７．児童ポルノ禁止法　　８．北方ジャーナル事件
９．独占禁止法　　10．博多駅フィルム提出命令事件

11. 石に泳ぐ魚事件　　12. 刑法
13. 横浜事件　　14. 侮辱罪
15. サンケイ新聞意見広告事件　　16. 宴のあと事件

【設問10】下線部ⓖに関連して、次のａ～ｃについて、日本国憲法上保障される学問の自由に含まれるものの組み合わせとして最も適切なものを、下の１～４のうちから１つ選び、その番号を、解答欄Ⅰ－乙に記入せよ。

ａ．教授の自由　　ｂ．学問研究成果発表の自由
ｃ．大学の自治

１．ａ・ｂ　　２．ｂ・ｃ　　３．ａ・ｃ　　４．ａ・ｂ・ｃ

〔Ⅱ〕　次の文章を読み、下の設問（設問１～設問７）に答えよ。　（50点）

企業は、生産や販売など諸活動をになう経済主体である。企業にはさまざまな形態があるが、個人や私的な団体が出資し、事業を通じて得た利益を出資者の間で分配することをおもな目的とした企業を、公的な団体が出資する公企業に対して、（　ア　）企業という。

会社法にもとづいて設立されるⓐ会社の形態の１つが、株式会社である。株式会社は、事業に必要な資本金を調達するため株式を発行し、多くの人から出資を募る。出資者は株主とよばれる。大規模な株式会社では、出資者が多数になることから、通常、株主が会社の経営を直接おこなわない。株主はⓑ株主総会において、専門の経営者を選出し経営を委託する。こうして（　イ　）と経営の分離が実現される。

企業のなかには、海外に支社をもち、世界規模で経営をおこなうⓒ多国籍企業がある。また他企業の株を買い占めることでⓓM＆Aをおこなう企業も増加している。このように企業の事業が複雑化ないし大規模化すると、会社経営の実態がますま

すみえにくくなる。そのため、経営者の行動が株主の利益に反しないよう管理・監督するコーポレート・（　ウ　）や財務や非財務内容を開示する（　エ　）の必要が生じる。株主の利益を保護することは株式会社の原則ではあるが、利益を優先するあまり、ⓔ従業員の賃金や雇用が不安定になる傾向も指摘されている。

こうした観点から、近年、ⓕ企業の社会的責任を問う声が高まっている。これは、企業を、出資者や経営者だけでなく、そこではたらく従業員をはじめ、消費者や地域住民など、直接間接にかかわりのあるすべての利害関係者を意味する（　オ　）にとって意義ある存在とするために、企業の責任や義務のあり方を問いなおそうとする姿勢である。そうした観点から、企業には従業員の待遇改善や地域社会への貢献、環境への配慮などが求められている。

【設問１】文中の（　ア　）～（　オ　）に入る最も適切な語句を、解答欄Ⅱ－甲のア～オに記入せよ。ただし、ウ～オはカタカナで記入せよ。

【設問２】下線部ⓐに関連して、会社について述べた次の文章の（　Ａ　）に入る最も適切な語句を、下の語群から１つ選び、その番号を、解答欄Ⅱ－乙のＡに記入せよ。また（　カ　）に入る最も適切な語句を、解答欄Ⅱ－甲のカに記入せよ。

会社は、その種類によって、資金の集め方や倒産した場合の責任の取り方に違いがある。小規模の商店などに多い（　Ａ　）は、家族や知人で出資し、経営も自分たちでおこなうが、倒産した場合などは、すべての出資者は、出資した額以上に会社の負債をすべて引き受けなければならない（　カ　）責任を負う。

[語群]

１．合名会社　　２．合資会社　　３．合同会社　　４．有限会社

【設問３】下線部ⓑに関連して、**適当でないもの**を、次の１～４のうちから１つ

選び、その番号を、解答欄Ⅱ－乙に記入せよ。

1．株主総会は、株式会社の株主によって構成される会社の最高意思決定機関である。
2．株主総会は、会社の合併・解散、取締役・監査役の選任・解任などの権限をもつ。
3．株主は、原則として、所有する株式数に応じて、議決権を行使する権利をもつ。
4．株主総会の権限の多くは監査役に委譲され、株主総会の形骸化が指摘される。

【設問4】下線部ⓒに関連して、多国籍企業について述べた次の文章の（　B　）～（　D　）に入る最も適切な語句を、下の語群から1つ選び、その番号を、解答欄Ⅱ－乙のB～Dに記入せよ。

多国籍企業の数は、1950年代以降に、アメリカ合衆国の海外に対する（　B　）が高まるとともに増大した。多国籍企業の途上国への進出と途上国の工業化にともない、先進国と途上国との間で、たがいに工業製品を輸出しあう（　C　）が進んだ。これは、経済のグローバル化の進展やＩＴの発達などにより国際的な工程間分業体制が築かれたためである。また、1990年代半ばには、自動車関連部品や電子機器などを中心に、多国籍企業の本社と在外子会社との間の企業のグループ内貿易が増加し、世界貿易の（　D　）分の1を占めた。

[語群]

1．現地化	2．自由貿易	3．垂直貿易	4．水平貿易
5．直接投資	6．保護貿易	7．輸出	8．輸入
9．2	10．3	11．4	12．5

【設問5】下線部ⓓに関連して、企業のM＆Aについて述べた次の文章の（　キ　）～（　ケ　）に入る最も適切な語句を、解答欄Ⅱ－甲のキ～ケに記入せよ。ただし、キは漢字2文字で、またクはカタカナで記入せよ。

企業規模を拡大するには、他企業を合併・（　キ　）するM＆Aという方法もある。とくに異種産業のM＆Aによって生まれた複合企業は（　ク　）とよばれる。アメリカ合衆国では、1980年代に入ってM＆Aが頻繁におこなわれるようになったが、日本企業は株式の（　ケ　）によって乗っ取りを防止でき、企業の（　キ　）はアメリカ合衆国ほど活発ではなかった。しかしバブル経済崩壊後に、株式の（　ケ　）が崩れ始めたことや、企業間競争が激化したことなどにより、M＆Aが頻繁におこなわれるようになった。

【設問6】下線部ⓔに関連して、日本ではバブル経済崩壊以後に、中高年労働者の解雇や退職の勧奨がおこなわれたが、本来、企業経営において収益性の悪い部門を削るなどその事業の再構築をはかることを意味する最も適切な語句を、略称を使わずカタカナで、解答欄Ⅱ－甲に記入せよ。

【設問7】下線部ⓕに関連して、次のａ～ｅの記述について、**正しいものには数字の1**を、**正しくないものには数字の2**を、解答欄Ⅱ－乙のａ～ｅに記入せよ。

ａ．2010年に、企業の社会的責任に関する国際規格としてＩＳＯ14000シリーズが発行された。

ｂ．公共的利益に向けた企業の私的取組はフィランソロピーとよばれ、日本では寄付活動やボランティアなどの慈善活動を指す。

ｃ．企業による芸術・文化活動に対する支援はメセナとよばれる。

ｄ．企業活動における法令遵守はコンプライアンスとよばれ、その対象は具体的な法令だけでなく、社会規範全体を含む。

ｅ．企業が資金を株主以外の利益のためにもちいることが、本来は行政がになうべき役割を企業に押しつける結果になるという批判から、営利を目的としないＮＰＯ法人の役割に注目が集まるようになった。

〔Ⅲ〕　次の文章を読み、下の設問（設問１～設問５）に答えよ。　（50点）

高度経済成長期に形成された日本的労使関係の特徴は、一般的には（　ア　）制、年功序列型賃金制、（　イ　）労働組合であるとされる。

（　ア　）制のもとでは、新卒一括採用で企業に雇用されると、自己都合で退職しない限り、定年まで勤めることが一般的である。しかし、1990年代以降はグローバル化や長期不況の影響で、（　ア　）制の対象とならないⓐ非正規雇用者が増えているほか、中途採用者の割合が増えるなど、この制度は崩れ始めている。

年功序列型賃金制とは、学歴別に初任給が決められ、年齢や（　Ａ　）に応じて賃金が上昇する制度のことである。この賃金制度は、労働者にとって就業を継続するインセンティブとなり、企業は、必要な技能を長期的に習得させて企業に役立つ人材を育成してきた。しかし、しだいに賃金制度は労働者の年齢や（　Ａ　）を重視した制度から、仕事の重要性・困難性・責任性などによって賃金が決まる（　Ｂ　）や、仕事を遂行する能力によって賃金が決まる（　Ｃ　）に比重が移ってきた。

（　イ　）労働組合とは、個々の企業で働く正規雇用者を中心に組織されるⓑ労働組合のことである。企業独自の労働条件を協議、交渉しやすいという利点がある反面、闘争力に欠けるという問題もある。

日本的労使関係の恩恵を受けている労働者のほとんどは正規雇用者である。非正規雇用者の大半は、賃金が年齢や（　Ａ　）に応じて上昇せず、定年まで働くことができない有期雇用契約であり、労働組合に参加していない。

また、日本的労使関係の下で働く正規雇用者は、安定した雇用や賃金が保障される反面、職務や働く地域を選ぶことができず、長時間労働を強いられることも多い。なかでも長時間の残業は、過労死などの（　Ｄ　）の原因にもなっているほか、ⓒ女性の就業やキャリア形成の妨げとなっている。2018年に成立した

（　E　）改革関連法では、残業時間の上限を定める一方、特定の専門業務に従事する高収入の労働者に対し労働時間規制を適用しない高度（　ウ　）制度が新設された。

【設問１】文中の（　ア　）～（　ウ　）に入る最も適切な語句を、解答欄Ⅲ－甲のア～ウに記入せよ。ただし、ウはカタカナで記入せよ。

【設問２】文中の（　A　）～（　E　）に入る最も適切な語句を、次の語群から１つ選び、その番号を、解答欄Ⅲ－乙のA～Eに記入せよ。

［語群］

1．企業所得	2．勤続年数	3．搾取
4．仕事の達成度	5．消費者物価指数	6．職業病
7．職能給	8．職務給	9．成果主義
10．生活給	11．長時間労働	12．年俸制
13．働き方	14．歩合給	15．不当労働行為
16．労働契約	17．労働災害	
18．ワーク・ライフ・バランス		

【設問３】下線部ⓐに関連して、次の文章の（　エ　）～（　カ　）に入る最も適切な語句を、解答欄Ⅲ－甲のエ～カに記入せよ。ただし、エはカタカナで記入せよ。

非正規雇用者のうち、最も多いのは一般の雇用者より所定労働時間が短い（　エ　）労働者である。家事や育児との両立がしやすいことから女性の多くがこの雇用形態で働いている。

労働者と雇用関係を結んだ企業が、別の企業や事業所などにその労働者を送り込むことを、労働者の（　オ　）という。1985年に制定された労働者（　オ　）法では、（　オ　）労働者として働ける職種が限られていたが、

2004年における同法の改正で、原則自由化された。

正規雇用者と非正規雇用者の間には、労働条件に不合理な格差があることが多い。このような事態を改善するため、1993年に政府は短時間労働者の労働条件の適正化、教育訓練の実施、福利厚生の充実などを雇用主に求める（　エ　）労働法を制定した。また、同じ仕事をしていながら、正規雇用者と非正規雇用者で賃金が異なるのは（　カ　）の原則に反するという批判に応えるため、2020年に（　エ　）・有期雇用労働法が施行された。

【設問４】下線部ⓑに関連して、次の文章の（　キ　）～（　コ　）に入る最も適切な語句を、解答欄Ⅲ－甲のキ～コに記入せよ。ただし、キはカタカナで記入せよ。

イギリスでは、18世紀後半に産業革命が起こった。工場に機械が導入され、単純労働者として児童や女性が雇用された結果、賃金が下落し、男性の熟練労働者が失業した。解雇されたり劣悪な地位におかれた労働者たちは（　キ　）運動と呼ばれる機械打ちこわし運動をおこなって抵抗したが、地位を改善することはできなかった。やがて労働者はみずから団結し、運動を通じて不利な立場を克服するために労働組合を作った。労働運動は拡大し、18世紀から19世紀にかけて多数の労働組合が結成された。この流れは世界各国へ波及し、1919年にはベルサイユ条約にもとづいて（　ク　）が結成された。

日本では1897年に（　ケ　）が結成されたが、政府は1900年に治安警察法を発布してこれを弾圧した。その一方で、政府は1911年に制定された（　コ　）法によって労働時間を制限するなど労働者保護をおこなった。しかし、労働組合は法的には認知されず、第二次世界大戦後まで労働運動に対する保護はおこなわれなかった。

【設問５】下線部ⓒに関連して、次の文章の（　Ｆ　）～（　Ｊ　）に入る最も適切な語句を、下の語群から１つ選び、その番号を、解答欄Ⅲ－乙のＦ～Ｊ

に記入せよ。

現在、日本においては、女性雇用者の半数以上が非正規雇用者であり、管理職に占める女性の割合は世界でも最低水準に近い。1985年には、募集・採用などにおいて男女を均等に扱うことを雇用主の努力目標とする法律が成立し、1997年の改正で募集・採用などにおける男女差別を禁止した。一方で、1999年には女性の（　F　）などを規制していた労働基準法の（　G　）規定が撤廃された。

また、（　H　）法は、子が（　I　）に達するまで（特別な事情がある場合はさらに1年）休業を取得することを労働者の権利として認めている。この休業制度の導入後、出産を機に退職する女性は減少したが、管理職として活躍する女性はまだ少なく、職場における男女格差は歴然としている。

職場における女性の採用や昇進を促すことを目的として、2015年に制定されたのが（　J　）法である。この法律は、国、地方公共団体、大企業に数値目標の設定や公表を義務付けている。

［語群］

1．育児・介護休業	2．産前産後の就業
3．次世代育成支援対策推進	4．週40時間労働
5．女子保護	6．女性の活躍推進
7．深夜労働	8．整理解雇
9．セクハラ	10．男女共同参画社会基本
11．男女雇用機会均等	12．母体保護
13．6カ月	14．1歳
15．2歳	16．3歳

数　学

（75 分）

〔Ⅰ〕次の $\boxed{}$ に適する数または式を，解答用紙の同じ記号の付いた $\boxed{}$ の中に記入せよ。

(1) n を自然数とする。数列 $\{a_n\}$ は，$a_1 = -100$，$a_{n+1} = a_n + 4$ $(n = 1, 2, 3, \cdots)$ をみたすとする。また数列 $\{S_n\}$，$\{T_n\}$ を $S_n = \sum_{k=1}^{n} a_k$，$T_n = \sum_{j=1}^{n} (-1)^j a_j$ とおく。n を用いて，それぞれ $a_n = \boxed{\text{ア}}$，$S_n = \boxed{\text{イ}}$ となる。また，n を用いて $T_{2n} = \boxed{\text{ウ}}$ である。

(2) x，y，z を整数とする。$0 \leqq x \leqq y \leqq z$，かつ $x + y + z = 9$ をみたす (x, y, z) の組は $\boxed{\text{エ}}$ 通りである。紫玉 3 個，白玉 9 個があり，これらを円形につなげてブレスレットを作る方法は $\boxed{\text{オ}}$ 通りである。ただし，回転したり裏返ししたりして玉の並び方が同じになる配置は 1 通りと考える。

(3) 空間内の直方体 OADB−CEGF において，$\mathrm{OA} = 3$, $\mathrm{OB} = 2$, $\mathrm{OC} = 2$ とする。辺 CE を 1 : 2 に内分する点を P，辺 BF の中点を Q とする。2 つのベクトル $\overrightarrow{\mathrm{OP}}$ と $\overrightarrow{\mathrm{OQ}}$ との内積 $\overrightarrow{\mathrm{OP}} \cdot \overrightarrow{\mathrm{OQ}}$ は $\boxed{\text{カ}}$，$\triangle\mathrm{OPQ}$ の面積は $\boxed{\text{キ}}$ である。3 点 O，P，Q が定める平面 α 上に点 H があり，直線 DH が平面 α に垂直であるとする。このとき，$\overrightarrow{\mathrm{OH}} = s\overrightarrow{\mathrm{OP}} + t\overrightarrow{\mathrm{OQ}}$ をみたす実数 s, t について，s の値は $s = \boxed{\text{ク}}$ である。よって，四面体 OPQD の体積は $\boxed{\text{ケ}}$ となる。また，直線 DH と面 CEGF を含む平面との共有点を J とおくと，四面体 OPQJ の体積は $\boxed{\text{コ}}$ となる。

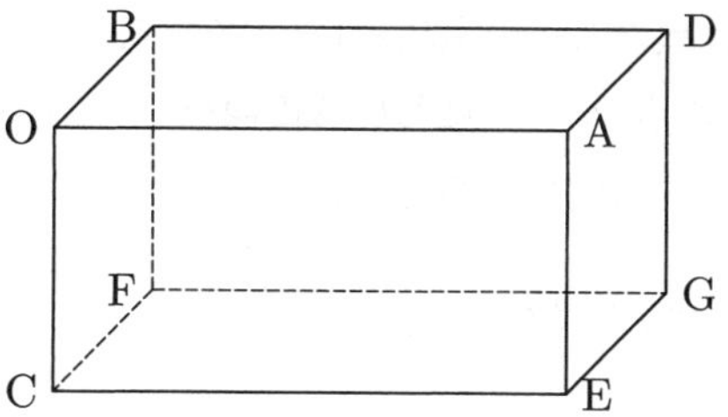

〔 II 〕 xy 平面において，連立不等式

$$x \leqq 6, \qquad y \leqq 4, \qquad 2x + 7y + 23 \geqq 0, \qquad 7x + 2y + 13 \geqq 0$$

の表す領域を D とする。このとき，次の問いに答えよ。

(1) 領域 D を図示せよ。

(2) 点 (x, y) が領域 D を動くとき，$3x + y$ がとる値の最大値および最小値と，そのときの x，y の値を求めよ。

(3) 点 (x, y) が領域 D を動くとき，$x^2 - 2x + y$ がとる値の最大値および最小値と，そのときの x，y の値を求めよ。

〔Ⅲ〕 a を1とは異なる正の定数とし，t を実数とする。xy 平面において，曲線 $y=x^2$ 上の点 $\mathrm{P}(t,t^2)$ における接線を L_t とする。また，点 $(a,1)$ を Q_a とおくとき，次の問いに答えよ。

(1) 直線 L_t を表す方程式を求めよ。

(2) 線分 PQ_a と直線 L_t が垂直となるような t がちょうど2個存在するときの a の値を a_0 とおく。a_0 を求めよ。またこのとき，線分 PQ_{a_0} と直線 L_t が垂直となる2つの t の値 t_1，t_2 を求めよ。ただし，$t_1<t_2$ とする。

(3) (2)で定めた a_0，t_1，t_2 に対して，(t_1,t_1^2) を P_0 とおく。$\mathrm{Q}_{a_0}(a_0,1)$ を中心，線分 $\mathrm{Q}_{a_0}\mathrm{P}_0$ を半径とする円と曲線 $y=x^2$ の共有点が，ちょうど2個存在することを示せ。さらに，その2個の共有点のうち，P_0 以外の点を R_0 とする。R_0 の座標を求めよ。

(4) (3)で定めた P_0，R_0 に対して，線分 $\mathrm{P}_0\mathrm{R}_0$ と曲線 $y=x^2$ で囲まれた部分の面積を求めよ。

2　名詞「わざ」＋断定の助動詞「なり」の連用形＋係助詞「こそ」＋補助動詞「候ふ」の連体形＋婉曲の助動詞「めり」の已然形
3　名詞「わざ」＋推定の助動詞「なり」の連用形＋係助詞「こそ」＋補助動詞「候ふ」の連体形＋推定の助動詞「めり」の已然形
4　名詞「わざ」＋推定の助動詞「なり」の連用形＋係助詞「こそ」＋補助動詞「候ふ」の終止形＋婉曲の助動詞「めり」の已然形
5　名詞「わざ」＋断定の助動詞「なり」の連用形＋係助詞「こそ」＋補助動詞「候ふ」の終止形＋推定の助動詞「めり」の已然形

㈥　本文の内容に合致するものを、次のうちから二つ選び、その番号を記せ。

1　夕方、則助が帰宅すると、顔見知りの男が出迎えてくれた。
2　則助の帰りを待って現れた男の発言をうけて、則助の家来たちはみなその場を離れた。
3　盗人は、屋敷の門をこじ開けて侵入した。
4　水干を着た男は則助の家の屋根裏に上って、天井に穴をあけていた。
5　盗人は、検非違使に捕まった。
6　栗毛の名馬は則助の家で大切に飼われ、神馬として敬われた。

㈦　傍線――――「また盗人の心もあはれなりけり、とぞ聞く人言ひける」について、盗人のどのような行為を聞いた人が、そのように言ったのか、具体的に説明せよ（三十字以内、句読点を含む）。

（以上・六十点）

4　今日明日にも東国に受領が供を連れてお帰りになりますので、このお馬に乗れば無事にお帰りになれるかと存じまして

5　今日明日にも東国に受領の供をして参りますので、このお馬に乗りましたら無事に参れるかとお思いになりまして

㈢　傍線――イ「えいでであるほどに、いと強げなる者ども二三人ゐて来たりぬ」の解釈として適当なものを、次のうちから一つ選び、その番号を記せ。

1　盗人が逃げ出そうとするので、とても強そうな者たちが二、三人、矢を放って来た

2　従者が盗人を逃がそうとしているときに、とても強そうな者たちが二、三人来て座った

3　盗人が逃げ出せずにいるうちに、従者はとても強そうな者たちを二、三人連れてやって来た

4　盗人が逃げ出せずにいる間に、則助はとても強そうな者たちを二、三人連れて、盗人のもとに来た

5　従者が盗人を逃がそうとしていたところ、とても強そうな者たちが二、三人連れだって、従者のもとに来た

㈣　傍線――ウ「たとひ契り深く、志おろかならぬ仲なりといふとも、命にかふべしや」の説明として適当なものを、次のうちから一つ選び、その番号を記せ。

1　どんなに馬に愛着があっても、人の命には代えられないと語り手が盗人の行為を批判している。

2　どんなに妻が夫を愛していたとしても、夫の代わりに死ねようかと語り手が妻に同情している。

3　たとえ妻に夫より深く愛する恋人がいても、夫の命の方が大切ではないかと語り手が妻を非難している。

4　どんなに妻を愛していても、自分の命の方が大切ではないかと語り手が則助の行為を不審に思っている。

5　たとえ従者が主人に忠誠を誓っていても、主人の代わりに死ねようかと語り手が従者の行為に理解を示している。

㈤　傍線═══「わざにこそ候ふめれ」の文法的説明として適当なものを、次のうちから一つ選び、その番号を記せ。

1　名詞「わざ」＋格助詞「に」＋係助詞「こそ」＋本動詞「候ふ」の終止形＋推定の助動詞「めり」の已然形

その盗人の有様を知らでやみにけり。

これは妻の密か男のありければ、はかりたることにてありけるにや。しかれどもその妻をばなほその後も久しく住みけり。いみじく心得ぬことなり。ウ__たとひ契り深く、志おろかならぬ仲なりといふとも、命にかふべしや。__また希有の乗り馬の徳に命を存したる者なり。__また盗人の心もあはれなりけり、とぞ聞く人言ひける、__となむ語り伝へたるとや。

（『今昔物語集』）

設問

㈠　傍線――a・bの意味として適当なものを、次のうちからそれぞれ一つ選び、その番号を記せ。

a　かまへて
1　今にも
2　どうにか
3　こっそり
4　事前に
5　すばやく

b　わりなく
1　拒みがたく
2　気味悪く
3　腹立たしく
4　つまらなく
5　やりきれなく

㈡　傍線――ア「けふあす東の方に受領付きしてまかり候ふを、これにまかり乗りてまからばやと思ひたまへて」の解釈として適当なものを、次のうちから一つ選び、その番号を記せ。

1　今日明日にも東国に受領の供をして下りますので、このお馬に乗り申して下りたいと存じまして
2　今日明日にも東国に受領の供をしてお別れしますので、このお馬に乗り申してお別れしたいと存じまして
3　今日明日にも東国に受領が供を連れて参上されますので、このお馬に乗られて参上したいとお思いになりまして

二　次の文章を読んで、後の設問に答えよ。

今は昔、民部の大夫、某の則助といふ者ありけり。

ひねもすありきて夕さりがた家に帰り来たりけるに、車宿りの片隅より男一人さしいでたりけり。則助これを見て、こは何ぞの者ぞと問ひければ、男、忍びて申すべきことの候ふなりと言へば、則助、とく言へと言ふに、男、きはめてひそかに申さむと思ふなりと言ひて、人皆しりぞけつ。

近く寄りてささやくやう、おのれは盗人に候ふ。この乗らせたまひたる栗毛の御馬はいみじき逸物かなと見たまへて、[ア]けふあす東の方に受領付きしてまかり候ふを、これにまかり乗りてまからばやと思ひたまへて、[a]かまへて盗まむと思ふ心の候ひて、御門の開きて候ひつるより入り立ちて、隠れて見候ひつれば、内よりおもとだちたる女いで来て、男の候ひつると語らひて、長き鉾を取らせてこそ屋の上に登せ候ひつれ。定めて事せむと構ふるわざにこそ候ふめれ。見たまふるにいとかはゆきことにて候へば、[b]わりなくおぼえて、さはれ、告げ申して逃げてまかりなむと思ひたまへてなむと言へば、則助、しばし隠れて立ちたれと言ひて、従者を呼びて、うちささやきてやれば、男、われをからめむとするにやあらむと思へども、[イ]えいでであるほどに、いと強げなる者ども二三人ゐて来たりぬ。

すなはち火をともして屋の上に登せ、板敷の下をさがす。しばしばかりありて天井より侍ぎはの者の水干装束なるを捕らへて引き出だしてゐて来たり。次に鉾を取りて持て来たり。天井に穴彫りたりけり。しかればその男を問ふに、おのれはしかしかの人の従者なり。隠し申すべきにもあらず。殿の寝入りたまひなむに、天井より鉾をさしおろせ。下にて取りあてむ時に、ただささせとはべりつればなむと言へば、男をば捕らへて検非違使に付けつ。

告げたる盗人をば召し出でて、その欲しがりける栗毛の馬に鞍置きて、やがて家の内にて乗せて追ひ出だしてけり。その後、は、アリストテレスの言う観想（テオーリア）とは異なっている。アリストテレスの分類は行為の必然性と偶然性によって区別されているため、アレントの分類とは異なる。

4　アレントの分類における労働と仕事は、アリストテレスの分類では制作（ポイエーシス）に含まれ、アレントの言う活動は、アリストテレスの言う観想（テオーリア）に近いところにある。そのほかに、アリストテレスは行為そのものを目的とする実践（プラクシス）を規定していた。

5　アレントの分類における労働と仕事は、アリストテレスの分類では制作（ポイエーシス）に含まれ、アレントの言う活動は、アリストテレスの言う実践（プラクシス）に類似している。そのほかに、アリストテレスは必然的で永遠のものを対象とする思想的な行為として観想（テオーリア）を規定していた。

㈤　本文の内容に合致するものを、次のうちから二つ選び、その番号を記せ。

1　現代のわたしたちは、働くことに自分たちの時間のほとんどを費やしているため、ひどく疲弊している。

2　古代ギリシアにおける家という概念は、当時のポリスのありかたを反映している。

3　古代ギリシアのポリスにおいて、家庭は個体の維持と種の生命の生存のために必要とされた領域であった。

4　古代ギリシアで仕事に従事する人々は、自由人としての権利や閑暇をもつことができなかった。

5　アリスタルコスは、衣服を縫わせたり蕎麦を作らせたりすることが富を築くことにつながると信じ込んでいた。

6　アレントは、マックス・ウェーバーの『職業としての政治』に感化されて自論を展開した。

㈥　傍線――について、筆者は「活動」という概念を現代においてどのように考えているか、アレントの考察をふまえたうえで説明せよ（四十字以内、句読点を含む）。

（以上・九十点）

の行為は他者との関係という偶然的な要素を含むものであり、その代表が政治活動である。ポリスの市民は、定期的に開催される民会に出席することを義務づけられていた。そして民会で、アテナイの政治的な方針を決定したり、裁判を行ったりしたのである。この実践と制作の大きな違いは、制作は何かを作りだすという目的をもっているが、実践はそうした別の目的をもたず、行為そのものが目的となっていることである。アリストテレスは「制作の場合はその目的とするところが、制作ということ自身とは別に存在しているが、実践の場合には、こうしたことはありえない。よくやること、それ自身が目的なのである」と説明している。

一方で観想《テオーリア》とは「それ以外の仕方においてあることができないもの」すなわち必然的で永遠のものを対象とする活動である。これは天体などを眺めて、その運行の規則を調べたりする行為であり、そこから生まれるのが個々の学問（エピステーメー）であり、個々の理論（テオーリア）なのである。アリストテレスは、「エピステーメーは普遍的なもの、必然的なものを対象として、これについて行われる理解である」と説明している。

1　アレントの分類における労働と仕事は、アリストテレスの分類では制作（ポイエーシス）に当たり、アレントの言う活動は、アリストテレスの言う実践（プラクシス）と似ている。この類似は、アリストテレスが「それ以外の仕方においてあることができないもの」とできるものとを区別していたために生じた。

2　アレントの分類における労働と仕事と活動は、アリストテレスの分類ではそれぞれ制作（ポイエーシス）、実践（プラクシス）、観想（テオーリア）に対応する。アレントもアリストテレスも、人間の行為の営みを行為の対象との関係から大きく三つに分類したという点では共通している。

3　アレントの分類における労働と仕事は、アリストテレスの分類では制作（ポイエーシス）に当たり、アレントの言う活動才能が公的な性格を帯びるという考え方から仕事の概念を発展させた。

5　仕事という語は、「何かを遂行する」とか「作り上げる」という動作を意味するエルゴンという言葉に由来し、働くことによって生まれる成果に重点を置く意味合いが強い。

(四)　傍線――D「アリストテレス」について、筆者は同じ本の別のところで次のように述べている。本文におけるアレントの考え方と、以下の文章におけるアリストテレスの考え方について説明したものとして適当なものを、後の1～5のうちから一つ選び、その番号を記せ。

アレントは人間の行為を労働と仕事と活動の三種類に分類していたが、古代のギリシアではもう少し別の分類が考えられていた。アリストテレスは人間の行為の営みを、行為の対象との関係という観点から、大きく三種類に分類する。制作（ポイエーシス）、実践（プラクシス）、観想（テオーリア）の三つである。これらの営みは、「それ以外の仕方においてあることができないもの」を対象とする行為であるか、「それ以外の仕方においてあることができるもの」を対象とする行為であるかという違いによって区別されている。言いかえると、存在のうちに必然性をそなえているもの、すなわち天体のように「永遠なるもの」を対象とする行為であるか、自然の産物のように偶然性をそなえているものを対象とする行為であるかの違いである。

偶然性をそなえているものを対象とする行為は、制作と実践である。制作《ポイエーシス》の場合には、人間は自然の事物に手を加えて何かを作りだすのであり、それぞれの事物のありかたという偶然性にふさわしいかたちで、対象に働きかける必要がある。この制作の営みには「労働」と「仕事」の両方が含まれる。

これにたいして実践《プラクシス》は、人間が他者とのあいだで行う行為であり、道徳的な行為や思慮などの活動もここに含まれる。こ

1 ヨーロッパ語で労働を意味するラボールやレーバー、トラバイユ、アルバイトといった語は、あとには何も残さないという意味を持っている。

2 ギリシア語で労働を表すポノスという言葉が、「苦しむ」という意味のポネオマイという動詞を生み、この意味はやがてすべてのヨーロッパ語に受け継がれていった。

3 ジョン・ロックによれば、労働という語は自分の身体全体を使う行為に対して用いられ、生活を維持するためだけの空しさという意味を含んでいる。

4 ヘシオドスの作品『仕事と日』によれば、労働という語は、ゼウスの命令に反したプロメテウスが人間に苦痛を与えたことに由来している。

5 ギリシア語において労働を表す言葉は苦痛を意味するペニアという言葉から派生し、ヨーロッパ語において労働を意味する言葉は産みの苦しみを表すことにも用いられる。

(三) 傍線――C「「仕事」という言葉」の説明として適当なものを、次のうちから一つ選び、その番号を記せ。

1 仕事という意味を表していたギリシア語のエルゴンは、ラテン語のオプス、英語のワーク、フランス語のウーヴル、ドイツ語のヴェルケといった言葉から影響を受けて、作り上げた作品という意味に徐々に変化していった。

2 ジョン・ロックは自分の手を使って作品を作り上げるという概念で仕事を説明し、アレントは社会のために何かを残そうとする創造的な性格をそなえたものとして仕事という語を捉えた。

3 復讐と争いの女神エリスは、人間に他人と競おうとする気持ちを起こさせるために、自分の手の仕事によって卓越さを他人に示すという意味のエルゴンという言葉を人間に与えた。

4 仕事という言葉には、自分の手や頭を使って工夫しながら働くという肯定的な意味が含まれており、アレントは個人的なこのように現代ではほんらいの意味では活動であるものが一つの職業となっているが、それはもはやわたしたちが古代ギリシアのポリスに生きていないという時代的な変動の結果ではあるが、アレントの分類ではうまく整理できない部分があるためでもあるのはたしかである。活動という公的な営みは、共同体のうちで自由な人間がその能力を発揮して人々が高い評価を獲得することを求めるものであるが、労働や仕事を含めて、人間のすべての営みにはこのような社会的な評価を得ようとする要求が含まれているものである。わたしたちは労働することによって生活の資を稼ぎながらも、会社や労働の現場において人々との絆を構築し、他者から評価を獲得することができる。その意味では現代では労働はもはや閉ざされた家庭の内部での私的な活動ではなく、社会的で公的な重要な意味がそなわっているのである。

（中山元『労働の思想史』）

設問

㈠ 傍線――A「働くことにはさまざまな意味がある」の説明として不適当なものを、次のうちから一つ選び、その番号を記せ。

1 自分がなすべきだと考えた仕事を成し遂げると、娯楽から得られる喜び以上の満足感がもたらされる。
2 自分を庇護してくれていた家族から独立し、アイデンティティを確立することができる。
3 自分のうちだけに閉じこもってしまうことなく、ほかの人々とのつながりをもつきっかけをつくる。
4 清々しい疲労感や自己実現の実感を得て喜びがもたらされる。
5 身体的には辛くてもお金を稼ぐことになるので自分や家族が生きていくことができる。

㈡ 傍線――B「『労働』という言葉」の説明として適当なものを、次のうちから一つ選び、その番号を記せ。

（前四七〇／四六九〜前三九九）の友人のアリスタルコスが語った言葉からも明らかである。アリスタルコスはアテナイで起きた内乱のために親族の女性が彼の家に集まってきたので、家を維持するために経済的に苦しくなって困っていた。ソクラテスは、衣服を縫わせるとか、蕎麦《そば》を作らせるなどの方法で大きな富を得ている人々がいることを指摘して、それにならって彼女たちにも仕事をさせてはどうかと提案する。するとアリスタルコスはそのような方法で富を築いた人々は、「異国の人間を奴隷に買ってきて、なんなりと適当な仕事をむりやりやらせるからであって、私の家にいるのは自由の身分の、しかも身内の者たちだ」と反論する。こうした仕事は自由な身分の人間たちがやるべきことではないと信じ込んでいるのである。

D アリストテレス（前三八四〜前三二二）もまた、職人たちには自由人にふさわしい徳が欠如していて、奴隷と同じ程度の徳しかもっていないと考えていた。職人について「職人が奴隷状態に置かれる程度とまさに同一程度の徳がふさわしいことになる。というのも俗業的な職人の有するのは一種の奴隷状態だから」と語っていたのである。

最後に「活動」とはポリスの公的なことがらを担う営みであり、これは公的な自由の領域で行われるものであって、ポリスの自由民だけが自由を享受しながら、こうした公的な活動に従事した。自由であるということは、支配されないということであるが、それはたんに生活と自然の必然性に支配されないだけでなく、他者を支配する必要性にも支配されないということだった。「それは支配もされなければ支配もしないということだった」のである。

だから活動は労働とも仕事とも異なる自由な活動であり、無償で行われるべきものだった。これは労働とはもっとも対照的な営みであり、生計の維持を目指したものでも、何かの作品を世界に残すことでもなかった。しかし現代においてはこの自由な公的な活動の営みもまた重要な職業となっているのであり、生活の資を稼ぐ営みとなっている。そのことはマックス・ウェーバー（一八六四〜一九二〇）が『職業としての政治』で強調したことでもある。現代の政治は「政治を職業とする真の人間たち」が担う活動なのである。

最後の「活動」という営みは人々が公的な場において自分の思想と行動の独自性を発揮しようとするものである。この営みは、個人の生活の維持ではなく、公的な場において共同体の活動に参画するものであり、公共的な性格を帯びるものである。この思想と行動という活動のあとには、目に見える「作品」のようなものは残らないことが多い。アレントはこの活動という営みを、労働や仕事とは明確に異なる特別な次元の行為として捉えたのだった。

これは古代ギリシアのポリスのありかたを反映したものだった。ポリスにおいて個人は家庭において自分と家族の生活を維持するために「労働」する。この労働という営みは、家《オイコス》において行われるものであり、公的な世界からは隔絶されたものとされていた。この「自然の共同体」としての「家族の領域」は「個体の維持と種の生命の生存のため」に必要とされた領域であり、必要性と必然性に支配されていた。

次の「仕事」という営みは、共同体の人々のために行われるものであり、「公衆《デモス》のために家《オイコス》の境界の外で行われるすべての行動を意味した」。これは主として職人による手仕事であり、公的な意味をそなえているものの、共同体での公的な活動とはまったく別の種類のものであった。こうした営みに従事している人々は、公共の場で共同体のための発言をすることが許されないことが多かった。

古代ギリシアでは身分的にも、仕事に従事する人々は公共の場から排除されることが多かった。この営みは家《オイコス》のなかでの労働のように生活と自然の必然性に服従するものではないとしても、公的な場での自由な営みではなかった。それというのも、仕事に従事している人々は、公的な場で発言するために必要な自由をそなえていなかったからである。アテナイでは仕事に従事している人々は自由人としての権利を認められないことが多かったが、それは何かを制作するという営みに従事しているために、公的な活動をするのに必要な閑暇がもてなかったからである。

この仕事という営みがアテナイの自由人から軽蔑され、嫌われていたことは、『ソクラテスの思い出』においてソクラテス有の働きの違いが表現される。

わたしたちが「働く」という言葉で語ろうとするときには、この二つの概念が分かちがたく結びついている。働くというのは自分の身体を使う厳しい労働であることが多いが、わたしたちが自分の手や頭を働かせて実現する仕事、自分たちの才覚を発揮する仕事であることも多いのである。ゼウスの罰によって人間は労働しながら自分の糧を手に入れて生存しなければならなくなったのだが、自分の才能を発揮して、他人よりも優れた作品を作り上げる仕事に従事することもできる。この二つの側面はわたしたちの働くという営みにおいてときには結びつき、ときには切り離されながら密接な関連を持ちつづけている。仕事によって何かの作品を残すことができたときには大きな喜びを感じるが、それだけではなく辛い仕事である労働においても、わたしたちは生計の糧を得て、仲間たちと労働の成果を誇り合い、自分が何かを成し遂げることに喜びを感じることができるのである。

ところでアレントはこの労働と仕事のほかに、活動という概念を提起して、人間の行動の全体をこれらの三つの概念に分けて考察した。

アレントによると「労働」という営みは人間が自分の生命を維持するために必要な苦しい営みであり、これはきわめて個人的なものである。この労働は個人の生活を支えたあとには何も残さない。家庭において食事の用意をし、部屋を片づけ、掃除する営みなどは、日々の生活において重要なものであるが、食べてしまえばあとには何も残らず、部屋を片づけても、その成果はたんに暮らしやすくなるというだけのことである。この種の労働は、人々の生活を維持するためには不可欠であるが、あとには何も残さず、何も生産しないのであり、ときに空しく感じられるものである。

これにたいして「仕事」という営みは人々が自分の能力を発揮して社会のために何かを残そうとするものであり、創造的な性格をそなえている。この行動によって世界にさまざまな作品と道具が残される。この営みは個人的な才能を発揮するという意味では個人的なものであるが、世界に産物を残すという意味では半ば公的な性格を帯びている。

に反して人間に火と技術を与えたことから、ゼウスは人間にその罰を与えようとした。これによって人間に労働と死が生まれたのである。「それまでは地上に住む人間の種族は、あらゆる煩いを免れ、苦しい労働《カレーポス・ポノス》もなく、人間に死をもたらす病気も知らずに暮らして」いた。ところがゼウスが人間に与えた罰として、労働は苦痛なものとして人間に課せられた。ヘシオドスは人間を苦しめるものとしてまず、「痛ましい労苦《ポノス》」を挙げているのである。

他方で神々は地上の人々に働かせるために、他人と競おうとする気持ちを起こさせようとし、復讐と争いの女神エリスが、人間たちに働こうとする気持ちを植えつけた。「このエリスは根性なき男をも目覚めさせて仕事《エルゴン》に向かわせる」のである。「仕事を怠る怠け者も、他人が孜々《しし》として耕し、植え、見事に家をととのえるのを見れば、働く気を起こす」のであり、争いの女神エリスは、人間にとって有益な女神なのである。人々は自分の手の仕事によって自分の卓越さを他人に示そうとした。このエルゴンという言葉は、作り上げた作品という意味もそなえており、人々の仕事の成果そのものでもある。

古代ギリシアにおいてすでに、この辛い身体的な労働とやりがいのある仕事という二つの側面が明確に認識されていた。これを受け継いで、「労働を意味するすべてのヨーロッパ語、すなわちラテン語のラボールと英語のレーバー、フランス語のトラバイユ、ドイツ語のアルバイトは、苦痛と努力を意味しており、産みの苦しみを表すのにも用いられる」ようになったとアレントは説明している。これに対して仕事という言葉としてはその成果を意味するエルゴンの系統の言葉が使われ、主として名詞のかたちで、ラテン語のオプス、英語のワーク、フランス語のウーヴル、ドイツ語のヴェルケという言葉がこの系列を示している。

近代においてこの二つの概念の違いを直截に表現したのは、「身体の労働《レーバー》と手の仕事《ワーク》」というジョン・ロック（一六三二～一七〇四）の言葉だろう。身体はすべての人に共通にそなわるもので、労働するときにはわたしたちは自分の身体の全体を使わざるをえないことが多い。ところが何かを制作する場合には主として手を使うのであり、この手は自分の身体の外部に存在する道具や機械などを駆使して、自分の望む作品を作り上げる。身体の労働にも個人差はあるが、仕事では何よりもそれぞれの人に固価されないとしても、自分の創造的な力を発揮して何かを作りだすことは、大きな喜びをもたらすものである。あるいは自分がなすべきだと考えた仕事を成し遂げたあとでは、大きな満足感を味わうことができる。それは娯楽のうちに感じる喜びとは別の種類の喜びだろう。

　働くことはわたしたちにとっては、このように生計の維持、他者とのつながりの確保、働くことの喜びの享受という三つの意味でとても重要なものと思われる。これらの側面について考えてみるために、「働く」ということをもう少し詳しく考えてみよう。ユダヤ人であるために祖国のドイツを追われてアメリカに亡命した哲学者ハンナ・アレント（一九〇六～一九七五）が指摘しているように、西洋の多くの言語では、働くことを意味する言葉には二つの系列がある。一つはB「労働」という言葉であり、もう一つはC「仕事」という言葉である。労働という言葉には、わたしたちが自分の身体を使って苦労しながら働くという否定的な意味合いが強く含まれ、仕事という言葉には、わたしたちが自分の手や頭を使って工夫しながら働くという肯定的な意味合いが強く含まれている。

　これは古代のギリシアの伝統に由来するものであり、ギリシア語では労働はポノスという言葉で表現され、仕事はエルゴンという言葉で表現されていた。ポノスという言葉は、苦痛を意味するペニアという言葉から派生したものであり、「厳しい労働をする」とか、「苦しむ」を意味するポネオマイという動詞からきた名詞である。これにたいしてエルゴンという言葉は、「何かを遂行する」とか「作り上げる」という動作を意味するエルガゾマイという動詞からきた名詞である。労働ポノスという言葉には働くことの苦痛という意味合いが強く、仕事エルゴンという言葉には働くことによって生まれる成果に重点を置く意味合いが強いのである。

　具体的な用法を調べてみよう。紀元前八世紀末頃のギリシアの叙事詩人ヘシオドスの主著の一つの『仕事と日』という作品において、ヘシオドスは労働《ポノス》と仕事《エルゴン》について多くの考察を展開している。それによると、半神の英雄プロメテウスがゼウスの命令

国語

（七五分）

一　次の文章を読んで、後の設問に答えよ。

現代のわたしたちは、働くことに自分たちの時間のほとんどすべてを費やしている。A働くことにはさまざまな意味がある。しかしわたしたちは何よりも、働かなければ生きていけないと考えている。現代の核家族の社会では、大人になるということは、子供の頃に自分を庇護してくれた家族から離れて、一人でまたは新たな家族を構成して、働きながら独立して生きていくことを意味している。わたしたちがアイデンティティを確立し、維持するためにも働くということは大切な営みと言えるだろう。

それだけではなく、わたしたちは働くことによって、社会の成員として社会の一部を構成し、人とのつながりをもつことができる。働くことは、たんに自分や家族が生計を維持するという目的のためだけではなく、人々とのつながりを維持するという社会的な生活のためにも行われる。働かないということは、自分のうちだけに閉じこもってしまうことであり、ほかの人々と結びつく重要なきっかけを失うことである。

さらにわたしたちは働くことによって、喜びを得ることができる。たとえば自然の中で力を尽くして働いたあとの清々しいまでの疲労感は、それが身体的にはたとえ辛い労働であったとしても、ある種の喜びをもたらすものだろう。さらにわたしたちは仕事のうちに、自分のもつ可能性を発揮しているという自己実現の実感を得ることができる。仕事の成果がたとえ他人に高く評

解答編

英　語

I　解答　A．(X)－2　(Y)－4　(Z)－3

B．(a)－2　(b)－2　(c)－1　(d)－3　(e)－3　(f)－2　(g)－3　(h)－4　(i)－4

C．(ア)－1　(イ)－2

D．(い)－4　(え)－2　(か)－8

E．1・4・6

F．全訳下線部参照。

全訳

《高齢運転者と交通事故の関連》

1　マーナは高齢だったが活動的で，市場やコンサートホールや友人の家を行ったり来たりするのに，愛車のメルセデスベンツでロサンゼルスを縦横無尽に動くくらい社会的に行動力のある女性だった。しかし今日その車は，85歳である彼女のエンシーノの車庫を出ることはない。認知症の診断を受けたのち，彼女は医者から運転を止めるように忠告されたのだ。そして子供たちは彼女に車を運転するのをあきらめる時が来たのだと言った。「私は彼女を思いっきり怖がらせようとしたんだけど，彼女は頑として」運転したがったのだと，娘のシンディは言う。

2　マーナ，彼女の苗字はプライバシーを守るために公表されなかったのだが，彼女が特別だというわけではない。高齢者が運転を止める手助けをするのは困難になり得ると専門家は言う。

3　しかし，日本は2017年の3月にある方法を考案した。認知障害検査に落ちた75歳以上の運転者に，免許を更新する前に医者の診察を受けるように要請する政策を政府が制定したのだ。その政策が施行された6カ月後に，医者が行ったテストで，30,000人以上の運転者に認知症の兆候が見られ，674人の免許が無効にされた，と当時ジャパン・タイムズが報じていた。その政策は高齢運転者の安全の増加につながったと，新しい分析が示している。しかし，それと同時に高齢の歩行者や自転車に乗る人のけがは増加した。

4　研究者たちは2012年7月から2019年12月の間の自動車の衝突事故と歩行者の負傷に関する警察の報告データに目を向けた。その政策が制定されるまで，75歳以上の運転者の衝突事故は増え続けていた，とアメリカ老年医学会の学会誌上で分析者が書いている。その後，その数は減少し，予想していたよりも約3,670件少なかった。その割合は70歳から75歳の男性で相当下がっていたと，研究が示している。女性は男性ほど急激な減少はなかったが，それでも衝突事故の割合は減少した。

5　その研究はまた，75歳以上の歩行者と自転車に乗る人についての道路上でのけがが同じように増加していることを見つけた。政策が制定された後，研究が行われた期間に，予想していたよりも959件多くそのようなけがが起こっており，女性の方が男性よりもけがをする傾向にあった。

6　「政策決定者は，単に自動車の衝突事故を減らすことだけに集中していて，高齢の歩行者や自転車に乗る人に対する潜在的な危害については気づいていないのです」とその研究の共同著者であり，医師，疫学者である稲田晴彦は言う。その研究は彼がジョンズ＝ホプキンス大学ブルームバーグ公衆衛生大学院での博士号取得後の調査の間に行われたのだ。彼と彼のチームは，年齢に基づいて認知機能が低下しているかどうかをふるい分ける検査が高齢運転者の道路上の安全を高めることに関連している「有力な証拠」があると書いている。しかし，彼らはその政策が制定された後に運転者の安全が高まった理由に関してははっきりとわかってはいない。高齢者が異なる運転の仕方をしたのかもしれないし，あるいは政策が施行された後，運転を続けるのではなく，自発的に免許をあきらめたのではないかと彼らは推測している。

7　研究者たちはまた，高齢の歩行者や自転車に乗る人に対する危険性が高まった理由に関してもはっきりとわかってはいない。それはおそらく「運転を止めた後，高齢者が歩くこと（と自転車に乗ること）」に変えたからだと稲田はメールで述べていた。これからの研究はこうした運転の代わりとなる交通の形を高齢者にとって安全なものにする方法に目を向けるべきだと研究者たちは言っている。

8 こうした政策はある一定の年齢層の運転者を対象にしており，データによると高齢であることがより多くの事故に結びついているわけではない，と職業セラピストで，イーストカロライナ大学教授であり，高齢の運転者の調査にキャリアの大部分を捧げてきたアン＝ディッカーソンは言う。米国運輸省の国家道路交通安全部局（NHTSA）によると，65歳以上の運転者は若年の運転者と比べると，1人当たりで言えば，事故に関わることは少ない。しかし，集団としては，激しい衝突事故が起こった場合に生存する可能性は若年層と比べて低くなり，特に交差点で左折する際の事故に弱いことが研究によりわかっている。

9 「高齢の運転者は一般に考えられているほど危険ではないのです」と稲田は語った。

(中略)

10 「最低だわ」と，歩くのが難しい自分が住む地域を引き合いに出して，運転をあきらめた後の生活についてマーナは言い，火事や他の緊急事態が起こったときに逃げられないのではないかと恐れている。彼女の娘が彼女を社会参加するためにいろいろな場所に連れていき，彼女が孤独を感じないようにしているが，マーナは自分が大事にしていた自由と自発性を失ったと言う。

11 「必ずしもそうしたケースばかりではありません」とディッカーソンは言う。

12 将来的な交通手段の必要性に対する計画：引退を考える時には，交通手段の必要性も考えたほうがよい。NHTSAからの金銭的援助を受けて，ディッカーソンは，「運転を引退する計画」を立てたり，ライドシェアのような新しい交通手段の形を試してみたり，高齢運転者に関する研究の情報にアクセスするのを助けるPlan for the Road Aheadというウェブサイトを立ち上げた。

13 すべての運転者がより良い検査を受けられるように後押しすること：「すべての運転者を評価するより良い方法が必要です」と稲田は言う。州法はさまざまであるが，検査には視力，路上での運転技術，交通法に関する知識，医学的状態の再検討が含まれることがある。フロリダやアラバマ，マサチューセッツといった州では，認知症の運転者も，主治医が安全ではないと報告しない限り，運転を続けることが可能である。

14　公平な交通手段に向けての努力：すべての年齢層の人々が，あらゆる人にとって公平な交通手段を提供する方法について考える必要がある，と稲田は言う。それには，家族との長期間にわたる会話，高齢者の「平均運転寿命」を延ばす手助けをする方法を探すこと，交通手段の不平等の問題に対処することが含まれる，と彼は言う。

解説

A. (X)　空所を含む部分は「女性には男性ほど急激な減少は見られなかった（　X　）彼女たちの衝突事故の割合も減少した」という意味。空所の直前の１文では男性の衝突事故の割合が減少したことが述べられており，それを受けた内容となっている。論理関係を考えると，正解は逆接を表す２．but。

(Y)　空所を含む部分は「高齢の歩行者や自転車に乗る人に対する潜在的な危害について気づくこと（　Y　）政策決定者は，単に自動車の衝突事故を減らすことだけに集中している」という意味。through *doing* / by *doing* はどちらも「～することを通じて，～することによって」と手段を表すので，ここでは不適当。in *doing* は「～するときに」という意味を表し，これも不適当。したがって，正解は４．without。without *doing* で「～せずに」となり，意味が通る。

(Z)　空所を含む部分は「主治医が安全ではないと報告（　Z　），認知症の運転者も運転を続けることが可能である」という意味。論理関係が成立するのは３．unless「～しない限り」のみ。

B. (a)　requiring「要求している」より，２．commanding「命じている」が正解。１．allowing「許可している」　３．enabling「可能にしている」　４．persuading「説得している」

(b)　substantially「かなり」より，２．greatly「大いに」が正解。１．gradually「徐々に」　３．spontaneously「自発的に」　４．suspiciously「疑い深く」

(c)　corresponding「相当する，同様の」より，１．equivalent「相当する」が正解。２．extreme「極端な」　３．increasing「増加している」

4．unclear「はっきりしない」

(d) surrendered「あきらめた」より，3．given up「あきらめた」が正解。1．cleared up「解明した」 2．driven in「運転して入る，釘などを打ち込む」 4．taken over「引き継ぐ」

(e) alternative「代替の」より，3．replacement「代わりの」が正解。1．authentic「本物の」 2．efficient「効率の良い」 4．temporary「一時的な」

(f) intersections「交差点」より，2．crossroads「交差点」が正解。1．bridges「橋」 3．sidewalks「歩道」 4．spins「回転」

(g) citing「引き合いにだす」より，3．mentioning「言及する」が正解。1．criticizing「批判する」 2．mediating「仲裁する」 4．watching「見る」

(h) ferrying「運ぶ」より，4．transporting「運ぶ」が正解。1．caring「気にする」 2．encouraging「励ます」 3．preparing「準備する」

(i) assess「評価する」より，4．judge「評価する」が正解。1．count「数える」 2．engage「従事する」 3．improve「改善する」

C. (ア) ここでの case は「状況，事実」という意味。That は直前の文の内容「マーナが運転を止めたことにより，自由と自発性をなくしたこと」を指す。波線部は直訳すれば「それが事実である必要はない」だが，ここでは「マーナのような状況ばかりが起こるわけではない」ということ，すなわち「運転を止めれば自由と自発性を必ずなくしてしまうというわけではない」という意味を表す。したがって，1.「たとえ運転することができなくても，高齢者が独立と自発性を取り戻す方法がある」が正解。2.「不便な地域で生活したり，火事のような緊急事態の危険性について心配する必要は特にない」 3.「高齢者が運転を続けたい場合には，免許証を返納し，社会参画から孤立しているように感じる必要はまったくない」 4.「自由と自発性を維持するために，高齢者が平穏な精神状態で運転することを可能にする特別な交通手段のルートがある」

(イ) driving life expectancy は life expectancy「余命」から派生した表現で，「今後どれくらい運転することができるのかの見込み」のこと。したがって，2.「ある人が安全に車を運転できると予測される時間の長さ」

が正解。1.「ある人が安全に運転できるのかが評価される状況」 3.「命を脅かすような事故を防ぐ安全な運転に対する姿勢」 4.「運転者が安全な運転に集中することを可能にする精神状態」

D. 完成文は以下の通り。People (of all ages need) to (think) of ways (to provide) equitable transportation for all

空所補充の問題を考える際には，①文法的観点，②意味的観点の2つから考えることが大切。本問では，文法的観点から考えると，（ お ）の直前に to があるので不定詞が入ると見当をつける。またその後に of ways とあるので of と結びつく動詞を探すと，think がある。think of ways で「方法を思いつく」となり，意味が通る。さらに（ え ）には不定詞を目的語にとる動詞が入るので，need が適切。また，ways はその後に不定詞を続けて「～するための方法」という形をよくとるので，そうではないかと見当をつける。そして意味的観点から考えると，二重下線部直前の英文は「公平な交通手段に向けての努力」という意味。（ き ）の直後に equitable transportation for all「すべての人々に対する公平な交通手段」とあるので，ここは「すべての人々に対する公平な交通手段を与える方法を思いつく必要がある」という意味であると推測できる。したがって，（ き ）には provide が入る。（ え ）に動詞が入るということは，その前の（ あ ）～（ う ）は People を修飾する形容詞句だとわかる。of all ages を入れれば，「あらゆる年齢の人々」となり，意味が通る。

E. 1.「2017年に制定された日本政府の政策は，何百人もの高齢の運転者がもはや運転できないという状況につながった」

第3段第3文（In the six …）に「その政策が施行された6カ月後に…30,000人以上の運転者に認知症の兆候が見られ，674人の免許が無効にされた」とあるので，本文と一致する。

2.「2012年から2017年までの日本の警察の報告書によると，75歳以上の人々の車の衝突事故の数は減っていた」

第4段第2文（Crashes among drivers …）に「その政策が制定されるまで，75歳以上の運転者の衝突事故は増え続けていた」とあるので，本文と一致しない。

3.「日本におけるその政策の施行の後，車の衝突事故の減少の割合は，男性と女性の両方に対して同じである」

第 4 段最終文（Women did not …）に Women did not see as steep a decrease「女性は（男性ほど）急激な減少はなかった」とあるので，本文と一致しない。

4.「高齢者の交通安全が改善したことの 1 つの理由は彼らの多くが自発的に免許を返納したことだと示唆されている」

高齢者の交通安全が改善された理由について言及しているのは第 6 段であり，その最終文（They surmised that …）に「…政策が施行された後，運転を続けるのではなく，自発的に免許をあきらめたのではないか」とあるので，本文と一致する。

5.「高齢の歩行者や，自転車に乗る人の交通事故の危険性が上昇した理由はその政策が施行されたのちに証明された」

第 7 段第 1 文（The researchers also were unclear …）に「研究者たちはまた，高齢の歩行者や自転車に乗る人に対する危険性が高まった理由に関してもはっきりとわかってはいない」とあるので，本文と一致しない。

6.「高齢者による運転が注目を集めているが，いくつかのデータによると，ただ高齢であるからといって，より多くの事故を起こすわけではない」

第 8 段第 1 文（This kind of …）に data show that older age is not linked with more accidents「データによると高齢であることがより多くの事故に結びついているわけではない」とあるので，本文と一致する。

7.「ディッカーソンは高齢の運転者と，運転を止めた人々に対して個別の支援を提供する州立事務所を創立した」

第 12 段のコロン以下 2 つめの文に Dickerson developed the Plan for the Road Ahead, a website that helps people create …「ディッカーソンは，Plan for the Road Ahead という，人が…するのを助けるウェブサイトを立ち上げた」とあり，ウェブサイトを立ち上げたことは述べられているが，州立事務所を創立したことは本文には言及がない。

8.「アメリカ合衆国は，視覚検査や路上での運転技術の検査を含む，統一された法律の下での審査過程を行っている」

第 13 段のコロン以下 2 つめの文に State laws vary「州法はさまざまである」とあるので，本文と一致しない。

F. 主語は Drivers 65 and older。動詞は are involved。be involved in 〜で「〜に関わる，巻き込まれる」という意味。fewer accidents は「より少ない事故」という意味。than 以下に fewer に対応する比較対象が述べられている。per driver は「ドライバー1人につき」ということ。per は割合を表す表現。counterparts は所有格と共に用いて，「それらに対応する存在」を表す。ここでは高齢の運転者に対して，若年の運転者のことを指している。

II　解答　**A.** (X)−3　(Y)−3　(Z)−4
B. (a)−2　(b)−1　(c)−2　(d)−3　(e)−4　(f)−2　(g)−2　(h)−4　(i)−4
C. (ア)−1　(イ)−3　(ウ)−4
D. (い)−3　(う)−6　(お)−1
E. 2・5・8

全訳

《バイオテクノロジーがもたらす食料の可能性》

[1]　2008年に，バイオテクノロジー産業は厳しい状況に直面した。資本は干上がり，事業は生き延びるために奮闘していた。その時こそ，ライアン＝ベザンコートは好機だと思った。起業家的性質を持った生物学者だったので，彼と数人の友人たちは破産した企業から設備を買い取り始め，自分たちの小さな研究室を作った。2013年までに彼は，カウンター・カルチャー研究室を共同設立した。それはカリフォルニアのオークランドにある「バイオハッカー」のための場所である。そこで，DIY 生物学の熱心な研究者たちが今，さまざまなプロジェクトと共に，牛を使わない方法で本物のチーズを作る研究を行っている。

[2]　ベザンコートは，動物を使わない，新しい大胆な食の未来を形作ろうとしている科学者，起業家，研究室の下町職人からなる成長中の集団の1人である。しかし，彼らはすべての人に肉や乳製品を食べるのをあきらめるよう迫っているわけではない。合成生物学における進歩のおかげで，彼らは研究室で，肉，乳，卵白，コラーゲンなど実際の動物由来の製品を生み出す方法を開発している。そして，そうすることで，カーボンフットプリントを縮小し，こうした製品を生み出す際に必要となる土地や水を大幅に

削減して，持続可能な方法で，ますます大きくなるタンパク質の需要を満たすことを目標としている。

3　研究所で育てられた肉は，近年何度もトップニュースで扱われている。オランダ人の科学者であるマーク＝ポストは2013年に世界初の研究所で生み出した肉で作ったハンバーガーを，325,000ドルもの大金をかけて生み出したことで悪名高い。しかし，それ以来ポストがかけている費用は急激に下がっており，培養肉のスタートアップ企業のメンフィス・ミート社は2021年までには市販できるとの予測を発表している。

4　しかし，この新しい食の風景は肉だけにとどまらないだろう。オークランドのバイオハッカーが集まる場所では，生物学者やコンピュータプログラマーや，リアル・ヴィーガン・チーズ計画にかかわる他のボランティアが，どのようにして本物を生み出すのかという方法を見つけようとしており，自分たちの発見したことを無償で公開しているのである。スタートアップの分野では，パーフェクト・デイ社が，自分たちが開発した牛から作っていない乳を市場に届けようとしているし，クララ・フーズ社は卵を使わずに卵白を生み出している。そしてジェルター社は研究室でコラーゲンを作っている。ベザンコートはこうした企業や，他の革新的な食のスタートアップ企業を，インディーバイオを通じて支援しているが，それは彼が2014年に共同設立した投資集団であり，企業活動を応援する集団である。

5　こうした計画に共通していることは，動物性タンパク質をつくるために，発酵過程を活用しているということである。「人類はこの手法を何千年も使ってきたのです」と，ベザンコートは最近の講演で述べた。「今，私たちはそれを洗練しようとしているのです」

6　研究室で動物性タンパク質を生み出すのは，ビールを作るのに似ているが，ちょっとした合成生物学の助けを借りなければならない。科学者は，どのようなタンパク質を作るべきなのかを微生物に伝えるDNAのかたまりを用いて，酵母菌の遺伝子を変更しているのだ。そして彼らは次に，生物反応器の中でその酵母菌に栄養分を与えて「醸造」し，結果として生まれるタンパク質を取り出すのである。言い換えれば，微生物が，私たちが今のところ感覚のある生き物（動物）に頼って生み出しているのと同じ物質を量産する工場となっているのだ。

7　パーフェクト・デイ社の場合は，酵母菌を用いて作られた牛の乳タンパクを取り出した後，植物由来の砂糖や脂肪だけでなく，栄養分も加え，乳房から絞られた乳に似た舌ざわりと風味を持つようにするのだ。「他の乳代替製品と異なり，私たちが作る乳はでんぷんや増粘剤，安定剤を必要としないのです」と最高経営責任者のライアン＝パンジャは言う。「そして，さらにそれらを用いてチーズやヨーグルトなどの高価値な製品を作ることもできるのです」

8　人類が食料を確保するために牛や他の家畜を育てることは，誰もがよく知る環境面での災いにつながる。二酸化炭素やメタンガスの排出，空気汚染や水質汚染，かなりの土地が必要となること，そして言うまでもないが，動物の幸福に違反することと抗生物質に対する耐性である。その一方で，特に発展途上国における肉や乳製品，卵に対する需要は高まり続けているのだ。

9　酵母菌で作られた乳の予備的なライフサイクル分析は，それを生み出すのに必要な土地や水は，これまでの乳の生産で必要であった土地と水の約3分の2に過ぎないと示した。そして，風力発電で生物反応器を作動させることを想定すると，酵母菌で作られた乳は，これまでの生産方法で作られた乳よりも，化石燃料の減少と，地球温暖化につながる可能性の点で半分で済むのである。

10　もちろん，こうした環境的な利益を意味のある方法で得るには，大規模な努力が必要である。ベザンコートは，今後10年以内にこのことが可能になると信じている。しかし，問題は小さくはない。彼はその最重要点を一見単純そうに見える質問に要約する。「1ポンドの砂糖をどれだけ効率良く自分が望む製品1ポンドに変えることができるのか？」 発酵に必要なのは，本質的には砂糖水と酵母タンパクだが，大規模にタンパク質を生産するには，まだ更なる試行錯誤が必要なのだ。ものによっては作るのが難しいものもある，と細胞農業科学を支援する非営利団体である，ニュー・ハーベストの主任研究員のケイト＝クルーガーは言う。「やってみるまで，何が作りにくいのかを知るのは本当に難しいのです」とクルーガーは言う。企業は研究開発を重ねているが，生物反応器を作動させるのは安くはない。

11　しかし，彼らはコスト競争に向かっている。パンジャによると，パーフェクト・デイ社は，標準的な発酵過程用の工業設備で作業ができるように自社の製造過程を用意している。そしてジェルター社は化粧品業界で自社のコラーゲン製品を売り出すことに着手しているが，その業界では，安定供給ができて，要望に応じてカスタマイズできる製品にはプレミアがつけられると，最高経営責任者のアレクサンダー＝ロレスターニは言う。効率がよくなるにつれて，製薬産業や食産業への応用ができるかを調査するかもしれない。

[12]　しかし，効率は市場における障害の1つでしかない。もう1つは気難しさである。消費者がその技術と製品を受け入れた場合のみ，細胞農業は実現するだろう。酵母菌を基にして乳を生み出すシステムという考えに顔をしかめる人々に対し，ニュー・ハーベストの事務局長イーシャ＝ダタールは，現在のシステムについて人々に思い出させたいと言う。「現在，牛乳を作るために，牛を生後13カ月の時に人工的に授精させて，9カ月後にその牛に子牛を産ませ，肉を得るためにその子牛を引き離し，その後2年間乳を分泌する状態にしているのです。4歳になるまでに，乳牛は食肉用に選び出されます」

[13]　それよりも良い方法があるのだろうか？　発酵バイオテクノロジーは私たちにチーズとヨーグルトをもたらしてくれた。今ではそれは，自然環境に農業が与える影響を食い止めると同時に，増え続ける世界人口に食料を供給するうえで大きな役割を果たす可能性があるのだ。そしてそれは興味をそそる可能性なのだ。

解説

A. **(X)**　空所の前に advances という名詞があることに注目する。advances in 〜 で「〜における進歩」という意味なので，正解は3．in。

(Y)　空所を含む部分は「他の乳代替製品（　Y　），私たちが作る乳はでんぷんや増粘剤，安定剤を必要としない」という意味。この段落では酵母菌から作られる乳に関して述べられており，空所を含む部分はその特性を述べている部分である。論理関係が成立するのは，3．Unlike のみ。

(Z)　空所の直前に starting という動詞があり，直後に by selling という表現があることに注目する。start off by *doing* で「〜することから始める」という意味なので，正解は4．off。

B. **(a)**　entrepreneurs「起業家」より，2．company founders「企業設立者」が正解。1．business journalists「ビジネスジャーナリスト」　3．

computer programmers「コンピュータプログラマー」 4．policy makers「政策決定者」

(b) forging「作り出している」より，1．building「構築している」が正解。2．drawing「描いている」 3．dreaming「夢見ている」 4．expecting「予想している」

(c) arena「活動領域」より，2．field「分野」が正解。1．arcade「商店街」 3．gym「体育館」 4．square「広場」

(d) innovative「革新的な」より，3．original「斬新な」が正解。1．applicable「応用可能な」 2．fascinating「魅力的な」 4．strange「奇妙な」

(e) isolate「分離する」より，4．separate「分離する」が正解。1．accommodate「収容する」 2．create「創造する」 3．modify「変更する」

(f) particularly「特に」より，2．especially「特に」が正解。1．actively「活発に」 3．interestingly「興味深いことに」 4．slowly「ゆっくりと」

(g) trivial「ささいな」より，2．minor「小さな」が正解。1．large「大きな」 3．specific「具体的な」 4．standard「標準の」

(h) output「出力する」より，4．produce「生み出す」が正解。1．consume「消費する」 2．examine「調べる」 3．exclude「除外する」

(i) explore「調査する」より，4．research「調査する」が正解。1．call「呼ぶ」 2．question「疑う」 3．order「命じる」

C．(ア) 「従来の乳の生産」とは，本文で述べられているバイオテクノロジーを用いて牛を介さずに乳を生み出すものに対する，これまでの乳の生産の仕方を表す。したがって，1．「乳を生み出す伝統的な方法」が正解。2．「乳製品ビジネスにおける運営上の基準」 3．「乳製品を保存する実用的な方法」 4．「乳製品を加工する理想的な基準」

(イ) wrinkle *one's* nose は「鼻にしわを寄せる」という意味だが，これは日本語の「顔をしかめる」に相当する表現で，何かに対して心配，不安，不快な気持ちを表すときに用いる。したがって，3．「不快感を表す人々に対して」が正解。1．「興奮を示す人々に対して」 2．「困惑を示す人々に対して」 4．「称賛を表す人々に対して」

(ウ) mouth-wateringは「口からよだれがでるような」が直訳で，食べ物などが「美味しそうな」というのが元来の意味。そこから「物事が人の興味をそそるような」という意味で用いられる。したがって，4.「将来が期待できる可能性」が正解。1.「さまざまな考えに至る可能性」 2.「限られた可能性しか持たない計画」 3.「行動が求められる計画」

D. 完成文は以下の通り。Lab-grown（meat has grabbed）a lot of（headlines in recent）years.

空所補充の問題を考える際には，①文法的観点，②意味的観点の2つから考えることが大切。本問では，文法的観点から考えると，Lab-grownは「研究室で育てられた」という形容詞なので，直後の（ あ ）には名詞が来るとわかる。二重下線部の直後にthe first lab-grown hamburgerとあるので，意味的にmeatが修飾されていると見当がつく。これが主語となる。次に，選択肢に動詞相当語句はhasとgrabbedしかないので，（ い ）（ う ）にはこれらが入り，動詞になる。（ え ）にはgrabbedの目的語に相当する名詞が来るのでheadlinesが入る。最後にyearsがあるので，（ お ）（ か ）にin recentを入れれば，in recent years「近年」と意味が通る。

E. 1.「ライアン＝ベザンコートは，酪農産業界における数回の失敗に終わった試みの後に自分自身のビジネスを始めた」

ベザンコートの失敗に関して本文には言及がないので，一致しない。

2.「ベザンコートは友人たちと従来の肉や乳製品の生産が環境に与えていた影響を減らすために，合成動物性製品を作ろうと取り組んでいる」

第2段最終文（And in doing…）に「彼らは，カーボンフットプリントを縮小し，こうした製品を生み出す際に必要となる土地や水を大幅に削減して，持続可能な方法で，ますます大きくなるタンパク質の需要を満たすことを目標としている」とあり，ここでのtheyはベザンコートを含む人々を指すので，本文と一致する。

3.「オークランドのバイオハッカーが集まる場所の専門家は，彼らの活動の中心を，人工肉を作ることから牛から生み出すチーズへと変えた」

第1段最終文（There, DIY-biology enthusiasts…）に「そこで，DIY生物学の熱心な研究者たちが今…牛を使わない方法で本物のチーズを作る研究を行っている」とあるので，本文と一致しない。

4.「バイオテクノロジーは，発酵に対する革新的な取り組みで，ビールの製造産業に大いに貢献してきた」

第6段第1文（Producing animal protein…）に Producing animal protein in a lab looks like making beer「研究室で動物性タンパク質を作るのはビールを作るのに似ている」という表現はあるが，これはあくまで比喩として用いられているので，本文と一致しない。

5.「パーフェクト・デイ社はまず乳タンパクを分離してから，植物由来の砂糖と脂肪を加えて，牛の乳に似た舌ざわりと風味を持つ合成乳を生み出す」

第7段第1文（In the case…）に「パーフェクト・デイ社の場合は，酵母菌を用いて作られた牛の乳タンパクを取り出した後，植物由来の砂糖や脂肪だけでなく，栄養分も加え，乳房から絞られた乳に似た舌ざわりと風味を持つようにする」とあるので，本文と一致する。

6.「最近の試行で，酵母タンパクは発酵過程において，数種の必要な要素に加えられる必要があると結論付けられた」

第10段の下線部(h)を含む文（The inputs to…）に「発酵に必要なのは，本質的には砂糖水と酵母タンパクだが，大規模にタンパク質を生産するには，まだ更なる試行錯誤が必要なのだ」とあり，酵母タンパクに関する言及はあるが，それが，「数種の必要な要素に加えられる必要があると結論付けた」という内容はないので，本文と一致しない。

7.「パーフェクト・デイ社は，会社全体を標準的な工業用発酵設備へと移動させる準備過程を完了した」

第11段第2文（Perfect Day is…）に「パーフェクト・デイ社は，標準的な発酵過程用の工業設備で作業ができるように自社の製造過程を用意している」という言及はあるが，「会社全体を移動させる」という言及はないので，本文と一致しない。

8.「現在の乳生産のシステムは，牛の自然な受精と乳分泌の段階に介入することによって保証されている」

第12段の波線部(イ)を含む文のコロン以下（“Today, milk is…）に「現在，牛乳は牛を生後13カ月の時に人工的に授精させて…その後2年間乳を分泌する状態にすることによって作られている」とあるので，本文と一致する。

Ⅲ 解答 **A.** (a)－3　(b)－7　(c)－10　(d)－2　(e)－1
(f)－5　(g)－9　(h)－4

B. 〈解答例１〉A small band used to play music when a film was screened.

〈解答例２〉While a movie was screened, a small group of musicians used to play music.

全訳

《映画の歴史についての二人の会話》

（大学生のハンナがコンピュータで作業している）

ジェイコブ：こんにちは，ハンナ。すごく忙しそうだね。

ハンナ：あら，こんにちは，ジェイコブ。映画に関する講義の期末レポートを書いているの。もう終わっているようにと願っていたんだけど，なかなか進まなくて。

ジェイコブ：映画に関する講義を取っていたなんて知らなかったよ。本当に面白そうだねぇ。

ハンナ：とても面白いわよ。映画についてたくさん新しいことを学んでいるわ。そのほとんどを知らなかったわ。

ジェイコブ：そうなの？　たとえばどんなこと？

ハンナ：そうねぇ，たとえば，最初に一般公開された映画はとても短かったの。1分にも満たないくらいだったのよ。ほとんどがお祭りなどで上映される目新しいものだったの。それが大体20世紀への変わり目くらいの話よ。

ジェイコブ：現在の映画とまったく違うんだね。

ハンナ：本当にそのとおりよ。その後，映画は上映時間が長くなって，より統一されたものになっていったんだけど，約30年の間，映画の制作方法と配給方法にはたくさんの変化や転換があったの。

ジェイコブ：その時代のことはよくわからないよ。その頃は無声映画の人気が高かった頃じゃないかな？

ハンナ：それらは最終的には人々の間で大ヒットになったわ。1910年代と，特に1920年代には，ハリウッドが長編映画の先駆けとなったの。その頃はまた，映画スターという考え方が生まれた時期よ。そして，それによって映画の人気に拍車がかかったの。

ジェイコブ：その時代の俳優を１人も知らないなぁ。

ハンナ：でも，チャーリー＝チャップリンの名前は聞いたことがあるかもしれないわね。

ジェイコブ：あぁ，もちろんだよ。彼を忘れることなんてできないよ。彼はとてつもなく人気があったに違いないけど，その理由をはっきりとは知らないな。

ハンナ：実は多くの理由があるのよ。彼にはとてつもない魅力があって，カメラの前で体を使って演じるのが素晴らしく上手かったの。音声がまったくなかったから，実際に体全体を使って演じなければならなかったの。彼は最初にそのことを理解した俳優のうちの１人で，素晴らしい演技ができたの。それは彼の喜劇の舞台での経験のおかげなの。

ジェイコブ：僕は，帽子をかぶって，杖を持って，面白い付け髭をした彼の姿が映った古いビデオクリップを見たことがあるよ。それらはとてもかわいらしかった。

ハンナ：それらは「放浪者」と呼ばれる彼の演じるキャラクターのものだと思うわ。彼は本当に面白くて，かわいらしかったの。でも，彼が天才とみなされた理由はそれだけじゃないの。彼は自分の作品のほとんどの台本を書いたり監督したりしさえしたの。

ジェイコブ：つまり，基本的に彼は映画にかかわるすべてのことができたんだね。

ハンナ：その通り。そして，そういうわけで，ハリウッドをリードする存在だったの。

ジェイコブ：ところで，なぜハリウッドは映画で有名な場所になったんだい？

ハンナ：実は，以前はそうじゃなかったの。トーマス＝エジソンが映画撮影用のカメラを発明したんだけど，当時彼は東海岸を拠点にしていてね。そこで初期の短編映画が作られたの。彼はすべての特許を管理して，そこで映画を作るには使用料を支払うことが要求されたのよ。その出費を抑えるために，映画産業は徐々にアメリカを横断して，カリフォルニアにたどり着いたの。それが主な理由よ。

ジェイコブ：気候が良かったのも幸いしたんだろうね。

ハンナ：間違いないわね。ハリウッドの方がはるかに，１年を通じて映画を作りやすかったの。

ジェイコブ：ところで，映画に音が加わったのはいつからなの？

ハンナ：ある意味，音はずっとあったわ。映画が上映されている間，同時に小規模な楽団によって音楽が演奏されたものよ。でも，質問に対して答えるなら，1927 年が「トーキー映画」と呼ばれる音声のある映画が初めて作られた年よ。その題名は『ジャズシンガー』だったの。

ジェイコブ：チャップリンの経歴にとってはその変化はあまり良いものではなかっただろうね。

ハンナ：確かに，その後彼の勢いは衰えたわ。でも，トーキー映画の時代でも彼の映画の人気は非常に高いままだったの。彼はそれでも会話よりも音と音楽を大切にしていたけれども，彼の才能は変わらず素晴らしいものだった。彼は音楽を作曲しさえしたの。

ジェイコブ：素晴らしいね。君の話を聞いていたら，僕がこの講座を取りたくなってくるよ。

ハンナ：あら，この講座は素晴らしいわよ。もっとも，期末レポートを書かないといけないのは頭痛の種だけど！

解説

A. (a)　直前にハンナが「映画についてたくさんの新しいことを学んでいる」と言っており，ジェイコブがハンナの発言に対して，「そうなんだ。どんなこと？」とその中身を尋ねる発言をしているので，3.「そのほとんどをそれまで知らなかった」が適切。ここでは本来 know の目的語である Most of it が文頭に出て，O S V の形になっている。

(b)　ハンナが映画について学んだことを話している部分から続いていることに注目する。直後のジェイコブの発言で「その頃は無声映画の人気が高かった頃ではないか？」と尋ねているので，ある時代について話していることがわかる。したがって，7.「その時代に関してはあまり知らない」が適切。

(c)　ハンナが直後に「それによって映画の人気に拍車がかかった」と発言しているので，下線部には「それ」の具体的内容が入る。この直後のジェイコブの発言に「その時代の人は誰も知らない」とあり，人についての内容だとわかるので，10.「その時代はまた映画スターという概念が生まれた時代だ」が適切。

(d)　チャップリンについて2人が会話している場面。ハンナの直前の発言に performing physically「体を使って表現する」という内容がある。さらに下線部の直後には「そのことを理解した最初の俳優」という内容があるので，下線部には「体を使った表現に関する内容」が入るとわかる。したがって，2.「音声がなかったので，体全体を使って演じなければならなかった」が適切。

(e)　下線部の直前でハンナが「それだけが彼が天才だとみなされた理由ではない」と発言しており，「それ」の内容はさらにその前の「彼は面白くて，かわいらしかった」を指し，チャップリンの演技について話しているのがわかる。空所の次のジェイコブの発言に「彼はそれらがすべてできた」とあるので，空所にはチャップリンが演技以外でしたことが入るとわかる。1.「彼は自分の映画の脚本を書いたり監督をしたりさえもした」が適切。

(f)　直前のジェイコブの発言「なぜハリウッドが映画で有名な場所になったのか？」に対する答えが下線部の内容となる。下線部直後のハンナの発言では，「トーマス＝エジソンが映画撮影用のカメラを発明して，当時彼は東海岸を拠点にしていた」と当時はハリウッドが映画の拠点ではなかったことが述べられているので，5.「実は，以前はそうではなかった」が適切。

(g)　直後にハンナが「間違いない。ハリウッドの方がはるかに，1年を通じて映画を作りやすかった」と述べているので，9.「おそらく気候が良いのも手伝った」が適切。

(h)　下線部の直前でジェイコブが「その変化はチャップリンの経歴にとっては良くなかったと思う」と発言しているのに対する答えが下線部となる。下線部の直後のハンナの発言に「でも，トーキー映画の時代でも彼の映画の人気は非常に高いままだった」とある。But の後ろに肯定的な内容が述べられているので，下線部には否定的な内容が入ることがわかる。ここではチャップリンの経歴について話しているので，4.「確かに，その後彼の勢いは衰えた」が適切。It's true ～, but … は「確かに～だが，…」と譲歩を表す構文。

B.「映画が上映されている間」は接続詞 when や while を用いて表す。「同時に」は日本語の内容からして「～している間」に含まれるので，あえて英語に訳す必要はないだろう。日本語が伝える情報を英語で正確に表すことを大切にしてもらいたい。「小規模な楽団」は a small band とする。orchestra は「楽団」と訳すこともあるが，LONGMAN 英英辞典の定義では，a large group of musicians playing many different kinds of instruments and led by a conductor「指揮者によって指揮される様々な種類の楽器を演奏する音楽家の大きな集団」なので，ここでは不適切だろう。なお，band が思いつかなければ，〈解答例 2〉のように a small group of musicians など，自分の知っている単語で表現する。「～されたもの」は助動詞 used to *do* を用いる。こうした部分の訳し漏れがないように気を付けたい。

講評

2024 年度も，長文読解問題 2 題，会話文問題 1 題という形式であった。配点はⅠが 77 点，Ⅱが 73 点，Ⅲが 50 点の 200 点満点。

Ⅰは高齢運転者と交通事故の危険性の関係についての論説文で，約 840 語であり，2023 年度とほぼ同じ分量であった。

内容は一般的な話題なので，受験生にとっても比較的取り組みやすかったのではないかと思われる。Aの空所補充問題は，3 問とも文脈の流れを理解しているかという論理関係を問う問題であった。語句の知識だけではなく，英文を読めているかどうかが問われていたが，前後関係はわかりやすく比較的取り組みやすかったと思われる。Bの同意語句を選ぶ問題は，(h)ferry がやや難解だが，それ以外は問題となっている単語も選択肢も基本的なものだった。Cは波線部の内容を文脈から推測しなければならなかったが，選択肢はわかりやすいものだった。Dは文構造をしっかりと考える習慣がついている受験生には標準的な問題だと言える。Eの内容真偽問題は，本文の該当箇所も見つけやすく，選択肢の中の内容に合わない部分もはっきりしていた。Fの英文和訳の問題は，基本的な比較級の文で構造は難解ではないが，fewer accidents を副詞的に訳せたかどうかがポイントだった。

Ⅱはバイオテクノロジーによる食品の開発についての論説文。約 960 語で 2023 年度よりもやや分量が増えた。Ⅰと比べるとなじみのないテーマであり，受験生は難解に感じたと思われる。Aの空所補充問題では，(X)，(Z)は単語やイディオムの知識を問うものが出題されているので，知らなければ正解を見つけることができない。Bの同意語句を選ぶ問題も(b)，(c)，(e)，(h)，(i)は，辞書的意味よりも，本文での単語の意味を推測することが求められた。CはⅠよりも波線部自体の内容から推測しやすかった。Dは空所が連続する箇所が2つあるが，選択肢の中に述語となる動詞が1つしかないので，比較的取り組みやすかったと思われる。Eの内容真偽問題は，選択肢中の固有名詞などを本文で見つけやすく，内容も取りやすかったと思われる。

Ⅲの会話文問題は「映画の歴史」に関する内容で，チャップリンが例として挙げられており，背景知識がある受験生には取り組みやすかったと思われる。選択肢も前後の内容から容易に判断できるものであった。和文英訳も基本的な表現を用いて書くことができるものであった。

日本史

Ⅰ　解答

ア. 裳階　**イ.** 僧形八幡神像　**ウ.** 景戒
エ. 大仏開眼供養（会）　**オ.** 大日如来　**カ.** 顕戒論
キ. 入唐求法巡礼行記　**ク.** 天台座主　**ケ.** 綜芸種智院　**コ.** 前田綱紀
a－8　**b**－9　**c**－7　**d**－4　**e**－11　**f**－13　**g**－3　**h**－8
i－8　**j**－6　**k**－9　**l**－10　**m**－14　**n**－5　**o**－4

解説

《古代の仏教関係史》

ア.「小さな飾り屋根」を裳階と称し，これをもつ薬師寺東塔は六重塔に見えるが三重塔である。そのリズミカルな美しさは「凍れる音楽」と評された。

イ.「神仏習合」「平安初期の貴重な神像彫刻」，そして薬師寺の「鎮守の休ヶ岡八幡宮」から僧形八幡神像とわかる。

エ.「天平勝宝４年（752）」「菩提僊那を導師として」から大仏開眼供養（会）とわかる。「聖武太上天皇・光明皇太后・孝謙天皇」が列席したことを押さえておく。

オ.「真言密教の中心仏」で大日如来とわかるが，「華厳経の毘盧遮那仏が…と同体と位置づけられ」もヒントにしたい。

カ. 最澄が「南都の寺院から厳しい批判を受け」，その反駁のために著したのが『顕戒論』である。

キ. 円仁の「五台山を巡礼，旅日記」から『入唐求法巡礼行記』とわかる。遣唐使の実相を知る貴重な史料でもある。

ク.「『愚管抄』を執筆した慈円」が天台座主のヒントになる。

ケ. 綜芸種智院は「大学・国学のような入学者制限を設けず」庶民の子弟まで教育の対象を広げたことに大きな意義があった。

コ. 加賀藩主前田綱紀は「木下順庵ら儒学者を抜擢し」文治政治による藩政改革を進めたことで有名である。

a. 天武天皇が発願して創建の始まった薬師寺は，持統天皇が引き継いで698（文武２）年に藤原京で完成した。そして平城京遷都後の718（養老

2）年に右京に新しく伽藍を構え，旧地の伽藍は本薬師寺とよばれた。

b．僧尼令によって律令国家の「仏教統制が進み」，国家公認の僧尼の寺院以外での宗教活動は厳しく制限され，民間布教も禁じられた。また，許可なく出家する私度は認められなかった。

c．難問。僧綱は「僧正・僧都・律師」からなり，僧尼の教導や官寺の管理などを職務とした。

d．薬師寺東院堂聖観音菩薩立像は白鳳時代を代表する金銅像である。

e．良弁は「初代東大寺別当」で導けるが，東大寺の開山とも関連づけて覚えておきたい。

f．「唐から…来日」「東大寺の戒壇院設立」から鑑真と導ける。

h．東大寺「法華堂（三月堂）」の「本尊」から三目八臂の姿をもつ不空羂索観音像を導く。

i．「三戒壇」の一つである下野薬師寺は，道鏡が左遷されて生涯を閉じた寺院である。

j．寺門派の総本山である園城寺は，俗に三井寺という。

k．『鳥獣戯画』の作者といわれる鳥羽僧正の名は覚猷で，晩年鳥羽上皇の信任が厚く，鳥羽離宮に住して鳥羽僧正と称された。

l．「弘仁 14 年」の年号も嵯峨天皇を導くヒントになる。

m．「三筆」は嵯峨天皇・橘逸勢・空海であるが，「承和の変で配流された人物」は橘逸勢である。

n．「儒教・道教・仏教」をヒントに『三教指帰』を導く。

o．後七日御修法・御斎会・灌仏会の三択であるが難問。「正月 8 日から 14 日にかけて」の 7 日間の法会で，「宮中真言院」での密教の修法は後七日御修法。宮中大極殿で国家安寧の祈願のために金光明最勝王経を講説させる法会を御斎会とよぶ。なお，灌仏会は釈迦の誕生の日である 4 月 8 日に行われる法会である。

Ⅱ　解答

【設問ア】 持明院統　**【設問イ】** 建武式目

【設問ウ】 足利直義　**【設問エ】** 仮名手本忠臣蔵

【設問オ】 観応　**【設問カ】** (a)－2　(b)－5　(c)－1　(d)－3　(e)－7

【設問キ】 細川政元　**【設問ク】** 足利義材（義稙）　**【設問ケ】** 一乗

【設問コ】 (f)－7　(g)－1　(h)－4

解説

《南北朝の動乱，戦国時代》

【設問ア】「後深草，伏見，後伏見，花園，光厳」と続く皇統が持明院統で，「亀山，後宇多，後二条そして後醍醐」に続く皇統を大覚寺統という。

【設問イ】設問文「足利尊氏…17カ条からなる政治方針の要綱」で建武式目とわかる。建武式目は，足利尊氏が室町幕府を開くにあたり1336（建武3）年に公布した施政方針を示す法令で，尊氏の諮問に対する中原章賢（是円）ら8人の答申がそのまま公布された。

【設問ウ・オ】足利尊氏の弟である足利直義と尊氏の権限を代行する「執事高師直」の対立から始まる争いを観応の擾乱と呼ぶ。擾乱が始まった1350年は，北朝の年号を用いれば観応1年で，南朝の年号を用いれば正平5年である。

【設問エ】設問文「赤穂浪士の仇討ちを題材にした」「浄瑠璃，歌舞伎の代表作」から竹田出雲（2世）の作品『仮名手本忠臣蔵』とわかる。設問文「大坂・竹本座で1748年に初演」もヒントにしたい。

【設問カ】(a)　陸奥将軍府が置かれた多賀城は現在の宮城県に位置した。

(b)　難問。足利尊氏が菊池氏を撃破した多々良浜の戦いは，筑前国の多々良川が博多湾に流入する地域で起こった。

(c)　楠木正成が敗死したといわれる摂津国湊川の地には，正成を祭神とする湊川神社が1872（明治5）年に創建された。

(d)　難問。湊川の戦いで敗北した新田義貞は北陸に下ったが，越前国藤島での戦いで足利尊氏の派遣した幕府軍に敗れ死亡した。

(e)　東国における南朝勢力の結集を図ろうとした北畠親房は，常陸国小田城の戦陣で南朝の正統性を主張する『神皇正統記』を執筆した。

【設問キ・ク】やや難問。1493（明応2）年，細川政元が10代将軍足利義材（のち義稙）を廃立したクーデターを明応の政変と呼ぶ。なお，足利義材は11代将軍義澄を追放して将軍に復帰した後，義稙と改名する。

【設問ケ】引用史料は『朝倉孝景条々（朝倉敏景十七箇条）』である。一乗谷は越前の戦国大名朝倉氏の城下町で，孝景（敏景）以下5代約100年間にわたり栄えたが，1573年織田信長の攻撃を受けて灰燼に帰した。

Ⅲ　解答　【設問ア】2　【設問エ】4　【設問イ】北槎聞略
【設問ウ】江戸湾（江戸）【設問オ】3　【設問カ】3
【設問キ】陸奥宗光　【設問ク】1　【設問ケ】加藤友三郎　【設問コ】1
【設問サ】日満議定書　【設問シ】3　【設問ス】ワシントン
【設問セ】ロンドン　【設問ソ】抗日民族統一戦線　【設問タ】2
【設問チ】全面講和　【設問ツ】3　【設問テ】賠償請求　【設問ト】4

解説

《近世～近現代の対外関係史》

【設問ア・エ】 女帝エカチェリーナ2世の命を受けたラクスマンは1792年に根室に来航し，漂流民大黒屋光太夫らを送還して幕府に通商を求めたが拒否され，信牌（長崎入港許可書）を受けとって帰国した。その信牌を携えて1804年に長崎に来航したのがレザノフである。レザノフは長崎で半年待たされたうえ，幕府側にアレクサンドル1世の親書の受理と通商交渉を拒否されたため，その報復としてロシア軍艦に樺太・択捉島などを攻撃させた。

【設問イ】 帰国した大黒屋光太夫は11代将軍徳川家斉と老中松平定信の前で聞き取りを受け，その時に同席した蘭方外科医桂川甫周が光太夫のロシアでの見聞を筆録し『北槎聞略』として著した。

【設問ウ】 幕府はロシア使節の江戸湾入港の要求を受けたことを機に，諸藩に対して江戸湾及び蝦夷地の海防強化を命じた。地名を問われているので江戸湾を江戸と解答してもよい。

【設問オ】 幕府はフランスとの間に和親条約を結ばなかったが，1858年，アメリカを最初に，オランダ，ロシア，イギリスそしてフランスとの間に修好通商条約を調印した。

【設問カ】 3．正解。1．寺島宗則外務卿の説明。2．井上馨外相の説明。4．大隈重信外相の説明。

【設問キ】 条約改正の内容「領事裁判権の撤廃と税権の一部回復，相互の最恵国待遇」または「日英通商航海条約に調印」から，第2次伊藤博文内閣で外務大臣をつとめた陸奥宗光を導く。

【設問ク】 1918年，シベリアのチェコスロヴァキア兵の救出を目的に日本・アメリカがウラジヴォストークに共同出兵し，その後，イギリス・フランスも派兵した。これをシベリア出兵またはシベリア干渉戦争とよぶ。

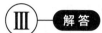

【設問ケ・コ】 ワシントン会議の首席全権は海軍大臣加藤友三郎であるが，貴族院議長徳川家達と駐米大使幣原喜重郎の２名も全権として会議に参加した。なお幣原喜重郎は，加藤高明首相の護憲三派内閣の外相となり，以後第１次若槻礼次郎内閣・浜口雄幸内閣・第２次若槻内閣で外相として幣原外交とよばれる国際協調外交を展開した。

【設問サ】 1932年，満州事変によって東三省（奉天・吉林・黒竜江）に日本の傀儡国家である満州国が誕生し，同年，日本政府（斎藤実内閣）が日満議定書を調印して満州国を正式に承認した。

【設問シ】 1933年３月，日本が国際連盟に脱退を通告し，その２年後の1935年３月に脱退の正式発効となった。

【設問ス・セ】 1936年，第２次ロンドン海軍軍縮会議（1935年12月に開催）を日本が脱退してロンドン海軍軍縮条約は失効し，日本が1934年にアメリカに通告していたワシントン海軍軍縮条約も失効した。

【設問ソ】 1936年の西安事件をきっかけに中国国民党（指導者蔣介石）と中国共産党との内戦が停止され，1937年７月に日中戦争が勃発すると第２次国共合作が正式に成立し，９月に抗日民族統一戦線が結成された。

【設問タ】 1941年４月第２次近衛文麿内閣のとき，駐米大使野村吉三郎とアメリカ国務長官ハルとの間で日米交渉が行われた。そして同年11月東条英機内閣のとき，国務長官ハルの最後通告的な案（ハル＝ノート）が野村に示された。

【設問チ】 南原繁・大内兵衛らの知識人層や日本社会党・日本共産党が「すべての交戦国と講和をするべき」とする全面講和論に対して，講和を急ぐ第３次吉田茂内閣はソ連などを除外し西側諸国のみの単独講和論を主張して激しく対立した。

【設問ツ】 1952年に中華民国（国民政府）と締結された日華平和条約は，中華人民共和国との国交正常化を内容とする1972年の日中共同声明によって無効となった。

【設問テ】 1952年に調印された日華平和条約・日印平和条約によって中華民国（国民政府）・インドの両国は賠償請求権を放棄した。

【設問ト】 ４．正解。１．日ソ共同宣言の調印（1956年）は鳩山一郎，２．日中平和友好条約の締結（1978年）は福田赳夫，３．日本ビルマ平和条約の締結（1954年）は吉田茂である。

講評

Ⅰ　古代の仏教や寺院建築・仏像など，仏教関係の知識を問う。選択問題のｃ・ｏが難問であるが，消去法などを駆使して正答率を上げたい。記述問題はすべて基本・標準レベルであるが，ア・イ・キなどの漢字ミスで差がついたのではないだろうか。この大問は同志社大学の頻出テーマであり，高得点をとりたい。

Ⅱ　(1)は南北朝の動乱に関する知識を問う。【設問カ】の合戦の地を問う(b)・(d)が難問であるが，その他は基本・標準レベルの設問である。(2)・(3)は戦国時代の設問で，(2)では明応の政変，(3)では戦国大名の分国法に関する知識を問う。【設問キ・ク】がやや難問であるが，その他は基本レベルである。記述での漢字ミスを避けて高得点を確保したい。

Ⅲ　(1)は江戸時代の列強の接近から明治時代の条約改正について，(2)は大正時代の対外関係史，(3)は昭和時代の対外関係史についての知識を問う。教科書に準じたリード文で，設問もすべて基本・標準レベルである。選択形式の【設問シ】と記述形式の【設問ス・セ】の解答で迷い，また【設問ソ・テ】で正確に記述できたかどうかで差がついたと思われる。なお，近現代の政治・外交に関する設問では内閣が例年問われているので，戦前・戦後の内閣に関する知識は早めに整理しておきたい。

全体的に見るとやや難・難問が数問見られたが，基本・標準レベルの割合も例年並みで，これをミスしなければ高得点は可能である。教科書中心に用語集・図説を用いて知識を正確に習得し，同志社大学の過去問演習を徹底して高得点をねらいたい。

世界史

Ⅰ　解答

設問1． **a**−20　**b**−19　**c**−10　**d**−34　**e**−1　**f**−16　**g**−35　**h**−22　**i**−36
設問2． 本草綱目　**設問3．** 3　**設問4．** 2　**設問5．** 覇者
設問6． 5　**設問7．** 1　**設問8．** 両税法　**設問9．** 藩鎮
設問10． (1)−4　(2)−1　**設問11．** 山西商人　**設問12．** 交鈔

解説

《前近代中国における塩の専売制》

設問1．b・f． 斉は周の初期，山東を封じられ，その地を領有した諸侯の国で，戦国時代には七雄の1つとなった。また黄巣の乱を指導した黄巣は山東の塩の密売人で，山東から挙兵した。

g． 半農半牧の契丹（キタイ）が建てた国の名は遼とも呼ばれ，この国名は彼らの居住地を流れていた遼河の名と関係する。

設問3． 3．誤文。アメリカ大陸原産のトウガラシは15世紀から始まる大航海時代にヨーロッパへ伝播し，そこから中国に伝来した。

設問4． (a)正文。(b)誤文。モンゴル帝国時代の中国（元）では，「イスラーム世界で使われていたコバルト顔料」を用いて染付という磁器が作られた。なお，青磁は白磁と同様，宋代に作られている。

設問5． 斉の桓公は春秋時代を代表する5人の覇者（有力諸侯）の1人で，春秋の「五覇」として必ず名が挙げられる。

設問6． X．平準法の説明。Y．宋代，宰相の王安石が行った新法の1つである市易法の説明。Z．均輸法の説明。

設問7． ア．誤文。隋代に建設され，唐においても利用された大運河の南端は華中の杭州で，華南の広州には及んでいない。イ．正文。ウ．誤文。会子は交子と同様，紙幣として宋代に流通した。

設問8． 安史の乱（空欄e）後の780年，宰相の楊炎が新税制として両税法を導入した。これにより課税対象は人から土地へと転化する。

設問10． (1)　(a)誤文。契丹は後晋（五代3番目の王朝）の建国を支援した代償に，燕雲十六州を割譲された。(b)誤文。契丹は遊牧狩猟民には部族制

で，華北の農耕民には州県制で支配した（二重統治体制）。

設問11. 明代に「全国規模で活動を展開した」「特権商人」の代表は山西商人と徽州商人（新安商人）で，前者が明の北方防衛地帯である「長城」付近での商業活動から台頭し，後者が江南での商業活動から台頭した。

Ⅱ　解答

設問1．ア. 結婚税

イ. 不輸不入権〔インムニテート〕

ウ. シャンパーニュ　**エ.** フッガー　**オ.** 貨幣地代

カ. 独立自営農民〔ヨーマン〕　**キ.** ジャックリーの乱　**ク.** 商業革命

設問2．あ－1　**い**－3　**う**－2　**え**－3　**お**－3　**か**－1　**き**－4　**く**－1

設問3．A－3　**B**－19　**C**－12　**D**－13　**E**－14

解説

《中世西ヨーロッパの社会経済史》

設問1．ア.「縁組で領外に出る」とは結婚によって領地外へ移住することだから，領主は働き手喪失の補償として農民に結婚税を課した。

イ. 領主は国王に対して不輸不入権を持つことで，国王からの自立化が促され，荘園を自由に支配できた。

ウ. フランスでは12～13世紀，東北部のシャンパーニュ地方で国際的な定期市が開かれ，地中海商業圏と北ヨーロッパ商業圏を結びつけた。

設問2．あ.「土地を媒介とした主従関係」とは封建的主従関係で，これは古ゲルマンの従士制とローマ帝国末期の恩貸地制を起源とした。

う. 中世の西ヨーロッパでは11～13世紀，鉄製重量有輪犂や水車の他，三圃制という農法が普及し，農業生産が増大した。

え. ヴェネツィア・ジェノヴァなどは北イタリアの海港都市で，地中海を舞台とした東方貿易（レヴァント貿易）により栄えた。

お. 同職ギルド（手工業者の職種別組合）の親方は市政を独占する商人ギルドに対してツンフト闘争を展開し，市政への参加を実現した。

か. 14～15世紀の西ヨーロッパでは大砲や小銃などの火砲が普及した。火器を歩兵が用いる戦術が広まったため，一騎打ち戦法の花形（担い手）であった騎士は地位を低下させ，騎士没落の一因となった。

き. 中世西ヨーロッパのキリスト教世界では，ユダヤ人はキリストを死に追いやった民族として差別と迫害の対象となり，都市ではゲットーと呼ばれる「特別の居住場所」に押し込められる場合もあった。

設問3．B． 大陸封鎖令は1806年，ナポレオン軍占領下のベルリンで発せられた。よって，波線部に適切なものがないから，19となる。

C． ギリシアは独立戦争（1821～29年）を経てオスマン帝国から独立し，1830年のロンドン（12）での会議で独立が正式に承認された。

D． 1848年のドイツでは，フランス二月革命の影響を受けて三月革命が起こり，ついで5月にフランクフルト（13）のパウロ教会でドイツ統一と憲法制定のための国民議会が開かれた（フランクフルト国民議会）。

E． 第二次世界大戦終結直後の1945～46年，ニュルンベルク⑭に設置された国際軍事裁判所でナチスの指導者を戦争犯罪人として裁いた。

Ⅲ 解答

設問1． **a**－10 **b**－20 **c**－16 **d**－1

設問2． **(ア)**ミドハト＝パシャ **(イ)**ブルガリア **(ウ)**セーヴル条約 **(エ)**フィウメ **(オ)**ソフホーズ

設問3． 4 **設問4．** ①－2 ②－3 ③－1 ④－1 ⑤－4 ⑥－3 ⑦－2 ⑧－3

解説

《第一次世界大戦前後期のヨーロッパ》

設問1．b． スパルタクス団はドイツ共産党結成（1918年）の中心となった組織で，反戦を掲げ，ローザ＝ルクセンブルクやカール＝リープクネヒトを指導者とした。なお，両者は1919年に殺害されている。

設問2．(ア) 「1876年に公布」され，青年トルコ革命（1908年）で「復活した」憲法はミドハト憲法で，宰相ミドハト＝パシャが起草した。

(イ) 第2次バルカン戦争はブルガリアとセルビア（空欄a）など「他の同盟国」との対立から起こり，敗北したブルガリアは失地回復のためドイツ・オーストリア陣営に接近した。

(オ) ソ連の第1次五カ年計画では農業の集団化を進めるため，国営農場としてソフホーズを，また集団農場としてコルホーズを建設した。

設問3． ドイツの③無制限潜水艦作戦の宣言（1917年2月）を機に，アメリカが参戦した。そこでドイツは西部戦線に戦力を集中するため，①ロシアとブレスト＝リトフスク条約を結んで講和した（1918年3月）。しか

しドイツの敗北が濃厚となる中，④キール軍港での水兵反乱（1918 年 11 月 3 日）を機にドイツ革命となり，②ヴィルヘルム 2 世は亡命した（1918 年 11 月 10 日）。よって，正解は 4 の③→①→④→②となる。

設問 4． ①　(i)正文。(ii)誤文。イギリスは 1902 年に日英同盟を，ついで 1904 年に英仏協商を結んだ。

②　(i)誤文。女性参政権はイギリスで 1918 年，ドイツで 1919 年に成立した（「1910 年代」）が，フランスでは 1945 年に成立する。(ii)正文。

⑤　(i)誤文。1832 年の選挙法改正（第 1 回）では，その後に起こったチャーティスト運動（1837〜50 年代）で無記名秘密投票が人民憲章の内容の一つとして要求されたように，秘密投票は実施されなかった。イギリスでは 1872 年に秘密投票制が採用される。(ii)誤文。1867 年の選挙法改正（第 2 回）で都市労働者に，1884 年の選挙法改正（第 3 回）で農業・鉱業労働者に選挙権が付与された。

⑥　(i)誤文。教皇庁（ヴァチカン市国）の独立は 1929 年のラテラノ（ラテラン）条約で認められた。なお，ロカルノ条約はラインラントの非武装などを確認した条約で，1925 年にヨーロッパの 7 カ国が結んだ。(ii)正文。

⑦　(i)正文。(ii)誤文。ドイツの賠償総額は 1924 年のドーズ案では「削減が認められず」，1929 年のヤング案で大幅に削減された。

⑧　(i)誤文。ドイツは国際連盟設立（1920 年）後の 1926 年に国際連盟に加入し，1933 年に脱退した。(ii)正文。

講評

Ⅰ　塩の専売制をテーマに，宋代までの中国史を問う出題。設問 1 の g．遼河は国の名から推測したい。語句記述の設問はすべて漢字指定だが，基本事項で平易。設問 3 の「トウガラシ」，設問 4 の「コバルト顔料」・「青磁」，設問 7 の形式に戸惑うかもしれないが，教科書レベルの知識で正誤を判定できる。

Ⅱ　社会経済の視点から，中世西ヨーロッパ史を問う出題。設問はすべて基本事項に関わるため，対応しやすい。設問 2 の(き)のユダヤ人についても他の選択肢と比較すれば確実に解答できる。

Ⅲ　第一次世界大戦を中心に，その前後期のヨーロッパを扱った出題。

設問3の年代配列は月・日まで問われているため，一見すると難問の印象を受けるが，大戦終結に至る推移を正しく理解していれば，月・日を知らなくても判断できる。設問4の正誤法も，年代を含む選択肢が多く，年代把握があいまいだと迷うが，扱われている内容は教科書レベルの基本で，⑤の(i)の「秘密投票」もチャーティスト運動・人民憲章を想起できれば容易に正誤を判定できる。

例年どおり，リード文や選択肢は一部に各教科書や用語集の記述が利用され，設問の大半は教科書レベルの基本的な事項・内容であった。基本事項の名称および内容を，漢字表記や年代にも注意しながら正しく把握し，その上で同志社大学特有の正誤法に慣れることが重要な出題となっている。

政治・経済

I　解答

【設問1】 **A**－7　**B**－8　**C**－5

【設問2】 **ア.** 職業選択　**イ.** 財産権　**ウ.** 土地収用　**エ.** 補償

【設問3】 **a**－2　**b**－2　**c**－2

【設問4】 **オ.** 罪刑法定　**カ.** 令状

【設問5】 良心の囚人

【設問6】 美濃部達吉

【設問7】 3

【設問8】 1

【設問9】 **D**－4　**E**－12　**F**－8　**G**－14

【設問10】 4

解説

《基本的人権の保障》

【設問1】 **A.**「二重の基準」論とは，精神の自由と経済活動の自由を規制する場合の基準は異なるとする考えである。民主主義の根幹をなす精神の自由を規制することは極めて慎重に行う必要があることが前提にある。

B. やや難。「森戸事件」とは，東京帝国大学助教授森戸辰男が1919年に発表した論文が危険思想の宣伝であるとされ，翌年，休職処分および有罪判決を受けた事件である。

C. やや難。「大本事件」とは，新宗教「大本」の宗教活動に対して，不敬罪や治安維持法違反を理由に行われた弾圧事件である。

【設問2】 日本国憲法第22条「居住，移転及び職業選択の自由」と第29条「財産権の保障」は，いずれも経済活動の自由に分類される。

【設問3】 **a.** 誤文。国立マンション訴訟において，最高裁判所は，「景観に対する住民の利益」を認めつつも，本事件については当該利益への違法な侵害はないと判断した。

b. 誤文。森林法共有林分割制限訴訟において，最高裁判所は，森林法で共有林の分割を制限しているのは合理性に欠けており，違憲だと判断した。

その後，森林法は改正され，共有林の分割を制限した条文は削除された。
c． 誤文。薬事法薬局開設距離制限訴訟において，最高裁判所は，薬事法の適正配置規制が合理性を欠いており，憲法第22条の職業選択の自由に反すると判断した。
【設問5】 良心の囚人とは，国際的人権擁護団体であるアムネスティ＝インターナショナルが唱えている概念で，人種，性的指向，宗教，または政治的見解のために投獄された人を言う。
【設問6】 東京帝国大学名誉教授であり，貴族院議員でもあった美濃部達吉は，天皇は国家の機関であるとする天皇機関説を唱えたが，それが国体に背く考え方であるとして糾弾され，議員辞職に追い込まれ，自著も発禁処分にされた。
【設問7】 3．誤文。三菱樹脂事件において，最高裁判所は，日本国憲法第19条が保障する思想および良心の自由は私人間において間接的に適用されるにすぎず，企業が思想・信条を理由に雇用を拒むことが直ちに憲法違反となるわけではないという判断を示した。
【設問9】 **D・E．** チャタレイ事件において，最高裁判所は，表現の自由といえども公共の福祉の制約を受けるとし，わいせつ文書の出版を禁止している刑法の規定は憲法に違反しないという判断を示した。
G． 侮辱罪とは，具体的な事実を示さずに公然と人を侮辱する罪であり，刑法第231条で規定されている。

Ⅱ 解答

【設問1】 **ア．** 私　**イ．** 所有（資本も可）
ウ． ガバナンス　**エ．** ディスクロージャー
オ． ステークホルダー
【設問2】 **A**－1　**カ．** 無限
【設問3】 4
【設問4】 **B**－5　**C**－4　**D**－10
【設問5】 **キ．** 買収　**ク．** コングロマリット　**ケ．** 持ち合い
【設問6】 リストラクチャリング
【設問7】 **a**－2　**b**－1　**c**－1　**d**－1　**e**－2

解説

《現代企業の動向》

【設問１】ア． 私企業は，利潤を獲得し，出資者に分配することを主な目的としている点で，公企業とは異なる。

イ． 経営の専門性・複雑性が高まり，多くの株主は会社の経営にほとんど関わらず配当や株式の転売利益の獲得のみに関心を持ち，株式の所有の有無にかかわらず，専門経営者層が経営の実権を有するという現状を所有と経営の分離と言う。

【設問２】カ． 出資者が出資額を超えて会社の負債を負うことを無限責任と言い，出資額の範囲内でしか負債義務を負わないことを有限責任と言う。

【設問３】 ４．誤文。「株主総会の権限の多くは監査役に委譲され」という記述は誤り。監査役は株主総会で選任され，取締役の職務の執行を監査することと監査報告を作成することがその職務で，株主総会の権限が監査役に委譲されたわけではない。

【設問４】Ｃ． 空欄直前に，「たがいに工業製品を輸出しあう」という記述があるので，水平貿易が入る。

【設問５】キ． M&A（Mergers and Acquisitions）は企業合併または企業買収と訳されるので，買収が入る。

ケ． 企業同士がお互いに相手企業の株式を所有することを株式の持ち合いと言う。

【設問７】ａ． 誤文。企業の社会的責任に関する国際規格はISO26000シリーズである。

ｂ・ｃ・ｄ． 正文。

ｅ． 誤文。企業は私的利益を追求する団体なので，「行政がになうべき役割を企業に押しつけ」ているという批判があるというのは不適当。NPO法人（特定非営利活動法人）は，ボランティア活動をはじめとする社会貢献活動を行っているが，行政の下請けになっているのではないかという批判もある。

Ⅲ　解答

【設問１】ア． 終身雇用　**イ．** 企業別

ウ． プロフェッショナル

【設問２】 **Ａ**－２　**Ｂ**－８　**Ｃ**－７　**Ｄ**－17　**Ｅ**－13

【設問3】エ． パートタイム　**オ．** 派遣　**カ．** 同一労働同一賃金
【設問4】キ． ラッダイト〔ラダイト〕　**ク．** 国際労働機関（ILO）
ケ． 労働組合期成会　**コ．** 工場
【設問5】F－7　**G**－5　**H**－1　**I**－14　**J**－6

解説

《労働問題》

【設問1】ア・イ． 日本の高度経済成長期の，特に大企業における労使関係の特徴は，終身雇用制，年功序列型賃金制，企業別労働組合であり，1990年代バブル経済崩壊以降は，これらの慣行が崩れつつある点を押さえておこう。なかでも，終身雇用制が崩壊して，事業の再構築（リストラクチャリング）が図られたことは重要である。

ウ． 高度プロフェッショナル制度とは，ある一定の専門職の高所得の労働者を労働時間の規制対象から外し，時間外労働の割増賃金などを適用しない制度を言う。

【設問3】オ． 派遣労働者は，雇用契約は派遣元企業との間で行い，実際の仕事は派遣先企業の指揮に従って働く労働者である。派遣労働者は，派遣元企業を通じて賃金を受け取るため，派遣先企業の正社員と同じ仕事をしていたとしても，賃金が低くなりがちになる。したがって，同一労働同一賃金の原則に反するという批判があり，労働者派遣法が改正され，2020年から派遣元企業と派遣先企業の協議などにより，派遣労働者にも同一労働同一賃金の原則を適用することが義務付けられた。

【設問4】ク． 1919年のベルサイユ条約にもとづいて，国際連盟とともに結成されたのは国際労働機関（ILO）。第二次世界大戦後は国際連合の専門機関となっている。

ケ． 1897年に日本最初の労働運動団体である職工義勇会が結成され，同年のうちに労働組合期成会に改組された。

コ． 1911年に制定された工場法は，労働時間を制限するなど労働者を保護するための法律であった。第二次世界大戦後は，労働基準法に受け継がれた。

【設問5】F・G． 1999年に労働基準法が改正され，女子の深夜労働禁止などの女子保護規定が撤廃された。

講評

Ⅰ　自由権的基本権の特徴や第二次世界大戦前の思想弾圧などに関する文章をもとにして，日本国憲法における基本的人権の保障について幅広く問うている。多くの問題は教科書に準拠した標準的な問題であったが，戦前の思想弾圧事件である森戸事件や大本事件，さらには国立マンション訴訟の最高裁判所の判決内容を問うなど一部で難度の高い問題も出題されている。

Ⅱ　現代企業の動向や課題に関する文章をもとに，株式会社の仕組みや国際分業，企業合併などについて出題されている。企業の社会的責任について問う問題はやや難度が高いが，それ以外は教科書に準拠した標準的な問題であった。

Ⅲ　高度経済成長期以降の日本企業の雇用慣行について述べた文章をもとに，労働者をめぐる様々な問題について出題されている。いずれの問題も教科書に準拠した標準的な問題であった。

数 学

I **解答** **ア.** $4n-104$ **イ.** $2n(n-51)$ **ウ.** $4n$ **エ.** 12

オ. 12 **カ.** 2 **キ.** $\dfrac{\sqrt{21}}{2}$ **ク.** $\dfrac{1}{3}$ **ケ.** $\dfrac{7}{3}$ **コ.** $\dfrac{7}{6}$

解説

《等差数列の和，整数解の個数とじゅず順列，空間内の直方体とベクトル》

(1) 条件より，$\{a_n\}$ は初項 -100，公差 4 の等差数列であるから

$$a_n=-100+4(n-1)=4n-104 \quad (\to ア)$$

$$S_n=\sum_{k=1}^{n}a_k=\sum_{k=1}^{n}(4k-104)=4\cdot\frac{1}{2}n(n+1)-104n$$
$$=2n\{(n+1)-52\}$$
$$=2n(n-51) \quad (\to イ)$$

また，$b_j=(-1)^j a_j$ で表される数列 $\{b_j\}$ について

$$b_{2n-1}+b_{2n}=-a_{2n-1}+a_{2n}=-\{4(2n-1)-104\}+\{4\cdot 2n-104\}$$
$$=-(8n-4-104)+(8n-104)=4 \quad (一定)$$

であるから

$$T_{2n}=(b_1+b_2)+(b_3+b_4)+(b_5+b_6)+\cdots+(b_{2n-1}+b_{2n})$$
$$=\underbrace{4+4+4+\cdots+4}_{n\text{個}}=4n \quad (\to ウ)$$

(注) 本問は空所補充形式であるから，$\{b_n\}$ の項を

100，-96，92，-88，84，-80，…

と書き出して $b_{2n-1}+b_{2n}=4$ と気づけば（予想できれば）十分であるが，b_j の符号は $j\leqq 24$ では b_{2n-1} が正，b_{2n} が負となるのに対し，$j=25$，26 では $b_{25}=4$，$b_{26}=0$ のようにそれまでの規則が崩れ，$j\geqq 27$ では b_{2n-1} が負，b_{2n} が正となることから，〔解説〕では，これらの場合についても $b_{2n-1}+b_{2n}=4$ が成り立つかについて議論を行った。

(2) 求める x，y，z の組は

$(x,\ y,\ z)=(0,\ 0,\ 9)$，$(0,\ 1,\ 8)$，$(0,\ 2,\ 7)$，$(0,\ 3,\ 6)$，

(0, 4, 5), (1, 1, 7), (1, 2, 6), (1, 3, 5),
(1, 4, 4), (2, 2, 5), (2, 3, 4), (3, 3, 3)

の 12 通り　(→エ)

さらに，右図のように紫玉 3 個の間の 3 カ所に白玉 9 個をどのように分けて入れるか考えると，その入れ方は前述の $0 \leqq x \leqq y \leqq z$ かつ $x+y+z=9$ をみたす $(x,\ y,\ z)$ の組と 1 対 1 に対応する。

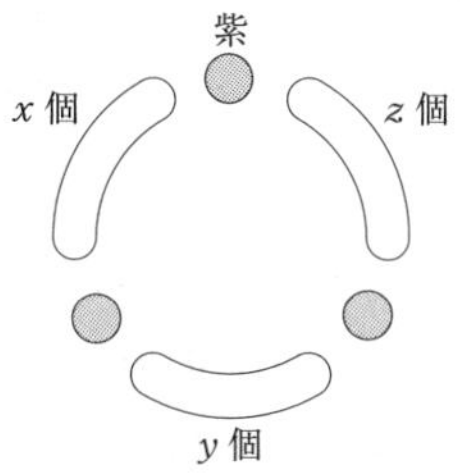

したがって，これら 12 個の玉でブレスレットを作る方法も

12 通り　(→オ)

別解　まず，紫玉のうち 1 個に印をつけ，その状態でテーブルの上に等間隔に円形に並べる方法を考えると，このような方法は全部で

$$\frac{11!}{2!9!}=55 \text{ 通り} \quad \cdots\cdots ①$$

ここで，印をなくすことを考える。

①のうち，印のついた紫玉を通る直径に関して左右対称となるものについては，印のついた紫玉と向かい合うのは白玉で，残った玉のうち半分の 5 個を並べるともう半分の 5 個の並べ方は 1 通りに定まるから

$$\frac{5!}{1!4!}=5 \text{ 通り} \quad \cdots\cdots ②$$

この 5 通りのうち右図の並べ方（印をなくすと対称軸が 3 本に増えるもの）を除いた

$5-1=4$ 通り

に関しては，①のうち②を含まない

$55-5=50$ 通り

の中に，次図のように同じものが 2 通りずつ含まれる。

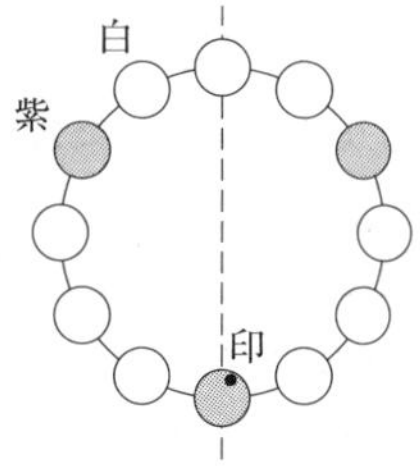

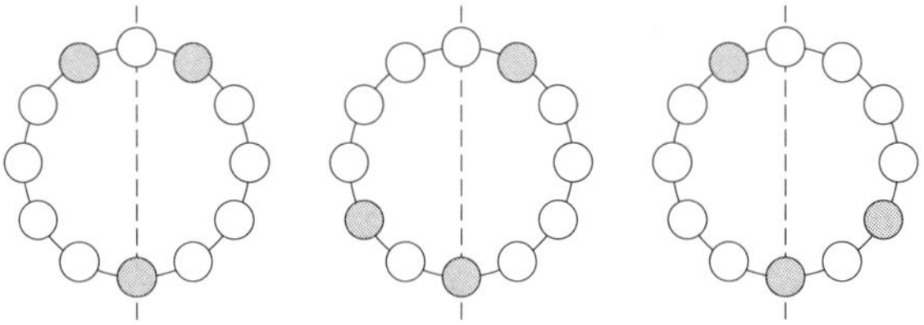

②の左右対称の並べ方　　①のうち同じ並べ方の２通り

そして，残った

$$50-4\cdot 2=42 \text{ 通り}$$

の中には，紫玉は３個あるから，回転したり裏返したりすると同じになるものが $3\cdot 2=6$ 通りずつ含まれる。

以上より，ブレスレットを作る方法は

$$\frac{42}{6}+5=12 \text{ 通り}$$

参考　本当に $0\leqq x\leqq y\leqq z$，$x+y+z=9$ をみたす $(x,\ y,\ z)$ の組が，紫玉３個と白玉９個を用いてブレスレットを作る方法に１対１に対応しているかどうか，不安に感じた受験生も多かっただろう。このことは，たとえば次のように確かめることができる。

紫玉を通る直径に関して線対称になるブレスレットの作り方は，$(x,\ y,\ z)$ の組のうち，２つ以上の値が等しい

$$(x,\ y,\ z)=(0,\ 0,\ 9),\ (1,\ 1,\ 7),\ (1,\ 4,\ 4),\ (2,\ 2,\ 5),\ (3,\ 3,\ 3)$$

の５組に対応する。

$x\leqq y\leqq z$ の条件をなくすと，５組のうち $(3,\ 3,\ 3)$ を除く４組からは $\dfrac{3!}{1!2!}=3$ 組ずつ，３つの値がどれも異なる $12-5=7$ 組からは $3!=6$ 組ずつの組ができ，全部で

$$1+4\cdot 3+7\cdot 6=1+12+42=55$$

の組ができるが，これは確かに〔別解〕の①に一致している。

(3)　$\overrightarrow{\mathrm{OA}}=\vec{a}$，$\overrightarrow{\mathrm{OB}}=\vec{b}$，$\overrightarrow{\mathrm{OC}}=\vec{c}$ とおくと，条件より

$$|\vec{a}|=3,\ |\vec{b}|=|\vec{c}|=2$$

$$\vec{a}\cdot\vec{b}=\vec{b}\cdot\vec{c}=\vec{c}\cdot\vec{a}=0$$

また

$$\overrightarrow{OP}=\overrightarrow{OC}+\overrightarrow{CP}=\frac{1}{3}\vec{a}+\vec{c}$$

$$\overrightarrow{OQ}=\overrightarrow{OB}+\overrightarrow{BQ}=\vec{b}+\frac{1}{2}\vec{c}$$

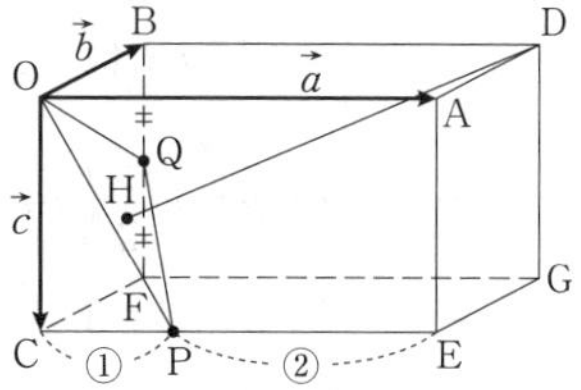

よって

$$\overrightarrow{OP}\cdot\overrightarrow{OQ}=\left(\frac{1}{3}\vec{a}+\vec{c}\right)\cdot\left(\vec{b}+\frac{1}{2}\vec{c}\right)=\frac{1}{2}|\vec{c}|^2=\frac{1}{2}\times 2^2=2 \quad (\to カ)$$

さらに

$$|\overrightarrow{OP}|^2=\left|\frac{1}{3}\vec{a}+\vec{c}\right|^2=\frac{1}{9}|\vec{a}|^2+|\vec{c}|^2=\frac{1}{9}\times 3^2+2^2=5$$

$$|\overrightarrow{OQ}|^2=\left|\vec{b}+\frac{1}{2}\vec{c}\right|^2=|\vec{b}|^2+\frac{1}{4}|\vec{c}|^2=2^2+\frac{1}{4}\times 2^2=5$$

したがって

$$\triangle OPQ=\frac{1}{2}\sqrt{|\overrightarrow{OP}|^2|\overrightarrow{OQ}|^2-(\overrightarrow{OP}\cdot\overrightarrow{OQ})^2}=\frac{1}{2}\sqrt{5\times 5-2^2}=\frac{\sqrt{21}}{2}$$

(→キ)

ここで，頂点Dから平面OPQに下ろした垂線の足Hについて，問題文のように

$$\overrightarrow{OH}=s\overrightarrow{OP}+t\overrightarrow{OQ} \quad (s,\ t\text{は実数})$$

と表され，このとき

$$\overrightarrow{OH}=s\left(\frac{1}{3}\vec{a}+\vec{c}\right)+t\left(\vec{b}+\frac{1}{2}\vec{c}\right)=\frac{1}{3}s\vec{a}+t\vec{b}+\left(s+\frac{1}{2}t\right)\vec{c}$$

$$\overrightarrow{DH}=\overrightarrow{OH}-\overrightarrow{OD}=\left\{\frac{1}{3}s\vec{a}+t\vec{b}+\left(s+\frac{1}{2}t\right)\vec{c}\right\}-(\vec{a}+\vec{b})$$

$$=\left(\frac{1}{3}s-1\right)\vec{a}+(t-1)\vec{b}+\left(s+\frac{1}{2}t\right)\vec{c} \quad \cdots\cdots③$$

DH⊥(平面OPQ)より $\overrightarrow{DH}\cdot\overrightarrow{OP}=\overrightarrow{DH}\cdot\overrightarrow{OQ}=0$ であるから

$$\left\{\left(\frac{1}{3}s-1\right)\vec{a}+(t-1)\vec{b}+\left(s+\frac{1}{2}t\right)\vec{c}\right\}\cdot\left(\frac{1}{3}\vec{a}+\vec{c}\right)$$

$$=\frac{1}{3}\left(\frac{1}{3}s-1\right)|\vec{a}|^2+\left(s+\frac{1}{2}t\right)|\vec{c}|^2$$

$$=s-3+4s+2t=0$$

$$5s+2t=3 \quad \cdots\cdots④$$

$$\left\{\left(\frac{1}{3}s-1\right)\vec{a}+(t-1)\vec{b}+\left(s+\frac{1}{2}t\right)\vec{c}\right\}\cdot\left(\vec{b}+\frac{1}{2}\vec{c}\right)$$

$$=(t-1)|\vec{b}|^2+\frac{1}{2}\left(s+\frac{1}{2}t\right)|\vec{c}|^2$$

$$=4t-4+2s+t=0$$

$2s+5t=4$　……⑤

④，⑤を連立して解くと　　$s=\frac{1}{3}$　(→ク)，$t=\frac{2}{3}$

これらを③に代入すると

$$\overrightarrow{\mathrm{DH}}=\left(\frac{1}{3}\times\frac{1}{3}-1\right)\vec{a}+\left(\frac{2}{3}-1\right)\vec{b}+\left(\frac{1}{3}+\frac{1}{2}\times\frac{2}{3}\right)\vec{c}$$

$$=-\frac{8}{9}\vec{a}-\frac{1}{3}\vec{b}+\frac{2}{3}\vec{c}$$

$$|\overrightarrow{\mathrm{DH}}|^2=\left|-\frac{8}{9}\vec{a}-\frac{1}{3}\vec{b}+\frac{2}{3}\vec{c}\right|^2=\frac{64}{81}|\vec{a}|^2+\frac{1}{9}|\vec{b}|^2+\frac{4}{9}|\vec{c}|^2$$

$$=\frac{64+4+16}{9}=\frac{84}{9}$$

$|\overrightarrow{\mathrm{DH}}|\geqq 0$ であるから　　$|\overrightarrow{\mathrm{DH}}|=\sqrt{\frac{84}{9}}=\frac{2\sqrt{21}}{3}$

したがって

$$(\text{四面体 OPQD})=\frac{1}{3}\times(\triangle\mathrm{OPQ})\times|\overrightarrow{\mathrm{DH}}|=\frac{1}{3}\times\frac{\sqrt{21}}{2}\times\frac{2\sqrt{21}}{3}=\frac{7}{3}$$

(→ケ)

さらに，問題文の条件より

$\overrightarrow{\mathrm{DJ}}=u\overrightarrow{\mathrm{DH}}$　(u は実数)

と表され，このとき

$$\overrightarrow{\mathrm{OJ}}=\overrightarrow{\mathrm{OD}}+\overrightarrow{\mathrm{DJ}}=(\vec{a}+\vec{b})+u\left(-\frac{8}{9}\vec{a}-\frac{1}{3}\vec{b}+\frac{2}{3}\vec{c}\right)$$

$$=\left(-\frac{8}{9}u+1\right)\vec{a}+\left(-\frac{1}{3}u+1\right)\vec{b}+\frac{2}{3}u\vec{c}$$

J が平面 CEGF 上にあることより　　$\frac{2}{3}u=1$

よって　　$u=\frac{3}{2}$

このことから DH：DJ=2：3，すなわち DH：JH=2：1 が成り立ち，四面体 OPQD と四面体 OPQJ は △OPQ を底面としたときの高さの比が 2：1 とわかる。

よって

$$(\text{四面体 OPQJ})=\frac{1}{2}(\text{四面体 OPQD})=\frac{1}{2}\times\frac{7}{3}=\frac{7}{6}\quad(\rightarrow\text{コ})$$

Ⅱ 解答

(1)　$2x+7y+23\geqq 0$ より　　$y\geqq -\frac{2}{7}x-\frac{23}{7}$

$7x+2y+13\geqq 0$ より

$$y\geqq -\frac{7}{2}x-\frac{13}{2}$$

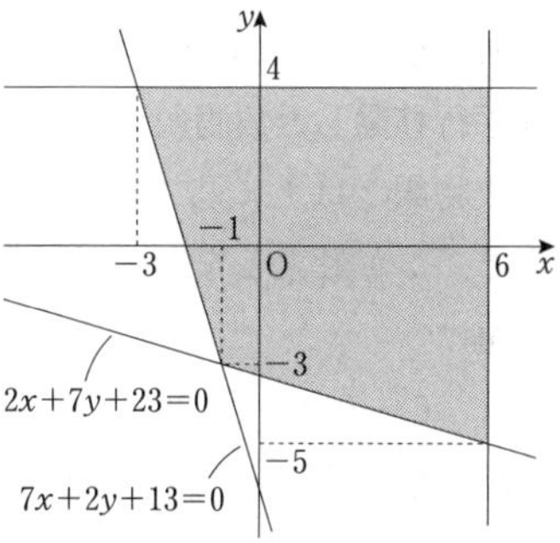

2 直線 $2x+7y+23=0$，$7x+2y+13=0$ の交点の座標は

$$(-1,\ -3)$$

直線 $7x+2y+13=0$ と直線 $y=4$ の交点の座標は

$$(-3,\ 4)$$

直線 $2x+7y+23=0$ と直線 $x=6$ の交点の座標は

$$(6,\ -5)$$

よって，求める領域 D は上図の網かけ部分。

ただし，境界線上の点はすべて含む。……(答)

参考　$2x+7y+23=0$ と $7x+2y+13=0$ の x，y の係数が逆になっていることをうまく利用したい。

辺々加えて両辺を 9 で割ると $x+y+4=0$ が得られるから，この両辺を 2 倍して $7x+2y+13=0$ と辺々引くなどすると，点 $(-1,\ -3)$ をいくぶんか楽に求められる。

(2)　$3x+y=k$ とすると，$y=-3x+k$　……① であるから，k は傾きが -3 である直線の y 切片を表す。

k が最大となるのは，直線①が点 $(6,\ 4)$ を通るときで，k の最大値は

$$3\cdot 6+4=22$$

D の境界となる直線の傾き $-\frac{7}{2}$，$-\frac{2}{7}$ と直線①の傾き -3 との大小関

係に注意すると，k が最小となるのは，直線①が点 $(-1,\ -3)$ を通るときで，k の最小値は

$$3\cdot(-1)-3=-6$$

以上より，$3x+y$ は

$x=6,\ y=4$ のとき最大値 22,

$x=-1,\ y=-3$ のとき最小値 -6

をとる。……(答)

(3)　$x^2-2x+y=h$ とすると　$y=-x^2+2x+h$　……②

すなわち　$y=-(x-1)^2+(h+1)$

であるから，$h+1$ は放物線 $y=-x^2$ を x 軸方向に 1，y 軸方向に $h+1$ だけ平行移動した放物線の頂点の y 座標を表す。

放物線②は上に凸であり，直線 $x=1$ に関して対称であることに注意すると，h が最大となるのは，放物線②が点 $(6,\ 4)$ を通るときで，h の最大値は

$$6^2-2\cdot6+4=36-12+4=28$$

h が最小となるのは，放物線②が直線 $2x+7y+23=0$ に $-1\leqq x\leqq6$ で接するときである。

②を直線の方程式に代入して y を消去すると

$$2x+7(-x^2+2x+h)+23=0$$

整理すると　$7x^2-16x-(7h+23)=0$　……③

③の判別式 D について $D=0$ より

$$\frac{D}{4}=64+7(7h+23)=49h+225=0$$

これを解いて　$h=-\dfrac{225}{49}$

接点の x 座標は③の重解で　$x=\dfrac{8}{7}$　$(-1\leqq x\leqq6$ をみたす)

これらを②に代入して y 座標を求めると

$$y=-\left(\frac{8}{7}\right)^2+2\cdot\frac{8}{7}-\frac{225}{49}=-\frac{177}{49}$$

以上より，x^2-2x+y は

$x=6,\ y=4$ のとき最大値 28,

$x=\dfrac{8}{7}$，$y=-\dfrac{177}{49}$ のとき最小値 $-\dfrac{225}{49}$

をとる。……(答)

解説

《領域の図示，領域と最大・最小》

(1)・(2)は教科書にも載っている基本問題である。(1)では，境界となる直線の交点の座標を正しく求めていこう。幸い x，y 座標はどれも整数となる。(2)は $3x+y=k$ とおき，さらに y について解くことで，k の図形的意味（直線の y 切片）がわかる。このことを正しく議論・表現したうえで，直線が四角形のどの頂点を通るとき，y 切片 k が最大・最小となるか考えよう。

(3)　$x^2-2x+y=h$ とした場合の h の図形的意味（放物線の頂点の y 座標）を正しく捉えられるかがカギとなる。x^2-2x+y^2（円の半径）などと混同しないこと。そのうえで，放物線と四角形の4辺との位置関係がどのようになれば h が最大・最小となるか考えよう。特に最小値については，煩雑な計算を求められるので注意したい。

III　解答

(1)　$y=x^2$ の右辺を $f(x)$ とすると

$$f'(x)=2x$$

L_t の傾きは $f'(t)=2t$ であるから，L_t の方程式は　　$y-t^2=2t(x-t)$

整理して　　$y=2tx-t^2$　……(答)

(2)　$t=0$ のとき，L_t に垂直な直線は y 軸となり，$a>0$ より点 $Q_a(a,\ 1)$ を通らないから，$t\neq 0$ としてよい。

この条件のもとで，点Pを通り，L_t に垂直な直線の傾きを m とすると

$$2t\cdot m=-1$$

これより $m=-\dfrac{1}{2t}$ であるから，点Pを通り L_t に垂直な直線の方程式は

$$y-t^2=-\frac{1}{2t}(x-t)$$

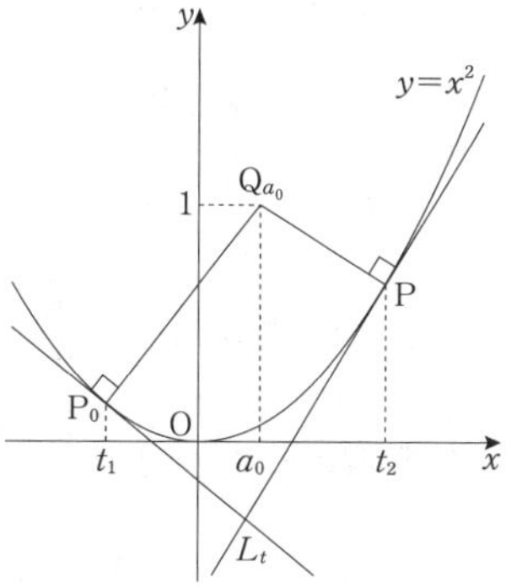

整理して　　$y=-\dfrac{1}{2t}x+t^2+\dfrac{1}{2}$

求める条件は，この直線が点 Q_a を通ることと考えられるから

$$1=-\frac{a}{2t}+t^2+\frac{1}{2}$$

両辺を $2t$ 倍にして整理すると　　$2t^3-t=a$　……①

放物線においては，t が異なると L_t は異なり，L_t に垂直な直線も異なるから，この方程式の異なる実数解の個数が，その直線の本数に一致する。

方程式①の左辺を $g(t)=2t^3-t$ とすると，方程式①の異なる実数解の個数は，$y=g(t)$ のグラフと直線 $y=a$ との共有点の個数に一致する。

$g(t)$ を微分すると

$$g'(t)=6t^2-1=(\sqrt{6}\,t-1)(\sqrt{6}\,t+1)$$

$g'(t)=0$ とすると　　$t=\pm\dfrac{\sqrt{6}}{6}$

これより $g(t)$ の増減表は右のようになり，$g(t)$ の極大値は $g\left(-\dfrac{\sqrt{6}}{6}\right)=\dfrac{\sqrt{6}}{9}$，極小値は $g\left(\dfrac{\sqrt{6}}{6}\right)=-\dfrac{\sqrt{6}}{9}$ であるから，$y=g(t)$ のグラフは右図のようになる。

t	$\cdots$	$-\dfrac{\sqrt{6}}{6}$	$\cdots$	$\dfrac{\sqrt{6}}{6}$	$\cdots$
$g'(t)$	$+$	0	$-$	0	$+$
$g(t)$	↗	極大	↘	極小	↗

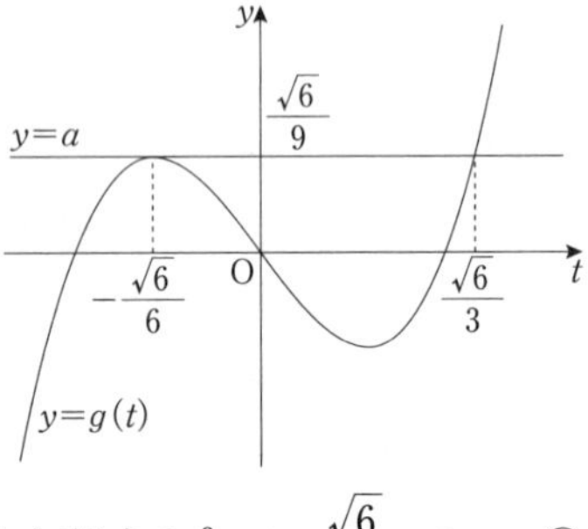

$a>0$，$a\neq1$ より，求める値は

$$a_0=\frac{\sqrt{6}}{9}　……(答)$$

また，グラフより

$$t_1=-\frac{\sqrt{6}}{6}　……(答)$$

t_2 は，①に $a=a_0=\dfrac{\sqrt{6}}{9}$ を代入した 3 次方程式 $2t^3-t-\dfrac{\sqrt{6}}{9}=0$　…②

の実数解のうち $t\neq t_1=-\dfrac{\sqrt{6}}{6}$ をみたすものであり，②は

$2\left(t+\dfrac{\sqrt{6}}{6}\right)^2\left(t-\dfrac{\sqrt{6}}{3}\right)=0$ となるので

$$t_2=\frac{\sqrt{6}}{3}　……(答)$$

参考　t_2 を求める際，3 次方程式の解と係数の関係が役に立つ。$t_1=-\dfrac{\sqrt{6}}{6}$ は②の重解であることから，解と係数の関係より

$$t_1{}^2t_2=\frac{\sqrt{6}}{18} \qquad \frac{1}{6}t_2=\frac{\sqrt{6}}{18}$$

これより $t_2=\dfrac{\sqrt{6}}{3}$ が得られる。

(3)　$\mathrm{P}_0\left(-\dfrac{\sqrt{6}}{6},\ \dfrac{1}{6}\right)$，$\mathrm{Q}_{a_0}\left(\dfrac{\sqrt{6}}{9},\ 1\right)$ を結ぶ線分の長さを r とすると

$$r^2=\left(\frac{\sqrt{6}}{9}+\frac{\sqrt{6}}{6}\right)^2+\left(1-\frac{1}{6}\right)^2$$

$$=\left(\frac{5\sqrt{6}}{18}\right)^2+\left(\frac{5}{6}\right)^2=\frac{125}{108}$$

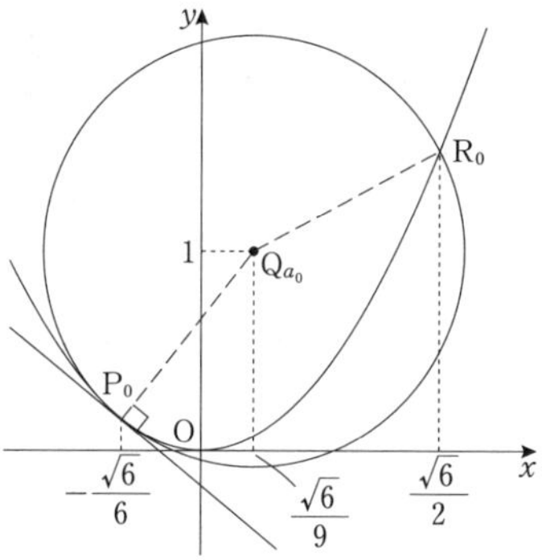

曲線 $y=x^2$ 上の点 $\mathrm{P}(t,\ t^2)$ から点 Q_{a_0} までの距離について

$$\left(t-\frac{\sqrt{6}}{9}\right)^2+(t^2-1)^2=\frac{125}{108}$$

分母を払って整理すると

$$36t^4-36t^2-8\sqrt{6}\,t-3=0$$

これが $t=-\dfrac{\sqrt{6}}{6}$ を重解にもつことに注意すると

$$\left(t+\frac{\sqrt{6}}{6}\right)^2(36t^2-12\sqrt{6}\,t-18)=0$$

$$\left(t+\frac{\sqrt{6}}{6}\right)^2(6t^2-2\sqrt{6}\,t-3)=0$$

$$\left(t+\frac{\sqrt{6}}{6}\right)^2(\sqrt{6}\,t-3)(\sqrt{6}\,t+1)=0$$

$$\left(t+\frac{\sqrt{6}}{6}\right)^3\left(t-\frac{\sqrt{6}}{2}\right)=0$$

$$t=-\frac{\sqrt{6}}{6},\ \frac{\sqrt{6}}{2}$$

これより，円と放物線との共有点の個数が 2 個であることが示された。

（証明終）

R_0 の x 座標は $\dfrac{\sqrt{6}}{2}$ で，y 座標は　$\left(\dfrac{\sqrt{6}}{2}\right)^2=\dfrac{3}{2}$

よって，R_0 の座標は　$\left(\dfrac{\sqrt{6}}{2},\ \dfrac{3}{2}\right)$　……(答)

(4)　直線 P_0R_0 の方程式を $y=mx+n$ とすると，条件より

$$mx+n-x^2=-\left(x+\frac{\sqrt{6}}{6}\right)\left(x-\frac{\sqrt{6}}{2}\right)$$

が成り立つ。

したがって，求める面積は

$$\int_{-\frac{\sqrt{6}}{6}}^{\frac{\sqrt{6}}{2}}(mx+n-x^2)dx=-\int_{-\frac{\sqrt{6}}{6}}^{\frac{\sqrt{6}}{2}}\left(x+\frac{\sqrt{6}}{6}\right)\left(x-\frac{\sqrt{6}}{2}\right)dx$$

$$=\frac{1}{6}\left\{\frac{\sqrt{6}}{2}-\left(-\frac{\sqrt{6}}{6}\right)\right\}^3$$

$$=\frac{8\sqrt{6}}{27}\quad\cdots\cdots(答)$$

参考　直線 P_0R_0 の方程式は　$y-\dfrac{1}{6}=\dfrac{\dfrac{3}{2}-\dfrac{1}{6}}{\dfrac{\sqrt{6}}{2}+\dfrac{\sqrt{6}}{6}}\left(x+\dfrac{\sqrt{6}}{6}\right)$

整理すると　$y=\dfrac{\sqrt{6}}{3}x+\dfrac{1}{2}$

解説

《放物線と円，放物線と直線によって囲まれた図形の面積》

放物線上にない点から，法線（放物線の接線の接点を通り，接線に垂直な直線）がちょうど 2 本引ける条件を求める問題である。後半では，放物線と円の共有点の個数が 2 個であることの証明なども行う。

(1)は基本問題であるが，(2)で接点の x 座標 t を求めさせることに繋がっている。ある点から引ける法線の本数は，接線の接点の x 座標 t（実数）の個数を求める問題に帰着できるから，t の 3 次関数のグラフと直線 $y=a$ との共有点の個数に着目しよう。

(3)で円と放物線の共有点の座標を正しく求めることができれば，(4)では

公式 $\int_{\alpha}^{\beta}(x-\alpha)(x-\beta)dx=-\frac{1}{6}(\beta-\alpha)^3$ から直線と放物線で囲まれた図形の面積を求めることができる。多少煩雑な計算を要するものの，訊かれている内容は概ね標準的であるから，よく研究しておきたい。

講評

大問 3 題からなる出題。Ⅰは 3 問の小問に分かれた空所補充問題で，空所の箇所は合計 10 個であった。小問は数学Ⅰ・A・Ⅱ・Bの各分野から満遍なく出題されている。Ⅱ以降は記述式で，Ⅱは図形と方程式，Ⅲは微・積分法からの出題であった。

Ⅰの(1)は等差数列，およびその項を 1 項おきに符号を変えていってできる数列の和に関する基本問題。(2)は方程式の非負整数解の個数と同じものを含む，じゅず順列に関する問題。内容的に関連していることに気づきたい。(3)は空間ベクトルの応用で，直方体に関するもの。垂直条件，点が平面上にある条件などを正しく使いたい。小問数は 2023 年度と同様 3 問であり，丁寧に誘導されているともいえるから，合わせて 25～30 分で完答したい。

Ⅱは領域の図示問題と，いわゆる領域と最大・最小に関する問題である。(3)の図形的意味を正しく捉えることができたかどうかと，答えに至る過程をきちんと記述できたかどうかで差がついたと思われるが，概ね基本的な出題である。20～25 分で完答したい。

Ⅲはある点から放物線に引ける法線（曲線上の点における接線に垂直な直線）の本数について考えさせたのち，条件下における放物線と円の共有点の個数が 2 個であることを示させ，その 2 点を結ぶ直線と放物線で囲まれた図形の面積を求める問題である。尋ねられている内容は概ね標準的であるが，多少煩雑な計算を要するところもある。25～30 分で完答したい。

いずれの問題も同志社大学の受験生には解けて欲しい内容・レベルであり，特にⅠの(2)，Ⅲは良問である。基礎知識や計算力，論理的思考力，記述力をきちんと身につけているかどうかで差がつくだろう。

…………………

㈢の「えいでであるほどに」は正確な品詞分解の力が必須で、そうした文法的な基礎知識の確実さが、選択肢問題を正解する前提になっている。注意すべきは、㈦の記述問題の〈問い方〉が少しわかりにくい言い回しになっている点で、設問の意図を正確に読み取ることが決定的に重要である。これを外してしまうと、得点は期待できない。

㈥　1は「顔見知りの男が出迎えてくれた」が、3は「屋敷の門をこじ開けて侵入した」が、5は「盗人」が「検非違使に捕まった」が、6は「名馬は則助の家で大切に飼われ」が、それぞれ不可。

㈦　設問の「盗人のどのような行為を聞いた人が、そのように言ったのか」という表現を注意深く読み取ること。答えるべきことは「盗人のどのような行為」の部分になる。盗人は、則助の馬があまりに素晴らしいので盗もうと考え、則助の家に先回りしたとき、則助の妻による殺害計画を知ってしまい、その残酷な仕打ちを思うと則助が気の毒でならなくなって、馬を盗むことを諦め、盗人として捕まるかもしれないという自分の身の危険も顧みず、則助に謀り事を教えてやったのである。三十字しかないので、設問に明示されていて自明な「盗人の」という主語は省略してまとめるのがよい（「誰のどのような行為」という設問ではないので、「盗人の、……行為。」とする必要はない）。

講評

大問二題の構成は変わらない。現代文がやや難しくなった一方、古文は読みやすい『今昔物語集』からの出題であった。

一の現代文は、本文自体は読みやすいものの、ギリシア語などに由来する聞き慣れない用語があちこちに多数挙げられているうえに、㈣の設問の中に本文の別の箇所の引用が二十行ほど提示されている。全体の内容について、その構成・展開を把握したうえで個々の箇所を読み取る眼がいっそう求められる問題となった。㈢と㈣とに、判別の難しい選択肢が一つずつあり、慎重な読み取りと検討とが必要である。記述問題は、例年どおり、内容は簡単でも四十字に言葉を絞り込んで表現を作るのが難しい。前半二十字と後半二十字とで内容を分けて構成すると書きやすい。

二の古文は、『今昔物語集』からの出題なので、本文も物語展開も概して読みやすいものであった。ただし、㈡は敬語のしっかりした知識が必須で、「まかる」「たまふ」の謙譲語としての用法を十分に理解しておく必要がある。また、

(三)　帰りになれる」という尊敬語の訳が「まかり候ふ」「まからばや」に合わない。
「えいでで」は〈え＋いで＋で〉と品詞分解でき、打消語を伴って不可能の意となる副詞「え」＋下二段動詞「出づ」の未然形「いで」＋打消の接続助詞「で」、という組み合わせになる。「出づ」は場面に合わせ〈逃げ出す〉ととれば、〈逃げ出すことができず〉と訳せる。盗人は自分が捕まえられるのではないかと一瞬不安に思ったが、逃げ出せなかったのである。「二三人ゐて」の「ゐて」は上一段動詞「率る」の連用形「ゐ」＋接続助詞「て」で、〈連れて来る〉意を表す。「従者を呼びて、うちささやきてやれば」と直前にあるので、則助が従者に何かを命じてその場から送り出し、やがてその従者が屈強な男どもを連れて戻ってきた場面だとわかる。

(四)　直前に「妻の密か男のありければ、はかりたることにてありけるにや」とある。則助の妻が密通していた男と謀って夫を殺そうとしたところ、偶然馬を盗みに入った盗人によって謀り事が露見し、未然に防がれたのである。こんなことがあったにもかかわらず、「その妻をばなほその後も久しく住みけり」とあるので、則助は妻と別れることもなく一緒に住み続けた。語り手が「いみじく心得ぬことなり」と思ったのも当然で、その具体的内容が傍線部になる。「おろかならぬ」は〝並一通りではない〟意、「契り深く、志おろかならぬ仲」は、夫婦がきわめて深い愛情で結ばれていることを表している。

(五)　傍線部は「わざに候ふ」という表現に、強意の係助詞「こそ」と、その結びの助動詞「めり」の已然形「めれ」が加わった構成になっている。「わざ」は名詞なので、「に候ふ」の「に」は名詞に接続する断定の助動詞「なり」の連用形か格助詞「に」のどちらかだが、「にあり」「に侍り」の類の形になる「に」は断定の助動詞と判断できる。「候ふ」は丁寧の補助動詞の用法になるので、「〜に候ふ」で〝〜でございます〟と訳す表現になる。「めり」は、目に見えるものから目に見えないものを推定する視覚推量の助動詞で、終止形に接続する。よって、5が正解。盗人が「隠れて見」ていたら、則助の妻が密通する男と話し合い、鉾を持った男を屋根の上に登らせ待機させていたので、誰かを待ち伏せて殺すつもりなのではないかと、謀り事を推測したのである。

きますまい。（この家の）殿が寝入ってしまいなさったときに、天井から鉾を刺し下ろしなさい。下で（奥様が鉾先を）取って（殿の胸に）当てた時に、ただ突き刺せと（わが主の命令が）ございましたので（そうするつもりでした）と言うので、男を捕らえて検非違使に引き渡した。
（則助は謀り事を）告げた盗人を召し出して、彼が欲しがっていた栗毛の馬に鞍を置いて、そのまま家屋敷の中で馬に乗せて追い出してしまった。その後、その盗人がどうなったかはわからないままで終わったという。
　これは妻が密通する男がいたので、謀った事であったのであろうか。けれども（則助は）その妻を（そのまま許して）変わらずその後も長く共に暮らしたという。まったくもって理解しがたいことである。たとえ夫婦の契りが深くて、愛情が並一通りではない仲だといっても、命に代えることができようものだろうか。また（則助は）めったになく優れた乗り馬のおかげで命拾いをした者である。またさらに盗人の心も殊勝なものであった、と聞く人は（口々に）言った、と語り伝えているとかいうことだ。

解説

㈠ **a**、「かまへて」は、意志や命令の表現（この場合は「む」）をともない〝かならず、なんとかして〟の意となる語。
b、「わりなし」は〈ことわり＋なし〉から〝道理に合わない〟さまを表す語で、そこからくる気持ちも表す。妻が密通する男と謀って夫（＝則助）を殺そうと待ち構えているのを知り、則助に対して「かはゆき」（＝かわいそうで見ていられない）気持ちになった場面。したがって、5「やりきれなく」が正解。

㈡ 「受領付きして」は〝受領に付き従って〟、「まかり候ふ」は〈行く〉意の謙譲表現。「これ」は則助の乗馬を指す。「まかり乗りて」は「乗る」に対して謙譲語「まかる」が上接した形で、〈乗る〉の謙譲表現。「ばや」は願望の終助詞。「思ひたまへて」の「たまへ」は下二段活用の連用形で、謙譲語の用法である。この盗人は、受領のお供をして東国へ下ることになり、その長旅にふさわしい馬を盗もうと考え、則助の馬に目をつけたのである。したがって正解は1。2は「お別れ」が不可。3・5は「たまへ」を尊敬語で訳しているのが不可。4は「お帰りになります」「お

(六)　2・4

(七)　妻による殺害計画を知り、捕まる危険を顧みず則助に告げた行為。（三十字以内）

全訳

今となっては昔のこと、民部の大夫をつとめる、某《なにがし》の則助という者がいた。

終日外を出歩いて夕方になり家に帰ってきたところ、車止めの小屋の片隅から男が一人姿を現した。則助はこれを見て、お前は何者だと問いただしたところ、男は、内密にお話しすべきことがございますと言うので、則助は、早く言えと促すと、男は、とにかく内密にお話ししようと思うことなのですと言って、取り巻きの者を皆下がらせた。

（男が則助の）近くに寄ってささやくように言うには、私は盗人でございます。この（あなたが）お乗りになっている栗毛の御馬はたいそう素晴らしい名馬だとお見受けいたして、今日明日のうちに東国へと受領のお供をして下りますので、この御馬に乗り申して下りたいと存じまして、どうにか盗もうと思う心がございまして、（家の）御門が開いておりましたところから立ち入って、隠れて（様子を）うかがっておりましたところ、家の内から奥方様らしき女性が出て来て、控えていた男と親しげに話をして、長い鉾を持たせて屋根の上に登らせるではございませんか。きっと重大な事をしようと待ち構える役目がございますのでしょう。（その様子を）見ておりますと（あなた様が）たいそう気の毒なことに思われまして、やりきれない気持ちになってきて、どうにでもなれと思い、（あなた様に）お告げいたして逃げてしまおうと思いまして（こうして出て来たのです）と言うので、則助は、少しの間隠れて控えていよと言って、従者を呼び寄せ、（何事かを）ささやいて送り出したので、男は、自分を捕らえようとするのであろうかと思ったものの、逃げ出すこともできないでいるうちに、（従者が）たいそう屈強そうな者どもを二三人つれて戻ってきた。

（則助は）すぐさま火を灯して（男たちを）屋根の上に登らせ、板敷きの屋根の下の空間を探させる。しばらくして天井から侍風の男で水干姿をした者を捕らえて引きずり出して連れてきた。次に鉾を取り出し持ってきた。天井に穴が彫ってあった。そこでその男を問い詰めると、自分は何々という者の従者です。（こうなっては）隠し立ていたすわけにはい合わなくなっていることを指摘している。設問には、「現代において」「アレントの考察をふまえたうえで」とある。これは、アレントの考察にある「ほんらいの意味」での「活動」概念が、現代ではどう変化しているのかを説明せよ、ということである。アレントは「活動」を、「労働や仕事とは明確に異なる特別な次元の行為」として「人々が公的な場において自分の思想と行動の独自性を発揮しようとする」（第十四段落）行為、「自由な人間がその能力を発揮して人々が高い評価を獲得することを求める」（最終段落）行為とした。筆者によると、「しかし現代においてはこの自由な公的な活動の営みも……生活の資を稼ぐ営み」（最後から二段落目）となっている。さらに、最終段落では「労働や仕事を含めて、人間のすべての営み」に「社会的な評価」が求められ、「労働」にも「社会的で公的な重要な意味がそなわっている」と筆者は指摘している。アレントの定義と、その後の変化とを、前後半で対比する形にすれば、「変化」の説明になる。すなわち、〈（アレントが提示した公的な場での自由な人間の特別な能力を評価する概念としての）「活動」は、現代では（労働や仕事を含めた）人間のすべての営みを含んだ概念へと変化している〉という形になる。ただし、四十字しかないので、アレントの考察の中身まで詳細に説明することはできない。（　）内は適宜要約・省略してまとめることになる。

二

出典　『今昔物語集』〈巻二十九民部大夫則助家来盗人告殺害人語第十三話〉

解答

(一)　a―2　b―5

(二)　1

(三)　3

(四)　4

(五)　5

の言葉であり、「エルガゾマイという動詞からきた名詞」である。

㈣　5の最初の部分は設問文の第二段落に合致し、中間部分は設問文の第三段落と本文第十四段落に合致する。最後の「そのほかに」以下は設問文の最終段落に合致する。1は、アレントとアリストテレスとの分類の類似が、アリストテレスの必然性と偶然性との区別によって「生じた」、と因果関係によって説明している点が不可。2は、アレントの三分類とアリストテレスの三分類とが「それぞれ」「対応する」としている点と、アレントの分類も「行為の対象との関係から」なされたとしている点で不可。3は「アレントの分類における労働と仕事は……に当たり」が不可。設問文の第二段落には「含まれる」とある。アリストテレスの「制作」にはアレントの「労働」「仕事」以外の部分もあるはずであり、両者が完全に対応するわけではない。4は、アレントの「活動」をアリストテレスの「観想」に近いとしている点が不可。アレントの「活動」はアリストテレスの分類では「実践」が最も近い。

㈤　1、「ひどく疲弊している」が本文に記述なし。
2、「家という概念は、当時のポリスのあり方を反映している」が不可。第十五段落に「これは古代ギリシアのポリスのあり方を反映したものだった」とあるが、「これ」とは「家という概念」ではなく、人間の行動を「労働」「仕事」「活動」の三つの概念に分けることである。「家という概念」は「当時のポリスのあり方」そのものであって、反映したものではない。
3、第十五段落に合致。
4、第十七段落に合致。本文の「多かった」と選択肢の「できなかった」では意味がずれるが、設問㈠と同様に本質的な問題ではない。
5、「富を築くことにつながると信じ込んでいた」が不可。
6は「感化されて自論を展開した」が不可。

㈥　「活動」はアレントが三分類の一つとして提示した概念だが、筆者は最後の二段落でアレントの分類が時代的変動に

解説

(一) 「不適当なもの」を選ぶ点に注意。本文は〈働くことの意味〉として「生計の維持」「他者とのつながりの確保」「働くことの喜びの享受」の三つを挙げている。1と4は「働くことの喜びの享受」、2と5は「生計の維持」、3は「他者とのつながりの確保」に当てはまるが、5は「お金を稼ぐことになるので」が不適当。「働くこと」に「お金を稼ぐ」ことを介在させられるのは貨幣経済下での労働であり、その観点からの説明は本文にない。1の「娯楽から得られる喜び以上の満足感」も、「以上」という比較が第三段落の「別の種類の喜び」とはやや異なるが、こちらは本質的な問題ではない。

(二) 5が第五段落と第八段落に合致しており正解。1は「あとには何も残さないという意味」が不可。本文には「苦痛と努力を意味し」とある。2は「『苦しむ』という意味のポネオマイという動詞を生み」が不可。本文では「『苦しむ』を意味するポネオマイという動詞からきた」と説明しているので逆である。3は「生活を維持するためだけの空しさ」が不可。これはジョン・ロックではなくアレントの考えである。4は「ゼウスの命令に反したプロメテウスが人間に苦痛を与えた」が不可。「プロメテウスがゼウスの命令に反して人間に火と技術を与えた」から「ゼウスは人間にその罰を与えようと」して「労働は苦痛なものとして人間に課せられた」のである。

(三) 2が第九段落と第十三段落に合致しており正解。1は時代的に古い「ギリシア語のエルゴン」がその後の時代の「ラテン語のオプス、……ドイツ語のヴェルケといった言葉から影響を受けて」としている点が不可。3は「他人と競おうとする気持ちを起こさせるために」「エルゴンという言葉を人間に与えた」という説明が不可。第七段落では「働こうとする気持ちを植えつけた」とあり、直接「気持ちを植えつけた」のであって、言葉を与えることによって間接的に気持ちを起こさせたわけではない。4は「仕事の概念を発展させた」が不可。アレントは「仕事」の「個人的な才能が公的な性格を帯びる」面から「活動」という概念を発展させ、「労働」「仕事」「活動」の三つに分けたのである。5は「仕事という語」が「エルゴンという言葉に由来」するとしている点が不可。「エルゴン」は「仕事」の意

国語

一

出典　中山元『労働の思想史――哲学者は働くことをどう考えてきたのか』〈序として　働くという営みの分類について〉（平凡社）

解答

㈠　5　㈡　5

㈢　2

㈣　5

㈤　3・4

㈥　現代では、自由な人間の能力を評価する「活動」概念はすべての人の営みに当てはまる。（四十字以内）

要旨

働くことには、生計の維持、他者とのつながりの確保、働くことの喜びの享受という三つの意味があるが、アレントはギリシア以来の分類に準じて、人間の営みを、働くことを苦痛と捉える「労働」と、工夫して働きその成果を喜ぶ「仕事」と、公的な場で自分の思想と行動の独自性を発揮する「活動」との三つに分類し、「活動」を特別な次元の行為とみなした。古代ギリシアでは「仕事」はポリスの公的な場から排除されたからである。しかし、本来無償で行われ評価を求める自由で公的な「活動」も、現代では職業となっている。人間のすべての営みには社会的な評価を得ようとする要求が含まれており、社会的・公的で重要な意味がそなわっているのである。

2023年度

問題と解答

■学部個別日程（文・経済学部）

問題編

▶試験科目・配点

教　科	科　　　　　目	配　点
外国語	コミュニケーション英語Ⅰ・Ⅱ・Ⅲ，英語表現Ⅰ・Ⅱ	200 点
選　択	日本史Ｂ，世界史Ｂ，政治・経済，「数学Ⅰ・Ⅱ・Ａ・Ｂ」から１科目選択	150 点
国　語	国語総合，現代文Ｂ，古典Ｂ	150 点

▶備　考

- 経済学部は英語について基準点（80 点）を設けている。したがって英語が 79 点以下の場合，３教科の総得点が合格最低点を上回っていても不合格となる。
- 「数学Ｂ」は「数列」および「ベクトル」から出題する。

英語

(100分)

〔Ⅰ〕 次の文章を読んで設問に答えなさい。[*印のついた語句は注を参照しなさい。](69点)

Kyo Koike (1874-1947) was one of the most active and eager members of the Seattle Camera Club, an association of Seattle-based amateur photographers founded (a) in 1924, in the 1920s and 1930s. His photographs present the Pacific Northwest landscapes around Seattle, with a particular focus on mountain photography, especially Mt. Rainier*. Koike's attention to the peaks, alpine meadows*, and glaciers* in the region fell in line (b) with the interests of a vast army of weekend pictorialists — those who sought picturesque subjects to produce self-consciously artful* photographs — from across America. These amateurs embraced the natural areas of their locales* to explore the aesthetics* and attitudes that defined their approach to photography and their region. Through his tenacious* search for subject matter and his pointed (c) interest in the conversations taking place about photography in his city, his nation, and the larger world, Koike left an indelible* mark on the pictorialist community and typifies* the photographers of the era who conflated* the style of pictorialism with regionalist expression.

Koike was one of many Japanese-American regionalist photographers in the Pacific Northwest, along with Iwao Matsushita, Frank Asakichi Kunishige, Kusutora Matsuki, Fred Yutaka Ogasawara, and others. Similarly, Hiromu Kira, Kentaro Nakamura, and Shigemi Uyeda were working in Los Angeles in the same period, as did Japanese photographers in other cities along the coast and in Hawaii. These photographers were either first- or, less often, second-generation immigrants from Japan — Issei and Nisei, respectively (collectively Nikkei) — who used pictorialist landscape photography to explore picturesque views of their region. Like so many in America during the early twentieth century, they took up photography as a pastime (ア), eager to use the increasing accessibility of the medium to express the sense of place that was at a height of popularity. Koike arrived in Seattle in 1916, quickly found a community of like-minded (d) photographers, and went on to be instrumental in the establishment and operation of the Seattle Camera Club in 1924.

The classification of Koike and other members of the Seattle Camera Club as merely "western," or "regional," does not immediately convey the cultural complexity that these photographers and their images of western American places demonstrate. Rather, Koike's pictorialist practice, his Japanese heritage, his adoption of a new locale and the era's attending trends in regionalist thought complicates the typical understanding of what regional cultural production was at that time. (中略)

His writing leaves no doubt that Koike felt different from "the Americans." He referred to his sense of separation from Americans more than once and certainly took pride (X) his Japanese artistic heritage. He also acknowledged (e) the hybridity in his photographs, saying that "of course my ideas are influenced by foreign conceptions" and that he was "not free from the influence of the Japanese spirit." However, northwest Washington was his home and the mountains in the region, such as Rainier, Adams, Baker, and St. Helen's, were his preferred (f) subject matter. His story demonstrates that being a regionalist, and the strong sense of belonging that was implied, was fluid and complex. Although others contested his aesthetic approach as "foreign," Koike was clear about his position as an immigrant:

Now we are all Japanese living in America. You see it is clear what

> the members of the Seattle Camera Club should do for the advancement of photographic art. Yes, we must be the best interpreters for both nations, because we are not free of Japanese ideas, and yet at the same time we understand Western ways. We should not make our pictures aimlessly, but must try hard to combine both ideas, in other words stick to our peculiar point of view.（中略）

While Koike did not address the characteristics of “western-ness” in his writing, he did advocate for the natural world around Seattle, often describing（　Y　）detail the best qualities of the local landscape. In “Mount Rainier,” published in *Camera Craft* in 1926, Koike describes Mount Rainier National Park as “the pride of our charmed land.” He proceeds in this article to describe the pictorial opportunities（　Z　）length, advising about hiking trails, weather, etc. Scene hunting(イ) was common among pictorialists all over the country, but it had a deeper meaning in the West, where photography associated with the Frontier highlighted danger, adventure, and the rhetoric of religious experience in confronting the region’s hallowed* places. Koike also associates his experience of the mountain with local legend by suggesting that Mt. Rainier was a “holy mountain which old Indians worshiped as a god,” much in the way earlier Anglo immigrants would have understood the place.

In an essay in（　あ　）Koike offered advice for those（　い　）would（　う　）to make a pictorialist photograph, he wrote that to understand his photographs “you must（　え　）dreamy and（　お　）in the land of imagination.” His eloquent summation* of how to achieve(g) a pictorialist photograph offers a striking similarity to the earlier manner in which photography was used in the West. While under the guise of “documenting” or “recording,” scholars now understand much of the nineteenth-century cultural production of the West (indeed of America) as products of invention as well as imagination. (中略)

Just as artists and photographers (ウ)invented the mythic West through their own set of needs and desires, so too did the Japanese-American pictorialists contemplate place through their own cultural (h)filters. Indeed, using one's imagination to photograph the West was directly in line with what newcomers to the West had done since the 1840s.

(By Rachel Sailor, writing for *European Journal of American Studies*, 2014)

［注］ Mt. Rainier　レーニア山（アメリカ北西部カスケード山脈の成層火山）
alpine meadows　山裾に広がる草地
glaciers　氷河
artful　技巧を凝らした
locales　特定の地域
aesthetics　美学
tenacious　粘り強い
indelible　消せない
typifies　(typify　代表する)
conflated　(conflate　融合する)
hallowed　神聖化された
summation　総括

I－A　空所(X)～(Z)に入るもっとも適切なものを次の1～4の中からそれぞれ一つ選び、その番号を解答欄に記入しなさい。

(X)　1　along　　2　by　　3　in　　4　with
(Y)　1　at　　2　from　　3　in　　4　on
(Z)　1　at　　2　for　　3　under　　4　with

Ⅰ－B　下線部 (a)〜(h) の意味・内容にもっとも近いものを次の１〜４の中からそれぞれ一つ選び、その番号を解答欄に記入しなさい。

(a) founded
1 collected　2 established　3 observed　4 prohibited

(b) fell in line
1 came up　2 caught up
3 conflicted　4 corresponded

(c) pointed
1 ambiguous　2 clear
3 conservative　4 dangerous

(d) like-minded
1 cooperative　2 friendly　3 intellectual　4 similar

(e) acknowledged
1 abolished　2 accepted　3 accessed　4 accompanied

(f) preferred
1 academic　2 current　3 favorite　4 old

(g) achieve
1 accomplish　2 analyze　3 approve　4 assign

(h) filters
1 assumptions　2 errors
3 films　4 icons

Ⅰ－C　波線部 (ア)〜(ウ) の意味・内容をもっとも的確に示すものを次の１〜４の中からそれぞれ一つ選び、その番号を解答欄に記入しなさい。

(ア) they took up photography as a pastime
1 they chose photography as a hobby
2 they encouraged old-fashioned photography
3 they got their photographs taken in the past
4 they printed historical photographs

(イ) Scene hunting

1 Attempting to discover new places to hunt

2 Combining photography with hunting animals

3 Looking for good views to photograph

4 Taking photographs of people shooting

(ウ) invented the mythic West

1 created an imaginary idea of the West

2 criticized the legendary Westerners

3 invited Westerners into a mythic land

4 memorized past events in the West

I－D 二重下線部の空所(あ)〜(お)に次の1〜7の中から選んだ語を入れて文を完成させたとき、(あ)と(う)と(お)に入る語の番号を解答欄に記入しなさい。同じ語を二度使ってはいけません。選択肢の中には使われないものが二つ含まれています。

In an essay in (あ) Koike offered advice for those (い) would (う) to make a pictorialist photograph, he wrote that to understand his photographs "you must (え) dreamy and (お) in the land of imagination."

1 become	2 dislike	3 like	4 wander
5 where	6 which	7 who	

I－E 本文の意味・内容に合致するものを次の1〜8の中から三つ選び、その番号を解答欄に記入しなさい。

1 In the 1920s and 1930s Kyo Koike was one of the professional photographers who belonged to the Seattle Camera Club.

2 Japanese-American photographers like Koike were attracted to cities such as Seattle and Los Angeles because they were particularly interested in documenting urban regions.

3 The majority of Japanese-American regionalist photographers in Koike's time were first-generation immigrants from Japan.

4　According to the passage, the labels "western" and "regional" instantly express the complicated cultural nature of the Seattle Camera Club's photography.

5　Koike tried hard to create genuinely American photographs, and it was easy for him to suppress certain Japanese cultural elements.

6　Koike aimed to define the idea of "western-ness" in his articles, using the natural world around Seattle as an example.

7　In *Camera Craft*, Koike gave practical advice to photographers who were thinking of visiting Mount Rainier National Park.

8　Koike's ideas about producing a pictorialist photograph resemble the employment of earlier photography in the West.

〔Ⅱ〕　次の文章を読んで設問に答えなさい。[＊印のついた語句は注を参照しなさい。]（81点）

Years ago, geologist* Neil Davies traveled to Bolivia to pick through heaps of fossilized* fish. He wanted to know more about the ancient shoreline these fish swam along roughly 460 million years ago, and perhaps learn how they died. The fish, he found, appeared to have been choked by muddy sand that rivers washed rapidly into the sea, maybe during a storm.

Similar heaps of smothered* fish appear elsewhere around the world in rocks of similar age. (ア)This was before plants had colonized continents, so riverbanks had no roots or stems that could trap muddy sediments* on land. (a)Magnify this effect globally, and the impacts would have been substantial — not just on coastal life but on the landscape of the entire planet. Before plants, rivers would have (b)stripped continents of silt* and clay — key constituents* of mud — and sent these sediments to the seafloor. This would have left continents full of barren* rock, and seas with smothered fish.

Once plants arrived on land, things began to change. Mud clung (V) vegetation along riverbanks and stuck around rather than shuttling* straight to the seafloor. Davies, now at the UK's University of Cambridge, and his colleagues have found that the expansion of land plants (W) about 458 million and 359 million years ago coincides with a more than tenfold increase in mud on land — and a significant shift in the ways that rivers flowed. The arrival of first plants and then mud "fundamentally changed the way the world operates," he says.

Life evolved tools to cope with the new muckiness* and new river shapes, resulting in a diversification (c) of life and landscapes that persists to this day. Plants are responsible for much of this change, but mud contributed too, by adding a cohesiveness* to the continents — unlike sand, wet mud sticks together.

Davies is now working to figure (X) whether early plants increased the creation of mud, trapped more of it in place, or played both roles. It's a story worth getting straight (イ), says Woodward Fischer, a geobiologist* at the California Institute of Technology in Pasadena. "Mud is one of the most common, abundant things you can think of," he says. "The recognition that for most of Earth's history it was not like that is a big deal." The research could also help inform modern-day decisions around river engineering projects like dam construction (d), Fischer says. Understanding the ways that vegetation manipulates river flow and sediment buildup (e) could help prevent some of the failures that have contributed to flooding along the Mississippi River and other major waterways across the world. "Every little bit that we can do better there has huge impacts," he says.（中略）

The shape of a river may seem trivial, but it has far-reaching (f) effects on the life in and around it. Bends in a sinuous* channel, for example, can alter (g) the water's temperature or chemistry, making it different from sections that run in a straight line and creating new microenvironments* that plants and animals need to adapt to, Davies says.

Even the earliest plants, which resembled mosses, could have begun to alter how sediments accumulate on riverbanks, says Kevin Boyce, a paleontologist* at Stanford University who co-wrote about the evolution of plants in the 2017 *Annual Review of Earth and Planetary Sciences*. "Those weren't big trees," Boyce says, "but they still would have influenced the movements of water" by slowing its flow. As plants evolved to become tree-sized by about 386 million years ago, they gained the power to slow wind. Fine particles caught (Y) in winds would drop to the ground when gusts* died in the branches, leaving more sediment caught among trunks and stems. (中略)

Modern rivers (あ) people have deforested show (い) the absence of vegetation (う) destabilize riverbanks and cause them (え)(お) less cohesive. Along California's Sacramento River, for example, areas that farmers cleared for cropland are far more susceptible* to erosion* than areas that remain forested. Conservationists have worked to stabilize the river by planting more than a million seedlings* along its banks.

Understanding the interplay of plants and mud in river flow can inform efforts to restore eroding rivers back to a more stable state. "If you don't understand what's driving the river into one state or another, it's hard to do that well," says Chris Paola, who coauthored an article about restoring river deltas in the 2011 *Annual Review of Marine Science*. And since so much of life revolves around rivers today, it's important to do that well.

But this has always been true. Life has always congregated* around rivers, (Z) the very first emergence of plants and animals onto land. That's why the early accumulations of mud alongside rivers — and how mud influenced their flow — is nothing to throw dirt on (ウ). "Once you take it out of the equation and imagine the world without as much mud on the land," Davies says, "then it becomes a very different kind of planet."

(By Laura Poppick, writing for *Knowable Magazine*, August 17, 2020)

［注］ geologist 地質学者
fossilized (fossilize 化石化する)
smothered (smother 窒息させる)
sediments 堆積物
silt 沈泥
constituents 構成要素
barren 不毛の
shuttling (shuttle 移動する)
muckiness 粘着性のある泥
cohesiveness 粘着性
geobiologist 地球生物学者
sinuous 曲がりくねった
microenvironments 微環境（特定の生物を取り巻く狭い範囲の環境）
paleontologist 古生物学者
gusts 突風
susceptible 影響を受けやすい
erosion 浸食
seedlings 苗木
congregated (congregate 集まる)

Ⅱ－A 空所(Ｖ)～(Ｚ)に入るもっとも適切なものを次の１～４の中からそれぞれ一つ選び、その番号を解答欄に記入しなさい。

(Ｖ)	1 by	2 of	3 out	4 to
(Ｗ)	1 between	2 in	3 on	4 under
(Ｘ)	1 at	2 for	3 of	4 out
(Ｙ)	1 down	2 off	3 out	4 up
(Ｚ)	1 between	2 from	3 out	4 under

Ⅱ－B　下線部 (a)〜(g) の意味・内容にもっとも近いものを次の1〜4の中からそれぞれ一つ選び、その番号を解答欄に記入しなさい。

(a) Magnify
1 Enlarge　2 Explain　3 Manage　4 Minimize

(b) stripped
1 deprived　2 destroyed　3 made　4 polished

(c) a diversification
1 a corruption　2 a reduction
3 a variety　4 an intensity

(d) construction
1 constitution　2 creation
3 election　4 removal

(e) buildup
1 coast　2 collection　3 condition　4 correction

(f) far-reaching
1 adverse　2 contrary　3 positive　4 widespread

(g) alter
1 challenge　2 change　3 measure　4 raise

Ⅱ－C　波線部 (ア)〜(ウ) の意味・内容をもっとも的確に示すものを次の1〜4の中からそれぞれ一つ選び、その番号を解答欄に記入しなさい。

(ア) This was before plants had colonized continents

1 By eating the plants that would have stabilized land masses, the fish killed themselves

2 Heaps of fish were discovered in rocks before the appearance of plants on land

3 Many fish died because of mud before plants spread across land masses

4 The rocks containing fossilized fish had been covered with plants

(イ) It's a story worth getting straight

1 It's a story, not a fact

2 It's a story that seems too simple

3 It's a story to be handed down

4 It's a story we should understand

(ウ) is nothing to throw dirt on

1 is not something that needs to be changed

2 is not something to dismiss as unimportant

3 is something impossible to understand

4 is something that explains all our dirt

II－D 二重下線部の空所(あ)～(お)に次の1～7の中から選んだ語を入れて文を完成させたとき、(い)と(う)と(え)に入る語の番号を解答欄に記入しなさい。同じ語を二度使ってはいけません。選択肢の中には使われないものが二つ含まれています。

Modern rivers (あ) people have deforested show (い) the absence of vegetation (う) destabilize riverbanks and cause them (え)(お) less cohesive.

1 become	2 can	3 how	4 in
5 that	6 to	7 what	

II－E 本文の意味・内容に合致するものを次の1～8の中から三つ選び、その番号を解答欄に記入しなさい。

1 Neil Davies found that ancient fish from Bolivia's rivers were killed when they were exposed to salt water.

2 In ancient times, sediments from the seafloor were washed into the rivers, building up river banks.

3 Researchers have found that the growth of land plants led to the presence of over ten times more mud on the continents.

4 Woodward Fischer thinks that the recognition that mud has not always been abundant on land surfaces is very important.

5 A straight river can have a different chemistry from a river with bends, but not a different temperature.

6 According to Kevin Boyce, mosses did not look like the earliest plants.

7 Problems caused by farming activity near the Sacramento River have been recognized by conservationists, and they are working on a solution.

8 Chris Paola says that human behavior, such as driving beside rivers, does heavy damage to the mutual relationship between plants and mud.

Ⅱ－F 本文中の太い下線部を日本語に訳しなさい。(386 million years は「三億八千六百万年」と訳しなさい。)

As plants evolved to become tree-sized by about 386 million years ago, they gained the power to slow wind.

〔Ⅲ〕 次の会話を読んで設問に答えなさい。(50点)

(*Peter is standing outside the university library. Janet arrives.*)

Janet: Oh no! It's closed.

Peter: Yes, I made the same mistake. I thought the library was always open on Saturdays, but it seems it's closed today for maintenance work. The sign here says that new automated shelving is being installed.

Janet: Automated shelving? ________(a)________

Peter: Haven't you seen it before? The library already has some down in the basement. It allows there to be more shelves in the same amount of space.

Janet: But how does it work?

Peter: Well, the shelves are operated by electricity and slide sideways when you push a button. That way, you can get to the section you want. ______(b)______ You know, to make sure no one can actually get crushed between moving shelves.

Janet: It sounds cool. But it seems a bit ironic, too. I mean, it must be very expensive, and yet so few students seem to use books nowadays!

Peter: That's certainly true, and you're right, it is ironic, because the automated shelving is only used for the least-used books. All the standard reference books and so on are on regular, old-fashioned shelves.

Janet: Ah, that's what I love about libraries. Just being able to look along a shelf and then discovering something really interesting.

Peter: ______(c)______ Is that what you mean?

Janet: Right!

Peter: So obviously you don't just come here for the electronic resources!

Janet: Indeed, no I don't! And we can access most of those electronic resources at home, right? Sure, I come here to check things I need to check. ［でも、図書館は多くの本があるので、刺激が受けられる場所です。］ I feel that I do my best work here.

Peter: ______(d)______ I have to confess that I come here mainly because it's quieter and cooler than it is at home. I live in the old student house on Mudpuddle Lane, and it always seems to be noisy, especially at weekends.

Janet: ______(e)______

Peter: No, I'm afraid not. I actually hardly ever take a book off the shelves, as almost everything I need is available online.

______(f)______

Janet: Yes, it seems you won't be too inconvenienced by the library closure.

Peter:　But what about you? ＿＿＿(g)＿＿＿

Janet:　Ha, ha, yes, I can cope! You know what, I think I'll go to that bookshop in town instead — the big one near the bus station. It's been at least a month since I actually bought a book.

Peter:　It's been at least a year since I was even in a bookshop! ＿＿＿(h)＿＿＿

Janet:　Not at all! Do you have a bike here? Let's go. We can take the cycle route by the river.

Peter:　By the way, I'm Peter.

Janet:　I'm Janet. Nice to meet you, Peter.

Ⅲ－A　空所 (a)〜(h) に入るもっとも適切なものを次の１〜10の中からそれぞれ一つ選び、その番号を解答欄に記入しなさい。同じ選択肢を二度使ってはいけません。選択肢の中には使われないものが二つ含まれています。

1　Can you manage without your library inspiration?
2　Do you mind if I come along?
3　I believe there are all sorts of safety features.
4　I suppose that's a good thing today, at least.
5　Let's try the other library, across campus.
6　So, you don't really come here for the books?
7　Something new that you weren't aware of before?
8　What on earth is that?
9　When will it open again?
10　Wow, you really make libraries sound great!

Ⅲ－B　本文中の［　　　］内の日本語を英語で表現しなさい。

でも、図書館は多くの本があるので、刺激が受けられる場所です。

日本史

（75分）

〔Ⅰ〕　古代・中世の社会と経済に関する文章（1）～（3）を読んで、空欄（　ア　）～（　シ　）に入る適切な語句を解答欄Ⅰ－Aに漢字で記せ。また、それぞれの〔語群〕から空欄（　①　）～（　⑫　）に入る適切な語句を選び、その番号を解答欄Ⅰ－Bに記入せよ。同一記号の空欄には同一の語句が入る。

（60点）

（1）　大化改新以降の中央集権国家の形成で重要な一歩は、全国一律の人民把握のための戸籍・計帳の作成であった。最初の全国的戸籍は（　①　）天皇の時代に作られたものだが、官人制導入の前提として「氏姓之本」を把握するものであり、班田制と密接な関わりで作成されたのは続く（　ア　）であった。天武天皇10年（681）に（　イ　）の編纂が開始され、持統天皇3年（689）に完成したが、そのなかの戸令にもとづいて、翌年持統天皇4年（690）に作成されたのがこの戸籍であった。ここに人民を地域により編成する作業が完了する。持統天皇6年（692）には畿内班田使が派遣され、全国でも班田が施行されたと推測される。（　②　）に残る最古の戸籍は大宝2年（702）のものだが、『続日本紀』宝亀10年（779）6月13日条に「庚午の年より、大宝二年に至る四比の籍」とあること、2012年に大宰府跡から次期の戸籍作成の準備のために（　ア　）以降の異動を記した木簡が出土していることから、（　ア　）が「六年一造」の造籍の出発点になったと推定される。

班田をふまえて徴収された田租は、一部を京に進上する以外は郡家の正倉に不動穀たる（　ウ　）として備蓄するのが原則で、天平6年（734）に郡稲との官稲混合以後は正税と総称されるようになった。（　③　）に備蓄された正税は脱穀された稲穀と穂首刈の穎稲《えいとう》とからなり、稲穀は賑給《しんごう》（窮民への支給）など臨時の備えとした。穎稲は（　④　）と称する貸借によって運用され、その利稲が地方行政などの経費に充てられた。正税の収支は正税帳に記載され、正税帳使に付して毎年報告された。

国家の収奪に苦渋する公民の姿や里長による苛酷な税の取り立ての様子は、天平初年頃の山上憶良「(　エ　)」(『万葉集』巻五) に描かれているが、口分田を無償で支給され、租の税率も収穫量のわずか3パーセント、それも国民への賑給という飢饉のための備蓄であることを考えると、これに調庸の負担を加えても後世に比して重税だとは思えない。陶淵明など漢詩の模倣との説もあり、揚雄や束晳《そくせき》の賦の影響を指摘する研究者もおり、ただちに当時の実態を描いたものということはできない。

〔語群〕

1．延喜式　2．高野山文書　3．推　古　4．東寺百合文書
5．正　倉　6．交　易　7．天　智　8．賃　租
9．出　挙　10．孝　徳　11．大　蔵　12．正倉院文書
13．義　倉　14．類聚三代格　15．継　体　16．屯　倉

(2)　平安時代になると、戸籍・計帳を基礎とした支配システムは行き詰まりをみせる。「(　⑤　)」など女性率が非常に高い実態と異なる偽籍が散見し、浮浪・逃亡も横行して、租税収入は大幅に減少した。政府は弘仁14年 (823) に疫病と不作で疲弊した九州大宰府管内に直営の (　オ　) を設けて臨時の財源としたが、元慶3年 (879) には (　オ　) の方式を応用した畿内 (　⑥　) を設置して中央官司の財源を確保した。これはその後の諸司田につながるものである。班田収授も次第に実行困難となり、桓武朝には一紀一班としたが、延喜2年 (902) を最後に行われなくなり、院宮王臣家と称された皇族や貴族は在地の富豪層と結んで大土地私有を進めたので、国家財政は危機に瀕した。

(　⑦　) 天皇は延喜の荘園整理令を発し、富豪層による土地の寄進・売却を禁じたが、大きな成果は得られなかった。ここに文章博士で大学頭などを歴任した (　カ　) は政治意見書、意見封事十二箇条を提出した。当時の課丁数の激減や地方政治の乱れを批判し、諸国の戸口を再調査して正確に口分田を与え、余った土地を政府が貸し出してその収入を租税不足分に充てる

ことを提案している。

こうした状況を受けて、国司制度の抜本的な改革が進められることになる。国造の系譜をひく在地首長たる郡司が没落したこともあり、任国に赴く国司の官長（守、不在の時は介）すなわち「受領」には強力な国内支配の権限が与えられた。受領は京から多数の郎等を引き連れて在地の直接支配と徴税権を行使したが、宮廷貴族社会の繁栄はこうした受領の地方支配の成果であった。また、受領は中央政府の地方支配と財源確保の要となったので、受領の功過（成績）は（　キ　）と呼ばれる太政官公卿会議で厳格に審査された。

戸籍による人身支配が不可能になった10世紀以降、受領は強力な支配権のもと検田を進め、在地を名という徴税単位に再編、（　ク　）と呼ばれる有力農民（田堵）に経営を請け負わせて、公田数を基準とする官物と（　⑧　）を課した。このような新しい地方支配を（　ク　）体制と呼んでいる。

〔語群〕

1．普請役	2．筑前国戸籍	3．名　田	4．後三条
5．宇　多	6．醍　醐	7．屯　倉	8．臨時雑役
9．大番役	10．周防国戸籍	11．壬申戸籍	12．歳　役
13．門　田	14．嵯　峨	15．官　田	

（3）　10世紀後半以降、受領の国衙支配と並んで荘園制が勃興する。田堵と呼ばれる地方の有力農民や中央から下向した貴族や国司の子孫のなかから、新たに開墾を行って大土地経営を繰り広げる（　ケ　）が誕生した。彼らのなかには国衙の在庁官人となる者もいたが、他方で強化された受領の徴税から逃れるため、有力者に所領を寄進して荘園にすることで、権益を保持しようという者も現れた。（　ケ　）は自己の土地を寄進した貴族・寺社のことを領家と仰いで一定の得分を進上し、自らは荘園の（　⑨　）・下司などの荘官となって在地の実質的な知行権を保持した。さらに脆弱な領家は自己の得分の一部をさらに上級の貴族·皇族·寺社に寄進して本家と仰ぎ、国司による荘園抑圧を排除しようとした。このような荘園は寄進地系荘園と呼ばれてきたものである。荘園の検注を行う官使や国使·荘官は、荘園の境界を示すため

東西南北の四至の境目に（　コ　）を立てた。太政官符や民部省符によってその領有や不輸租の認定を受けた荘園は、国司が認定する国免荘に対して（　サ　）と呼ばれた。

鎌倉時代になると、地頭に荘園の管理を任せて年貢・公事の収納を委任する事例が増えてくる。この契約を（　⑩　）といった。その結果、次第に本所と地頭との相論が多発し、13世紀中頃から14世紀末頃にはこれを解決するために土地そのものを分割する（　シ　）が行われるようになった。本所と地頭との話し合いによる調停、すなわち（　⑪　）によって行われる場合と、訴訟と判決により命じられる場合とがあった。この傾向は一円所領形成の一つの契機となった。（　⑫　）は伯耆国河村郡（鳥取県倉吉市）内にあった山城国松尾社の荘園であるが、領家松尾社と地頭原田氏との（　シ　）を示す正嘉2年（1258）11月の絵図は有名である。

〔語群〕

1．名　主	2．東郷荘	3．地下検断	4．越　訴
5．留守所	6．大　名	7．鹿子木荘	8．地頭請
9．家　司	10．桛田荘	11．惣　掟	12．阿氐河荘
13．預　所	14．地下請	15．和　与	16．目　代

〔Ⅱ〕　次の（1）と（2）の文を読み、【設問a】～【設問i】ならびに【設問ア】～【設問ケ】に答えよ。（45点）

（1）　以下の①～④は大桑斉氏の著書『教如　東本願寺への道』（法蔵館）の一部である（なお、表記を一部改めたり、省略した箇所がある）。

①　教如a は、永禄元年（1558）に生まれ、慶長19年（1614）に57歳で没した。11歳の永禄11年には、織田信長が足利義昭を奉じて入京し、信長の時代が始まった。そして教如が波瀾の生涯を終えたのは、まさに大坂冬の陣と時を同じくしており、翌年、豊臣氏は滅びて、家康の天下が定まった。信長、秀吉、家康という三人の天下人によって戦国時代が終結され、時代が大きく転換するその境目を、教如は激しく生きたのであった。

②　教如の教団理念であった僧俗一体の地域信仰共同体の行方を見ておかねばならない。（中略）僧俗分離b・c の具体的様相はいまだ十分に明らかにされていないが、坊主身分の形成に関する加賀藩の事例が知られる。慶長2年（1597）の越中の真宗道場への触に、坊主分に「年頭御礼、綿五拾把」と「京都御広間御番」という役儀が課せられているものがあり、真宗僧侶が坊主分という独自な身分として把握されたことを示す。『能登阿岸本誓寺文書』によれば、能登では慶長15年の「其郡惣坊主衆御礼儀として銀子」、「夏見廻の為、例年の如く銀子拾匁」と坊主分に独特な役儀が課せられたことが知られる。慶長16年には「尚以道場坊主役儀之事」という鳳至郡本誓寺並惣坊主中宛の文書には、前田氏支配下の加越能三国に共通して坊主分に「前ニ仰付られ候役儀」があり、坊主分は「棟帳ニは付け候へ共、何も役儀を相除かれ候」とあって、坊主分は村々の（　d　）を付け上げた棟別帳に記載されるが、（　d　）の役儀からは除外すると規定され、明確に（　d　）と区別されて、坊主分は別の役儀を負担する者であるとされている。ただし「田地相抱候坊主」もいて、「田地役儀仕まじきと申坊主分これ有」と、耕作から分離していない坊主分が（　d　）身分の役儀を逃れようとしていることが知られて、僧俗分離はいまだ不徹底であった。坊主身分に課せられた独自な役儀は、能登では正月に箸を献上する箸役と夏の掃除番役で、銀子で代納され、その請取状が本誓寺には多数残されている。

③　江戸期を通じて寺院化が進められ、僧侶が続々と生み出された。幕藩権力はこれら寺院僧侶を一つの身分に編成して新たな役を課した。宗旨人別帳に寺院僧侶がキリシタン e ではないことを証明する（　f　）がそれで、これが制度化されるためには、僧侶身分が確定されねばならないから、各藩は寺院台帳を作成し、これに記載された者が僧侶身分とされた。寺院台帳に登録された僧侶身分を、所属する本寺本山ごとに編成したのが宗派であり、教団である。門徒をも構成員とするように錯覚されているが、江戸期の宗派や教団 ア とは、僧侶身分の宗派別集団を意味している。宗旨人別帳の上で門徒は手次寺に所属するように表記されているが、それはキリシタンではないと証明をなしたのが僧侶身分のものであることを明らかにすることであって、教団構成員という意味ではなかった。こうして地域信仰共同体は解体され、寺院僧侶身分とそれ以外の身分の門徒との関係として再編成されたのが寺檀関係 g である。

④　家康が死後に東照大権現 h となった時には教如もまた没していて、そのこと自体は知りえなかった。しかし家康は生前から、例えば駿府城に諸宗の僧を招いて法論させ、仏教を統括する絶対王権である転輪聖王に自らを擬したように、神格化へ向かってのさまざまな試みがなされていた。東本願寺を別に開いた後のことになるが、それを教如が知らなかったとは言えない。しかし教如には、そのような権力者神格化 i への対応の形跡が見えない。この沈黙がやがて本願寺門跡の生き仏化への起点になった。

【設問 a】下線部 a「教如」の父は本願寺11世で、石山本願寺を守って織田信長と戦い、石山を退去した後、1591年に豊臣秀吉から京都堀川七条に寺地を与えられた。この人物の名を解答欄Ⅱ－Aに漢字で記せ。

【設問 b】下線部 b・c に関して、大桑氏は、浄土真宗（一向宗）では「俗人がそのままの姿で僧の役割を務めるという意味での「非僧非俗」というあり方」が江戸時代以前には普通のことであったと指摘している。この点に関し、道場を営む在俗の門徒の有り様を『毛坊主考』で描いた民俗学者がいる。この人物は岩手県遠野地方の伝説や風習を記録した作品でも知られる。この人物の名を解答欄Ⅱ－Aに漢字で記せ。

【設問 c】下線部 b・c に関して、大桑氏は、「未分離一体なのは、僧と俗だけではなく、村殿とか地侍と呼ばれ、武士であり同時に農民であるような、兵農未分離一体が戦国期までの地域社会の様相である」と述べる。豊臣政権の兵農分離政策と検地によって村は全国規模で直接把握されるようになったが、検地と並行して村の境界が画定され、惣村は解体された。それでも自治は村民の間で継承され、幕府や諸藩・旗本は村自治に基づいてはじめて年貢・諸役の割当てや収納を行い、村民を把握することができた。このような村全体の責任で年貢納入や法令順守などを行わせる支配の仕組みを［　　　］制と言う。［　　　］にあてはまる語を解答欄Ⅱ－Aに漢字で記せ。

【設問ｄ】空欄（　ｄ　）には、「僧」に対する「俗」として「坊主」身分に対置される人々の身分の呼称が入る。農業を中心に林業・漁業などの経営に従事するこの人たちは何と呼ばれるか。解答欄Ⅱ－Aに漢字で記せ。

【設問ｅ】下線部ｅに関して、幕府権力よりも宗教が優越するという信仰をもっていたためにキリスト教と並んで江戸幕府によって禁じられた仏教の一派があった。法華を信じない者の施しを受けず、また施しをせずとする［　　　］宗不受・不施派である。［　　　］にはこの一派が属する宗派の開祖の名が入る。あてはまる人物の名を解答欄Ⅱ－Aに漢字で記せ。

【設問ｆ】空欄（　ｆ　）には、檀家であることを寺院が証明する制度の名称が入る。解答欄Ⅱ－Aに漢字２字で記せ。

【設問ｇ】下線部ｇに関して、人々はこの関係に基づく檀那寺の僧侶によっては満たされない祈禱や占いを、山岳修行により呪術的宗教活動を行う［　　　］者や陰陽師に依拠した。［　　　］にあてはまる語を解答欄Ⅱ－Aに漢字で記せ。

【設問ｈ】下線部ｈ「東照大権現」を祀る東照宮のうち、栃木県日光では、1634～36年に大規模な造替えがなされた。権現造の代表例とされるこれらの社殿のうち、本殿・石の間・拝殿・唐門・透塀・［　　　］門・廻廊が国宝に指定されている。［　　　］にあてはまる語を解答欄Ⅱ－Aに漢字で記せ。

【設問ｉ】下線部ｉに関して、実在した人物が死後神格化された日本史上最初の人物は誰か。遣唐使廃止を建議したことで知られ、左遷後大宰府で没したこの人物の名を解答欄Ⅱ－Aに漢字で記せ。

【設問ア】下線部アに関して、中世から続く仏教諸宗派のほかに、17世紀半ばに明僧隠元によって黄檗宗が開かれた。宇治に開創された中国様式の伽藍配置で知られるその本山の名を下記の語群から選び、番号を解答欄Ⅱ－Ｂに記入せよ。

1．崇福寺　　　2．万福寺　　　3．東福寺　　　4．東禅寺

(2)　日本思想研究者吉田麻子氏は『平田篤胤　交響する死者・生者・神々』(平凡社新書) の中で次のように述べている (表記を一部改めたり、省略した箇所がある)。「篤胤によると、儒者がおこなったさまざまな「鬼神」の捉え方で、最も間違っているのは朱子学のそれであるという。(中略) 篤胤にとっては朱子学的合理主義こそが、人間が拙い頭をもって考えた狭く小さな理屈であり、愚かな知ったかぶりにすぎない。(中略) しかも、その間違った鬼神論は、日本の学者のあいだに浸透しきっているという現状があった」。

その上で吉田氏は篤胤の『鬼神新論』から引用している。「近世になって古学を唱えだした儒者たちイ・ウは、何事につけても先達の儒者たちによる誤った説を多く見直して、たいへんたいへん良い説が多いのであるが、天帝を説くこと、またその他すべて鬼神に関することを論ずる場合についてだけは、いまだに先儒の説に酔いしれており (後略)」(吉田麻子氏訳)。

また、吉田氏は篤胤の思想と「「西洋」(ロシア) の接近」エ・オとの関係について、歴史学者宮地正人氏が『歴史のなかの『夜明け前』――平田国学の幕末維新』(吉川弘文館) で展開した説に触れている。宮地氏は、「このような対外危機に対しては在野の処士も当然対応した。「寛政三奇人」カ(中略) はその典型である。(中略) そのような中、もっとも深く事態の推移をとらえ、問題の本質を考え、それへの対応を模索した人物が、著者は平田篤胤だと思っている」と述べているのである。

さらに吉田氏は同じく宮地氏の書から、篤胤のある門人の思想について述べた次の箇所を引用している。「彼キは神が宇宙を創り出した目的は人類の生の享受とその繁殖にあるとし、この神の旨を受け、神によって与えられた自然を民のために開発 (中略)・活用するのが支配者の職分と規定する。支配者がその職分を果たさないがために、神の趣旨にたがい、民は間引きクをおこ

なわざるを得ない。彼にとっては間引きの有無は支配の良否の試金石なのである。この理論は平田国学を学んだ以降の彼の全著作に貫徹している」。

ところで、平田篤胤は自身の神道説に立って仏教を批判しているが、その際、新しい仏教研究として富永仲基が挙げた成果から積極的に学んでいることは注目に値する。1745年に刊行された富永の著作ケは近年、仏教学的に見て、当時としてはきわめて水準の高いものであったことが指摘されている。

【設問イ】下線部イに関して、「古学を唱えだした儒者たち」のうち、古義堂を創設し『孟子古義』などを著したのは誰か。下記の語群から選び、番号を解答欄Ⅱ－Bに記入せよ。

1．伊藤東涯　　2．伊藤仁斎　　3．山鹿素行　　4．浅見絅斎

【設問ウ】下線部ウに関して、「古学を唱えだした儒者たち」のうち、蘐園塾を開き、『弁道』などの著作で経世論を説いたのは誰か。下記の語群から選び、番号を解答欄Ⅱ－Bに記入せよ。

1．熊沢蕃山　　2．荻生徂徠　　3．服部南郭　　4．新井白石

【設問エ】下線部エに関して、1792年（寛政4）、ロシア使節ラクスマンが根室に来航し、漂流民を届けるとともに通商を求めた。このとき届けられた漂流民とは、嵐のためアリューシャン列島に漂着した伊勢の船頭で、ロシア人に保護された人であった。それは誰か。下記の語群から選び、番号を解答欄Ⅱ－Bに記入せよ。

1．高田屋嘉兵衛　　2．江川太郎左衛門

3．大黒屋光太夫　　4．佐倉惣五郎

【設問オ】下線部オに関して、ロシア人に保護されて帰国した漂流民からの聞き書きをもとに、ロシアの風俗や言語などについて『北槎聞略』に記した蘭方外科医は誰か。下記の語群から選び、番号を解答欄Ⅱ－Bに記入せよ。

1．桂川甫周　　2．尾藤二洲　　3．宇田川榕庵　　4．香川景樹

【設問カ】下線部カに関して、「寛政三奇人」のうちの一人は、朝鮮、琉球、蝦夷地を図示して解説する『三国通覧図説』や、ロシアの南下を警告し海防の必要を説く『海国兵談』を著した人である。それは誰か。下記の語群から選び、番号を解答欄Ⅱ－Bに記入せよ。

1．林子平　　2．高山彦九郎　3．手柄岡持　　4．蒲生君平

【設問キ】下線部キ「彼」は、篤胤に国学を学んだ他、蘭学や経済学を研究して『経済要録』、『農政本論』、『宇内混同秘策』などの書を著した人物である。それは誰か。下記の語群から選び、番号を解答欄Ⅱ－Bに記入せよ。

1．本多利明　　2．高橋景保　　3．佐藤信淵　　4．岡田寒泉

【設問ク】下線部クに関して、宗教的信条により「間引き」が行われなかったため人口過剰の傾向にあった北陸や山陰の真宗地帯から、江戸中・後期の飢饉による人口激減に苦しむ東北や北関東へ移民が行われた。その一例として相馬中村藩がある。移民受け入れと並ぶこの藩のもう一つの政策の柱は財政再建であり、その基礎として「報徳仕法」と呼ばれる事業法が採用された。この仕法を考案した人物の名を下記の語群から選び、番号を解答欄Ⅱ－Bに記入せよ。

1．大原幽学　　2．二宮尊徳　　3．石田梅岩　　4．海保青陵

【設問ケ】下線部ケ「1745年に刊行された富永の著作」は何か。下記の語群から選び、番号を解答欄Ⅱ－Bに記入せよ。

1．『統道真伝』　2．『玄　語』　　3．『群書類従』　4．『出定後語』

〔Ⅲ〕　次の（1）(2）の文章を読んで、下記の【設問ア】～【設問ツ】に答えよ。

（45点）

（1）　1941年12月8日、日本陸軍はイギリス領（　ア　）に上陸、続いて日本海軍の航空部隊がハワイ真珠湾のアメリカ太平洋艦隊を攻撃したことをきっかけにして、日本はアメリカ、イギリス両国に対し宣戦イを布告する。アメリカは日本の「卑劣な奇襲攻撃」として対日宣戦布告し、対日戦へと突入、その後、ドイツウとイタリアもアメリカに宣戦し、第二次世界大戦は全世界へと広がった。

開戦後、日本軍は東南アジア諸地域のアメリカ、イギリス、オランダの植民地を占領するとともに、欧米の植民地支配からのアジア諸民族の解放による大東亜共栄圏エの建設を目指した。

1942年4月、5年ぶりに実施された衆議院総選挙オによって東条英機内閣は国内体制を固め、思想、言論統制を強化していった。同年6月、ミッドウェー海戦で日本海軍が惨敗をきっして以降、太平洋の制海権、制空権を失い、戦局は悪化した。アメリカ軍を主力とする連合国軍の全面的反攻により、日本軍は西南太平洋地域から後退し、1944年7月には絶対国防圏の一角とされたサイパン島が占領され、東条内閣は退陣、陸軍大将の（　カ—1　）が後継の首相となり、海軍大将の（　カ—2　）が協力する陸海軍の連立内閣が成立した。

1944年末ごろからアメリカ軍による空襲が本格化し、翌年3月の東京大空襲以降、国内の主要都市のほとんどが焦土と化した。また、アメリカ軍は沖縄に上陸し、激しい戦闘の末、6月には占領を完了する。一方、ヨーロッパ戦線では1943年3月にイタリア、1945年5月にドイツが連合国軍に降伏し、日本は完全に孤立する。

1945年4月に成立した（　カ—3　）内閣は中立関係にあったソ連を介して和平工作に着手したが、すでに同年2月、クリミヤ半島にある保養地で行われたヤルタ会談キで、ソ連はアメリカ、イギリスに対日参戦を約束していた。7月には3国の首脳は対日戦争の終結および戦後処理方針を決定し、中国の同意を得てポツダム宣言の発表へと至る。これに対して日本は「黙殺」する声明を発表するも、アメリカは8月6日に広島、同月9日に長崎に原子爆弾を投下、20万人以上の命が奪われることになる。ソ連も参戦を急ぎ、（　ク　）の破棄と日本への宣戦を布告し、満州や朝鮮、樺太に侵攻した。日本政府は昭和天皇の裁断により、天皇の統治の大権を変更しないという解釈のもとでポツダム宣言を受諾、8月15日、日本国民は天皇のラジオ放送で戦争終結を知ることとなる。

【設問ア】空欄（　ア　）に当てはまる地域名を下記から選び、その番号を解答欄Ⅲ－Bに記入せよ。

1．マカオ　　2．マレー半島　3．香　港　　4．ガダルカナル島

【設問イ】下線部イに至るまでに、日米戦争の回避をめざす国交調整が1941年4月から11月にかけて行われていた。この交渉に日本の駐米大使として関わった人物名を、解答欄Ⅲ－Aに漢字で記せ。

【設問ウ】下線部ウに対して、日本政府は1936年11月に共産主義の拡大を阻止するために共同防衛措置を規定した、ある取り決めに調印している。この取り決めの名称を、解答欄Ⅲ－Aに漢字で記せ。

【設問エ】下線部エの結束を誇示しようと、1943年11月、日本の勢力下にあった中華民国、満州国などの代表を東京に集めて大東亜会議が開催された。1940年3月、南京の新国民政府樹立に関与し、この会議に中華民国の代表として出席した人物名を、解答欄Ⅲ－Aに記せ。

【設問オ】下線部オにおいて、政府の推薦ならびに援助を受けた多くの候補者が当選する。これらの当選議員が含まれる、東条英機首相の提唱のもと挙国一致体制を実現するため、1942年5月に結成された政治結社名を、解答欄Ⅲ－Aに漢字5字で記せ。

【設問カ】空欄（　カ―1　）と（　カ―2　）、（　カ―3　）に入る人物名の組み合わせとして正しいものを下記から選び、その番号を解答欄Ⅲ－Bに記入せよ。

1．カ―1：小磯国昭　カ―2：米内光政　　カ―3：鈴木貫太郎
2．カ―1：小磯国昭　カ―2：鈴木貫太郎　カ―3：米内光政
3．カ―1：阿部信行　カ―2：米内光政　　カ―3：鈴木貫太郎
4．カ―1：阿部信行　カ―2：鈴木貫太郎　カ―3：米内光政

【設問キ】下線部キにおいて、返還が決められた南樺太とともに日露和親条約で国境が確定された島嶼《しょ》部もソ連への譲渡が決められた。その島嶼部の名称を、解答欄Ⅲ－Aに漢字4字で記せ。

【設問ク】空欄（　ク　）に入る条約名を下記から選び、その番号を解答欄Ⅲ－Bに記入せよ。

1．日ソ基本条約　　2．日露講和条約

3．日露通好条約　　4．日ソ中立条約

（2）　1945年9月2日、降伏文書の調印とともに、日本は正式にアメリカ軍を中心とする連合国軍の占領下に置かれた。日本占領の政策決定機関として、11カ国からなる極東委員会が（　ケ―1　）に、アメリカ、イギリス、ソ連、中国からなる対日理事会が（　ケ―2　）に設置されたが、対日占領政策コの主導権を握ったのはアメリカであった。アメリカ大統領が任命した最高司令官マッカーサーのもとで、連合国軍最高司令官総司令部（GHQ）が絶大な権限を行使したのである。

GHQは1945年10月、日本政府に婦人の解放、労働者の団結権の保障、教育の自由化サ、圧政的諸制度の廃止、経済の民主化といった、いわゆる五大改革を指示し、非軍事化と民主化を進めさせた。これを受けた幣原喜重郎内閣は、治安維持法の廃止、女性参政権シの実現、労働組合結成を奨励し、陸海軍の解体、国家神道の廃止、軍国主義者の公職追放なども実施した。また、戦犯容疑者の逮捕も実行され、1946年5月から極東国際軍事裁判（東京裁判）が行われ、1948年11月に平和と人道に対する罪を犯したA級戦犯28名中25人に有罪の判決が下った。

一方で、1945年10月以降、幣原内閣において憲法改正の検討も開始されていた。1946年2月に日本政府から提出された憲法改正要綱に対して、GHQは天皇の統治権を認める内容に不満を示し、象徴天皇制、主権在民、戦争放棄を基本とする憲法草案を政府に提示した。政府はこの草案を土台とした原案を同年3月に発表、衆議院と貴族院で修正可決されたのち、日本国憲法スとして同年11月3日に公布、翌年5月3日に施行した。

終戦からしばらく経ったこの時期、世界の情勢にも変化が生まれる。アメリカを中心とする資本主義陣営とソ連を中心とする社会主義陣営の間の対立が広がっていた。1949年にはアメリカと西欧諸国の共同防衛組織である北大西洋条約機構（ＮＡＴＯ）が結成された一方で、ソ連は1949年に原爆開発に成功、1955年には東欧7カ国の間でワルシャワ条約機構が結成された。

このようなアメリカとソ連を中心にした東西陣営の対立構造が現れるとともに、中国内戦で中国共産党(セ)の優勢が明らかになった1948年以降、アメリカの対日占領政策は転換していく。アメリカ政府は従来の民主化、非軍事化よりも資本主義国家としての復興を重視する方針を優先するなか、日本を西側陣営の東アジアにおける主要友好国とする政策を採用した。それにともない、日本の諸外国に対する賠償は軽減された。また、国家公務員法が改正され、官公庁労働者は争議権を失うとともに、1949年以降には公職追放の解除も進められた。

1950年6月、朝鮮半島では朝鮮民主主義人民共和国（北朝鮮）が、北緯38度線を超えて大韓民国（韓国）に侵攻し、朝鮮戦争が勃発する。国連軍の主力として出動した在日アメリカ軍の空白を埋めるべくＧＨＱの指令で（　ソ　）が新設され、日本の再軍備の第一歩が踏み出された。また、ＧＨＱはすでに日本共産党幹部の公職追放を指令していたが、戦争勃発を機に、共産主義者の追放を積極的に進める一方で、戦争犯罪人の釈放、旧軍人、政治家らの追放解除を行い、労働運動においては、全日本産業別労働組合会議の共産党指導に反対する（　タ　）の結成に支援もした。

1951年9月、サンフランシスコで講和会議が開かれ、日本と連合国48カ国(チ)との間でサンフランシスコ平和条約が調印され、同時に「日本国とアメリカ合衆国との間の相互協力及び（　ツ　）」が調印される。このサンフランシスコ平和条約により、日本は朝鮮の独立を承認し、台湾、澎湖諸島、南樺太などを放棄した。一方で、沖縄、奄美、小笠原の各諸島はアメリカの施政権下に置かれることになった。また、上記の（　ツ　）とそれに基づいて1952年2月に締結された日米行政協定によって、アメリカ軍の日本駐留と基地使用が引き続き認められることにもなった。

【設問ケ】空欄（　ケ―1　）と（　ケ―2　）に入る都市名の組み合わせで正

しいものを下記から選び、その番号を解答欄Ⅲ－Bに記入せよ。

1．ケ―1：東　京　　ケ―2：ワシントン

2．ケ―1：ワシントン　　ケ―2：東　京

3．ケ―1：ニューヨーク　　ケ―2：東　京

4．ケ―1：東　京　　ケ―2：ニューヨーク

【設問コ】下線部コにおいて、南樺太や南西諸島などでは直接軍政がしかれたが、日本本土では最高司令官が日本政府に指令や勧告を出し、日本政府がそれに基づく命令を公布して占領政策を実施する体制がとられた。この体制の名称を解答欄Ⅲ－Aに漢字4字で記せ。

【設問サ】1946年3月、GHQの招請で来日したある組織が、文中の下線部サの勧告を実施したことで、教育の機会均等や男女共学の原則をうたった教育基本法が1947年に制定されることになる。この組織名を解答欄Ⅲ－Aに記せ。

【設問シ】下線部シが認められた衆議院議員選挙法での初めての総選挙が1946年4月に実施された。この選挙において当選した女性議員の人数を下記から選び、その番号を解答欄Ⅲ－Bに記入せよ。

1．8名　　2．13名　　3．26名　　4．39名

【設問ス】下線部スの精神に基づいて、多くの法律の制定あるいは大幅な改正が行われた。なかでも1947年には地方公共団体の民主的で能率的な行政を確保する目的で地方自治法が成立し、地方首長の公選制も定められた。この地方自治法が成立したことに関連し、地方行政および警察を所管してきたある官庁が廃止されることになった。この官庁を下記から選び、その番号を解答欄Ⅲ－Bに記入せよ。

1．逓信省　　2．枢密院　　3．内務省　　4．拓務省

【設問セ】下線部セはその後国民党との内戦に勝利し、1949年に中華人民共和国の建国を宣言する。日本と中華人民共和国は、1972年の日中共同声明において国交正常化し、1978年に日中平和友好条約が結ばれる。この日中平和友好条約調印時の日本の首相を下記から選び、その番号を解答欄Ⅲ－Bに記入せよ。

1．佐藤栄作　　2．田中角栄　　3．三木武夫　　4．福田赳夫

【設問ソ】空欄（　ソ　）に入る組織名を下記から選び、その番号を解答欄Ⅲ－Bに記入せよ。

1．自治体警察　2．自衛隊　3．警察予備隊　4．保安隊

【設問タ】空欄（　タ　）に入る組織の名称を解答欄Ⅲ－Aに漢字で記せ。なお、この組織はその後、日本社会党と提携しつつ、アメリカに対して協調的な保守政治に反対する立場をとった。

【設問チ】下線部チに含まれる国名を下記から選び、その番号を解答欄Ⅲ－Bに記入せよ。

1．イギリス　2．インド　3．ソ　連　4．中　国

【設問ツ】空欄（　ツ　）に入る条約名を、解答欄Ⅲ－Aに漢字6字で記せ。

世界史

（75分）

〔Ⅰ〕　次の文章を読み，設問１～４に答えなさい。　（50点）

ヘロドトス（紀元前490年頃－前430年頃）の『歴史』は，一般に紀元前５世紀のペルシア戦争を中心的主題とした(ア)歴史書と理解されているが，当時の世界各地の地理や文化などを叙述しており，地誌としての性格も強い。『歴史』は後の時代に９巻に分けられたが，第１巻から第４巻までは各地の地理や文化、ペルシア戦争以前の歴史にあてられている。

ヘロドトスは(i)小アジア南部のハリカルナッソスの出身と伝えられており，第１巻は最古の金属貨幣の使用で知られる，小アジアの国家（　**a**　）についての叙述から始まる。その後，(A)ソロン時代の(B)アテネをはじめ，(ii)スパルタなどのギリシア諸都市やペルシアなど，近隣諸国の勃興の過程が語られる。第２巻では主に(iii)エジプトが扱われる。ナイル川などの地理に始まり，エジプトの動物や食べ物，様々な文化，また葬儀や聖職者などの(C)宗教的側面やそのギリシアとの相違点などが扱われている。

これらの諸地域の知識を踏まえ，第３巻ではオリエント世界を統一するに至ったアケメネス朝ペルシアの歴史が語られる。同国の勃興とカンビュセス２世によるエジプト遠征や，また(D)エチオピア遠征の失敗，彼の後継者(iv)ダレイオス１世による地方統治などが語られ，その後，インドやアラビア，バビロニアなど関連する地域について叙述がなされる。第４巻では、当時の世界の辺境地域についての知識がまとめられる。まず，現在の(イ)ウクライナ地方に対するダレイオス１世の遠征から始まり，ウクライナとその周辺地域の民族や地理，文化が叙述される。続いて，エジプトの西隣のリビアに言及され，その後，リビア・アジア・ヨーロッパの比較が試みられている。第５巻ではイオニア諸都市のアケメネス朝に対する反乱が語られ，そこから第９巻にかけ，前479年の（　**b**　）の戦いでギリシア側の勝利が確定するまでのペルシア戦争の詳細が叙述されている。

第4巻までの内容は，当時のギリシア人たちが認識していた世界の範囲と，世界に対する知識を示している。それまでのギリシア人たちにとっては，(E)オリンポスの神々の話やホメロスの叙事詩などの英雄譚が「歴史」であり，各都市と神々や英雄を関連づけることが「歴史」の目的であった。それに対し，ヘロドトスの著作は，ギリシア世界を越えた範囲について叙述を行っている点，実際の世界各国の地理や文化の特徴を踏まえている点，歴史的事実の展開をもとに叙述を行なっている点など，多くの点でそれらの著作と一線を画するものであった。また，ヘロドトスは，上述の諸地域について，(F)バビロンなど一部を除き，自ら訪ねたことに触れており，可能な限り，自身で各地を旅し，自己の体験や各地で聞いた話を通じて情報を集めたと考えられる。この「自ら出来るだけ直接的な情報を収集する」態度に加え，文中では「情報の正確性を検討する」「情報の正確な伝達を心がける」といった，後の時代の(ウ)歴史研究の基礎となる姿勢が取られており，彼が後に「歴史の父」と呼ばれたのは，このような姿勢の故であると考えられる。東洋でも，前漢の武帝時代の歴史家が，若い頃，同じようにして各地で情報や文献を収集し，後年，それをもとに（　**c**　）を著したと伝えられている。

ヘロドトスの当時としては革新的な姿勢は，先行する前6世紀のイオニア（特にミレトス）の知的活動（自然哲学）と無関係ではないであろう。イオニアの知的活動では，世界を分析し，その構造を解き明かすことに関心が向けられていた。例えば，万物の根源について（　**d**　）は水と考え，（　**e**　）は原子だと主張した。ヘロドトスの地誌や歴史に向けられた関心には，世界の分析を試みるという，イオニアの自然哲学と通じる姿勢が感じられる。

その後，前4世紀のアレクサンドロス大王の東方遠征などを経て，東方についてのギリシア人の地理的認識は拡大していった。大王の武将であった（　**f**　）は，大王の命令でインドやアラビア半島各地の沿岸部を航海し，その際の記録はアリアノスが2世紀に『インド誌』を書くのに活用された。また，エジプトの王立研究所の館長を務めたギリシア人のエラトステネスは，数学と(G)天文学の業績で知られるが，『地理学』などの著作も残している。さらに，前1世紀に生まれた（　**g**　）の『地理誌』は，当時の古代ローマの人々の地理観・歴史観を知る上で重要な史料となっている。(エ)1世紀には古代のインド洋近辺における海洋貿易についての航海案内記がギリシア語で記されている。当時，インド洋においては，ローマ帝国と南インドの間で交易が行われており，デカン高原を中心とした（　h　）では，多くのローマの金貨がもたらされた。この案内記では，東南アジアにいたるまでの広い範囲について，各地の貿易品や特産品が記述されており，1世紀ごろのインド洋周辺という，情報の少ない地域・時代の様相を知るための貴重な史料となっている。

設問1　文中の（　a　）～（　h　）に入る最も適切な語句を次の語群から選び，番号を解答欄Ⅰ－Aに記入しなさい。

1．アンティゴノス　2．ヴァルダナ朝　3．『漢書』
4．クシャーナ朝　5．サータヴァーハナ朝　6．サラミス
7．『史記』　8．『資治通鑑』　9．『春秋』
10．ストラボン　11．ゼノン　12．セレウコス
13．ソクラテス　14．タレス　15．デモクリトス
16．テルモピレー　17．ネアルコス　18．パーンディヤ朝
19．パルティア　20．ピタゴラス　21．ヒッポクラテス
22．プトレマイオス　23．プラタイア（プラタイアイ）
24．プリニウス　25．プルタルコス　26．プロタゴラス
27．ヘラクレイトス　28．ポリビオス　29．マラトン
30．ミタンニ　31．メディア
32．リディア（リュディア）

設問2　下線部(A)～(G)に関連して，以下のそれぞれの語句の説明文(a)(b)がともに正しい場合は**1**を，(a)のみ正しい場合は**2**を，(b)のみ正しい場合は**3**を，(a)(b)ともに正しくない場合は**4**を選び，解答欄Ⅰ－Aに記入しなさい。

(A)　ソロン

(a)　ソロンは，市民を債務によって奴隷とすることを禁止した。

(b)　ソロンの時代に陶片追放の制度が定められた。

(B)　アテネ

(a)　アリストファネスは，アテネの喜劇作家であった。

(b)　アテネはテーベと共に，マケドニアのフィリッポス２世と戦った。

(C)　［古代エジプトの］宗教的側面

(a)　テーベの都市神である，アトンの信仰が盛んとなった。

(b)　死者はオシリス神の審判を受けると信じられた。

(D)　エチオピア

(a)　エチオピアのアクスム王国が，クシュ王国を滅ぼした。

(b)　エチオピアは19世紀末，アドワの戦いでイタリアに敗れた。

(E)　オリンポスの神々の話やホメロスの叙事詩などの英雄譚

(a)　ソフォクレスは，『神統記』で神々の系譜を語っている。

(b)　『オイディプス王』や『アガメムノン』は，ホメロスの代表作である。

(F)　バビロン

(a)　アラム人がバビロン第１王朝を興した。

(b)　新バビロニアは，ユダ王国を滅ぼし，多くの民をバビロンへ連れ去った。

(G)　天文学の業績

(a)　アリスタルコスは，地球の自転と公転を主張した。

(b)　エラトステネスは，地球を球形と考え，その周囲の長さを測定した。

設問３　波線部(i)～(iv)に関連して，以下の文から**誤っているもの**を一つ選び，その番号を解答欄Ｉ－Ａに記入しなさい。

(i)　小アジア

1．小アジアでは鉄生産を行ったヒッタイトが強国となり，カデシュでエジプトと戦った。

2．セルジューク朝は，ビザンツ帝国領であった小アジアに進出した。

3．アンカラの戦いでティムールがオスマン帝国のバヤジット１世を破った。

4．セーヴル条約によって，トルコはギリシアからイズミルを回復した。

(ii) スパルタ

1．スパルタでは，被征服民の反乱を防ぎ、軍事力を維持するために，リュクルゴスの制と呼ばれる特殊な体制が築かれた。

2．スパルタでは，征服された先住民が，ペリオイコイという奴隷身分とされ，農業に従事させられた。

3．ペロポネソス戦争では，スパルタはアケメネス朝ペルシアの支援を受けた。

4．前4世紀半ば，テーベがスパルタに代わり，ギリシアの主導権を握った。

(iii) エジプト

1．古王国時代のエジプトは，ナイル川下流のメンフィスを中心に繁栄した。

2．ヘブライ人は，モーセの指導のもとでエジプトからパレスチナに脱出したという伝承を持っていた。

3．オスマン帝国のスレイマン１世がエジプトを征服した。

4．ナセルがアスワン＝ハイダムの建設に着手した。

(iv) ダレイオス１世

1．ダレイオス１世は，スサとサルディス（サルデス）を結ぶ「王の道」を整備した。

2．ダレイオス１世は新都クテシフォンを建設した。

3．ダレイオス１世は金貨・銀貨を発行し，フェニキア人の交易を保護した。

4．ベヒストゥーン碑文には，ダレイオス１世の事績が描かれている。

設問4 二重下線部(ア)～(エ)に関する次の問いに対する答えを解答欄Ｉ－Ｂに記入しなさい。

(ア) 『世界史序説』などの歴史書を著し，14世紀に活躍した北アフリカ出身の人物の名前を答えよ。

(イ)　紀元前6世紀頃から前3世紀頃，ウクライナなど黒海北方の草原にいた騎馬遊牧民の名前を答えよ。

(ウ)　厳密な史料批判に基づいた叙述を主張し，近代歴史学の基礎を確立した，19世紀のドイツの歴史家の名前を答えよ。

(エ)　紅海からインド洋にかけての地理・物産を記した，この案内記の名称を答えよ。

〔Ⅱ〕　イスラーム教の初期の歴史と，イスラーム教の二大宗派であるシーア派とスンナ派の成り立ちに関する以下の文章を読み，設問1～12に答えなさい。

（50点）

(1)西暦6世紀後半に，アラビア半島北西部の都市メッカの支配部族であったクライシュ族の（　**a**　）家に生まれたムハンマドは，40歳頃から唯一神の預言者と称して，唯一神への帰依を説くイスラーム教を創唱し，当時のアラビア半島で広く信仰されていた多神教を否定した。ムハンマドの布教に応じて，多神教を捨て(2)イスラーム教に改宗する人々が増えると，メッカの有力者たちは，先祖伝来の多神教を守ろうと，イスラーム教徒たちを迫害した。ムハンマドとイスラーム教徒たちは，迫害を避けて，メッカの北方にある（　**b**　）に移住し，そこにムハンマドを指導者とする(3)イスラーム教徒の共同体を成立させた。ムハンマドとイスラーム教徒たちは，多神教徒たちとの戦いに勝利してメッカを征服し，メッカの聖域であった（　**c**　）神殿をイスラーム教の聖地とした。そして，ムハンマドは632年に死去した。

残されたイスラーム教徒たちは，預言者亡き後の共同体を誰が指導するかについて合議し，(4)カリフを選出した。最初のカリフに続いて，第2代，第3代のカリフも合議によって選出され，彼らの治世の間に，イスラーム教徒の支配領域が大きく広がり，(5)唯一神がムハンマドに降した啓示をまとめた聖典（啓典）が編纂されたと伝えられる。しかし，政治権力や経済利権をめぐるイスラーム教徒同士の対立が激しくなり，不満を募らせた一部の人々が第3代カリフを殺害した。第3

代カリフの死後，ムハンマドの叔父の一人であるアブー＝ターリブの息子で，ムハンマドの娘の夫でもあったアリーがカリフに就任した。しかし，これに異を唱えるイスラーム教徒も多く，内乱が始まった。この内乱のなかで，（ **d** ）の総督であったムアーウィヤが，カリフを名乗ってアリーに対抗した。661年にアリーが暗殺され，単独のカリフとなったムアーウィヤは，カリフ位の継承を世襲化した。その後８世紀半ばまで，彼の一族であるクライシュ族の（ **e** ）家がカリフ位を独占した。

（ **e** ）家の支配に反発したイスラーム教徒たちは，ムハンマドの一族による統治を主張した。ムハンマドの叔父たちの一人であった（ **f** ）の子孫を指導者とする勢力は，軍事力によってカリフ位を奪取し，750年に政権を樹立した。この政権は，この政権における第２代カリフが首都と定めた（ **g** ）を中心に，1258年に（ **h** ）軍に滅ぼされるまで存続した。一方，アリーを支持したイスラーム教徒たちの中から，シーア派が形成され，９世紀頃から，(6)シーア派を信奉する王朝も現れるようになった。これに対して，（ **f** ）家を支持したイスラーム教徒たちは，実際に統治を行った歴代のカリフを，聖典と(7)スンナに則って共同体の統合を護持した指導者と見なすようになり，スンナ派を形成していった。歴代のカリフたちのなかでも，初代から第４代アリーまでの４人は「[**ア**]カリフ」と呼ばれ，尊ばれた。

このように，指導者をめぐる意見の対立の中から，シーア派とスンナ派が形成されていったのだが，７世紀から８世紀にかけての初期のイスラーム教徒たちの間には，シーア派とスンナ派に至る流れの他にも様々な意見が見られたようである。11世紀前半に(8)イラン西部の都市イスファハーンで，ウラマーとして活躍したアブー＝ヌアイムは，その著書『指導権の書』のなかで，初期のイスラーム教徒たちの間に，預言者ムハンマド死後の指導者に関して、次のような意見があったと述べている。(引用文には，省略したり，改めたりしたところがある。)

1．初期のイスラーム教徒たちのなかには，「預言者の後，指導権に最も相応しいのは，〔 A 〕，〔 B 〕，アリーである」と言う者があった。
2．初期のイスラーム教徒たちのなかには，「預言者の後，指導権に最も相応しいのは，〔 A 〕，〔 B 〕，〔 C 〕である」と言う者があった。

3．初期のイスラーム教徒たちのなかには，「預言者の後，指導権に最も相応しいのは，〔　A　〕，〔　B　〕，〔　C　〕，アリーである」と言う者があった。これが共同体の民の教説であり，ハディース伝達者と共同体の人々の正しい先例である。

4．初期のイスラーム教徒たちのなかには，「預言者の後，指導権を持つ者として最も正統で最良なのはアリーである」と言う者があった。

設問1　空欄（　a　）～（　h　）に入る最も適切な語句を次の語群より選び，その番号を解答欄Ⅱ－Aに記入しなさい。同じアルファベットの空欄には，同じ語句が入る。

［語群］

1．アグラ	2．アッバース	3．イエメン	4．イェルサレム
5．イラク	6．ヴェーダ	7．ウマイヤ	8．エジプト
9．カーバ	10．クルド	11．サウード	12．サマルカンド
13．シリア	14．ソグド	15．タブリーズ	16．ティムール
17．テーベ	18．バグダード	19．ハーシム	20．パルテノン
21．ヒジャーズ	22．ベルベル	23．ポタラ	24．マフディー
25．マンスール	26．メディナ（ヤスリブ）		27．モンゴル
28．ヤハウェ	29．ユダヤ	30．リヤド	31．ワッハーブ
32．ワフド			

設問2　空欄［　ア　］に入る語句を，漢字2文字で解答欄Ⅱ－Bに記入しなさい。

設問3　下線部(1)に関連して，イスラーム教徒たちは西暦とは別に，ヒジュラ暦と呼ばれる独自の暦を用いてきた。ヒジュラ暦の紀元は，上の文章に述べられた預言者ムハンマドの生涯のある出来事が起こった年とされる。その出来事に関する説明X～Zと，それが起こった年を西暦に換算したa～c

の組合せとして正しいものを，以下の1～9から選び、その数字を解答欄Ⅱ－Aに記入しなさい。

X　預言者ムハンマドの誕生

Y　メッカからの移住

Z　メッカ征服

a　570年　　b　622年　　c　630年

1．X－a　　2．X－b　　3．X－c

4．Y－a　　5．Y－b　　6．Y－c

7．Z－a　　8．Z－b　　9．Z－c

設問4　下線部(2)に関連して，イスラーム教徒をアラビア語で何と呼ぶか，解答欄Ⅱ－Bにカタカナで記入しなさい。

設問5　下線部(3)の共同体を何と呼ぶか，解答欄Ⅱ－Bにカタカナで記入しなさい。

設問6　下線部(4)カリフに関する次の記述(ア)(イ)について，(ア)(イ)ともに正しい場合は数字**1**，(ア)のみ正しい場合は数字**2**，(イ)のみ正しい場合は数字**3**，(ア)(イ)ともに正しくない場合は数字**4**を，解答欄Ⅱ－Aに記入しなさい。

(ア)「カリフ」とは，「統治者」を意味する。

(イ)　ムスタファ＝ケマル（ケマル＝パシャ）がカリフ制を廃止した。

設問7　下線部(5)の聖典（啓典）の名称を，解答欄Ⅱ－Bにカタカナで記入しなさい。

設問8　下線部(6)に関連して，シーア派を信奉した王朝として**当てはまらないもの**を，以下の1～4の中から一つ選び，その番号を解答欄Ⅱ－Aに記入しなさい。1～4の王朝の全てがシーア派を信奉していた場合には，数字5を記入しなさい。

1．アイユーブ朝　　2．サファヴィー朝
3．ファーティマ朝　　4．ブワイフ朝

設問9　下線部(7)のスンナの意味として最も適当なものを，以下の1～4から一つ選び，その番号を解答欄Ⅱ－Aに記入しなさい。

1．預言者ムハンマドの仁徳
2．預言者ムハンマドの愛（隣人愛）
3．預言者ムハンマドの律法（戒律）
4．預言者ムハンマドの慣行（範例，言行）

設問10　下線部(8)のイランにおいて，19世紀にシーア派から派生したバーブ教に関する次の記述(ア)(イ)について，(ア)(イ)ともに正しい場合は数字**1**，(ア)のみ正しい場合は数字**2**，(イ)のみ正しい場合は数字**3**，(ア)(イ)ともに正しくない場合は数字**4**を，解答欄Ⅱ－Aに記入しなさい。

(ア)　バーブ教は，農民や商人のあいだに多くの信徒を得た。
(イ)　バーブ教の信徒たちは，カージャール朝に対して反乱を起こした。

設問11　アブー＝ヌアイムの『指導権の書』からの引用文の中の空欄〔　A　〕には，預言者ムハンマドの死後，最初のカリフとなった人物の名前が入り，空欄〔　B　〕には〔　A　〕の次にカリフとなった人物の名前が，空欄〔　C　〕には〔　B　〕の次にカリフとなった人物の名前が入る。空欄〔　A　〕～〔　C　〕に入る人名の組合せとして，最も適当なものを次の1～6から一つ選び，その番号を解答欄Ⅱ－Aに記入しなさい。

1．A　アブー＝バクル　B　ウスマーン　C　ウマル
2．A　アブー＝バクル　B　ウマル　C　ウスマーン
3．A　ウスマーン　B　アブー＝バクル　C　ウマル
4．A　ウスマーン　B　ウマル　C　アブー＝バクル

5．A　ウマル　　B　アブー＝バクル　　C　ウスマーン

6．A　ウマル　　B　ウスマーン　　C　アブー＝バクル

設問12　アブー＝ヌアイムの『指導権の書』からの引用文に示されている1～4の意見の中で，シーア派の意見として最も適当なものを一つ選び，その番号を解答欄Ⅱ－Aに記入しなさい。

〔Ⅲ〕　次の文章を読み，設問1～8に答えなさい。　(50点)

世界恐慌による経済・社会の混乱に対応するために，アメリカは [あ] 政策をとり，イギリスと（ **a** ）は植民地帝国をブロック経済圏で囲い込むことで，経済的な一国主義が進んだ。国際的な経済状況が大きく変化するなか，（ **b** ）やドイツでも社会的不安・対立が拡大した。

1935年，（ **b** ）はエチオピアに侵攻した。[い] は加盟国に侵略した（ **b** ）に対して制裁を発動したが，イギリスと（ **a** ）はこれに消極的で，経済制裁は十分な効果を発揮しなかった。その結果，翌年に（ **b** ）はエチオピアを併合した。間もなく（ **b** ）は（ **c** ）内戦に介入し，反乱軍に武器援助を行い，その翌年には [い] を脱退することになった。この過程で（ **b** ）はドイツとの連携を強め，さらに（ **d** ）を加え，三国枢軸を形成した。

[い] の管理下にあった（ **e** ）地方も住民投票によってドイツに編入された。1938年，ドイツは（ **f** ）を併合した。ヨーロッパでは民族自決権(A)が広く認められていたこともあり，ドイツ民族統合を理由とする併合への抗議は弱かった。同年9月，（ **g** ）に対して，ドイツ人居住者が多い [う] 地方の割譲を要求した。イギリスと（ **a** ）は戦争(B)を阻止するために，（ **g** ）にこの地方の割譲を認めるよう圧力をかけた。当事国である（ **g** ）の代表が不在の（ **h** ）会談において，ドイツがさらなる領土要求は行わないという約束で，[う] 地方の割譲が認められることになった。しかし，ヒトラーはこ

の約束を破り，翌年3月に（　g　）を解体した。さらに，（　i　）にもダンツィヒの返還，東プロイセンへの陸上交通路を通過する権利を要求した。ドイツに刺激されて（　b　）も4月に（　j　）を併合した。

以上のようにイギリスと（　a　）は，ドイツの要求を認める姿勢（ [え] 政策）をとった。このことをめぐり，(C)第二次世界大戦開戦の責任の所在について議論がなされている。 [え] 政策の背景には，ドイツをソ連に立ち向かわせ，双方を弱体化させる思惑があったが，ファシズム諸国の侵略を追認し，その後の暴走を助長したとの批判がなされてきた。他方でイギリスについては，軍備の不足，第一次世界大戦を経験した国民の強い反戦志向，(D)イギリス帝国内にあったアイルランドの離脱やインドの民族運動など，当時の状況から擁護する意見もある。

イギリスと（　a　）は，（　h　）会談での合意を破ったナチス＝ドイツを抑えるために，(E)ソ連と同盟交渉に入った。しかし、西欧諸国の態度に不信を抱いていたソ連はドイツとの提携に転じ，1939年8月に [お] 条約を結んだ。この条約の秘密議定書には，ソ連とドイツによる（　i　）分割などが約束されていた。(F)これに力を得たドイツは，同年9月（　i　）侵攻を開始した。

1941年3月，アメリカ大統領ローズヴェルトは，イギリスに対して [か] 法を成立させて，支援に踏み切った。同年6月，ドイツは [お] 条約を破ってソ連に侵攻し独ソ戦が始まった。同年8月，大戦の影響を受けてローズヴェルトとチャーチルが共同宣言を発表して両国の戦時協力を強化した。同年10月，アメリカはソ連に対しても [か] 法を適用して支援を開始した。

設問1　文中の [あ] ～ [か] に入る最も適切な語句を解答欄Ⅲ－Aに記入しなさい。

設問2　文中の（　a　）～（　j　）に入る最も適切な語句を次の語群から選び，番号を解答欄Ⅲ－Bに記入しなさい。なお，同じ記号には同じ語句が入る。

1．アイスランド　　2．アルバニア　　3．アルメニア
4．イエメン　　5．イスタンブル　　6．イタリア

7．ウクライナ	8．オーストリア	9．オランダ
10. カイロ	11. ギリシア	12. ザール
13. シュレスヴィヒ	14. スイス	15. スウェーデン
16. スペイン	17. ダブリン	18. チェコスロヴァキア
19. 中国	20. デンマーク	21. トルコ
22. 日本	23. ノルウェー	24. パリ
25. ハンガリー	26. バングラデシュ	27. フィンランド
28. フランス	29. ブルガリア	30. ベルギー
31. ベルリン	32. ポーランド	33. ポツダム
34. ポルトガル	35. ミュンヘン	36. モザンビーク
37. ヤルタ	38. ユーゴスラヴィア	39. ラトヴィア
40. リトアニア	41. ルーマニア	42. ルクセンブルク
43. ロンドン	44. ワシントン	

設問3 下線部(A)に関連して，ウィルソン大統領が提唱した十四か条の平和原則にそって民族自決の原則が重視された講和会議の結果，ヴェルサイユ条約が締結された。この条約に関する記述として**誤っているもの**を，次の1～4から一つ選び，番号を解答欄Ⅲ－Cに記入しなさい。

1．ドイツはアルザス・ロレーヌ地方をフランスに返還した。
2．ドイツは一部の植民地を除いて，大半の植民地を失った。
3．ドイツは徴兵制を廃止させられ，軍備に制限を加えられた。
4．ドイツはラインラントを非武装化させられた。

設問4 下線部(B)に関連して，第二次世界大戦に至るドイツの戦争準備についての記述として**誤っているもの**を，次の1～4から一つ選び，番号を解答欄Ⅲ－Cに記入しなさい。

1．ドイツは再軍備宣言・徴兵制復活を断行した。
2．ドイツはフランスとの海軍協定でフランスの35％の軍艦保有を認められた。

3．ドイツは仏ソ相互援助条約を理由にロカルノ条約を破棄した。

4．ドイツは四か年計画を実施し，戦争に向けた経済体制を準備した。

設問５　下線部(C)と関連して，第二次世界大戦中のドイツの動きに関する記述として**誤っているもの**を，次の１～４から一つ選び，番号を解答欄Ⅲ－Ｃに記入しなさい。

1．ドイツは独ソ戦で，占領地から食糧・工業原料・労働力を徴発した。

2．ドイツは人種主義政策を強行し，占領地の政府や民衆の協力も引き出しつつ，ユダヤ人やスラヴ人などを強制収容所に送った。

3．ユダヤ人の大量殺戮が行われたアウシュヴィッツ強制収容所は現在のドイツに位置する。

4．パルチザンの指導者ティトーは，ドイツの占領に抵抗した。

設問６　下線部(D)に関連する記述として正しいものを，次の１～４から一つ選び，番号を解答欄Ⅲ－Ｃに記入しなさい。

1．ウェストミンスター憲章が成立したことにより，アイルランド自由国もイギリス本国と対等の関係が認められた。

2．アイルランドの穏健派の民族主義者は，シン＝フェイン党を結成した。

3．第一次世界大戦直前にアイルランド自治法が成立し，即日実施された。

4．イギリスは独立運動の鎮圧をあきらめ，北部のアルスター地方を含むアイルランド全体を自治領として承認した。

設問７　下線部(E)に関連して1920年代から第二次世界大戦中のソ連のできごとについての記述として**誤っているもの**を，次の１～４から一つ選び，番号を解答欄Ⅲ－Ｃに記入しなさい。

1．農業集団化を強行した結果，農業生産自体が停滞し，餓死者が出た。

2．ネップによって小規模の私企業が認められた。

3．スターリン個人の権力が強大化する中で，大粛清が行われた。

4．第二次世界大戦中，少数民族を懐柔するために，優遇政策を実施して，大幅な自治権を与えた。

設問 8　下線部(F)に続く，ソ連の動きについての記述として正しいものを，次の1～4から一つ選び，番号を解答欄Ⅲ－Cに記入しなさい。

1．ソ連軍は秘密協定によってポーランドの西半分を占領した。

2．ソ連はノルウェーの一部とバルト三国を併合した。

3．ソ連軍は捕虜としたポーランド人将校をソ連領内で殺害した。

4．ソ連軍はベルギーと中立国であったオランダまで侵攻した。

政治・経済

（75分）

〔Ⅰ〕　次の文章を読み、下の設問（設問1～設問9）に答えよ。　　（50点）

日本国憲法第32条は、「何人も、裁判所において（　ア　）権利を奪はれない。」と定め、（　ア　）権利を基本的人権として保障している。また、ⓐ裁判の公正さを確保するため、日本国憲法第82条は、「裁判の対審及び判決は、（　イ　）法廷でこれを行ふ。」と定める。司法制度は、国民の権利と自由を守るために不可欠であり、社会の変化に応じて、その機能の充実や強化が求められる。

1999年に内閣に設置された司法制度改革審議会は、2001年に司法制度改革に関する最終的な意見書をとりまとめた。この意見書には、①ⓑ国民の期待にこたえる司法制度の構築、②司法制度を支える法曹の在り方（人的基盤の整備）、③国民的基盤の確立（ⓒ国民の司法制度への関与の拡充）を3つの基本方針とした、司法制度の改革と基盤の整備に向けた広範な提言が盛り込まれた。

政府は、これを受け、改革に取り組み、具体的には次のような形で意見書の提言が結実した。①に関しては、国民への法的な支援をおこなう日本司法支援センター（法テラス）の設置があげられる。②に関しては、質・量ともに豊かな法曹を確保するために法曹養成の専門職大学院（法科大学院）が開設された。そして、③に関しては、裁判そのものに国民が参加する制度としてⓓ裁判員制度が導入された。

上述の司法制度改革の後にも、刑事司法制度の改革として、2016年の刑事訴訟法の改正で、取調べの録音・録画制度や訴追に関する協議・合意（司法取引）制度などが導入された。また、2021年にはⓔ少年法が改正され、18歳および19歳の者を「（　ウ　）少年」とし、17歳以下の少年とは異なる取扱いをする特例が定められた。

【設問1】文中の（　ア　）～（　ウ　）に入る最も適切な語句を、解答欄Ⅰ－甲のア～ウに記入せよ。ただし、ア・イは憲法上の語句である。

【設問2】下線部ⓐに関連して、**適当でないもの**を、次の1～4のうちから1つ選び、その番号を、解答欄Ⅰ－乙に記入せよ。

1．裁判は、民事裁判と刑事裁判に大別され、行政裁判は民事裁判の一種である。
2．民事裁判は、裁判所による判決のほか、当事者が和解することで裁判が終了することもある。
3．刑事裁判では、行為の時点で適法であったものを、事後に制定された法律で犯罪として処罰することも可能である。
4．家庭裁判所は、家庭に関する事件と少年に関する事件を扱う。

【設問3】下線部ⓑに関連して、次の文章の（　エ　）に入る最も適切な語句を、解答欄Ⅰ－甲のエに記入せよ。

司法に対する国民の多様なニーズに対応するため、民事事件において、裁判外で当事者以外の第三者に関わってもらいながら解決を図る（　エ　）手続の拡充および活性化が図られた。（　エ　）手続は、ＡＤＲともよばれる。

【設問4】下線部ⓑに関連して、次の文章の（　Ａ　）～（　Ｅ　）に入る最も適切な語句を、下の語群から1つ選び、その番号を、解答欄Ⅰ－乙のＡ～Ｅに記入せよ。

国民の期待にこたえる司法として、特許権などに関する訴訟を専門的に扱う（　Ａ　）が（　Ｂ　）内に設置され、裁判の専門的処理体制が強化された。また、刑事裁判の充実・迅速化を図るため、法曹三者が法廷での裁判の前にあらかじめ裁判の争点や証拠を確定する（　Ｃ　）手続や法廷での1回の審理で判決まで言い渡す（　D　）手続が導入された。

司法制度改革では、刑事手続の中での被害者等の保護・救済への配慮も課題とされていたが、2007年の刑事訴訟法の改正で、刑事事件の被害者やその家族が、一定の要件のもとで公判期日に出席し、被告人に対する質問をすることなどを可能にする（　E　）制度が導入された。

［語群］

1．被害者等通知	2．飛躍上告	3．仲裁裁判所
4．合議体	5．全国の高等裁判所	6．付審判請求
7．東京、大阪および名古屋高等裁判所		8．仲裁
9．調停委員会	10．被害者参加	11．東京高等裁判所
12．行政裁判所	13．即決裁判	14．裁判の優先的傍聴
15．跳躍上告	16．和解	17．知的財産高等裁判所
18．調停	19．公判前整理	
20．東京および大阪高等裁判所		

【設問５】下線部ⓑに関連して、次の文章の（　i　）～（　iv　）に入る最も適切な語句の組み合わせを、下の選択肢１～５のうちから１つ選び、その番号を、解答欄Ｉ－乙に記入せよ。

弁護人依頼権は、憲法上保障されている権利である。貧困その他の事由により弁護人を依頼できない場合には、（　i　）がその費用で弁護人を付す（　ii　）制度がある。これは、かつては（　iii　）しか利用することができなかったが、国民の期待にこたえる司法制度という観点から司法制度改革で検討され、2004年の刑事訴訟法の改正により、一定以上の重さの罪に限定して、（　iv　）にもその利用が認められるようになり、その後の法改正で、勾留されたすべての（　iv　）に対象が拡大された。

［選択肢］

1．（　i　）法テラス（　ii　）国選弁護人
　（　iii　）被告人　（　iv　）被疑者
2．（　i　）国　　　（　ii　）国選弁護人
　（　iii　）被告人　（　iv　）被疑者
3．（　i　）法テラス（　ii　）当番弁護士
　（　iii　）被疑者　（　iv　）被告人
4．（　i　）国　　　（　ii　）国選弁護人
　（　iii　）被疑者　（　iv　）被告人
5．（　i　）法テラス（　ii　）当番弁護士
　（　iii　）被告人　（　iv　）被疑者

【設問6】下線部ⓒに関連して、次の文章の（　オ　）～（　ク　）に入る最も適切な語句を、解答欄Ⅰ－甲のオ～クに記入せよ。ただし、オ・カは憲法上の語句である。

国民が裁判に関与する制度として、国民審査制度があげられる。その審査実施時期について、日本国憲法第79条2項は、「最高裁判所の裁判官の任命は、その任命後初めて行はれる（　オ　）の際国民の審査に付し、その後（　カ　）年を経過した後初めて行はれる（　オ　）の際更に審査に付し、その後も同様とする。」と定めている。

また、（　キ　）制度は、刑事事件手続に国民が直接的に関与する制度である。かつては、（　キ　）の議決が検察官の判断を法的に拘束することはなかったが、司法制度改革に伴い、（　キ　）が起訴すべき（起訴相当）であると2回議決した事件については、（　ク　）されることとなった。（　ク　）が最初に適用されたのが「明石歩道橋事件」である。

【設問7】下線部ⓓに関連して、次のa～dの記述において、裁判員の参加する裁判で有罪であると評決される組み合わせを、下の選択肢1～5のうちから

1つ選び、その番号を、解答欄Ⅰ－乙に記入せよ。

a．裁判官２名と裁判員３名が有罪であると意見を述べたのに対し、裁判官１名と裁判員３名が無罪であると意見を述べた。
b．裁判員６名全員が有罪であると意見を述べたのに対し、裁判官３名全員が無罪であると意見を述べた。
c．裁判官３名全員が有罪であると意見を述べたのに対し、裁判員６名全員が無罪であると意見を述べた。
d．裁判官１名と裁判員４名が有罪であると意見を述べたのに対し、裁判官２名と裁判員２名が無罪であると意見を述べた。

［選択肢］
1．aとbとd　　2．aとc　　3．aとcとd
4．aとd　　5．有罪となるものはない。

【設問８】下線部ⓓに関連して、最も適切なものを、次の１～４のうちから１つ選び、その番号を、解答欄Ⅰ－乙に記入せよ。

1．ドイツで実施されている参審制度は、原則として、参審員のみで有罪か無罪かを決定し、有罪となった場合の量刑は裁判官が決定する。
2．アメリカ合衆国で実施されている陪審制度は、原則として、陪審員と裁判官が協議し、有罪・無罪の決定のみならず、有罪となった場合の量刑についても決定する。
3．日本における裁判員制度の対象となるのは、殺人などの重大な犯罪の刑事裁判の第一審および控訴審である。
4．日本においては、裁判員は、法廷での審理に立ち会い、被告人や証人に対して質問することができる。

【設問９】下線部ⓔに関連して、現行の少年法に関する次のｅ～ｈの記述について、**正しいものには数字の1を、正しくないものには数字の2を、**解答欄Ⅰ－乙のe～hに記入せよ。

e．少年事件では、家庭裁判所が検察官送致や少年院送致などの判断をする。

f．家庭裁判所は、少年に対し、有罪・無罪の決定をし、有罪の場合には刑罰を言い渡すことができる。

g．18歳以上の少年のとき犯した罪によって起訴された事件については、少年であるとしても、原則として、実名や顔写真などの報道をおこなうことができる。

h．少年審判においては、少年の保護の観点から、被害者やその家族が審判の傍聴をすることは認められていない。

〔Ⅱ〕　次の文章を読み、下の設問（設問1～設問9）に答えよ。　　(50点)

市場経済では、財・サービスの交換は貨幣（通貨）を媒介としておこなわれる。貨幣は、現金通貨と（　ア　）に分類でき、ⓐ<u>家計</u>や企業、地方公共団体などが保有する通貨の総量はⓑ<u>マネーストック</u>といわれる。貨幣は、交換手段として用いられるほか、商品の価値をはかる（　イ　）手段、価値を保存する（　ウ　）手段、さらに支払い手段としての機能をもっている。

資金が不足している経済主体と、余裕がある経済主体との間の資金の融通を仲介するのが、銀行などの金融機関である。銀行は、預金などを受け入れ、ⓒ<u>企業</u>や個人に貸し付ける。信販、消費者金融などの（　A　）は、預金は受け入れないが、社債の発行や銀行などから借り入れた資金で貸付けをおこなう。

国あるいは地域の金融の中心となり、法定通貨発行の独占的権限をもっているのが中央銀行である。日本の中央銀行は1882年設立の日本銀行、アメリカのそれは1913年設立の（　B　）、さらにユーロ圏のそれは1998年設立の（　C　）である。

ⓓ<u>日本銀行</u>は金融政策をおこなうが、その基本方針は、ⓔ<u>日本銀行政策委員会</u>の金

融政策決定会合で決定される。日本銀行は、金融機関を相手に国債などの売買をおこない、それを通じてⓕ金利を政策目標に誘導する。

かつての日本の金融行政は、（　エ　）方式とよばれ、経営体力の弱い金融機関を守るような保護と規制がされていたが、1980年代からは金融の自由化と国際化が進んだ。独占禁止法の改正等により、親会社が、株主としてグループ内の銀行・信託会社・証券会社・保険会社などを子会社として支配・管理する金融（　オ　）を設立することも可能となった。

日本では、このような自由化の流れに伴い、金融機関の検査・監督を強化するために（　Ｄ　）が1998年に設立され、その後これに旧大蔵省の金融制度の企画立案をおこなう部門を統合する形で金融庁が設立された。さらに、2005年には、金融機関が破綻した場合にⓖ保証される預金額に上限が設けられることとなった。また、銀行が過大なリスクをとったことによりグローバルな金融危機がひきおこされたことへの反省から、国際業務をおこなう銀行の（　Ｅ　）に下限を設ける規制が国際決済銀行（ＢＩＳ）によって定められた。

近年の景気後退期では、日本銀行は一貫して金融緩和政策をとり続けており、2013年からは、消費者物価上昇率を（　Ｆ　）％まで引き上げることを目標とするインフレターゲット政策をおこなっている。さらに、日本政府は、経済の活性化をはかるために、小額投資非課税制度「（　Ｇ　）」や、個人型確定拠出年金「（　Ｈ　）」などの、「貯蓄から投資」の流れを促す制度を整備している。

【設問１】文中の（　ア　）～（　オ　）に入る最も適切な語句を、解答欄Ⅱ－甲のア～オに記入せよ。

【設問２】文中の（　Ａ　）～（　Ｈ　）に入る最も適切な語句や数字を、次の語群から１つ選び、その番号を、解答欄Ⅱ－乙のＡ～Ｈに記入せよ。

［語群］

1．ＮＰＯバンク	2．ｉＤｅＣｏ	3．金融監督庁
4．ＮＩＳＡ	5．ノンバンク	6．ＥＣＢ

7．ＥＣＥ	8．都市銀行	9．支払準備率
10．内閣府	11．財務省	12．地方銀行
13．経済財政諮問会議	14．自己資本比率	15．公定歩合
16．ＦＲＢ	17．ＥＣＪ	18．ＩＭＦ
19．ＩＬＯ	20．預貸率	21．預金準備率
22．１	23．２	24．３
25．４	26．ＱＣ	27．ＩＰＯ
28．ＭＢＯ		

【設問３】下線部ⓐに関連して、2021年３月末時点で、日本の家計の金融資産のなかで、「現金・預金」が占める割合として最も適切なものを、次の１～４のうちから１つ選び、その番号を、解答欄Ⅱ－乙に記入せよ。

１．14%　　２．34%　　３．54%　　４．84%

【設問４】下線部ⓑに関連して、次のａ・ｂの記述について、**正しいものには数字の１を、正しくないものには数字の２を**、解答欄Ⅱ－乙のａ・ｂに記入せよ。

ａ．日本銀行による公開市場操作での売りオペレーションは、マネーストックを増大させる。

ｂ．マネーストックに対して、民間が保有する現金と民間金融機関が日本銀行に預けている当座預金の合計は、マネタリーベースとよばれる。

【設問５】下線部ⓒに関連して、日本銀行調査統計局資料にもとづいて、日本の非金融法人企業全体の資金調達額あるいは金融負債額において、2021年３月時点で最も大きい割合を占めるものを、次の１～３のうちから１つ選び、その番号を、解答欄Ⅱ－乙に記入せよ。

1．借入　　2．株式等　　3．債券

【設問6】下線部ⓓに関連して、金融機関が、預金者への払い戻し準備や金融機関どうしの決済用資金として日本銀行に預け入れている預金のことを何とよぶか、解答欄Ⅱ－甲に記入せよ。

【設問7】下線部ⓔに関連して、日本銀行政策委員会の構成人数として最も適切なものを、次の１～４のうちから１つ選び、その番号を、解答欄Ⅱ－乙に記入せよ。

1．３人　　2．５人　　3．７人　　4．９人

【設問8】下線部ⓕに関連して、銀行などの金融機関が短期金融市場、とくにインターバンク市場で短期資金を貸し借りするときの金利のことを何とよぶか、解答欄Ⅱ－甲にカタカナで記入せよ。

【設問9】下線部ⓖに関連して、銀行が破綻した場合に、預金保険法により、一定の範囲内で預金者に預金を払い戻す制度を何というか、解答欄Ⅱ－甲にカタカナで記入せよ。

〔Ⅲ〕　次の文章を読み、下の設問（設問１～設問９）に答えよ。

ⓐ日本の中小企業は、企業数で日本全体の99％強、従業員数では約（　A　）を占めている。中小企業は大企業のⓑ下請けとして部品の製造などをおこなったり、地場産業の担い手として地域社会の発展に寄与したり、独創的な技術・製品を開発して新しい市場を開拓するなど、日本経済において大きな役割を果たしている。

ⓒ中小企業と大企業の間には労働生産性や賃金・労働条件などで大きな格差がある。こうした格差は、高度経済成長の過程でかなり改善された。経済成長が進むにつれて労働力が不足するようになり、中小企業でも技術革新が進み、労働生産性が向上したためである。しかし、1980年代に入ると、中小企業と大企業との格差縮小の動きは鈍化した。発展途上国との競争の激化や円高により輸出が不振となり、大企業に依存する下請け企業や輸出用の日用品を生産している中小企業は業績が悪化して、労働条件の改善が進まなかったためである。

近年、産業構造の変化、需要の多様化、インターネットの普及などによって、コンパクトで小回りのきく中小企業にチャンスが生まれている。旺盛な起業家精神を発揮して、新しい製品やサービスを開発して新しい市場を開拓する（　B　）に取り組む中小企業、製品の市場規模が小さいため、大量生産をする大企業が進出しない（　ア　）市場で高いシェアを占める中小企業がある。伝統技術を活用した製品づくりをおこなうⓓ地場産業を独自に発展させた中小企業もある。

日本経済の成長にとって、中小企業の果たす役割は大きく、（　C　）の外局である中小企業庁を中心に、政府は中小企業の育成に力を注いできた。中小企業を保護し、大企業との格差是正を目的としていた（　D　）は、1999年の改正によって、ⓔ多様で活力のある中小企業の成長や起業の支援に重きをおくようになった。

ⓕ人口減少と高齢化が急速に進む地域社会では、中小企業の活性化が大きな課題となっている。地場産業を担う中小企業は地域社会と密接なかかわりあいをもっており、中小企業の衰退は地域社会を衰退させる恐れがある。ⓖ地域には地元の社会・経済・環境・文化などの資源があり、外部の企業や政府の事業に頼らずに、地域の資源を活用することで地域が発展することを（　イ　）とよぶ。（　イ　）

を基本理念とする地域政策は、経済だけでなく、福祉・文化・環境など地域社会に欠かせない要素を全体として向上させる総合的な目的をもっている。

【設問1】文中の（　ア　）・（　イ　）に入る最も適切な語句を、解答欄Ⅲ－甲のア・イに記入せよ。

【設問2】文中の（　A　）～（　D　）に入る最も適切な語句を、次の語群から1つ選び、その番号を、解答欄Ⅲ－乙のA～Dに記入せよ。

［語群］

1．30%　　2．50%　　3．70%
4．90%　　5．アウトソーシング　　6．サプライ・チェーン
7．ダイバーシティ　　8．ベンチャー・ビジネス
9．経済産業省　　10．国土交通省　　11．総務省
12．農林水産省　　13．中小企業基本法　　14．中小企業憲章
15．中小企業振興基本条例　　16．中小企業挑戦支援法

【設問3】下線部ⓐに関連して、次の文章の（　i　）～（　iii　）に入る最も適切な人数の組み合わせを、下の1～4のうちから1つ選び、その番号を、解答欄Ⅲ－乙に記入せよ。

企業は、その従業員数や資本金の大きさによって中小企業と大企業とに分けられる。従業員数で中小企業を定義すると、製造業では（　i　）以下が、小売業では（　ii　）以下が、そして、サービス業では（　iii　）以下が中小企業である。

1．（　i　）100人（　ii　）50人（　iii　）300人
2．（　i　）100人（　ii　）300人（　iii　）50人
3．（　i　）300人（　ii　）50人（　iii　）100人
4．（　i　）300人（　ii　）100人（　iii　）50人

【設問４】下線部ⓑに関連して、次の文章の（　ウ　）に入る最も適切な語句を、解答欄Ⅲ－甲のウに記入せよ。また、（　Ｅ　）・（　Ｆ　）に入る最も適切な語句を、下の語群から１つ選び、その番号を、解答欄Ⅲ－乙のＥ・Ｆに記入せよ。

大企業が中小企業に部品などの生産を委託し、持続的な取引関係をむすぶのが下請け関係である。大企業がそうした中小企業の株式を保有し、役員を派遣するなどして、より密接な取引関係をむすぶのが（　Ｅ　）である。

大企業の下請けとなっている中小企業は親企業から技術や資金の援助を受けることで、親企業に高品質な部品を低コストで供給して、大企業の競争力を支えている。たとえば、ジャスト・イン・タイム方式の典型である（　ウ　）方式は、部品納入の日時や数量を連絡する作業指示書を使って、親企業は下請け企業に部品を必要なときに必要な数だけ納品させる方法である。この方法を使って、親企業は無駄な在庫をなくすことができる。不況になると、親企業は、部品を供給する下請け企業に納品数の削減や単価切り下げを要求して、生産コストを削減しようとする。このように、大企業にとって、中小企業は（　Ｆ　）の役割をはたしている。

［語群］

１．カルテル	２．企業集団	３．系列
４．トラスト	５．内部留保	６．景気循環
７．景気動向指数	８．景気の調整弁	

【設問５】下線部ⓒに関連して、次の文章の（　エ　）・（　オ　）に入る最も適切な語句を、解答欄Ⅲ－甲のエ・オに記入せよ。

1957年、経済学者の有沢広巳は、大企業と中小企業の格差を日本経済の（　エ　）であると指摘した。中小企業と大企業の賃金格差の背景には付加価値生産性の格差があり、付加価値生産性の格差は、従業員一人当たりの有形（　オ　）額で示される資本装備率の格差によって生じていると考えられている。

【設問6】下線部ⓓに関連して、次の文章の（　カ　）に入る最も適切な語句を、解答欄Ⅲ－甲のカに記入せよ。

地場産業から生まれた商品の中には、全国シェアの割合が大きいものや、世界に輸出されているものもある。地場産業や特産品の保護と地域経済の活性化をはかるため、2006年に（　カ　）制度が導入された。これにより、地域の協同組合などが名産品を登録して、地域ブランドとして売り出すことができるようになった。京都では「京人形」や「京つけもの」などがこれにあたる。

【設問7】下線部ⓔに関連して、次の文章の（　キ　）に入る最も適切な語句を、解答欄Ⅲ－甲のキに記入せよ。また、次の文章の（　G　）～（　I　）に入る最も適切な金額や語句を、下の語群から1つ選び、その番号を、解答欄Ⅲ－乙のG～Iに記入せよ。

2006年に施行された会社法では、株式会社を容易に設立できるようになった。それまでは、株式会社を設立するためには（　G　）以上の資本金が必要だったが、資本金（　H　）での起業が可能になった。また、会社法では、起業家が開業するのに適した、出資者全員が有限責任社員となる（　I　）が新設された。有望な起業家に出資するベンチャー・（　キ　）が数多く設立されるなど、起業家を支える制度も整備されつつある。

[語群]

1．1円	2．1万円	3．10万円
4．100万円	5．1,000万円	6．1億円
7．合資会社	8．合同会社	9．合名会社
10．有限会社		

【設問8】下線部ⓕに関連して、次の文章の（　ク　）に入る最も適切な語句を、解答欄Ⅲ－甲のクに記入せよ。

（　ク　）とは、過疎化・高齢化が急速に進み、65歳以上の高齢者が住民の過半数を占め、冠婚葬祭など社会共同生活を維持することができなくなった地域のことをいう。

【設問9】下線部ⓖに関連して、次の文章の（　Ｊ　）～（　Ｌ　）に入る最も適切な市区町村名を、下の語群から１つ選び、その番号を、解答欄Ⅲ－乙のＪ～Ｌに記入せよ。

（　Ｊ　）は、さまざまなゆず加工品を商品開発し、直接消費者に販売することに力を入れるなどして、農業の６次産業化に成功した。また、「森林鉄道から日本一のゆずロードへ」というコンセプトをかかげ、産業と歴史・文化が密接に関連する地域として、観光客の誘致にも取り組んでいる。（　Ｋ　）では、冷凍技術ＣＡＳを導入して鮮度を保ったまま魚介類を出荷するなど、特産品のブランド化に成功したほか、地元の高校に都会から積極的に生徒を受け入れており、Ｉターンする若者も多い。（　Ｌ　）には、機械・金属加工を中心に多様な中小企業が集積しており、高い技術力を活かしたネットワークをつくり、幅広い注文に対応している。2009年には、この地域の中小企業が協力して開発した小型人工衛星が打ち上げられて話題になった。

［語群］

１．岩手県遠野市	２．東京都大田区	３．新潟県燕市
４．大阪府東大阪市	５．島根県海士町	６．徳島県神山町
７．高知県馬路村	８．長崎県壱岐市	９．沖縄県南風原町

数学

（75 分）

〔 I 〕 次の $\boxed{}$ に適する数または式を，解答用紙の同じ記号の付いた $\boxed{}$ の中に記入せよ。

(1) 座標平面上において，$y = 2 + \log_{10}(2x - 5)$ のグラフは，$y = \log_{10} x$ のグラフを x 軸方向に $\boxed{\text{ア}}$，y 軸方向に $\boxed{\text{イ}}$ だけ平行移動したものである。

(2) 平面上の $\triangle \mathrm{ABC}$ は $\cos\angle \mathrm{ABC} = \dfrac{4}{5}$，$\cos\angle \mathrm{BCA} = \dfrac{5}{13}$ をみたし，$\triangle \mathrm{ABC}$ の内接円の半径は 2 である。$\sin\angle \mathrm{ABC} = \boxed{\text{ウ}}$ などにより $\cos\angle \mathrm{CAB} = \boxed{\text{エ}}$ である。また内接円の中心を点 I とすると，$\cos\angle \mathrm{IBC} = \boxed{\text{オ}}$ となる。$\triangle \mathrm{IBC}$ の面積は $\boxed{\text{カ}}$ である。

(3) n を自然数とする。10 進法で表された整数 59 は，3 進法では $2012_{(3)}$ と表記され，4 桁になる。同様に，10 進法で表された 2023 は，8 進法で $\boxed{\text{キ}}$ と表記される。ある自然数 x を 8 進法で表すと n 桁となり，2 進法で表すと $(n + 6)$ 桁となる。このような n の最大値は 10 進法で表すと $n = \boxed{\text{ク}}$ である。この性質をみたす x の最大値を 10 進法で表すと $\boxed{\text{ケ}}$ であり，8 進法で表すと $\boxed{\text{コ}}$ となる。

〔 II 〕 $a>0$ とする。座標平面上において，放物線 $C: y=ax^2-2ax+a+1$ を考える。放物線 C 上の点 P は，x 座標が 2 であるとする。点 P において放物線 C の接線と垂直に交わる直線，つまり法線を ℓ とし，放物線 C と直線 ℓ で囲まれる部分を R とする。R の点 (x,y) で $1 \leqq x \leqq 2$ をみたすもの全体の面積を $S(a)$ とし，R の点 (x,y) で $0 \leqq x \leqq 1$ をみたすもの全体の面積を $T(a)$ とする。

(1) 直線 ℓ の方程式を a, x, y を用いて表せ。

(2) $S(a)$ を a を用いて表せ。

(3) $S(a)$ の最小値とそのときの a の値を求めよ。

(4) $2T(a)=3S(a)$ が成り立つような a の値を求めよ。

〔 III 〕 n を自然数とし，数列 $\{x_n\}$, $\{y_n\}$ をそれぞれ

$$x_n=\left(2+\sqrt{5}\right)^n, \quad y_n=\left(2+\sqrt{5}\right)^n+\left(2-\sqrt{5}\right)^n \qquad (n=1,2,3,\cdots)$$

で定めるとき，次の問いに答えよ。

(1) y_2, y_3 の値を求めよ。また，すべての自然数 n に対して $y_{n+2}=py_{n+1}+qy_n$ が成り立つような定数 p, q を求めよ。

(2) すべての自然数 n について，不等式 $-\dfrac{1}{2}<\left(2-\sqrt{5}\right)^n<\dfrac{1}{2}$ が成り立つことを示せ。

(3) すべての自然数 n について，y_n の値が自然数となることを示せ。また，n が 4 の倍数のとき y_n の 1 の位の数字を求めよ。

(4) x_{1000} を超えない最大の整数 $[x_{1000}]$ について 1 の位の数字を求めよ。ここで，実数 x を超えない最大の整数 N を $[x]=N$ と表す。例えば，$[12.3]=12$, $[-4.5]=-5$ である。

3　女は福田の願いを叶えるために、あらゆる神祇に誓いを立てた。

4　女は、福田の夢の中に出てきて福田の不実を責めた。

5　福田は主君の元を離れた後、仏道に専念して一生を終えた。

6　福田は、女が維摩経の教えを最後に言い残したことに感謝した。

(七)　傍線――「霊夢とおもひあはせ、あるいは感じあるいは歎き」について、どのようなことに感歎したのか、説明せよ（句読点とも三十字以内）。

（以上・六十点）

4　お母様は、昨晩、猪に襲われてしまわれたようで、突如、平常心をなくされてしまいました

5　お母様は、昨晩、悪霊におびえた様子になられ、突如、ふらふらと外へ出て行かれました

(四)　傍線――ウ「先づ欲の鉤を以て牽きて、後に仏智に入らしむ」の元になった漢文として適当なものを、次のうちから一つ選び、その番号を記せ。

1　先以牽二欲鉤一、後令二仏入レ智

2　先以二欲鉤一牽、令二後仏智レ入

3　先欲鉤以牽、後仏智入令

4　先欲以レ鉤牽、後令二仏智入一

5　先以二欲鉤一牽、後令レ入二仏智一

(五)　傍線――「ね」と文法的意味・用法が同じものを、次のうちから一つ選び、その番号を記せ。

1　住吉の浜松が根の下延《は》へて我が見る小野の草な刈りそね

2　とどまりなむと思ふ夜も、なほ「いね」といひければ、わがかく歩きするをねたまで、

3　ただ心に任せて、あなたにおはしましつきね。

4　かかれば、北の方、憎し、とくしねかしと思ふ。

5　朝なぎに来寄る白波見まくほり我はすれども風こそ寄せね

(六)　本文の内容に合致するものを、次のうちから二つ選び、その番号を記せ。

1　福田は、猪のことをいつも思いやっていたため、殺すのは本意ではなかった。

2　母は仕えていた公卿の家から追い出された後に死んだと、女は語った。

わびぬれば身をうき草の根を絶えて誘ふ水あらばいなむとぞ思ふ　（古今和歌集　小野小町）

最上河のぼればくだる稲舟のいなにはあらずこの月ばかり　（古今和歌集　よみ人知らず）

1　「浮草」のような頼りない人でもいいから声を掛けてくれたら、「稲舟」に載る「稲」のように自分も誘いに乗りたいということを比喩を用いて表現している。

2　「浮草」に「憂き」を掛けて、自分を取り立ててくれる人もいないと言い、「稲舟」に積まれた稲が舟に運ばれるように、自分を福田に連れ出してもらいたいと表現している。

3　指図をする人もいない「浮草」のように自由な人が私を誘ってくれたらいつでもいやとは言わないことを、「稲舟」の縁語で「否」を用いて表現している。

4　自分はだれにも相手にされない「浮草」のようなつまらない存在であると言い、「稲舟」のようにその場の流れにまかせて福田の誘いに乗ってもいいという思いを比喩で表現している。

5　「浮草」のようによるべがなく辛いことを「憂き」の掛詞で表し、だれかの誘いがあればなびくつもりだったので、「稲舟」の「いな」で「否」を導いて、福田の誘いがいやではないと表現している。

(三)　傍線――イ「御内方きのふの夜、ものにおそはれ給ふやうにて急にむなしくなり給ふ」の解釈として適当なものを、次のうちから一つ選び、その番号を記せ。

1　奥様は、昨晩、強盗に襲われてしまわれたようで、突如、息を引き取られました

2　奥様は、昨晩、何かにとりつかれたようになられて、突如、お亡くなりになりました

3　奥様は、昨晩、誰かに世の無常を教わられたようで、突如、出家なさいました

こなひすまして身を終へけるとかや。維摩経に「婬女と現じて諸《もろもろ》の色を好む者を引きて、先づ欲の鉤《つりばり》を以て牽《ひ》きて、後に仏智に入らしむ」とある方便これなるべし。ありがたき事どもなり。

（『本朝諸仏霊応記』）

注　現当二世　現世と来世。
臥猪床　猪のこと。
齢二八　年齢十六歳。
苧をうみて　糸を紡いで。

設　問

㈠　傍線a・bの語句の意味として適当なものを、次のうちからそれぞれ一つ選び、その番号を記せ。

a　にほひやかに
1　にこやかで
2　かんばしく
3　たおやかで
4　つややかで
5　かいがいしく

b　おどろき
1　動揺し
2　仰天し
3　気がつき
4　不審に思い
5　目を覚まし

㈡　傍線ア「ひく人もなき浮草のさそふ水あらばと思ふ折からなれば、稲舟のいなにはあらぬ心ながら」は、次の二首の和歌によっている。この女の心情の説明として適当なものを、後の1～5から一つ選び、その番号を記せ。

二　次の文章を読んで、後の設問に答えよ。

慶長年中、大和の国に福田左近右衛門といふ人あり。年ごろ狩猟を好みてたのしみとす。しかれどもその罪をおそるる心やありけん、常に長谷寺の観音に詣でて現当二世をいのりける。あるとき福田、臥猪床《ふすゐのとこ》を心にかけて山に入りけるに、道のかたはらの柴の庵に齢二八にもやなるらんと見えたる、いと優に艶《やさ》しき女ひとり苧《を》をうみて居たり。福田ふと心とまりて、庵に立ち寄りつつ、「いかなる人ぞ」と尋ねけるに、女答へていはく、「みづからが母はさる公卿につかはれ侍りしが、みづからを孕みて後、北の方ふかくねたみ給ふにより家を追ひ出されしかば、この家の主に縁ありてたのみ来たり、はごくまれ侍りしに、母も三年以前に世をさりてみづからのみ残り候ひぬ」とうち涙ぐみて語れり。そのけはひ、a にほひやかにいつくしければ、とかくいひくどきて我が宿の妻にせんといひけるに、この女うち笑ひて、「みづからとても頼むべき人もなければ、ア ひく人もなき浮草のさそふ水あらばと思ふ折からなれば、稲舟のいなにはあらぬ心ながら、一つの願ひ侍り。かなへ給ひなばこの身をまかせ申しなん」とかこちけるに、福田「たとへいかなる事にてもあれ、御身の望ませ給ふ事あらばそむくべきか。とくとくいひ給へ」といへば、かの女「みづから兼ねて聞き侍りしは、御身は常に物の命を殺してたのしみにし給ふとかや。その罪いかばかりとかおぼしめすらん。ながくこの事をとどめ給ひね」といふに、福田、思ひよらずけしからずの事やと思ひながら、いなみがたくて、日本のあらゆる神祇《かみ》を誓ひにたてて狩猟をやむべき旨をのべしかば、その儀ならば、とよろこびて、福田が方に来たり、偕老の契りあさからず。かくて半年あまり過ぎて後、福田、主君の供して摂津の国にいたりしに、ある夜の夢にかの妻福田が枕の上にたちて、「我はこれ汝が日ごろ信敬する長谷寺の観音なり。汝が殺生をとどめんためかりに女となつてまみえたり。いよいよ後世を願ふべし。我は本所に帰るなり」と光を放ち去り給ふと見てうち b おどろき、こはいかなる事ぞや、と思ひめぐらすところに、その翌《あけ》の日、家人来つて「イ 御内方きのふの夜、ものにおそはれ給ふやうにて急にむなしくなり給ふ」とつげしかば、霊夢とおもひあはせ、あるいは感じあるいは歎き、主君にいとまを乞ひ請け、もとどりを切つて出家し、諸国を修行し、後に高野山にのぼり、お

1　ローマ貴族の家庭にあった先祖の彫像は、子どもたちが「誇りをもって生きるとはどういうことか」を考えるきっかけにもなった。
2　大カトーの教育方法は、ローマ人が行う教育の典型的な例である。
3　江戸中期頃に多くの町方の子が寺子屋に通うようになったことで、それまで日本になかった礼節や誠心といった価値観が生まれた。
4　赤穂事件に材をとった歌舞伎や浄瑠璃は、江戸時代には上流階層の人々にのみ人気を博した。
5　筆者は、多様な戦術を駆使するハンニバルに正攻法で勝利することをローマが諦めたと考えている。
6　ローマ帝国の衰退とともにキリスト教が人々の道徳律として広まり、教会での教育が近代以降主流となっている。
7　ユヴァル・ノア・ハラリは、AIによって親が子の教育を行う際の効率が上がると予測した。
8　筆者は、学校教育しか実質的な選択肢がない現状から、将来的に親が子に行う家庭教育が当たり前になるように変わる可能性があると考えている。

㈥　筆者は日本の「武士道」とローマの「父祖の威風」の関係についてどのように考えているか、説明せよ（句読点を含め四十字以内）。

（以上・九十点）

4　常朝は「武士道といふは、死ぬ事と見付けたり」といって、夢のような年月を毎日毎日これが最後と思って生きていくべきであると人に教え、それが理解できない者には奥の手として「人間一生誠に纔の事なり。好いた事をして暮すべきなり。」と諭している。

5　常朝は「武士道といふは、死ぬ事と見付けたり」の裏に「人間一生誠に纔の事なり。好いた事をして暮すべきなり。」という一見矛盾する理念をも持っていたのであり、人生がいつも死に直面していると捉えるならば一瞬一瞬の過去の蓄積が意味を持つと言える。

㈣　傍線――C「彼らの教育方法」の説明として適当なものを、次のうちから一つ選び、その番号を記せ。

1　ローマ人にとって、父親が全面的に責務を負って日常的に子どもを教育することは正統な教育スタイルであり、世襲が批判の対象となってばかりの現代日本にとって学ぶところがある。

2　ローマ人にとって、父親が常日頃から家族に愛情を注ぎつつ子どもを教育することは当たり前であったが、いざという時だけガツンと言うような父親が多い現代日本にはなじまない。

3　ローマ人がエンタテインメントとして先祖の物語を語るのをやめ、家長としての父親が厳格な気風を重視したことは、二世・三世を甘やかす現代日本にとって学ぶところがある。

4　ローマ人は父親が情熱を傾けて善悪の観念を子どもに教育することを当たり前と捉えたが、熱心に教育すること自体が子どもにプレッシャーを感じさせる点は現代日本にはなじまない。

5　ローマ人は父親が子どもを勇敢な武人に育てることで父祖をも凌ぐ名誉ある人間になれると考えたのであり、先代以上の実績を残すことが重視されない現代日本にとって学ぶところがある。

㈤　本文の内容に合致するものを、次のうちから二つ選び、その番号を記せ。

る哲学としての面を明らかにしている。

一方では、死ぬか生きるかのときに、すぐ死ぬほうを選ぶべきだという決断をすすめながら、一方ではいつも十五年先を考えなくてはならない。十五年過ぎてやっとご用に立つのであって、十五年などは夢の間だということが書かれている。これも一見矛盾するようであるが、常朝の頭の中には、時というものへの蔑視があったのであろう。時は人間を変え、人間を変節させ、堕落させ、あるいは向上させる。しかし、この人生がいつも死に直面し、一瞬一瞬にしか真実がないとすれば、時の経過というものは、重んずるに足りないのである。重んずるに足りないからこそ、その夢のような十五年間を毎日毎日これが最後と思って生きていくうちには、何ものかが蓄積されて、一瞬一瞬、一日一日の過去の蓄積が、もののご用に立つときがくるのである。これが「葉隠」の説いている生の哲学の根本理念である。

1　「武士道といふは、死ぬ事と見付けたり」というのは常朝の本心ではなく、それをくつがえした「人間一生誠に纔の事なり。好いた事をして暮すべきなり。」という言葉にこそ、重んずるに足りない時の経過に価値を見出そうとする常朝の矛盾した真意が込められている。

2　「武士道といふは、死ぬ事と見付けたり」という常朝の考え方の根底には時というものへの蔑視があったが、それから十五年が過ぎて時が人間を変えることを目の当たりにし、「人間一生誠に纔の事なり。好いた事をして暮すべきなり。」と考え直すに至ったと捉えられる。

3　常朝は「武士道といふは、死ぬ事と見付けたり」といって、死ぬか生きるかのときにはすぐ死ぬほうを選ぶべきだと他者に言いながら、自分自身は「人間一生誠に纔の事なり。好いた事をして暮すべきなり。」といって矛盾した行動をとり、次第に変節したと言える。

2 新渡戸は切腹や特攻精神といった「こわもての武士道」として海外に知られていた日本人の価値観を否定し、義理を重んじるという日本人の新たな価値観を英語で説明した。

3 新渡戸は学校で宗教教育を受けていない日本人の道徳について考え、私心を捨てよという現代の日本人でも共感できるような「柔和な武士道」を英語で説いた。

4 新渡戸は武士道というキーワードを使って、封建社会の武士階級の価値観に通じる道徳が、海外の人々には本来備わっていたことを達意の英語で示した。

5 新渡戸は「いつ死んでも悔いはない」という武士の覚悟を欧米の学者らがよく理解して欧米の道徳教育にも用いることができるよう、達意の英語で日本の道徳を説明した。

(三) 傍線——B「山本常朝の『葉隠』」について、三島由紀夫は『葉隠入門』の中で次のように言及している。三島の文章の内容に合致するものを、後の1～5から一つ選び、その番号を記せ。

「葉隠」は一つの厳密な論理体系ではない。第一巻、第二巻の常朝の言行の部分を見ても、あらゆるところに矛盾衝突があり、一つの教えがまた別の教えでくつがえされていると見ることができる。根本的には「武士道といふは、死ぬ事と見付けたり」という「葉隠」のもっとも有名なことばは、そのすぐ裏に、次のような一句を裏打ちとしているのである。

「人間一生誠に纔《わづか》の事なり。好いた事をして暮すべきなり。夢の間の世の中に、すかぬ事ばかりして苦を見て暮すは愚なることなり。この事は、悪しく聞いては害になる事故《ことゆゑ》、若き衆などへ終に語らぬ奥の手なり。」と言っている。すなわち「武士道といふは、死ぬ事と見付けたり」は第一段階であり、「人間一生誠に纔の事なり。好いた事をして暮すべきなり。」という理念は、その裏であると同時に奥義であり、第二段階なのである。「葉隠」は、ここで死と生とを楯の両面に持った生け

では、古代ローマ式の家庭教育はもはや不可能なのか。意外なことに、ＡＩ（人工知能）が時計の針を巻き戻す契機となるかもしれない。

世界的ベストセラーとなった『サピエンス全史』や『ホモ・デウス』で知られる歴史学者ユヴァル・ノア・ハラリは、ＡＩの発達は、親が子の教育に携わる機会を増加させるだろうと指摘する。将来的には多くの仕事がＡＩやロボットに代替され、職場にいる必要がなくなった人間は、仕事の代わりに時間的なゆとりを手にし、子どもの教育に集中できるという予測である。

ハラリの指摘には賛否があるだろう。しかし、学校教育しか実質的な選択肢がない現状のほうが、歴史的に見れば特殊なのである。二十二世紀にもなれば、親が深い情愛をもって子の教育に関わることが、当たり前になっているかもしれない。

設問

㈠ 空欄〔　　〕a・bに入る語句として適当なものを、次のうちからそれぞれ一つ選び、その番号を記せ。

a
1 道ならぬ
2 ままならぬ
3 並々ならぬ
4 鼻持ちならぬ
5 抜き差しならぬ

b
1 かまをかける
2 磨きをかける
3 情けをかける
4 まったをかける
5 濡れ衣をかける

㈡ 傍線―――A「新渡戸稲造が著した『武士道』」の説明として適当なものを、次のうちから一つ選び、その番号を記せ。

1 新渡戸は武士の美学と本懐が道徳として学校で教えられているという事実を英語で説明し、日本では宗教教育が行われていないという海外の人々の誤解を解いた。

一方の武士道も、もともとは武家という限定された階層の人生訓・道徳律だった。ところが、江戸中期頃から、武士や浪人が師匠を務める寺子屋に多くの町方の子が通うようになると、神道や仏教の教えと共に、礼節や誠心、あるいは親や恩人への忠心といった価値観が庶民レベルにも広がりをみせていく。新渡戸は、武士道で最も大切な掟は「義」だと指摘している。卵が先か鶏が先かの議論になるが、赤穂事件に材をとった歌舞伎や浄瑠璃が江戸時代に大人気を博したのも、「義」に価値を置く意識が庶民レベルまで浸透していたことを示している。

また、「父祖の威風」と武士道の比較で浮かび上がってくるのは、「誠実さ」を重んじるという共通点である。

歴史を振り返ってみれば、あらゆる時代、あらゆる国で、詐術や謀略が横行していた。試しに『三国志演義』や『水滸伝』をひも解くと、騙し合いや裏切りの多さに驚かされる。生きるか死ぬかの局面だから、当然と言えば当然である。ローマや日本にもそのようなエピソードは多々ある。しかし私の興味を誘うのは、中国の史書や物語が他者を騙して成功したことを得々と語るのに対し、ローマ人や日本人はそこに罪悪感を覚え、あえては吹聴しないことだ。騙す、裏切る、ごまかす。そういった作戦は「卑怯」とされ、正攻法で勝利することに価値を置く。それはローマと日本の意外な共通点かもしれない。

カンナエの戦いをはじめとして、ローマは幾度となく大敗を喫している。姑息な戦術を嫌うローマは、多様な戦術を駆使するハンニバルに苦しめられた。それでもローマが、古代地中海世界に存在した千を超えるポリス（都市国家）の中で、唯一大帝国を築き得たのは、敗北という恥辱に沈むことなく、誇りをもって戦いを挑み続け、不名誉を雪《そそ》いできたからだ。誇り高く生きることが、ローマをローマたらしめた。その誇りの源泉が「父祖の威風」にあるのは間違いない。

だが、帝国の衰退が始まった頃から「父祖の威風」が継承されることも、国を支えてきた人々の美徳も次第に失われてしまう。それと代わるように、人々の道徳律を引き受けたのがキリスト教である。教育の舞台は家庭から教会へと移り、近代以降は学校へと移っていった。

ローマ人の教育熱心ぶりを語る際、その好例としてよく言及されるのが、共和政ローマ時代の政治家カトー・ケンソリウス（曾孫と区別して「大カトー」と称される）である。彼は厳格なローマの気風を何よりも重視する、筋金入りの国粋主義者である。虚弱体質だった息子を鍛え上げ、勇敢な武人に育てたことで知られる。

ただし、大カトーは厳しいばかりのスパルタ親父ではなかった。妻が子どものオムツを替えたり、入浴させたりする際は必ず傍にいて、妻を身心両面でサポートし、子どもが病気になれば付きっ切りで看病していたという。また、自分の妻や子どもに対して暴力を振るうような奴は男の風上にも置けない、ということも言っている。そうやって日頃から家族に愛情を注ぎつつ、読み書きから体の鍛錬まで、自身が責任をもって子に教育していたのである。

こうした教育スタイルは、カトー家に特有だったわけではない。大カトーの振る舞いは今日的な言い方をすれば「育メン」となるのだろうが、当時のローマの伝統からすれば、それが当たり前であり正統であった。常日頃は子どもの教育を妻任せにしておいて、いざという時だけガツンと言うような父親はもってのほかだった。

先祖の武勲を日常的に説かれ、父親自らが教育に当たる。子どもにしてみれば、さぞプレッシャーを感じただろう。しかし、エリートになることを宿命づけられた人々が、こうした教育を受けることは、ローマ社会全体にとっても有益に働いた。

現代日本に目を転じると、二世議員や二代目社長は批判の対象となってばかりだ。すべての世襲が悪ではないし、先代以上の実績を残す二世もいる。ただ、日本でこれほどまでに世襲が批判されるのは、二世・三世としての誇りや行動規範が継承されず、甘やかされて育ったことが傍目から見ても一目瞭然だからだろう。よくよく考えてみると、武士道でも子の教育はさほど説かれていない。その点では「父祖の威風」に学ぶこともあるのではないか。

ローマで「父祖の威風」を脈々と子弟に語り継いできたのは、貴族など上流階層の人々である。庶民レベルでは、そこまでの精神性はなかった。

特定の宗教に拠らず、いかによく生きるべきかを考え、善悪の観念を子どもたちに教え込む。これはなかなかの難題である。そこでローマ人たちが拠り所としたのが、「父祖の威風」であった。ローマ人は、父祖の名誉ある物語を家庭で日常的に語り、子どもたちの胸に刻み込んだ。

ローマ貴族の家庭には、必ずと言っていいほど先祖の彫像が飾られていた。それを見ながら、祖父の偉業や曾祖父の武勲を子に語り聞かせたのである。自宅で楽しめる娯楽が少なかった当時、父親が語って聞かせる先祖の物語は、子どもにとっては胸が躍るエンタテインメントだっただろう。子どもたちは、先祖の物語を通じて「勇気とは何か」「誇りをもって生きるとはどういうことか」を自然と学んでいった。そして、自分も父祖に恥じない、あるいは父祖をも凌ぐような人間になろうという意識を育んだ。

古代ローマ社会では「父祖の威風」を受け継いだ人物は歓迎された。実際、ローマの元老院には二世どころか、五世・六世も珍しくなかった。日頃から父祖の誇り高い生き方に触れて育った子どもたちが、父祖に倣って自分を磨いていったのである。

かつての日本にも「御先祖様に恥じぬように」「家名を汚さぬように」という意識が強くあった。なにも武士に限った話ではない。戦後間もない頃に生まれた世代は、親からそう言われた経験が一度くらいあるのではないか。

そうした思いの強さにかけては、ローマ人は（　a　）ものがあった。共和政ローマ末期の政治家で、大雄弁家として知られるキケロは、「ローマの国は古来の慣習と人によって成り立つ」と語った。キケロは「父祖の威風」こそが優れた人をつくり、優れた人々がさらに「父祖の威風」に（　b　）と確信していたのである。

ローマ人が「父祖の威風」を大事にしていた様子は、C<u>彼らの教育方法</u>を見るとよく分かる。ローマ人は、子弟教育に途方もない情熱を傾ける人々である。教育は人任せにするものではなく、父親が全面的にその責務を負うべきものと考えられた。子どもたちを教育することが、家長の最も重要な仕事の一つだったのだ。

る。

武士の美学と本懐を説いた本としては、鍋島藩主の御側役を務めたB山本常朝の『葉隠《はがくれ》』がよく知られる。江戸時代中期に成立したこの本は、「武士道と云は、死ぬ事と見付けたり」の一節で有名だ。そのためか、武士道は非常にファナティック（狂信的）な価値観と思われている節もあるが、その続きを読めば、決して山本が命を軽んじていたわけではないことが分かる。『葉隠』に説かれているのは、「いつ死んでも悔いはない」という覚悟があれば、自由の境地を得ることにつながり、落ち度なく家職を全うできる、ということである。つまり、死を恐れないことが、己の生を全力で生きること、日々誇れる生き方をすることにつながっているのだ。封建社会の武士階級に限った価値観のように思えるが、実は誰にでも得心がいく生き方なのである。

日本に武士がいたように、ヨーロッパには騎士がいた。同じ武人の心得という点で、日本の武士道は、しばしば中世ヨーロッパの騎士道と対比される。新渡戸も『武士道』の中で騎士道に言及している。しかし私は、日本の武士道的な伝統や精神性に近しいのは、中世の騎士道ではなく、ローマ人が重んじる「父祖の威風（mos maiorum）」ではないかと考えている。

中世の騎士道が説くのは、「卑怯な真似はしない」というフェアプレーの精神、主君への忠誠、女性に対する振る舞いなどである。これらは、言わば騎士としての矜持に関わる価値観であり、生き方そのものに関わる部分はやや希薄だ。これに対し、武士道や「父祖の威風」は、単なる行動規範にとどまらず、人としてのあり方・生き方に、より深く根ざしている。

なぜ騎士道は生き方を説かないのか。それは、騎士道がキリスト教という一神教の中で興ったことと関係するだろう。つまり、騎士道のベースには明らかにキリスト教的な道徳観があり、生き方に関わる部分は宗教によって規定され、これに付随するものとして騎士道の精神が形作られたわけだ。一方、多神教の文化に生まれた武士道は、生き方そのものを説く必然性があった。「父祖の威風」も多神教だった頃のローマ共和政の伝統を継ぐものであり、その点は武士道と共通する。

国語

（七五分）

一　次の文章は、本村凌二『テルマエと浮世風呂　古代ローマと大江戸日本の比較史』の一節である。これを読んで、後の設問に答えよ。

明治時代後期、日本人の書いた本が海外でベストセラーとなった。幕末生まれのA新渡戸稲造が著した『武士道』である。達意の英語で書かれたこの本は、当時のアメリカ大統領セオドア・ルーズベルトが感服し、大量に購入して友人や知人に配ったという逸話も残っている。

なぜ新渡戸は、わざわざ英語で書いたのか。執筆のきっかけは、日本の学校では宗教教育を行っていないことを欧米の学者に伝えた際、彼らにたいそう驚かれたことだという。「宗教がないのに、どうして道徳を教えられるのか」。そう問われて、今度は新渡戸のほうが答えに窮した。長い間、日本では、道徳は学校で教わるものではなかったからだ。

人々のモラルはどこから来ているのか、善悪の基準はどのようにつくられるのか、過剰なまでに義理を重んじるのはなぜか――。新渡戸は考えを巡らせ、武士道というキーワードに辿り着いた。これは、ある意味で画期的な発見だった。日本人の価値観や生き方を海外に向けて説明する際、これほど便利な言葉は他にない。

新渡戸の説く武士道は、切腹や特攻精神といった「こわもての武士道」ではない。礼節をわきまえ、惻隠の情を失わず、私心を捨てよという、言うならば「柔和な武士道」である。これならば、主君に仕えた武士のみならず、現代の日本人でも共感でき

解答編

英語

I　解答　A．(X)－3　(Y)－3　(Z)－1

B．(a)－2　(b)－4　(c)－2　(d)－4　(e)－2　(f)－3　(g)－1　(h)－1

C．(ア)－1　(イ)－3　(ウ)－1

D．(あ)－6　(う)－3　(お)－4

E．3・7・8

◆全　訳◆

≪日系アメリカ人カメラマン小池恭≫

小池恭（1874-1947）は，1920年代と1930年代において，1924年に設立されたシアトルに拠点があるアマチュアカメラマンの会，シアトルカメラクラブの最も活発で熱心な会員であった。彼の写真はシアトル付近の太平洋岸北西部の風景を写しており，山の写真，特にレーニア山に焦点が置かれていた。その地域の山頂や山裾に広がる草地や氷河に対する小池の関心は，アメリカ中の週末ピクトリアリストたち――世評を意識し技巧を凝らした写真を撮るために絵のように美しい被写体を追い求める人々――の関心と一致した。こうしたアマチュアカメラマンたちは，彼らの写真撮影術と地元地域へのアプローチを定義する美学と態度を探究するために，地元の自然を愛した。粘り強い被写体への探究と彼の住む街や国やさらに大きな世界の中で行われる写真撮影術についての会話への明白な関心を通して，小池はピクトリアリストのコミュニティに消せない足跡を残し，その時代の，ピクトリアリズムと愛郷主義的表現を融合する写真家の代表となった。

小池は，イワオ＝マツシタ，フランク＝アサキチ＝クニシゲ，クストラ＝マツキ，フレッド＝ユタカ＝オガサワラなどとともに，太平洋岸北西部の多くの日系アメリカ人愛郷主義写真家の一人だった。同様に，同じ時期のロサンゼルスでは，ヒロム＝キラ，ケンタロウ＝ナカムラ，シゲミ＝ウエダが，アメリカ西海岸やハワイの都市の日本人写真家と同じように，活動していた。こうした写真家たちは，日本からの移民の第一世代か，より少ないが第二世代――それぞれ一世，二世（まとめて日系）――で，彼らの郷土に対する写実的視点を探究するためにピクトリアリストの景観撮影術を用いていた。20世紀初期のアメリカの多くの人たちと同じように，彼らは娯楽として写真を始め，人気の高まった郷土愛を表現するために，ますます利用しやすくなったその表現方法を使うことを切望した。小池は，1916年にシアトルに着くとすぐに，同じ趣味をもつ写真家たちのコミュニティを設立し，1924年にシアトルカメラクラブの設立と運営に尽力した。

シアトルカメラクラブの小池や他の会員を単に「西洋的」や「郷土愛的」で分類するのでは，こうした写真家やアメリカ西海岸に対する彼らのイメージが示す文化的複雑さがすぐには伝わらない。いやむしろ，小池のピクトリアリストとしての行い，日本人としての境遇，新しい土地の選択，愛郷主義者の思考におけるその時代に付随する傾向は，当時の地域文化が生み出したものがどのようなものであったかの典型的な理解を複雑にしている。(中略)

小池が，自分がいわゆる「アメリカ人」と異なっていると感じていたのは，彼の著作から疑いない。アメリカ人と距離が感じられることを一度ならず述べており，日本の芸術的文化遺産に誇りをもっていたのは確かである。彼もまた自分の写真の中のハイブリッド性を認めており，「もちろん私の考えは外国の概念に影響を受けている」や「自分は日本人としての精神の影響を逃れていない」と述べている。しかしながら，ワシントン北西部は彼の故郷であり，レーニア山，アダムス山，ベーカー山，セントヘレンズ山のようなその地域の山々は彼が好む被写体であった。彼の物語からは愛郷主義者であること，そして言外に示された強い所属意識は流動的で複雑であったことがわかる。彼のいわゆる「外国人」としての審美的アプローチに意義をはさむものもいたが，小池自身は移民としての自分の立場を確信していた。

今，私たちはみな，アメリカに住む日本人である。シアトルカメラクラブのメンバーが写真撮影技術の進歩のために何をすべきかは明らかである。そう，私たちは両国にとって最も優れた解釈者にならなければならない。なぜなら日本人としての考えから自由になれず，しかし同時に西洋の方法を理解しているからだ。私たちは目的なく写真を撮るのではなく，両方の考えを結合する，言い換えれば我々独自の見方に固執しようと努力しなければならない。(中略)

小池は彼の著作の中でいわゆる「西洋性」という特性については述べていなかったが，実際，シアトル付近の自然を擁護し，地元の風景の中で最も素晴らしいところについてしばしば詳細に述べていた。1926年のカメラクラフト誌に掲載された「レーニア山」の中で，小池はレーニア山国立公園を「魅力ある我が国の誇り」と述べている。この記事の中で，さらに続けて，写真を撮るのに適した機会を詳細に述べ，ハイキングコースや天気についてアドバイスしている。アメリカ中のピクトリアリストにとって撮影場所探しはよくあることだったが，西洋ではさらに深い意味があった。というのは西洋では，フロンティアに関連した写真は，危険，冒険，宗教的に神聖な場所に直面するという宗教的経験の修辞表現を強調するからである。小池はまた，初期のイギリスからの移民がその場所を理解したのと全く同じように，レーニア山は「昔のアメリカ原住民が神として崇拝した神聖な山」であると示唆することで，山の経験を地元の伝説と結びつけた。

ピクトリアリストの写真を撮りたいと思う人たちに小池がアドバイスを提供したエッセイの中で，「私の写真を理解するためには，夢心地になり想像の世界をさまよわなければならない」と書いている。ピクトリアリストの写真を達成する方法についての彼の雄弁なる総括は，西洋で写真撮影術が用いられた初期の方法に著しく似ている。現在，学者たちは19世紀の西洋（実際はアメリカ）の文化的産物の多くは，「文書記録」や「録音記録」を装いながらも，創造力と想像力の産物であると理解している。(中略)

芸術家や写真家たちが自分たちの必要性や願望を通して想像上の西洋を創りだしたように，日系アメリカ人のピクトリアリストたちも自分たちの文化的フィルターを通してその場所について考えた。実際，西洋を写真に撮るのに想像力を使うのは，1840年代以来西洋に来たばかりの人たちがしてきたことと，まさに一致していた。

◀解　説▶

A．(X)take pride in～「～に誇りをもつ」

(Y)in detail「詳細に」

(Z)at length「詳細に」

B．(a)founded「設立された」より，2．established「設立された」が正解。1．collected「集められた」 3．observed「観察された」 4．prohibited「禁じられた」

(b)fell in line with～「～と一致した」より，4．corresponded with～「～と一致した」が正解。1．came up with～「～を思いついた」 2．caught up with～「～に追いついた」 3．conflicted with～「～と対立した」

(c)pointed「目立った，明白な」より，2．clear「明らかな」が正解。1．ambiguous「あいまいな」 3．conservative「保守的な」 4．dangerous「危険な」

(d)like-minded「同じ考え方（趣味，目的）をもっている」より，4．similar「似ている」が正解。1．cooperative「協力的な」 2．friendly「友好的な」 3．intellectual「知的な」

(e)acknowledged「認めた」より，2．accepted「認めた」が正解。1．abolished「廃止した」 3．accessed「利用（入手）した」 4．accompanied「同行した」

(f)preferred「好んだ」より，3．favorite「お気に入りの」が正解。1．academic「学問の」 2．current「現在の」 4．old「古い」

(g)achieve「達成する」より，1．accomplish「成し遂げる」が正解。2．analyze「分析する」 3．approve「認める」 4．assign「割り当てる」

(h)filters はろ過するときに使う「フィルター」のこと。through their own cultural filters は「自分たちの文化というフィルターを通して」という意味なので，1．assumptions「前提」が最も近い。2．errors「誤り」 3．films「フィルム」 4．icons「肖像，偶像」

C．(ア)take up～「～を（趣味として）始める」より，波線部(ア)は「彼らは娯楽として写真撮影を始めた」。ゆえに1．「写真撮影を趣味として選んだ」が正解。2．「古風な写真撮影を勧めた」 3．「過去に写真を撮ってもらった」 4．「歴史的な写真を現像した」

(イ)scene hunting「(写真のための) 場所探し」より，3.「写真を撮るための良い景色を探すこと」が正解。1.「狩猟のための新しい場所を見つけようとする試み」 2.「写真撮影を狩猟と結びつけること」 4.「人々が銃を撃つ写真を撮ること」

(ウ)invented the mythic West「想像上の西洋を創りだした」より，1.「西洋の想像上のイメージを創りだした」が正解。2.「伝説上の西洋人たちを批判した」 3.「西洋人たちを想像上の国に招待した」 4.「西洋の過去の出来事を記憶した」

D. 完成文は In an essay in (which) Koike offered advice for those (who) would (like) to make a pictorialist photograph, he wrote that to understand his photographs "you must (become) dreamy and (wander) in the land of imagination".

(あ)は直前の in と直後が主語＋動詞の文構造になっていることから，前置詞＋関係代名詞の in which であると類推できる。(い)は直前の those と直後の助動詞 would から，those who 〜「〜する人々」と類推できる。(う)は直前の would と直後の to より，would like to *do* の構文に気づく。(え)と(お)は must の直後で must＋動詞①＋and＋動詞②と考え，動詞を入れる。選択肢に動詞は4つあるが，(え)は直後が形容詞 dreamy なので補語をとる動詞 become が入る。(お)は直後に前置詞句 in the land of imagination が続くので自動詞 wander が入ることがわかる。

E. 1.「1920年代と1930年代，小池恭はシアトルカメラクラブに所属するプロのカメラマンの一人だった」 第1段第1文 (Kyo Koike (1874-1947) was …) の「アマチュアカメラマンの会，シアトルカメラクラブの最も活発で熱心な会員であった」に不一致。

2.「小池のような日系アメリカ人の写真家たちは，特に都市部を記録に残すことに関心があったので，シアトルやロサンゼルスのような都市に引きつけられた」 第1段第4文 (These amateurs embraced …)「こうしたアマチュアカメラマンたちは…地元の自然を愛した」に不一致。

3.「小池の時代の日系アメリカ人愛郷主義的写真家たちの大部分が，日本から来た移民の第一世代だった」 第2段第3文 (These photographers were …)「こうした写真家たちは，移民の第一世代か，より少ないが第二世代で…」に一致。
4．「この文章によると，『西洋的』や『郷土愛的』というレッテルは，シアトルカメラクラブの写真の複雑な文化的性質を即座に表す」 第３段第１文（The classification of …）「シアトルカメラクラブの小池や他の会員を単に『西洋的』や『郷土愛的』で分類するのでは，こうした写真家やアメリカ西海岸に対する彼らのイメージが示す文化的複雑さがすぐには伝わらない」に不一致。
5．「小池は純粋にアメリカの写真を撮ろうと懸命に努力し，彼が日本の文化的要素を抑えることは簡単だった」 第４段第３文（He also acknowledged …）「自分は日本人としての精神の影響を逃れていない」に不一致。
6．「一つの例としてシアトル付近の自然世界を使うことで，彼の記事の中に『西洋性』という理念を定義づけることを目指した」 第５段第１文（While Koike did not …）「小池は彼の著作の中でいわゆる『西洋性』という特性については述べていなかった」に不一致。
7．「カメラクラフト誌の中で，小池は，レーニア山国立公園を訪れようと思っている写真家たちに実用的なアドバイスを与えた」 第５段第３文（He proceeds in this article …）「この記事の中で，さらに続けて，写真を撮るのに適した機会を詳細に述べ，ハイキングコースや天気についてアドバイスしている」に一致。
8．「ピクトリアリストの写真を撮ることについての小池の考えは，西洋での初期の写真撮影術の採用に似ている」 第６段第２文（His eloquent summation …）「ピクトリアリストの写真を達成する方法についての彼の雄弁なる総括は，西洋で写真撮影術が用いられた初期の方法に著しく似ている」に一致。

II　解答

A．(V)―４　(W)―１　(X)―４　(Y)―４　(Z)―２
B．(a)―１　(b)―１　(c)―３　(d)―２　(e)―２　(f)―４　(g)―２
C．(ア)―３　(イ)―４　(ウ)―２
D．(い)―３　(う)―２　(え)―６
E．３・４・７

F．植物が進化し，およそ三億八千六百万年前までに木の大きさになるにつれて，風の流れを緩やかにする力を得た。

◆全　訳◆

≪地球の歴史上，泥と植物が大地に与えてきたもの≫

何年も前，地質学者ニール＝デイヴィスは，多くの魚の化石を求めてボリビアに行った。彼は，およそ 4 億 6,000 万年前にこうした魚が泳いだ古代の海岸線についてより多く知ることと，そしておそらく，どのようにしてその魚が死んだのかを知りたいと思っていた。その魚は，多分嵐の間に急速に川が海に押し流した泥状の砂で窒息したようだということがわかった。

多くの同じような窒息した魚は，世界中の他の場所でも同時代の岩石の中に見つかる。これは植物が大陸にコロニーを形成する以前で，その結果，川岸には，泥状の堆積物を陸に蓄積することが可能な根も茎もなかった。この効果を世界的に拡大すれば，その影響は相当なもの，つまり海岸線だけでなく地球全体の陸地に影響したであろう。植物が出現する前，川は大陸から沈泥と粘土，すなわち泥の主要成分をはぎ取り，これらの堆積物を海底に流した。これにより不毛の岩石で満ちた大陸と窒息した魚のいる海が残ったであろう。

ひとたび植物が地上に現れると，事態は変化し始めた。泥は，まっすぐに海底に移動するのではなく，川岸の植物にくっつき，貼りついた。現在イギリスのケンブリッジ大学にいるデイヴィスと，彼の同僚たちは，4 億 5,800 万年前と 3 億 5,900 万年前の間の陸上植物の拡大は，陸上の 10 倍以上の泥の増加や川の流れ方の大きな変化と一致していることを発見した。最初の植物が，そして次に泥が到来したことは，「世界の動きに根本的な変化をもたらした」と彼は言う。

生命は新しい粘着性のある泥と新しい川の形態に対処する手段を進化させ，今日まで続く生命と風景の多様性という結果になった。植物はこの変化の多くの原因となっているが，泥もまた大陸に粘着性を加えることでその原因となっている。砂と違って湿った泥は互いにくっつくからだ。

デイヴィスは，現在，初期の植物が泥の生成を増加させたか，泥をより多くためこんだのか，あるいは両方の役割を果たしたのかを解明するために研究している。それははっきりさせる価値がある理論であると，パサディナにあるカリフォルニア工科大学の地球生物学者，ウッドワード＝フィッシャーは言う。「泥は考えられる中で最もありふれた大量にあるものの一つです」と彼は言う。「地球の歴史のほとんどの期間そうではなかったという認識は大事です」 その研究は，現代の，ダム建設のような河川工事計画の決定の情報を形成するのにも役立つかもしれない，とフィッシャーは言う。植物が川の流れや堆積物の蓄積をどのように調整しているかを理解することは，ミシシッピ川や世界の主要な水路で洪水を引き起こした失敗のいくつかを防ぐのに役立つかもしれない。「私たちがそこでより良くできる小さなこと一つ一つが，大きな影響を与えるのです」と彼は言う。
(中略)

河川の形はささいなことに見えるかもしれないが，その川の中や周辺の生物に広範囲にわたって影響する。たとえば，曲がりくねった水路の湾曲部は水温や化学的性質を変えることがあり，それをまっすぐに流れる部分と異なるものにし，植物や動物が適応する必要がある新しい微環境を作り出す，とデイヴィスは言う。

苔に似た最も初期の植物でさえ，川岸で堆積物が蓄積する方法を変えたことがあるかもしれないと，2017年の『地球と惑星科学の年次評論』誌で，惑星の進化についての共同執筆者であるスタンフォード大学の古生物学者ケヴィン＝ボイスは言う。「それらは大きな木ではないですが」とボイスは言う。川の流れを緩やかにすることで「水の動きに影響を与えたかもしれません」。植物が進化しおよそ3億8,600万年前までに木の大きさになるにつれて，風の流れを緩やかにする力を得た。風につかみ上げられた細かい粒子は，枝で突風がやむと地面に落ち，幹や茎に捕らえられたより多くの堆積物をあとに残した。

人々が森林を切り開いた現代の河川は，植物がないことがいかに川岸を不安定にし，川に粘着力を失わせるかを示してきた。たとえば，カリフォルニアのサクラメント川流域で，農場経営者たちが農耕地のために木を伐採した地域では，木に覆われたままの地域よりも浸食の影響をはるかに受けやすい。自然保護活動家たちは川岸に100万本以上の苗木を植えることで，川を安定させようと活動してきた。

川の流れにおける植物と泥の相互作用を理解することは，浸食されつつある川をより安定した状態に回復させる取り組みに役立つ情報になる。

「何が川をある状態に，また別の状態にしているのかを理解していなければ，うまく回復させることは難しい」と，2011 年の『海洋科学年次評論』誌で，川の三角州の回復についての記事を共同執筆したクリス＝パオラは言う。そして今日，川の付近で生命の多くが循環しているので，そうしていくことは重要なのである。

しかし，このことはこれまでずっと真実であった。生命は，植物や動物が陸上に初めて出現してから，これまでずっと川の周りに集まっている。そういうわけで，川に沿った泥の初期の堆積と，泥がどのように川の流れに影響を与えたかには，泥をかけてよいものではない。「方程式から泥を引き，陸上に泥のない世界を想像してみてください」とデイヴィスは言う。「そうすれば，全く異なる惑星になるでしょう」

◀解　説▶

A．(V) cling to ～「～にくっつく，からみつく」 cling の変化は，cling-clung-clung である。

(W) between *A* and *B*「*A* と *B* の間」 この文の *A* と *B* に当てはまるのは，about 458 million (years ago) と (about) 359 million years ago である。

(X) figure out ～「～を理解する」

(Y) catch up ～「～をつかみ上げる，拾い上げる」 caught up in winds が Fine particles を修飾しており，Fine particles caught up in winds は「風につかみ上げられた細かい粒子」という意味になる。

(Z)「生命は，植物や動物が陸上に初めて出現して（　　）ずっと川の周りに集まっている」の空所に適切な語句は「(～して) から (ずっと)」。ゆえに from が正解。

B．(a) Magnify「拡大する」より，1．Enlarge「拡大する」が正解。2．Explain「説明する」 3．Manage「管理する」 4．Minimize「最小限にする」

(b) stripped「はぎ取った，取り除いた」 strip *A* of *B*「*A* から *B* をはぎ取る」より，1．deprived「奪った」が正解。deprive も deprive *A* of *B* の形をとる。2．destroyed「破壊した」 3．made「作った」 4．polished「磨いた」

(c) a diversification「多様化」より，3．a variety「多様性」が正解。1．a corruption「汚職，堕落」 2．a reduction「減少」 4．an intensity

「激しさ」

(d)construction「建設」より，2．creation「創造，創設」が正解。1．constitution「憲法，構造」 3．election「選挙」 4．removal「撤去，摘出」

(e)buildup「蓄積」より，2．collection「堆積」が正解。1．coast「海岸」 3．condition「状態，状況」 4．correction「訂正」

(f)far-reaching「広範囲にわたる」より，4．widespread「広範囲に及ぶ」が正解。1．adverse「逆の，反対の」 2．contrary「逆の，反対の」 3．positive「前向きの，積極的な」

(g)alter「変える」より，2．change「変える」が正解。1．challenge「挑む，異議を唱える」 3．measure「測る」 4．raise「持ち上げる」

C．(ア)「これは植物が大陸にコロニーを形成する以前だ」の「これ」とは，直前の文より「多くの魚が窒息死すること」なので，3．「植物が陸地に広がる前に泥が原因で多くの魚が死んだ」が正解。1．「陸地を安定させていたかもしれない植物を食べることで魚は自死した」 2．「植物が陸上に出現する前に多くの魚が岩石の中に見つけられた」 4．「魚の化石を含む岩石は植物で覆われていた」

(イ)worth *doing*「～する価値がある」，get straight「(物事を) きちんとする，はっきり理解する」より，(イ)は「それは理解する価値がある話だ」という意味。ゆえに4．「それは私たちが理解すべき話だ」が正解。1．「それは物語であり，事実ではない」 2．「それはあまりに単純に見える話だ」 3．「それは伝えられるべき話だ」

(ウ)throw dirt on ～ は「～をそしる，中傷する，～の悪口を言う」という意味。本文の主題の mud と dirt をかけた言葉遊びでもある。(ウ)は文字通りの意味では「中傷すべきことではない」となるが，この文の主語が「川に沿った泥の初期の堆積と，泥がどのように川の流れに影響を与えたか」であるから，2．「重要ではないと退けるべきことではない」が正解。1．「変える必要があることではない」 3．「理解するのが不可能なことだ」 4．「私たちのすべての泥を説明するものだ」

D．完成文は Modern rivers (that) people have deforested show (how) the absence of vegetation (can) destabilize riverbanks and cause them (to) (become) less cohesive.

（　あ　）は，空所直後の主語＋動詞 people have deforested の直後に再び動詞 show があることから，people have deforested が Modern rivers を修飾すると類推できる。ゆえに関係代名詞 that が入る。（　い　）はやはり直後に the absence of vegetation（　　）destabilize と主語＋動詞が続くので，show の目的語となる名詞節と類推できる。ゆえに how が入り，how SV … という名詞節になる。（　う　）は直後に destabilize という動詞の原形があることから助動詞 can が入る。（　え　）（　お　）は cause *A* to *do*「*A* に～させる」という構文から to become が入る。（　お　）に become が入るのは選択肢の中で唯一の動詞だからである。

E．1．「ボリビア川の古代の魚は塩水にさらされた時に死んだことをニール＝デイヴィスは発見した」 第1段第3文（The fish, he …）「その魚は，おそらく嵐の間に急速に川が海に押し流した泥状の砂で窒息した」に不一致。

2．「古代において，海底の堆積物が川に流されてきて川岸を構築した」 第2段第4文（Before plants, rivers …）「川は大陸から沈泥と粘土，すなわち泥の主要成分をはぎ取り，これらの堆積物を海底に流した」に不一致。「海底から川へ」ではなく「川から海底へ」流された。

3．「陸上植物の成長が陸上に10倍以上の泥の存在をもたらしたことを研究者たちは発見した」 第3段第3文（Davies, now at …）「4億5,800万年前と3億5,900万年前の間の陸上植物の拡大は，陸上の10倍以上の泥の増加や川の流れ方の大きな変化と一致していることを発見した」に一致。

4．「泥は地表にこれまでずっと大量にあったというわけではないという認識がとても重要であるとウッドワード＝フィッシャーは考えている」 第5段第3・4文（“Mud is one of … a big deal.”）「泥は考えられる中で最もありふれた大量にあるものの一つで…地球の歴史のほとんどの期間そうではなかったという認識は大事です」に一致。

5．「まっすぐな川は曲がったところがある川と異なる化学的性質ももつが，異なる温度になるわけではない」 第6段第2文（Bends in a sinuous …）「曲がりくねった水路の湾曲部は水温や化学的性質を変えることがある」に不一致。

6．「ケヴィン＝ボイスによると，苔は初期の植物のようには見えなかった」 第7段第1文（Even the earliest …）「苔に似た最も初期の植物でさえ，川岸で堆積物が蓄積する方法を変えたことがあるかもしれないと…ケヴィン＝ボイスは言う」に不一致。

7．「サクラメント川の近くの農業活動によって引き起こされた問題は自然保護主義者によって認識され，彼らはその解決に取り組んでいる」 第8段第2文（Along California's Sacramento…）「サクラメント川流域で，農場経営者たちが農耕地のために木を伐採した地域では，木に覆われたままの地域よりも浸食をはるかに受けやすい」，および第3文（Conservationists have worked…）「自然保護活動家たちは川岸に100万本以上の苗木を植えることで，川を安定させようと活動してきた」に一致。

8．「川に沿ってドライブするような人間の活動は植物と泥との相互関係にひどい損害を与えるとクリス＝パオラは言う」 第9段第2文（"If you don't…）「『何が川をある状態に，また別の状態にしているのかを理解していなければ，うまく回復させることは難しい』と…クリス＝パオラは言う」に不一致。この本文中の driving は「車でドライブする」という意味ではなく drive *A* into *B* で「*A* を *B* に追いやる，追い詰める」という意味。

F．As は接続詞で「～するにつれて」。evolve「進化する」 to become の不定詞は副詞的用法の〈結果〉で「進化して（その結果）～になった」という意味。tree-sized「木の大きさに」 by「～までに」 gain the power to *do*「～する力を得る」 slow は動詞で「～の速度を遅くする」という意味。

III　解答

A．(a)－8　(b)－3　(c)－7　(d)－10　(e)－6　(f)－4　(g)－1　(h)－2

B．〈解答例1〉But there are so many books in the library that it is a place where I feel inspired.

〈解答例2〉But since the library has many books, it is a place where I feel inspired.

◆全　訳◆

≪大学図書館前での会話≫

（ピーターは大学図書館の外で立っている。そこにジャネットがやってくる。）

ジャネット：まぁ！　閉まっているわ。
ピーター　：そうなんだ。ぼくも同じ失敗をしたよ。図書館はいつも土曜日は開いていると思ったんだけど，メンテナンス作業で今日は閉まっているようだ。新しいオートメーションの本棚が設置されると，ここの掲示に書いてあるよ。
ジャネット：オートメーションの本棚？　それはいったい何なの？
ピーター　：見たことないかな？　この図書館にはすでに地下にいくつかあるよ。同じ面積のスペースに，より多くの本棚を置くことが可能になるんだ。
ジャネット：でも，どういう仕組みになっているの？
ピーター　：うん，本棚が電気で操作されていて，ボタンを押すと横にスライドするんだ。それで，自分が希望するセクションにいけるんだ。あらゆる安全機能があると思うよ。だれも動く本棚につぶされないようにするためにね。
ジャネット：かっこいいわね。でも少し皮肉にも思えるわ。つまり，その本棚はとても高価に違いないのだけど，近頃，本を使う学生はほとんどいないわ。
ピーター　：確かにそうだね。君の言っていることは正しくて，皮肉だね。オートメーションの本棚は最も使われない本のためだけに使われているからね。標準的な参考図書などはすべて，通常の古いタイプの本棚にあるからね。
ジャネット：うん，図書館で好きなのはそちらの方ね。本棚に沿って見ることができたり，本当におもしろいものを発見したり。
ピーター　：これまで気づかなかった何か新しいもののこと？　そういう意味かな？
ジャネット：その通りね！
ピーター　：明らかに，君は電子書籍を読むためにここに来たのではないようだね！
ジャネット：本当にそうね。電子書籍のほとんどは自宅からでもアクセスできるでしょ？　確かに，調べものがあってここに来ているんだけど。でも図書館は多くの本があるから，刺激が受けられる場所だわ。ここにいるといちばん良い仕事ができそうなの。

ピーター　：うわっ，君は本当に図書館をすごい場所にしてしまうね。実を言うと，ここに来たのは，自宅より静かで涼しいのが主な理由なんだ。マッドパドル通りの古い学生寮に住んでいるんだけど，いつも騒がしくて，週末は特にそうなんだ。

ジャネット：つまりここには本を探しに来たのではないのね？

ピーター　：残念ながらそうなんだ。実は本棚から本を取ることはめったにしないよ。必要なものはほとんどすべてオンラインで利用できるからね。少なくとも近頃はそれは良いことだと思うよ。

ジャネット：そうね。あなたは図書館が閉まっていてもあまり不便ではなさそうね。

ピーター　：でも君はどうなの？　図書館からの刺激がなくてもなんとかなるの？

ジャネット：ははは，そうね。なんとかなるわ。あのね，代わりに市内の書店に行こうと思うの。バス停の近くの大きな書店よ。この前本を買ってから少なくとも1カ月は経つわ。

ピーター　：僕はこの前書店に行ってからでさえ少なくとも1年になるよ！　一緒に行ってもいいかな？

ジャネット：もちろんよ！　ここに自転車を置いてるの？　じゃあ，行きましょう。川沿いのサイクルロードで行けるわ。

ピーター　：ところで，僕の名前はピーターっていうんだ。

ジャネット：私はジャネットよ。はじめまして，ピーター。

◀解　説▶

A. (a)直前の「オートメーションの本棚？」から automated shelving が何かわからない様子なので，8.「それはいったい何なの？」が適切。on earth は疑問詞の強調で「いったい」。

(b)直後の「だれも動く本棚につぶされないのを確実にするためにね」の方法として，3.「あらゆる安全機能があると思うよ」が適切。make sure (that) ～「～であることを確実にする」

(c)直前のジャネットの「本棚に沿って見ることができたり，本当におもしろいものを発見したり」の発言の意味を確認した，7.「これまで気づかなかった何か新しいもののこと？」が適切。

(d)直前のジャネットの「でも図書館は多くの本があるから，刺激が受けられる場所だわ。ここにいるといちばん良い仕事ができそうなの」という図書館に対する思いに対して，10.「うわっ，君は本当に図書館をすごい場所にしてしまうね」という発言が適切。

(e)直前のピーターの発言の「実を言うと，ここに来たのは，自宅より静かで涼しいのが主な理由なんだ」を聞いて，図書館に来た理由を確認する6.「つまりここには本を探しに来たのではないのね」が適切。

(f)直前のピーターの発言「実は本棚から本を取ることはめったにしないよ。必要なものはほとんどすべてオンラインで利用できるからね」に続く発言として，4.「少なくとも近頃はそれは良いことだと思うよ」が適切。「それ」とは「オンラインで資料を閲覧すること」を指す。hardly ever ～「めったに～ない」 at least「少なくとも」

(g)直後のジャネットの発言「ははは，そうね。なんとかなるわ」に対する問いとして，1.「図書館からの刺激がなくてもなんとかなるの？」が適切。ピーターの Can you manage …？をジャネットは I can cope. で答えている。manage と cope は同義語で「なんとかする」という意味。

(h)直後のジャネットの応答 Not at all!「まったくそうでない」からピーターの質問は Do you mind if ～？「～したら気にしますか？」であると類推できる。ちなみに Do you mind if ～？は「～してもいいですか？」，Not at all. は「もちろんいいですよ」と意訳する。

B.「図書館は多くの本があるので」は，〈解答例1〉では so many＋名詞の複数形＋that…「とても多くの～なので…」，〈解答例2〉では理由を表す接続詞 since で表現している。図書館に本が多いのは自明なので文頭に置き，because ではなく since を使う。「～する場所」は関係副詞を使って a place where SV とする。「刺激が受けられる」はAの問題の選択肢1. your library inspiration より inspiration の動詞形 inspire を用いて feel inspired とする。

❖講　評

2023年度も，長文読解問題2題，会話文問題1題という形式であった。配点はⅠが69点，Ⅱが81点，Ⅲが50点の200点満点。

Ⅰは「20世紀初頭の日系アメリカ人カメラマン小池恭」についての

論説文で約890語。2014年のEuropean Journal of American Studies誌に掲載された記事がもとで，改変はほとんどなく原文のままである。題材になじみがなく，その時代のアメリカに対する背景的知識を欠く受験生も多いと思われることから，かなり難しい英文といえる。ただ，出題される英文が難しい場合，解きやすい問題が出題されるのが同志社大学の傾向で，2023年度もその傾向が当てはまる。Aの空所補充問題は，3問とも基本的なイディオムを問う問題。Bの同意語句を選ぶ問題も，ほとんどが語彙力で解けるが，(c)は難しく，(d)は本文の内容から類推する必要がある。Cも選択肢に紛らわしいものは少なく，波線部の意味がとれれば選びやすい。Dは連続した空所がなく，前後に数語の語句があるので類推しやすい。Eの内容真偽問題は該当する箇所が見つけやすく，また選択肢の中の内容に合わない部分も見つけやすい。

Ⅱは「地球の歴史において泥と植物が大地に与えてきた影響」についての論説文で約820語。2020年のKnowable Magazine誌の記事がもとで，やはり改変がほとんどなく原文のままでかなり難しいが，Ⅰの抽象性の高い英文に比べると具体性がありやや読みやすい。またⅠと同様，問題は取り組みやすいものが多い。Aの空所補充問題の(V)，(W)，(X)は基本的な問題だが，(Y)，(Z)は文脈からの判断が必要。Bの同意語句を選ぶ問題もⅠと同様，語彙力で解けるものが多い。(e)，(f)のみやや難しい。Cは語彙・イディオムだけでなく文脈から判断する必要がある。Dも連続した空所は1箇所で，しかもcauseの語法を理解していれば解きやすい。Eの内容真偽問題も，選択肢に記される人物や団体の名前，専門的な用語から本文の該当する部分が見つけやすい。Fの英文和訳の問題は，文構造も複雑ではなく難しい語彙もほぼないので訳しやすい。不定詞の解釈がポイントとなっている。

Ⅲの会話文問題は2023年度も一般的なトピックで，選択肢も紛らわしいものはない。和文英訳も短い文で訳しやすい。「刺激が受けられる」をどう訳すかがポイントだが，Aの問題の選択肢にヒントがある。

2023年度の問題は，Ⅰ，Ⅱの論説文がどちらも専門性が高く難しいが，問題を取り組みやすくすることでバランスをとっており，Ⅲの会話文問題は基本的な問題であった。とはいえ，論説文の難しさから，全体の難易度はやや難といえるだろう。

日本史

I

解答 ア．庚寅年籍　イ．飛鳥浄御原令　ウ．大税　エ．貧窮問答歌　オ．公営田　カ．三善清行　キ．陣定　ク．負名　ケ．開発領主　コ．牓示　サ．官省符荘　シ．下地中分

①－7　②－12　③－5　④－9　⑤－10　⑥－15　⑦－6　⑧－8　⑨－13　⑩－8　⑪－15　⑫－2

◀解　説▶

≪古代・中世の社会と経済≫

ア．「班田制と密接な関わりで作成された」のは持統天皇のときの庚寅年籍である。作成されたのが「690年」とあるのもヒントになる。

イ．飛鳥浄御原令は天武天皇の命により編纂が開始され，持統天皇のもとで完成し，施行された。

ウ．難問。田租で「郡家の正倉」に備蓄されるものを大税と呼び，のち「正税」に組み込まれる。

エ．「苦渋する公民の姿」と作者の「山上憶良」から「貧窮問答歌」を想起する。

オ．「九州大宰府管内」に設けられた「直営」田は公営田である。嵯峨天皇の「弘仁」年間もヒントにしたい。

カ．醍醐天皇に「意見封事十二箇条を提出した」で三善清行とわかる。

キ．「太政官公卿会議」は陣定である。内裏にある左近衛または右近衛の陣座における公卿の会議で，平安中期以降定着し，「受領の功過（成績）」の審査のほか，国政全般にわたり審議がなされた。

ク．「名という徴税単位」の経営を請け負わされた「有力農民（田堵）」は負名である。

ケ．「新たに開墾を行って大土地経営を繰り広げ」た本格的在地領主を開発領主と呼ぶ。

コ．難問。荘園の「東西南北の四至（四隅のこと）の境目」に立てられたものを牓示と呼ぶ。これを具体的に描きこんだものに神護寺領紀伊国桛田

荘の絵図がある。

サ.「太政官符や民部省符」を総称して官省符と呼び，その文書によって「不輸租の認定を受けた荘園」が官省符荘である。

シ・⑪・⑫「本所と地頭との相論」を「土地そのものを分割」して解決する方法を下地中分と呼ぶ。下地中分には，和与と呼ぶ「本所と地頭との話し合いによる調停」による和与中分と，本所の申請をうけた幕府の裁許による強制的な中分がある。伯耆国東郷荘の下地中分図が有名である。

①「最初の全国的戸籍」は庚午年籍で，天智天皇の時代に作られた。

②やや難。現存する「最古の戸籍」をはじめ奈良時代の文書の多くが正倉院宝庫に集められ，正倉院文書と呼ばれる。

③「正税」の備蓄から正倉を正解とするが，リード文中に「正倉」があり，その選択に悩む。語群中の大蔵（貢納物のための朝廷の倉庫）・義倉（凶作のための備蓄）・屯倉は該当しないので消去法で選択する。

⑤難問。908（延喜8）年の周防国玖珂郡の戸籍は，計321人のうち女性が235人記載されており，かなり不自然な男女比であることから，偽籍と考えられている。

⑥「畿内」に設置と「中央官司の財源を確保」から官田を導く。「その後の諸司田につながるもの」もヒントになる。

⑧官物は租・庸・調・出挙に由来し，臨時雑役は雑徭・雇役に由来する。

⑨預所は上級荘官で，在京するものと，現地に赴いて下司・公文ら下級荘官を指揮して荘園経営にあたるものがいた。

II　解答

【設問ａ】顕如〔光佐〕【設問ｂ】柳田国男
【設問ｃ】村請　【設問ｄ】百姓　【設問ｅ】日蓮
【設問ｆ】寺請　【設問ｇ】修験　【設問ｈ】陽明　【設問ｉ】菅原道真
【設問ア】２　【設問イ】２　【設問ウ】２　【設問エ】３　【設問オ】１
【設問カ】１　【設問キ】３　【設問ク】２　【設問ケ】４

◀解　説▶

≪近世の宗教と学問・思想≫

【設問ａ】顕如は1570～80年，石山本願寺をめぐって織田信長と戦った（石山戦争）。

【設問ｂ】設問文「岩手県遠野地方の伝説や風習を記録した作品」から

『遠野物語』を想起し，その著者である「民俗学者」柳田国男を導く。

【設問 c】設問文「村全体の責任で年貢納入や法令順守などを行わせる支配の仕組み」は村請制の説明である。

【設問 d】百姓は，もと荘園農民の呼称であったが，江戸時代には「農業を中心に林業・漁業などの経営に従事する」人も含めて用いるようになった。

【設問 e】日蓮の唱えた四箇格言にみられるように，他宗を邪宗として非難するのが日蓮宗の特色で，その先鋭化した一派が不受不施派であった。

【設問 f】「寺院僧侶がキリシタンではないことを証明する」や，設問文「檀家であることを寺院が証明する制度」は寺請制度の説明である。

【設問 g】設問文「山岳修行」より修験道を想起し，「呪術的宗教活動を行う」修験者を導く。

【設問 h】日光東照宮の正面にある陽明門は，極彩色の彫刻で飾られて終日見ていても飽きないという意味から日《ひ》暮《ぐらし》門《のもん》と呼ばれている。

【設問 i】設問文「遣唐使廃止を建議した」から菅原道真とわかる。菅原道真は，太宰府天満宮や京都の北野天満宮に祀られる。

【設問ア】「黄檗宗」で「宇治」に開創されたのは万福寺である。なお，長崎の崇福寺も黄檗宗の寺院である。

【設問エ】【設問オ】大黒屋光太夫は，女帝エカチェリーナ２世の許可を得て，1792 年にラクスマンにともなわれて蝦夷地根室に帰着した。翌年大黒屋光太夫は将軍徳川家斉に引見したが，その時に同席した蘭方外科医桂川甫周が『北槎聞略』を著した。

【設問カ】設問文の『三国通覧図説』『海国兵談』のどちらからも，著者である林子平を導きたい。

【設問キ】設問文『経済要録』『農政本論』から佐藤信淵を導けるが，両著書ともに記述できるようにしたい。

【設問ク】設問文「報徳仕法」から二宮尊徳を導く。

【設問ケ】「富永の著作」から『出定後語』を選択する。富永仲基は大坂にあった町人出資の塾懐徳堂の出身であることを押さえておきたい。

Ⅲ　解答　【設問ア】 2　【設問イ】野村吉三郎
【設問ウ】日独防共協定　【設問エ】汪兆銘
【設問オ】翼賛政治会　【設問カ】 1　【設問キ】千島列島
【設問ク】 4　【設問ケ】 2　【設問コ】間接統治
【設問サ】アメリカ教育使節団　【設問シ】 4　【設問ス】 3　【設問セ】 4
【設問ソ】 3　【設問タ】日本労働組合総評議会〔総評〕【設問チ】 1
【設問ツ】安全保障条約

◀解　説▶

≪太平洋戦争，占領体制と冷戦≫

【設問ア】マレー半島に上陸した日本軍は，その先端に位置するイギリスの拠点シンガポールを占領する。

【設問イ】駐米大使野村吉三郎とアメリカ国務長官ハルとの間で日米交渉が行われた。その交渉の結果ハルから野村に示された回答をハル＝ノートと呼ぶ。

【設問ウ】設問文「1936年11月に共産主義の拡大を阻止するために共同防衛措置を規定した」条約は，広田弘毅内閣のもとで調印された日独防共協定である。

【設問エ】汪兆銘は日中戦争勃発時に国民党副総裁であったが，対日和平論に傾いて1938年12月に国民政府の臨時首都重慶を脱出し，1940年3月には日本の協力のもとで南京に新国民政府を樹立した。その主席に就任した汪兆銘が中華民国代表として大東亜会議に出席した。

【設問オ】東条英機内閣は太平洋戦争の緒戦の勝利を背景に，翼賛（時の権力者に協力する意味）議会をつくる目的で，1942年4月に第21回衆議院議員総選挙を実施した（翼賛選挙）。東条を支持する翼賛政治体制協議会から推薦されて当選した翼賛議員を中心に翼賛政治会が結成された。

【設問カ】東条内閣退陣後の内閣は陸軍大将小磯国昭を首相，海軍大将米内光政を副総理格の海軍大臣とする陸海軍の連立内閣であったが，アメリカ軍の沖縄本島上陸を迎えた直後に総辞職した。後継の首相に枢密院議長鈴木貫太郎が就任し，戦前最後の組閣にあたった。

【設問キ】【設問ク】アメリカのローズヴェルト，イギリスのチャーチル，ソ連のスターリンによるヤルタ会談ではソ連の対日参戦と，その代償として南樺太・千島列島のソ連帰属などが秘密裏に合意された。ソ連は，広島原爆投下直後の1945年8月8日に日ソ中立条約（1941年締結）を破棄して対日宣戦を布告し，満州・朝鮮に侵入した。

【設問ケ】極東委員会は占領政策の主導権を握ったアメリカのワシントンに置かれ，対日理事会は最高司令官の諮問機関として東京に設けられた。

【設問サ】アメリカ教育使節団の勧告は，1947年の教育基本法・学校教育法，1948年の教育委員会法に反映された。

【設問シ】衆議院議員選挙法が改正されて満20歳以上の男女に選挙権，満25歳以上の男女に被選挙権が与えられ，1946年4月の総選挙では女性39名が当選した。

【設問ス】設問文「地方行政および警察を所管」から内務省を導く。

【設問セ】1972年の日中共同声明は田中角栄内閣のときに発表され，1978年の日中平和友好条約は福田赳夫内閣のときに調印された。

【設問ソ】1950年の朝鮮戦争勃発直後に最高司令官マッカーサーの指令によって創設されたのは警察予備隊である。その後，サンフランシスコ講和条約発効後の1952年に保安隊が創設され，1954年，日米相互防衛援助協定（MSA協定）調印後に自衛隊が誕生した。

【設問タ】「1950年」「全日本産業別労働組合会議の共産党指導に反対」と，設問文「日本社会党と提携」から，日本労働組合総評議会（総評）が想起できる。

【設問チ】サンフランシスコ講和会議にインドは不参加，中国はアメリカが中華民国（国民政府）を，イギリスが中華人民共和国政府を承認していたため招請されなかった。ソ連は会議には出席したが平和条約を調印しなかった。

【設問ツ】1951年締結の日米安全保障条約の正式名称は「日本国とアメリカ合衆国との間の安全保障条約」で，1960年に締結された新安保条約の正式名称は「日本国とアメリカ合衆国との間の相互協力及び安全保障条約」である。なお，問題において条約名の一部に関する誤記によって迷いが生じる可能性があったが，その後に続く問題文の記述（日米行政協定の締結）や設問文での「漢字6字で記せ」により解答可能であったと判断し，採点にあたって特別な措置はとらないこととした，と大学より公表されている。

❖講　評

Ⅰ　(1)奈良時代を中心に戸籍・税などの律令制度，(2)平安時代の土地制度など律令政治の変質，(3)10世紀以降の荘園制の成立と鎌倉時代の荘園制の変質など，古代・中世の社会・経済に関する知識を問う。ウ・コ・⑤は難問で，②はやや難であるが，教科書の精読（脚注・史資料などにも注意を払う）に加え，用語集・図説を用いた学習で知識を正確にしておきたい。その他の設問は基本・標準レベルでミスなく正解したい。

Ⅱ　(1)大桑斉氏の著書『教如　東本願寺への道』を引用し，織豊政権から江戸時代初期の一向宗（浄土真宗）などの宗教関連の知識を中心に問う。リード文の内容で特に②の段落は難解であるが，設問は一問一答形式で解答に大きな支障はない。(2)吉田麻子氏の著書『平田篤胤　交響する死者・生者・神々』を引用したリード文は難解であるが，問われているのは江戸時代の学者やその著書に関する基本・標準レベルの知識であり，かつ設問が一問一答形式のため解答しやすい。

Ⅲ　(1)は太平洋戦争，(2)は占領体制と冷戦による占領政策の転換に関する知識を問う。戦後初の衆議院議員総選挙での女性議員の当選者数を選択で問う【設問シ】がやや難であり，この設問と，日本労働組合総評議会を記述させる【設問タ】で差がつくと思われるが，他の設問は基本・標準レベルでミスはしたくない。なお，近現代の政治・外交に関する設問では内閣がよく問われるので，戦前はもちろん，戦後の内閣に関する知識は早めに整理しておきたい。

全体的に見て，やや難・難問が数問見られたが，基本・標準レベルの割合も例年並みで，これをミスしなければ高得点は可能である。教科書中心に用語集・図説を用いて知識を正確に習得し，同志社大学の過去問を徹底して学習し，高得点をねらいたい。

世界史

I

解答

設問1. a－32　b－23　c－7　d－14　e－15
f－17　g－10　h－5

設問2. (A)－2　(B)－1　(C)－3　(D)－2　(E)－4　(F)－3　(G)－1

設問3. (i)－4　(ii)－2　(iii)－3　(iv)－2

設問4. (ア)イブン＝ハルドゥーン　(イ)スキタイ　(ウ)ランケ
(エ)エリュトゥラー海案内記

◀解　説▶

≪ヘロドトス著『歴史』からみた古代地中海世界とその周辺≫

設問1. a. リディアはアッシリア帝国の滅亡（前612年）により成立した4王国のひとつで，首都はサルデス。

c. 紀伝体の『史記』を著したのは司馬遷。

f. 難問。リード文中の「大王の武将」「アラビア半島各地の沿岸部を航海」という表現からネアルコスを導けるが，用語集レベルを超える人名。

h. リード文中の「1世紀」「デカン高原を中心」からサータヴァーハナ朝（前1世紀～後3世紀）を導ける。ドラヴィダ系のアーンドラ族が建てた王朝。

設問2. (A)(a)正文。(b)誤文。陶片追放（オストラキスモス）の制度を定めたのはクレイステネス（前6世紀末頃）。

(B)ともに正文。(b)アテネとテーベの連合軍がフィリッポス2世のマケドニア軍に敗れたのはカイロネイアの戦い（前338年）。

(C)(a)誤文。テーベの都市神はアモン。新王国時代には，太陽神ラーと結びついたアモン＝ラーの信仰が盛んとなった。(b)正文。

(D)(a)正文。(b)誤文。エチオピアはリベリアとともにアフリカにおいてヨーロッパ列強による植民地化を免れた国なので，アドワの戦い（1896年）ではイタリア軍を破っている。

(E)(a)・(b)ともに誤文。『神統記』はヘシオドスの叙事詩。ソフォクレスはアテネの三大悲劇詩人の一人で，『オイディプス王』がその代表作なので(b)も誤文。『アガメムノン』は同じく三大悲劇詩人の一人，アイスキュロスの代表作。

(F)(a)誤文。バビロン第1王朝を興したのはアムル人。アラム人は前13世紀頃からダマスクス中心に中継貿易で活躍した民族。(b)正文。

設問3．(i)4．誤文。トルコがイズミルを回復したのはムスタファ＝ケマルによる新政権時代の1922年であり，翌1923年のローザンヌ条約で正式に回復した。セーヴル条約（1920年）は第一次世界大戦後に敗戦国となったオスマン帝国が連合国と結んだ講和条約なので，トルコ側に有利な領土回復が含まれているのは誤りと判断できる。

(ii)2．誤文。奴隷身分として農業に従事させられた先住民はヘイロータイ（ヘロット）。ペリオイコイは商工業に従事した周辺民。

(iii)3．誤文。マムルーク朝（1250〜1517年）を滅ぼしてエジプトを征服したのはセリム1世。

(iv)2．誤文。ダレイオス1世が建設を開始した新首都はイランのペルセポリス。クテシフォンはティグリス川中流に位置し，前2世紀半ば以降のパルティアおよびササン朝（224〜651年）の都。

設問4．(ア)イブン＝ハルドゥーンはチュニス生まれの思想家・歴史家。王朝の変遷には都市と田舎を中心とした循環的交代があるとの文明論を説いた。

(イ)スキタイはイラン系の騎馬遊牧民。動物文様の金属工芸など独自の文化（スキタイ文化）で知られる。

(ウ)ランケと同時代のドイツで，歴史法学を創始したのはサヴィニー。

(エ)『エリュトゥラー海案内記』に記されているインド洋近辺の海洋貿易は，海の道（陶磁の道）の一部。

II 解答

設問1．a－19 b－26 c－9 d－13 e－7 f－2 g－18 h－27

設問2．正統 設問3．5 設問4．ムスリム 設問5．ウンマ

設問6．3 設問7．コーラン（クルアーン） 設問8．1

設問9．4 設問10．1 設問11．2 設問12．4

◀解 説▶

≪イスラーム世界の成立と二大宗派の対立≫

設問1．e・f．ムアーウィヤがウマイヤ家出身だったので，彼が建てた

ダマスクス中心の王朝はウマイヤ朝（661～750年）と称されている。同様に，ウマイヤ朝を倒したアッバース朝（750～1258年）も，ムハンマドの叔父であったアル＝アッバースに由来するが，アル＝アッバースを知らなくても2つ目の空欄 f によりアッバースと判断できる。

g．バグダードを建設した第2代カリフはマンスール。

h．アッバース朝を滅ぼしたモンゴル軍を率いていたのはフラグで，彼がイラン方面に建てた国はイル＝ハン国。

設問2・設問11. 正統カリフの残り3人は，順にアブー＝バクル，ウマル，ウスマーンである。

設問3．ヒジュラとは「聖遷」のことなので，「ある出来事」とはムハンマドの「メッカから（メディナへ）の移住」であり，その西暦は622年。よって正答は5。ムハンマドは570年頃に生まれ，630年にメッカを征服している。

設問4．ムスリムは「神に帰依する者」という意味。ウマイヤ朝末期までは，非アラブ人の改宗者はマワーリーと総称された。

設問5．ウンマに似た言葉に，リード文の最終段落に登場するウラマーがあるが，ウラマーはイスラーム諸学を究めた学者・知識人のこと。

設問6．(ア)誤文。カリフは「代理人」「後継者」を意味する。(イ)正文。ムスタファ＝ケマルがカリフ制を廃止したのは，トルコ共和国成立の翌1924年。

設問7．『コーラン』の内容は教義のみならず社会や文化に関する活動にまで及んでおり，ムスリム信者が信じ守るべきものとして後世の学者がまとめたものが六信五行である。

設問8．イラン地域に成立したブワイフ朝（932～1062年）やサファヴィー朝（1501～1736年），そしてエジプトに成立したファーティマ朝（909～1171年）はいずれもシーア派王朝だが，サラディンによって建てられ，ファーティマ朝を倒したアイユーブ朝（1169～1250年）は，スンナ派王朝である。

設問9．スンナとは具体的には「ムハンマドの言行」を指すので正答は4。アラビア語で「慣行・慣習」を意味し，イスラーム法では『コーラン』に次ぐ法源とされている。

設問10. ともに正文。バーブ教の開祖はサイイド＝アリー＝ムハンマドであり，バーブ教徒の乱（1848～52年）が起こった当時のイランの王朝はトルコ系のカージャール朝（1796～1925年）。

設問12．シーア派の主張は，アリーの子孫のみを共同体（ウンマ）の指導者とみなすというものなので，正答は4。なお，意見3にあるハディースとは，ムハンマドの言行（スンナ）と伝承の記録のことである。

III 解答

設問1．あ．ニューディール（新規まき直し）
い．国際連盟　う．ズデーテン　え．宥和
お．独ソ不可侵　か．武器貸与

設問2．a－28　b－6　c－16　d－22　e－12　f－8　g－18
h－35　i－32　j－2

設問3．2　設問4．2　設問5．3　設問6．1　設問7．4
設問8．3

◀解　説▶

≪世界恐慌から第二次世界大戦勃発までのヨーロッパ≫

設問1．あ．ニューディール政策を実施した大統領は，民主党のフランクリン＝ローズヴェルト（在任1933～45年）。

い．国際連盟にはアメリカは未加盟であり，1933年には日本・ドイツが脱退，1934年にはソ連が加盟している。

う．ズデーテン地方はチェコスロヴァキアの北西部，ドイツとの国境地帯。

え．宥和政策をとったイギリス首相はネヴィル＝チェンバレン（保守党），フランス首相はダラディエで，ともにミュンヘン会談に参加している。

お．独ソ不可侵条約締結後に両国の関係は緊張し，ソ連はドイツ戦に備えて1941年4月に日ソ中立条約を結んでいる。

か．アメリカは武器貸与法と同じ1941年に，日本への石油輸出を全面禁止し，「ABCDライン」が成立している。

設問2．a．イギリスとフランスにおけるブロック経済はそれぞれ，スターリング（ポンド）＝ブロック，フラン＝ブロックと呼ばれている。

e．ザール地方のドイツ編入は1935年。その後，ドイツは1936年にロカルノ条約を破棄してラインラントに進駐している。

h．ミュンヘン会談（1938年）に参加したのはイギリス・フランス・ドイツ・イタリアの4カ国。

ⅰ．リード文中の「東プロイセン」から，該当する国名はドイツ本国の東側に隣接するポーランドと判断できる。ダンツィヒは現在のグダンスクで，当時は国際連盟管理下の自由市だった。

設問3．２．誤文。ドイツはヴェルサイユ条約により，すべての植民地を失っている。

設問4．２．誤文。海軍協定（1935年）によりドイツに35%の軍艦保有を認めたのはイギリス。

設問5．３．誤文。アウシュヴィッツはポーランド南部の都市。

設問6．２．誤文。1905年に結成されたシン＝フェイン党は民族主義政党なので急進派。３．誤文。アイルランド自治法は1914年に成立したが第一次世界大戦の勃発により実施が延期された。４．誤文。1922年にようやく自治領として成立したアイルランド自由国には北アイルランドが含まれていないので，アルスター地方（北アイルランドはこの地方の一部）のすべてを含んでいない。

設問7．４．誤文。スターリンは敵との内通を恐れて少数民族を中央アジアなどに強制移住させているが，用語集レベルを超える内容。ただ，他の選択肢は教科書レベルの内容なので，消去法で対処できる。

設問8．１．誤文。ソ連はポーランドの東に接しており，ソ連が占領したのはポーランドの東半分。２．誤文。ソ連が併合したのはバルト三国とフィンランドの一部。３．正文。ソ連軍がポーランド人将校多数を殺害したのはカティンの森事件（1940年）だが，用語集レベルを超える内容。４．誤文。ベルギーやオランダに侵攻したのはドイツ。

❖講　評

Ⅰ　ヘロドトスが著した『歴史』の内容をリード文に，地中海周辺の古代史を問う大問である。小問レベルで中世〜現代初頭の内容も含まれている。政治史が中心だが文化史からの出題も目立ち，文化史への対策の有無で点差が生じやすい。基本的知識で対応できるが，ネアルコスを選択させる設問１のｆは難問である。

Ⅱ　イスラーム世界初期の歴史とスンナ派・シーア派という二大宗派の対立をテーマとした，オーソドックスなイスラーム史が問われている。ほぼ中世史だが，Ⅰと同様に小問レベルで近代末〜20世紀初頭のイランやトルコの内容を含んでいる。政治史および宗教史からの出題に限られており難問も見られないため，取りこぼしのないように対処したい。

Ⅲ　世界恐慌から第二次世界大戦勃発までのヨーロッパ史をテーマとしており，選択肢レベルでアメリカや日本に関する内容も含まれている。政治・外交史からの出題で，記述・語句選択以外は正文・誤文選択問題で構成されている。正文・誤文選択問題では一部に用語集レベルを超える細かい内容が含まれているが，他の選択肢はいずれも教科書レベルの内容となっているため，消去法を活用すれば対処可能である。

政治・経済

I　解答

【設問1】ア．裁判を受ける　イ．公開　ウ．特定
【設問2】3
【設問3】裁判外紛争解決
【設問4】A－17　B－11　C－19　D－13　E－10
【設問5】2
【設問6】オ．衆議院議員総選挙　カ．10　キ．検察審査会
ク．強制起訴
【設問7】4
【設問8】4
【設問9】e－1　f－2　g－1　h－2

◀解　説▶

≪日本の刑事司法制度≫

【設問1】ウ．2021年に少年法が改正され，18歳および19歳の者を「特定少年」と定義し，特定少年が犯した重大犯罪について，家庭裁判所が検察官送致し，その者が起訴された場合，実名や顔写真などの報道が可能になった。

【設問2】行為の時点で適法であった行為を事後に制定された法律で処罰することは，日本国憲法第39条が規定する遡及処罰の禁止に反することになる。

【設問4】A・B．知的財産高等裁判所が東京高等裁判所内に設置された背景には，日本国憲法が特別裁判所の設置を禁止していることが挙げられる。

C．裁判員裁判制度の導入に伴って，裁判員にも裁判の争点をあらかじめ見えやすくするために，裁判官・検察官・弁護士の法曹三者が事前に裁判の争点を明らかにする公判前整理手続が導入された。

【設問5】日本国憲法第37条3項は，刑事被告人が弁護人を依頼できないときは，国がその費用で弁護人を付すという国選弁護人制度を規定している。2004年の刑事訴訟法改正により，この制度が，検察官が起訴する前

の被疑者の段階から適用されるようになった。

【設問6】検察審査会制度では，国民から選ばれた検察審査員が，検察官の不起訴処分の妥当性を審査する。検察審査会が，2回起訴相当の旨を議決した事件については，検察官に代わって弁護士が強制起訴することになっている。

【設問7】裁判員裁判において有罪と表決されるのは，裁判官3名及び裁判員6名のうち，裁判官1人を含む5名以上が有罪とした場合である。したがって，裁判官・裁判員各1名以上の賛成が必要であるため，aとdが該当するので，4が正しい組み合わせである。

【設問8】1．誤文。ドイツで実施されている参審制度は，民間人である参審員と裁判官が協議し，有罪・無罪の決定のみならず，有罪となった場合の量刑についても決定する。2．誤文。アメリカ合衆国で実施されている陪審制度は，民間人である陪審員のみで有罪・無罪の決定を行い，有罪となった場合，裁判官のみで量刑の決定を行う。3．誤文。日本における裁判員裁判は，重大な刑事裁判の第一審のみで行われる。控訴審では行われない。

【設問9】e．正文。f．誤文。家庭裁判所自体が刑罰を言い渡すことはない。少年に対して刑罰が言い渡されるのは，家庭裁判所が少年を検察官送致し，検察官がその少年を地方裁判所に起訴した場合である。g．正文。h．誤文。2008年の刑法改正により，一定の条件の下で，被害者等による少年審判の傍聴が認められるようになった。

Ⅱ 解答

【設問1】ア．預金通貨　イ．価値尺度　ウ．価値貯蔵　エ．護送船団　オ．持株会社

【設問2】A－5　B－16　C－6　D－3　E－14　F－23　G－4　H－2

【設問3】3

【設問4】a－2　b－1

【設問5】2

【設問6】日銀当座預金〔日本銀行当座預金〕

【設問7】4

【設問8】コールレート

【設問9】ペイオフ

◀解　説▶

≪金融の仕組み≫

【設問1】ア．マネタリーベースは現金通貨と日本銀行の当座預金の合計。

イ・ウ．貨幣の機能とは，交換手段・支払い手段・価値尺度手段・価値貯蔵手段。

エ．護送船団方式とは，1980年代までの日本の金融行政の総称。政府は金融機関に対して，金利規制と業務規制を課していた。それらの規制は，1980年代以降の金融の自由化によって撤廃された。

【設問2】A．ノンバンクとは，預金業務を行わず，貸付業務だけを行う金融機関である。

C．欧州中央銀行（ECB）は，1998年にドイツのフランクフルトで設立され，ユーロの発行など欧州連合（EU）の金融政策を担っている。

E．自己資本比率とは，資本金に占める自己資本の割合である。国際決済銀行（BIS）は，自己資本比率が8％を下回る海外との取引を含む銀行の国際業務を禁止している（バーゼル合意）。

G．NISAとは，少額投資非課税制度の名称で，毎年120万円の非課税投資枠が設定され，株式・投資信託等の配当・譲渡益等が非課税対象とされている。

【設問4】a．誤文。日本銀行が売りオペレーション（資金吸収オペレーション）を実施すれば，マネーストックは減少する。b．正文。

【設問7】日本銀行政策委員会は日本銀行の最高意思決定機関であり，総裁1名と副総裁2名，審議員6名の計9名で構成される。財務大臣などの政府関係者もオブザーバー（議決権なし）で参加することができる。

【設問8】正解はコールレート。現在，日本銀行はコールレートを政策金利としている。

【設問9】正解はペイオフ。ペイオフとは，万一金融機関が破綻した場合，預金保険機構が預金1000万円とその利息を保証する制度である。

Ⅲ　解答

【設問1】ア．ニッチ〔すき間〕　イ．地方創生

【設問2】A－3　B－8　C－9　D－13

【設問3】3

【設問4】ウ．かんばん　E－3　F－8

【設問5】エ．二重構造　オ．固定資産

【設問6】地域団体商標

【設問7】キ．キャピタル　G－5　H－1　I－8

【設問8】限界集落

【設問9】J－7　K－5　L－4

◀解　説▶

≪中小企業と地方創生≫

【設問1】ア．大企業が進出しにくい市場のことをニッチ（すき間）という。

【設問2】A．企業数で日本全体の99％強，従業員数で70％を占める中小企業が，出荷額では大企業を下回る。それだけ中小企業は，大企業に比べ労働生産性が低い。こうしたあり方を経済の二重構造と呼ぶ。

D．1963年に制定された中小企業基本法は，当初は大企業との格差是正を目標としていたが，1999年の改正によって中小企業の「自主的な努力」への支援を基本理念とするようになった。

【設問3】中小企業基本法では，中小企業は以下のように定義されている。

業種	資本金の額または出資の総額	従業員数
製造業・建設業・運輸業	3億円以下	300人以下
卸売業	1億円以下	100人以下
サービス業	5,000万円以下	100人以下
小売業	5,000万円以下	50人以下

【設問6】地域団体商標は，「地域ブランド」として用いられることが多い地域の名称および商品（サービス）の名称等からなる文字商標について，登録要件を緩和する制度をいう。地域の名物として国からのお墨付きをもらったという点をアピールすることで，取引の際の信用力の増大や商品・サービスのブランド力の増大につながることが期待される。

❖講　評

Ⅰ　刑事司法制度改革について説明した文章をもとに，裁判員制度，裁判外紛争解決手続，司法制度改革，市民の司法参加などについて出題している。【設問9】は2021年の少年法の改正について問うなど時事的要素の強い問題である。全体的には，標準的な問題が中心であった。

Ⅱ　金融の仕組みについて説明した文章をもとに，日本銀行の仕組みやこれまでの金融政策，マネーストックなどについて出題している。NISA（少額投資非課税制度）やiDeCo（個人型確定拠出年金）が問われたが，なじみがなく，とまどう受験生もあったのではないか。全体的には，標準的な問題が中心であった。

Ⅲ　中小企業と地域創生をテーマとした文章をもとに，中小企業の定義，経済の二重構造，会社法などについて出題している。【設問9】各地方自治体における地場産業を具体的に問う問題は受験生にとって難問であっただろう。全体的には，標準的な問題が中心であった。

数学

I

解答　ア．$\frac{5}{2}$　イ．$2+\log_{10}2$　ウ．$\frac{3}{5}$　エ．$\frac{16}{65}$　オ．$\frac{3}{\sqrt{10}}$

カ．9　キ．$3747_{(8)}$　ク．4　ケ．1023　コ．$1777_{(8)}$

◀解　説▶

≪対数関数のグラフ，三角形の内接円に関する計量，n 進法と桁数≫

(1)　$y=\log_{10}x$ のグラフを x 軸方向に p，y 軸方向に q だけ平行移動した曲線をグラフにもつ関数は，$y=\log_{10}(x-p)+q$ と表される。

$$\begin{aligned} y&=2+\log_{10}(2x-5)\\ &=2+\log_{10}2\left(x-\frac{5}{2}\right)\\ &=2+\log_{10}\left(x-\frac{5}{2}\right)+\log_{10}2\\ &=\log_{10}\left(x-\frac{5}{2}\right)+(2+\log_{10}2) \end{aligned}$$

より，$p=\frac{5}{2}$，$q=2+\log_{10}2$ であるから，$y=2+\log_{10}(2x-5)$ のグラフは，$y=\log_{10}x$ のグラフを x 軸方向に $\frac{5}{2}$，y 軸方向に $2+\log_{10}2$ だけ平行移動したものである。（→ア，イ）

(2)　$\sin^2\angle ABC+\cos^2\angle ABC=1$ より

$$\sin^2\angle ABC=1-\left(\frac{4}{5}\right)^2=\frac{9}{25}$$

$\sin\angle ABC>0$ より　　$\sin\angle ABC=\frac{3}{5}$　（→ウ）

同様に考えると

$$\sin\angle BCA=\sqrt{1-\left(\frac{5}{13}\right)^2}=\frac{12}{13}$$

cos の加法定理を用いると

$$\cos\angle CAB=\cos\{\pi-(\angle ABC+\angle BCA)\}$$

$$=-\cos(\angle ABC+\angle BCA)$$
$$=-(\cos\angle ABC\cos\angle BCA-\sin\angle ABC\sin\angle BCA)$$
$$=-\left(\frac{4}{5}\cdot\frac{5}{13}-\frac{3}{5}\cdot\frac{12}{13}\right)$$
$$=\frac{16}{65}\quad(\to エ)$$

$\angle IBC$ は $\angle ABC$ の二等分線であるから，半角の公式を用いると

$$\cos^2\angle IBC=\frac{1+\cos\angle ABC}{2}$$
$$=\frac{1}{2}\left(1+\frac{4}{5}\right)=\frac{9}{10}$$

$\cos\angle IBC>0$ より

$$\cos\angle IBC=\sqrt{\frac{9}{10}}=\frac{3}{\sqrt{10}}$$

(→オ)

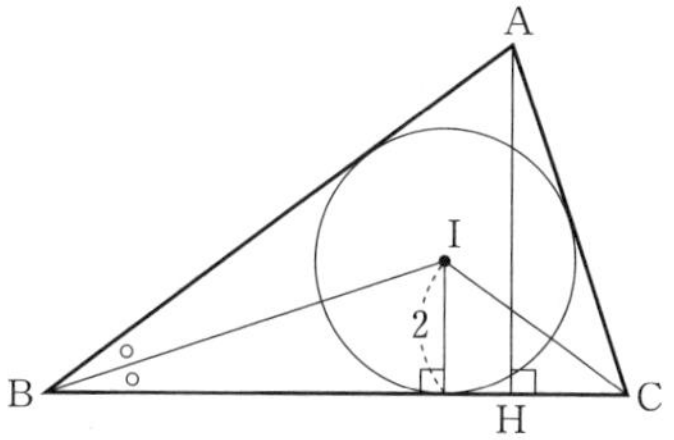

$\triangle ABC$ は右図のような三角形であり，A から BC に垂線 AH を下ろすと

$$AH=\frac{3}{5}AB=\frac{12}{13}AC$$

これより　　AB：AH：AC＝20：12：13

すなわち，正の定数 k を用いて，$AB=20k$，$AH=12k$，$AC=13k$ と表される。

さらに，$BH=\frac{4}{5}AB$，$CH=\frac{5}{13}AC$ であるから

$$BC=BH+CH=\frac{4}{5}\cdot 20k+\frac{5}{13}\cdot 13k=16k+5k=21k$$

条件より，$\triangle IBC$，$\triangle ICA$，$\triangle IAB$ は BC，CA，AB をそれぞれ底辺としたときの高さがすべて内接円の半径 2 に等しいから

$$\triangle ABC=\triangle IBC+\triangle ICA+\triangle IAB$$
$$=\frac{1}{2}\cdot 2\cdot(BC+CA+AB)$$
$$=21k+13k+20k$$
$$=54k$$

一方

$$\triangle ABC=\frac{1}{2}AH\cdot BC=\frac{1}{2}\cdot 12k\cdot 21k=126k^2$$

よって　　$54k=126k^2$

$k>0$ より $k=\frac{3}{7}$ であるから

$$\triangle IBC=21k=21\cdot\frac{3}{7}=9\quad(\to カ)$$

参考　正弦定理 $\frac{AC}{\sin\angle ABC}=\frac{AB}{\sin\angle BCA}=\frac{BC}{\sin\angle CAB}$ から，よく知られた関係

$$AC:AB:BC=\sin\angle ABC:\sin\angle BCA:\sin\angle CAB$$

が得られるので，これを用いて △ABC の3辺の長さの比を求めてもよいが，相互関係などを用いて $\sin\angle CAB=\frac{63}{65}$ を求める手間が余計にかかってしまう。このため，〔解答〕では垂線 AH を引き，それまでに求めた三角比の値などから線分の長さの比を考えることにした。垂線 AH を引いておくと，$\cos\angle CAB$ の値を求める前に図から $AB=20k$，$BC=21k$，$CA=13k$ を求めることもできるので，ここから余弦定理を用いて

$$\cos\angle CAB=\frac{(20k)^2+(13k)^2-(21k)^2}{2\cdot 20k\cdot 13k}=\frac{128k^2}{2\cdot 20\cdot 13\cdot k^2}=\frac{16}{65}$$

を導くこともできる。

(3)　$2023=3\cdot 8^3+7\cdot 8^2+4\cdot 8+7$ より

$$2023=3747_{(8)}\quad(\to キ)$$

8) 2023
8) 252　…7
8) 31　…4
　　3　…7

x を8進法で表すと n 桁となることから

$$8^{n-1}\leqq x<8^n$$

$8^n=(2^3)^n=2^{3n}$，$8^{n-1}=(2^3)^{n-1}=2^{3(n-1)}$ より

$$2^{3(n-1)}\leqq x<2^{3n}\quad\cdots\cdots①$$

x を2進法で表すと $(n+6)$ 桁となることから

$$2^{n+5}\leqq x<2^{n+6}\quad\cdots\cdots②$$

①，②から　　$3(n-1)<n+6$，$n+5<3n$

連立不等式として解くと　　$\frac{5}{2}<n<\frac{9}{2}$

これを満たす整数 n は $n=3$，4 であるから，n の最大値は　　4　(→ク)

①，②に $n=4$ を代入して連立不等式として解くと

$$2^9 \leqq x < 2^{10}$$

これを満たす x の最大値は

$$2^{10}-1=1023 \quad (\to ケ)$$

$1023=1\cdot 8^3+7\cdot 8^2+7\cdot 8+7$ より

$$1023=1777_{(8)} \quad (\to コ)$$

8) 1023
8) 127 …7
8) 15 …7
1 …7

参考　例えば右のように，2 進法で表された数は，3 桁ごとに区切ると，8 進法で表された数に対応している。このことを知っていれば，8 進法で表すと n 桁となる自然数 x を 2 進法で表したときの桁数は，8 進法で表したときの最高位の数字によって，上の表のように決まることに気づく。

8 進法	3	7	2
2 進法	11	111	010

8 進法の最高位の数字	2 進法の桁数
1	$3n-2$
2，3	$3n-1$
4，5，6，7	$3n$

したがって，条件を満たすのは，

$n+6=3n-2$ ……③　または　$n+6=3n-1$ ……④

または　$n+6=3n$ ……⑤

のときである。

このうち④を満たす整数 n は存在せず，③のとき $n=4$，⑤のとき $n=3$ となる。

x が最大となるのは $n=4$ のときで，このとき最高位の数字は 1 に絞られる。残りの数字はすべて 7 とすればよいから，x の最大値を 8 進法で表した $1777_{(8)}$ が先に得られる。

さらに，これを 10 進法に直す際も，$1777_{(8)}+1_{(8)}=2000_{(8)}$ から $2\cdot 8^3-1=2\cdot 512-1=1023$ と求めることもでき，〔解答〕のような連立不等式に頼る方法に比べるとずいぶん見通しが良くなるはずである。

II 解答

(1)　C の方程式の右辺を $f(x)$ とすると

$$f(2)=a\cdot 2^2-2a\cdot 2+a+1=a+1$$

また　$f'(x)=2ax-2a=2a(x-1)$

よって，点 P における接線の傾きは

$$f'(2)=2a(2-1)=2a$$

$2a \neq 0$ であるから，l の傾きを m とすると，条件より

$$m \cdot f'(2) = -1$$

よって　　$m = -\dfrac{1}{f'(2)} = -\dfrac{1}{2a}$

l の方程式は $y - f(2) = m(x-2)$ であるから

$$y - (a+1) = -\frac{1}{2a}(x-2)$$

すなわち

$$y = -\frac{1}{2a}x + a + \frac{1}{a} + 1 \quad \cdots\cdots(\text{答})$$

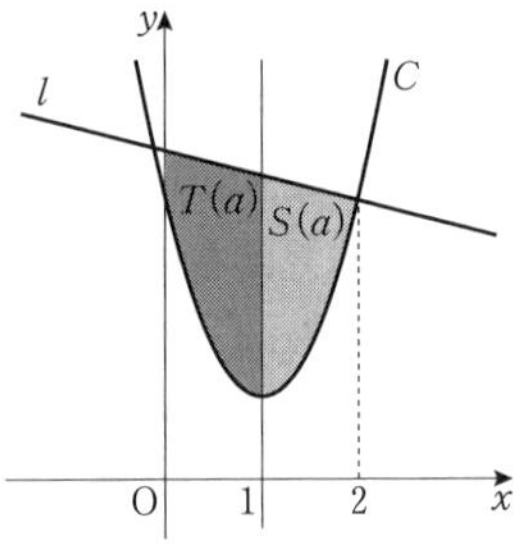

(2)　C と l の位置関係は右図のようになるから

$$S(a) = \int_1^2 \left\{ \left(-\frac{1}{2a}x + a + \frac{1}{a} + 1 \right) - (ax^2 - 2ax + a + 1) \right\} dx$$

$$= \int_1^2 \left\{ -ax^2 + \left(2a - \frac{1}{2a} \right)x + \frac{1}{a} \right\} dx$$

$$= \left[-\frac{a}{3}x^3 + \frac{1}{2}\left(2a - \frac{1}{2a} \right)x^2 + \frac{1}{a}x \right]_1^2$$

$$= -\frac{a}{3}(2^3 - 1^3) + \frac{1}{2}\left(2a - \frac{1}{2a} \right)(2^2 - 1^2) + \frac{1}{a}(2-1)$$

$$= -\frac{7}{3}a + 3a - \frac{3}{4a} + \frac{1}{a}$$

$$= \frac{2}{3}a + \frac{1}{4a} \quad \cdots\cdots(\text{答})$$

(3)　$a > 0$ より $\dfrac{2}{3}a > 0$，$\dfrac{1}{4a} > 0$ であるから，相加平均と相乗平均の大小関係により

$$S(a) = \frac{2}{3}a + \frac{1}{4a} \geqq 2\sqrt{\frac{2}{3}a \cdot \frac{1}{4a}} = 2\sqrt{\frac{1}{6}} = \frac{\sqrt{6}}{3}$$

等号が成り立つ条件は　　$\dfrac{2}{3}a = \dfrac{1}{4a}$　　$a^2 = \dfrac{3}{8}$

$a > 0$ より　　$a = \sqrt{\dfrac{3}{8}} = \dfrac{\sqrt{6}}{4}$

以上より，$S(a)$ は $a = \dfrac{\sqrt{6}}{4}$ のとき最小値 $\dfrac{\sqrt{6}}{3}$ をとる。　……(答)

(4)　(2)と同様に

$$T(a)=\int_0^1\left\{-ax^2+\left(2a-\frac{1}{2a}\right)x+\frac{1}{a}\right\}dx$$
$$=\left[-\frac{a}{3}x^3+\frac{1}{2}\left(2a-\frac{1}{2a}\right)x^2+\frac{1}{a}x\right]_0^1$$
$$=-\frac{a}{3}+\frac{1}{2}\left(2a-\frac{1}{2a}\right)+\frac{1}{a}$$
$$=-\frac{a}{3}+a-\frac{1}{4a}+\frac{1}{a}=\frac{2}{3}a+\frac{3}{4a}$$

であるから，$2T(a)=3S(a)$ より

$$2\left(\frac{2}{3}a+\frac{3}{4a}\right)=3\left(\frac{2}{3}a+\frac{1}{4a}\right)$$

$a>0$ に注意し，分母を払って整理すると　$8a^2=9$　$a^2=\frac{9}{8}$

したがって，求める値は　$a=\sqrt{\frac{9}{8}}=\frac{3\sqrt{2}}{4}$　……(答)

参考　$f(x)=a(x-1)^2+1$ より，a の値によらず C の軸は直線 $x=1$ であり，C は点 $(0,\ a+1)$ を通る。

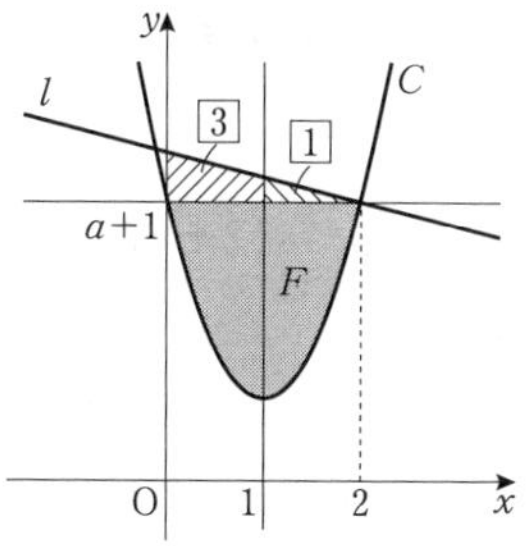

l の傾きについて，$m=-\frac{1}{2a}<0$ が成り立つことにも注意すれば，R のうち $1\leqq x\leqq 2$ の部分と $0\leqq x\leqq 1$ の部分は，C と直線 $y=a+1$ によって囲まれた図形 F を半分ずつ含むことがわかる。

F の面積 $U(a)$ は，公式 $\int_\alpha^\beta(x-\alpha)(x-\beta)dx=-\frac{1}{6}(\beta-\alpha)^3$ を用いれば，

$U(a)=-a\int_0^2 x(x-2)dx=\frac{a}{6}(2-0)^3=\frac{4}{3}a$ と求めることができる。

残った部分は $1\leqq x\leqq 2$ が三角形，$0\leqq x\leqq 1$ が台形であり，相似形に注目すれば面積比は $1:3$ とわかるので，いずれか一方が求められれば他方はすぐに求められる。さらに，$2T(a)=3S(a)$ すなわち $S(a):T(a)=2:3$ が成り立つのは $\frac{1}{2}U(a):(\text{三角形})=3:1$ となるときである。実際，

$\frac{2}{3}a:\frac{1}{4a}=3:1$ から $8a^2=9$ が得られるので，確認しておきたい。

◀解　説▶

≪放物線と直線によって囲まれた図形の面積≫

(3)のような最大・最小問題では，相加平均と相乗平均の大小関係を用いるが，同志社大学では頻出の事項であるし，慣れている受験生であれば，(2)の計算過程で a と $\dfrac{1}{a}$ の項が混在する式の形から，容易に着想できたと思われる。等号成立条件を確認するのを忘れないこと。(4)は(3)とは独立して解くことができるが，$T(a)$ を計算して方程式を立てたあとの処理は(3)に類似しており，流れ良く解ける。さらには，C の形状や l との位置関係，図形の特徴などに着目すれば，〔参考〕のように計算量を減らすこともできる。頻出典型問題であるから，参考書などで類題にあたり，しっかり練習しておきたい。

III　解答

(1)　$2+\sqrt{5}=\alpha$，$2-\sqrt{5}=\beta$ と表すと

$$\alpha+\beta=(2+\sqrt{5})+(2-\sqrt{5})=4 \quad \cdots\cdots①$$

（これは y_1 に等しい）

$$\alpha\beta=(2+\sqrt{5})(2-\sqrt{5})=4-5=-1 \quad \cdots\cdots②$$

よって

$$y_2=\alpha^2+\beta^2=(\alpha+\beta)^2-2\alpha\beta=4^2-2\cdot(-1)=18 \quad \cdots\cdots(答)$$

$$y_3=\alpha^3+\beta^3=(\alpha+\beta)^3-3\alpha\beta(\alpha+\beta)=4^3-3\cdot(-1)\cdot4=76 \quad \cdots\cdots(答)$$

ここで

$$\begin{aligned}(\alpha+\beta)y_{n+1}&=(\alpha+\beta)(\alpha^{n+1}+\beta^{n+1})\\&=\alpha^{n+2}+\alpha\beta^{n+1}+\beta\alpha^{n+1}+\beta^{n+2}\\&=(\alpha^{n+2}+\beta^{n+2})+\alpha\beta(\alpha^n+\beta^n)\end{aligned}$$

すなわち　　$(\alpha+\beta)y_{n+1}=y_{n+2}+\alpha\beta y_n$

これに①，②を代入すれば

$$4y_{n+1}=y_{n+2}+(-1)y_n \qquad y_{n+2}=4y_{n+1}+y_n$$

これより，求める p，q の値は　　$p=4$，$q=1$　……(答)

参考　y_1，y_2 の値および求めた p，q の値を用いて y_3 の値を求めると

$$y_3=4y_2+y_1=4\cdot18+4=76$$

(2)　$z_n=\beta^n=(2-\sqrt{5})^n$ と定める。示すべき命題は，「すべての自然数 n

について，$|z_n|<\frac{1}{2}$　……③ が成り立つ」である。

$|\beta|=|2-\sqrt{5}|$ について，$2.2<\sqrt{5}<2.3$ より $0.2<|\beta|<0.3$　……④ であるから

［1］ $|z_1|=|\beta|$ については明らか。

［2］ $n=k$ のとき $|z_k|<\frac{1}{2}$　……⑤ が成り立つと仮定すると，④，⑤より

$$|z_{k+1}|=|\beta^{k+1}|=|\beta^k||\beta|=|z_k||\beta|<\frac{1}{2}\cdot 0.3<\frac{1}{2}$$

これより，⑤は $n=k+1$ でも成り立つ。

［1］，［2］より，すべての自然数 n について③が成り立つから，題意は示された。　(証明終)

(3)　すべての自然数 n について，y_n の値が自然数となることを⑥とする。

(1)の結果を用いると

［1］ $n=1$，2 のとき，$y_1=4$，$y_2=18$ であるから，⑥は成り立つ。

［2］ $n=k$，$k+1$ のときに⑥が成り立つと仮定すると，$y_{k+2}=4y_{k+1}+y_k$ は自然数どうしの積と和で表されているから自然数であり，⑥は $n=k+2$ でも成り立つ。

［1］，［2］より，すべての自然数 n について，⑥が成り立つ。

(証明終)

また，y_n の 1 の位の数字を w_n とすると，$w_1=4$，$w_2=8$ であり，
$4w_2+w_1=4\cdot 8+4=36$ であるから $w_3=6$，また $4w_3+w_2=4\cdot 6+8=32$ であるから $w_4=2$，さらに $4w_4+w_3=4\cdot 2+6=14$ より $w_5=4=w_1$，
$4w_5+w_4=4\cdot 4+2=18$ より $w_6=8=w_2$ となり，以下繰り返しになるから，すべての自然数 m について

$$w_{4m-3}=4,\quad w_{4m-2}=8,\quad w_{4m-1}=6,\quad w_{4m}=2$$

が成り立ち，n が 4 の倍数のとき，y_n の 1 の位の数字は 2 である。

……(答)

(4)　x_{1000} について　　$y_{1000}=x_{1000}+z_{1000}=x_{1000}+\beta^{1000}$

よって　　$[x_{1000}]=[y_{1000}-\beta^{1000}]$

これまでに考えたことから，y_{1000} は自然数であり，その 1 の位の数字は

2である。

さらに，$\beta^{1000}=(\beta^{500})^2\geqq 0$ かつ $\beta\neq 0$ より $0<\beta^{1000}<\dfrac{1}{2}$ が成り立つから

$$[x_{1000}]=y_{1000}-1$$

$2-1=1$ より，$[x_{1000}]$ の1の位の数字は1である。 ……(答)

◀解　説▶

≪漸化式と数学的帰納法，整数部分の1の位の数字≫

無理数の n 乗の和について，計算した結果が常に整数になるものを数列ととらえ，その漸化式を立式させ，それを用いて整数部分の1の位の数字を求める問題である。丁寧に誘導されてはいるが，小問数が多いので，誘導の意味がわからないと困ってしまうだろうし，出てくる事項も苦手とする受験生が多くいそうなものばかりなので，差がつきやすかったと思われる。(1)の前半は，普通に平方，立方の計算としても解けるが，〔解答〕のように対称式の計算の工夫を用いるなどして，ケアレスミスを防ぎたい。後半では，試しに $(\alpha+\beta)(\alpha^{n+1}+\beta^{n+1})$ を計算してみれば，y_{n+2} が y_{n+1} および y_n を用いて表されることがわかるので，これを利用する。(2)および(3)の前半は，数学的帰納法を用いるのが自然であるが，(3)の前半では $n=1$ の場合だけでなく，$n=2$ の場合についても成り立つことを確認しておく必要があるから注意したい。(3)の後半では，y_n の1の位の数字が周期的に現れることを示すのがポイントになり，そこまでに得られた結果をうまく組み合わせれば(4)の答えにたどり着ける。〔別解〕として，二項定理を用いて α^n と β^n の展開式を表し，足し合わせると $\sqrt{5}$ を含む項が相殺されて整数になることを示す方法などもあるから，参考書等で類題を見かけたら，模範解答でどのような方法をとっているかも確認するとよい。

❖講　評

大問3題からなる出題。Ⅰは3問の小問に分かれた空所補充問題で，空所の箇所は合計10個であった。小問は数学Ⅰ・Ⅱ・Aの各分野から満遍なく出題されている。大問Ⅱ以降は記述式で，Ⅱは微・積分法。Ⅲは漸化式，数学的帰納法を中心とした融合問題であった。

Ⅰの(1)は対数関数のグラフの平行移動に関する基本問題。(2)は角のcosの値と内接円の半径が与えられた三角形に関する計量の問題。必要に応じて三角関数の加法定理や半角の公式も用いるとよい。(3)は n 進法の基本的な知識と，桁数に関する知識が問われた。小問数は2022年度より少ない3問であり，そのぶん丁寧に誘導されているともいえるから，合わせて25～30分で完答したい。

Ⅱは放物線と法線で囲まれた図形の面積に関する問題。標準典型問題であり，過去問演習などを通じて類題を目にしたことがあっただろう。相加平均と相乗平均の大小関係は，同志社大学では頻出である。20～25分で完答したい。

Ⅲでは，さまざまな知識が連続して問われている。誘導の意図をきちんと理解できたかどうか，また，苦手分野を後回しにせず，きちんと学習できたかどうかで差がついたと思われる。25～30分で完答したい。

いずれの問題も標準的であり，特にⅢは良問である。基礎知識や計算力，論理的思考力，記述力をきちんと身につけているかどうかで差がつくだろう。

し、設問の中に三島由紀夫の『葉隠入門』という本文とは別の文章が引用され、その内容把握が問われており、共通テストの傾向を反映させた出題を意図している可能性がある。㈥の四十字の記述問題も例年通り字数の制約に合わせて解答内容をいかに絞るかの工夫が必要で、主語の選び方で制約が大きく変わるので、そのための練習が求められる。

二の古文は、近世の仏教説話らしく物語の筋もつかみやすいが、細部に基礎的な語彙力と読解力が不可欠で、広い基礎的な力が求められる。㈣のような、漢文書き下し文から元の漢文を選ばせる問いは、漢文の基本的な構文知識が不可欠で、それに対応した漢文演習をしていないと正解できないであろう。覚えてしまえば簡単なので、学習の基本として取り組んでおけば、むしろ易しい問いとして対処できる。

「おはしましつき」が「居着く」の尊敬表現「御座しまし着く（＝居着きなさる）」の連用形になるので「ね」は完了強意の助動詞「ぬ」の命令形。4は「とく／しね／かし」となり、ナ変動詞「死ぬ」の命令形。〝早く〟の意の「とく」が「死ね」を修飾している。5の「風こそ寄せね」は〝風が吹き寄せる〟意の下二段動詞「寄す」の未然形「寄せ」に、係助詞「こそ」の結びとして打消の助動詞「ず」の已然形「ね」が接続している。よって、3が正解。

㈥　1は「猪のことをいつも思いやっていた」が不可。本文の「臥猪床を心にかけて」は、「年ごろ狩猟を好みてたのしみと」していた「福田」が狩りに出かけるときに獲物としての猪のことを考えていたことを言う。3の「あらゆる神祇に誓いを立てた」のは「女」ではなく「福田」。4は「福田の不実を責めた」が不可。6は「女が維摩経の教えを最後に言い残した」が不可。維摩経に言及したのは本文の語り手である。

㈦　「霊夢」とは「かの妻」が枕上に立って「長谷寺の観音なり。汝が殺生をとどめんためかりに女となつてまみえたり」と正体を明かし、「後世を願ふべし。我は本所に帰るなり」と告げたことを指す。「殺生」を止めさせ、仏の道へと導くために観音が女に化身して自分の妻となったのだと知って、有り難く感じたのである。観音が「本所に帰る」ことは現世では妻が死ぬことを意味すると知って悲しんだのを「歎き」としてもよいが、設問で問われているのは「どのようなことに感歎したのか」ということなので、「歎き」を喪失の悲しみとして強調するのではなく、観音の導きに「感歎した」のだとまとめて説明する方がよいだろう。

❖講　評

大問は例年通りの二題。現代文は全体的に標準的なレベルで、選択問題の着実な正解の上に、記述問題への対応が問われるものとなっている。古文は、近世の仏教説話からの出題で、文章は読みやすく、設問も難しくはないが、設問の中で漢文の構文読解の力を問うものが出題され、対応に差が出たのではないかと思われる。

一の現代文は、近年続いている読みやすい評論文で、設問の選択肢も正誤がわかりやすい点も例年通りである。ただら〈往なむ〉（＝行こう）と従う気でいることを表現している。また「稲舟」は最上河を「のぼればくだる」（＝行き来する）舟で、「いなにはあらず」に続いているので〝否《いな》ではない〟という誘いを承知する言葉を導く序詞的な働きをしている。つまり、母を亡くし一人で「頼むべき人もなければ」という状況にいることを説明し、「福田」の誘いを受け入れ身を任せる意思があることを告げているのである。よって、5が正解。1は「頼りない人でもいいから」、2は「自分を取り立ててくれる人もいない」、3は「指図をする人もいない」「自由な人が」、4は「つまらない存在」が、それぞれ不可。

㈢　「御内方」は「福田」が「狩猟をやむ」という約束のもとで迎えた「かの妻」を指す。その「妻」が夢に現れて、自分が実は観音の化身であったことを告白し、別れを告げて姿を消したその翌日に、家からの使いが伝えた内容が傍線部なので、観音の「本所に帰るなり」という言葉は、観音の化身であった妻が元の世界に戻ったことを意味する。「むなしく（空しく）なる」は〝亡くなる〟の意。よって、2が正解。1は「強盗に襲われて」、3は「出家なさいました」が不可。4、5は「お母様は」以下すべてが不可。

㈣　傍線部の意味は〈まず欲を誘う釣り針で相手を引っかけ、その後仏の道に入らせる〉で、観音が美しい女性に化身して「福田」の心を虜《とりこ》にし、その後狩猟という殺生を止めさせて仏の道に入らせたことを言う。文の構成は「先づ／欲の鉤を以て／牽きて」「後に／仏智に入らしむ」となる。「欲の鉤」は修飾語「欲の」が「鉤」の上、返読文字「以」の下に「欲鉤」がくる。使役の句形は「令レ入」の下に述語「入」の補語「仏智」がくる。よって、「先以二欲鉤一牽」「後令レ入二仏智一」となり、5が正解。1は「欲の鉤を牽き」「仏をして智に入らしむ」と読む文になり、2は「令後仏智入」が訓読不能。返り点が全くない3も訓読不能。4は「欲は鉤を以て牽き」となり意味不明で、「令二仏智入一」は訓読不能。

㈤　「とどめ給ひね」の「ね」は連用形「給ひ」に接続する完了強意の助動詞「ぬ」の命令形。1は禁止を表す副詞「な」と終助詞「そね」が呼応して〝刈らないでおくれ〟という意になる。2はナ変動詞「往ぬ」の命令形「いね」。3はうだろうか（、そんなことはありえない）。早く早く（望みを）言ってください」と言うと、その女は「私が以前から聞きましたのは、あなた様はいつも動物の命を殺して楽しみにしなさっているとか。その罪はどれほどとお思いになっているでしょうか。永久にこの事をおやめ下さいませ」と言うので、福田は、思いがけずも不都合な事を言うものだと思いながらも、断りにくくて、日本中のあらゆる神様に誓って狩猟をきっとやめるという心づもりを述べたところ、（女は）そうお誓いであるなら、と喜んで、福田の家にやってきて、共に年老いるまで添い遂げる約束は浅くない（＝深く約束したのだった）。こうして半年ほど過ぎた後、福田が、主君のお供で摂津の国にやってきたところ、ある夜の夢にその妻が福田の枕上に立って、「私はお前が常日頃《つねひごろ》敬い信じている長谷寺の観音だ。お前の殺生を止めるために一時的に女となって（お前と）夫婦になったのだ。（お前は）よりいっそう後世の幸せを願うがよい（＝信心に励め）。私はもとの世界に帰るぞ」と光を放って姿を消しなさるのを見てはっと目を覚まして、これはどうしたことか、と考え込んでいたところに、その翌日、家からの使いが来て「奥様が昨日の夜、何かに取り憑かれなさったように急にお亡くなりになりました」と告げたので、霊験の夢と考え合わせ、一方では（観音のお導きに）感動し、一方では（妻の死を）嘆き、主君に暇を願い出て、髪を切って出家し、諸国を修行し、後に高野山にのぼり、仏道修行に明け暮れて命を終えたとかいうことです。維摩経に「婬らな女に姿を変えて様々な色事を好む者の気を引いて、最初その欲望の釣針を使って（男を）ひっかけ、その後で仏の智恵の道に入らせる」と記されている方法がこれなのにちがいない。有り難い事である。

▲解　説▼

㈠　a、「にほふ」の本義〝輝くような視覚的な美しさが目にはいる〟意の転用で、観音の化身である「女」の容姿が〝輝くような美しさ〟に満ちて見えたのである。

b、「おどろく」の基本用法。「ある夜の夢に」現れた観音が自分の正体を告げて「去り給ふ」のを見た直後に、夢から覚めたのである。

㈡　二首の和歌は、「身をうき草の根を絶えて」が〈根無し草〉の身を言い、「誘ふ水あらばいなむとぞ思ふ」が誘われた

解答

(一)　a―4　b―5

(二)　5

(三)　2

(四)　5

(五)　3

(六)　2・5

(七)　観音が自分を仏道に導くために化身し妻となってくれていたこと。（三十字以内）

◆全　訳◆

慶長年中に、大和の国に福田左近右衛門という人がいた。長年狩猟を好んで自分の楽しみとしていた。けれどもその（殺生の）罪を畏れる心があったのだろうか、いつも長谷寺の観音に詣でて現世後世（の救済）を祈っていたという。あるとき福田が、猪を気にかけて（＝猪を狩ろうと）山に入ったところ、道の傍らにある柴葺きの粗末な庵に十六歳にもなるだろうかと見えた、たいそう上品で優美な女がひとりで座って糸を紡いでいた。福田は急に（その女が）心にとまり、庵に立ち入りながら、「どのような方ですか」と尋ねたところ、女が答えて言うのに、「私の母はある公卿にお仕えしていましたが、私をお腹に宿して後、（公卿の）奥方がふかくお憎みになったことで家を追い出されたので、この家の主に縁があって頼ってきて（私を生んで）、（私はここで）育てられましたが、（その）母も三年前に他界して私だけが残ったのです」と涙ぐんで語った。その様子は、つややかで美しいので、あれこれと説得して自分の家の妻に迎えようと語りかけたところ、この女はちょっと笑って、「自分としても頼ることができる人もいないので、引きよせる人もいない浮草が自分を誘う水があるならば（どこへでも行こう）と思っていたところであるので、稲舟の〈いな〉ではないが否《いな》と断る気持ちはありませんけれども、一つだけお願いがございます。（それを）叶えてくださったならばこの身を（あなたに）お任せいたしましょう」と条件をつけたので、福田は「たとえどんな事であっても、あなたがお望みなさる事があるならば逆ら

落）べきで、「日頃から家族に愛情を注ぎつつ、読み書きから体の鍛錬まで、自身が責任をもって子に教育していた」（傍線部の二つ後の段落）点で、「世襲が批判」される現代日本も「学ぶこともあるのでは」（傍線部の五つ後の段落）と述べている。よって、1が正解。2は「現代日本にはなじまない」が、3は「ローマ人がエンタテインメントとして先祖の物語を語るのをやめ」が、4は「熱心に教育すること自体が子どもにプレッシャーを感じさせる点は現代日本にはなじまない」が、5は「子どもを勇敢な武人に育てることで父祖をも凌ぐ名誉ある人間になれると考えた」が、それぞれ不可。

㈤　1は第十一段落に合致する。2は傍線部Cの三つ後の段落に合致する。8は最終段落に合致する。3は「それまで日本になかった礼節や誠心といった価値観が生まれた」が、4は「上流階層の人々にのみ人気を博した」が、5は「正攻法で勝利することをローマが諦めた」が、6は「教会での教育が近代以降主流となっている」が、7は「ＡＩによって親が子の教育を行う際の効率が上がると予測した」が、それぞれ不可。

㈥　両者の「関係」については、共通点と相違点とを挙げ、それを基本として考える。共通点は、「人としてのあり方・生き方に、より深く根ざしている」（第八段落）点と「『誠実さ』を重んじる」（後ろから七段落目）点とが指摘されている。「父祖の威風」が限定された階層に共有されていた点は、「武士道」が庶民レベルにも広がった点で相違点となる（後ろから八・九段落目）。家長の父が責任をもって積極的に子を教育していたか否かも相違点になりうるが、時代の違い等も考慮すると明確な相違点とはしにくい。解答では、主語を「『武士道』と『父祖の威風』とは」と明示したため、字数の都合上、共通点のみを記した。主語を明示しない書き方は避けたいが、もし〈庶民への広がりの有無〉という相違点を入れるとすれば、主語を「両者は」と書き出す形も考えられる。

二

出典　玉耑《ぎょくたん》編『本朝諸仏霊応記』〈巻上　第二　福田左近《さこん》右衛門が妻《つま》は観音《くはんをん》の化現《けげん》なる事〉

▲解　説▼

㈠　aは、後の段落でローマ人の「教育」について「途方もない情熱を傾ける」「教育熱心ぶり」を指摘しているので、その過剰さを表現する「並々ならぬ」が入る。bの直前の「ローマの国は古来の慣習と人によって成り立つ」は「父祖の威風」を教えられることで「優れた人」がつくられる、という関係性を言っているので、その繰り返しによる相乗効果がローマを成り立たせていることになる。よって、bにはよりすぐれたものにすることを示す「磨きをかける」が入る。

㈡　第二～四段落に、新渡戸が『武士道』を書いたのは日本人の「道徳」の由来を欧米人に説明する必要からであり、彼が見出した「武士道」は「善悪の基準」「過剰なまでに義理を重んじる」「礼節をわきまえ、惻隠の情を失わず、私心を捨てよ」という「柔和な武士道」である点で「現代の日本人でも共感できる」ものである点に特徴がある、と説明がある。よって、3が正解。1は「武士の美学と本懐が道徳として学校で教えられているという事実」、2は「『こわもての武士道』として海外に知られていた日本人の価値観を否定し」、4は「武士道」的な道徳が「海外の人々には本来備わっていたこと」、5は「『いつ死んでも悔いはない』という武士の覚悟」を「欧米の道徳教育にも用いることができるよう」が、それぞれ不可。

㈢　三島は、「葉隠」には「武士道といふは、死ぬ事と見付けたり」という第一段階と「人間一生……好いた事をして暮すべきなり」という第二段階とが「裏であると同時に奥義」として存在し、「すぐ死ぬ」覚悟をもって「一瞬一瞬、一日一日」を生きる「生の哲学の根本理念」があると見ている。よって、5が正解。1は「武士道といふは、死ぬ事と見付けたり」は「常朝の本心ではなく」としている点が、2は「十五年が過ぎて時が人間を変えることを目の当たりにし」が、3は「矛盾した行動をとり、次第に変節した」が、4は「理解できない者には奥の手として」が、それぞれ不可である。

㈣　「父祖の威風」を子に語り伝える古代ローマ人の教育方法について、「父親が全面的にその責務を負う」（傍線部の段

国語

一

出典 本村凌二『テルマエと浮世風呂―古代ローマと大江戸日本の比較史』〈6　美徳と武勇の教訓―「父祖の威風」と武士道〉（ＮＨＫ出版新書）　三島由紀夫『葉隠入門』（新潮文庫）

解答

㈠　a―3　b―2

㈡　3

㈢　5

㈣　1

㈤　1・2・8

㈥　「武士道」と「父祖の威風」とは生き方の道徳と誠実さを重んじる点で共通している。（四十字以内）

◆要　旨◆

明治時代に新渡戸稲造は日本人の道徳を「柔和な武士道」に求めた『武士道』を書いたが、江戸時代の山本常朝は常に生を全力で生きることとして『葉隠』で武士道を説いていた。武士道は、中世ヨーロッパの一神教下の騎士道よりも、日本と同じように多神教下で人としての生き方を説いたローマの「父祖の威風」と共通する。しかし、上流階級の父が責務として子に教育した「父祖の威風」に対し、武士道は寺子屋を通じて庶民に広まったものの、子の教育は説かれていないので、その点では「父祖の威風」に学ぶべきである。両者は「誠実さ」を重んじた点でも共通している。教育の場が学校へと移り、他に選択肢がない現代において、親が情愛をもって子の教育に関わることが期待されている。

////////////////////// · memo · //////////////////////

2022年度

問題と解答

■学部個別日程（文・経済学部）

問題編

▶試験科目・配点

教　科	科　　　　目	配　点
外国語	コミュニケーション英語Ⅰ・Ⅱ・Ⅲ，英語表現Ⅰ・Ⅱ	200 点
選　択	日本史B，世界史B，政治・経済，「数学Ⅰ・Ⅱ・A・B」から1科目選択	150 点
国　語	国語総合，現代文B，古典B	150 点

▶備　考

- 経済学部は英語について基準点（80 点）を設けている。したがって英語が 79 点以下の場合，３教科の総得点が合格最低点を上回っていても不合格となる。
- 「数学B」は「数列」および「ベクトル」から出題する。

英語

(100分)

〔Ⅰ〕 次の文章を読んで設問に答えなさい。[＊印のついた語句は注を参照しなさい。](61点)

After completing an undergraduate psychology course taught by Michael Colombo at the University of Otago in New Zealand, Damian Scarf was hooked* on animal cognition. Colombo told Scarf how he and other behavioral researchers were demonstrating that nonhuman animals seemed to possess cognitive abilities that researchers had previously considered to be exclusively human. “Testing these (ア)human-unique abilities just seemed awesome*, so I switched from zoology to psychology the following year,” Scarf recalls.

Scarf completed his PhD* work in Colombo’s lab and is now a lecturer at the University of Otago, where he continues to test the ability of nonhuman animals to display (a)traits supposedly unique to humans. Most of his work involves birds, which have repeatedly upended* the concept of human uniqueness. For example, scientists have thoroughly documented the ability of Caledonian crows* to use tools, a skill long believed to be employed only by humans. Similarly, researchers have shown that scrub jays* remember past events and (イ)act accordingly. “And when it comes to numerical (b)discriminations or word discriminations, pigeons have taken them all,” Scarf says.

This year, Scarf, Colombo, and their colleagues tested pigeons’ ability to recognize patterns of letters that appear in the English language. Nearly every day for two years, Scarf trained four pigeons. He would place the birds in a box with a touch screen, and then present the animals with either a real or fake four-letter word, along with a star below the letters. If the word was real, the birds were to touch it with their beaks; if it was fake, they were to touch the star. If the subjects(c) answered correctly, they would get a bit of wheat. At the end of the training, the pigeons were able to recognize dozens of words — including ones they had never seen before — with about 70 percent accuracy.

"It's quite a novel(d) finding," says Alex Kacelnik, who studies comparative cognition at the University of Oxford. "Showing (あ) pigeons have, (い) a remarkable (う), the ability to process relations (え) letters in allowable or not allowable sequences is (お) my view extremely interesting."

Pigeons, of course, do not use written language, but Scarf suspects that they are accustomed (Y) picking up patterns of visual objects. "The plasticity* that seems to be inherent in(e) not only the visual cortex* of primates* but also the visual cortex of pigeons makes them code letter pairs maybe like they would have coded object combinations or object features in the environment," he says. Whether they are using the same part of the visual cortex that humans use to process words, however, remains to be seen, Scarf adds. "We do have plans to look, using electrophysiology*, to see whether this is all localized to one part of the visual cortex."

Understanding how birds are capable of performing such advanced mental feats(ウ) has proved tricky. (Z) instance, in 1998, Nicky Clayton of the University of Cambridge and her colleagues found that scrub jays only searched for cached perishables* soon after they had stored them, suggesting the birds think about the future and plan accordingly, but exactly how they do it remains a mystery. "We know they are thinking about it, but we don't know how they are," says Clayton.（中略）

In some cases, it's obvious that the birds are processing stimuli(f) differently than humans are. Just this year, for example, Kacelnik and his University of Oxford colleague, zoologist Antone Martinho, showed that newborn ducklings* imprinted* the relative sizes and colors of two different objects: if they saw two equal-size objects when they were born, they will follow equal-size objects, even different ones, later in life. “This is a quite striking(g) ability,” Kacelnik says. Such relational concepts are thought “to be only available to highly intelligent animals with a high level of training, and these animals do it in 15 minutes after they come out of the egg.”

Indeed, no two species are the same, Kacelnik says. “All species have a common ancestor and share many common processes, but they have also evolved(h) special abilities that are definitely not the same between species,” he says. “Humans cannot navigate home as a pigeon does, and a pigeon cannot play chess as humans do. Claiming that there are no differences is not helpful.”

But Scarf plans to keep his eyes open for more claims of such differences, and in particular, of uniquely human abilities. “There’ll be something else that comes out that people promote as [human- or] primate-unique,” he says, “and we’ll do the same thing we always do, which is try and test it in pigeons.”

(By Jef Akst, writing for *The Scientist*, December 1, 2016)

［注］ hooked　夢中になる

awesome　すばらしい

PhD　(Doctor of Philosophy　博士号)

upended　(upend　覆す)

Caledonian crows　カレドニアガラス（カラス科の鳥）

scrub jays　アメリカカケス（カラス科の鳥）

plasticity　柔軟性

visual cortex　脳の視覚野

primates　霊長類

electrophysiology　電気生理学

cached perishables　隠された傷みやすい食糧

ducklings　子ガモ

imprinted　(imprint　刷り込み学習を受ける)

I－A　空所(Y)と(Z)に入るもっとも適切なものを次の1～4の中からそれぞれ一つ選び、その番号を解答欄に記入しなさい。

(Y)　1　at　　2　in　　3　on　　4　to

(Z)　1　For　　2　In　　3　To　　4　With

I－B　下線部 (a)～(h) の意味・内容にもっとも近いものを次の1～4の中からそれぞれ一つ選び、その番号を解答欄に記入しなさい。

(a)　traits

1　characteristics　　2　colors

3　rebellions　　4　signals

(b)　discriminations

1　bullies　　2　distinctions　　3　insights　　4　prejudices

(c)　subjects

1　crows　　2　pigeons　　3　researchers　　4　students

(d)　novel

1　fresh　　2　literal　　3　predictable　　4　romantic

(e)　inherent in

1　derived from　　2　expanded beyond

3　located near　　4　natural to

(f)　stimuli

1　atmospheres　　2　calculations

3　inputs　　4　situations

(g)　striking

1　demanding　　2　remarkable　　3　violent　　4　winning

(h) evolved

1 declined　　2 developed　　3 rotated　　4 terminated

I－C　波線部 (ア)～(ウ) の意味・内容をもっとも的確に示すものを次の1～4の中からそれぞれ一つ選び、その番号を解答欄に記入しなさい。

(ア) human-unique abilities

1 capabilities peculiar to humans

2 things that only humans prefer

3 things that people find entertaining

4 universal skills that humans also possess

(イ) act accordingly

1 do as others say

2 make use of them

3 play an assigned role

4 work together as a group

(ウ) advanced mental feats

1 academic learning processes

2 future psychological developments

3 refined spiritual exercises

4 sophisticated intellectual activities

I－D　二重下線部の空所(あ)～(お)に次の1～8から選んだ語を入れて文を完成させたとき、(い)と(う)と(お)に入る語の番号を解答欄に記入しなさい。同じ語を二度使ってはいけません。選択肢の中には使われないものが三つ含まれています。

Showing (あ) pigeons have, (い) a remarkable (う), the ability to process relations (え) letters in allowable or not allowable sequences is (お) my view extremely interesting.

1 between　　2 degree　　3 in　　4 on

5 that　　6 this　　7 through　　8 to

Ｉ－Ｅ 本文の意味・内容に合致するものを次の１～８の中から三つ選び、その番号を解答欄に記入しなさい。

1 Researchers used to believe that other species had many abilities characteristic of human beings.

2 Scientists report that some birds can use tools.

3 The pigeons accurately recognized about 70 percent of four-letter words presented to them.

4 Areas of the visual cortex activated in pigeons that process words match those activated in human beings when they do the same.

5 Scientists are aware that some birds plan for the future, but how they do it is puzzling.

6 Fifteen minutes of training per day enables most species of birds to master relational concepts such as size and color.

7 Mammals, including human beings, have developed navigational abilities that rival those of pigeons.

8 In order to test additional primate-unique abilities, Scarf has broadened his investigations to include human beings.

〔II〕 次の文章を読んで設問に答えなさい。[*印のついた語句は注を参照しなさい。](89点)

One evening Adam Mastroianni was reluctantly putting on his bow tie for yet another black-tie party* at the University of Oxford that he had no interest in attending. Inevitably, Mastroianni, then a master's student in psychology at the university, knew that he would (ア)wind up stuck in some endless conversation that he did not want with no way to politely extricate* himself. Even worse, he suddenly realized, he might unknowingly be the one to perpetuate* unwanted conversation traps for others. "What if both people are thinking exactly the same thing, but we're both stuck because we can't move on when we're really done?" he wondered.

Mastroianni's hunch may have been on the mark. A study published on March 1 in the *Proceedings of the National Academy of Sciences USA** reports on what researchers discovered when they (イ)climbed into the heads of talkers to gauge their feelings about how long a particular conversation should last. The team found that conversations almost never end when both parties want them to — and that people are a very poor judge of when their partner wishes to (ウ)call it quits. In some cases, however, interlocutors* were dissatisfied not because the talk went on for too long (W) because it was too short.

"Whatever you think the other person wants, you may well be wrong," says Mastroianni, who is now a doctoral candidate in psychology at Harvard University. "So you might (あ)(い) leave at the first time it seems appropriate, because it's (う) to be left wanting more (え)(お)."

Most past research about conversations has been conducted by linguists or sociologists. Psychologists who have studied conversations, on the other hand, have mostly used the research as a means of addressing other things, such as how people use words to persuade. A few studies have explored(a) what phrases individuals say at the ends of conversations, but the focus has not been (X) when people choose to say them. "Psychology is just now waking up to the fact that this is a really interesting and fundamental social behavior," Mastroianni says.

He and his colleagues undertook(b) two experiments to examine the dynamics* of talk. In the first, they quizzed 806 online participants about the duration of their most recent conversation. Most of them had taken place with a significant other*, family member or friend. The individuals involved detailed whether there was a point in the conversation at which they wanted it to end and estimated(c) when that was in relation to when the conversation actually ended.

In the second experiment, held in the lab, the researchers split 252 participants (Y) pairs of strangers and instructed them to talk about whatever they liked for anywhere from one to 45 minutes. Afterward the team asked the subjects when they would have liked the conversation to have ended and to guess about their partner's answer to the same question.

Mastroianni and his colleagues found that only 2 percent of conversations ended at the time both parties desired, and only 30 percent of them finished when one of the pair wanted them to. In about half of the conversations, both people wanted to talk less, but their cutoff point was usually different. Participants in both studies reported, on average, that the desired length of their conversation was about half of its actual length. To the researchers' surprise, they also found that it is not always the case that people are held hostage by talks(エ): In 10 percent of conversations, both study participants wished their exchange had lasted longer. And in about 31 percent of the interactions(d) between strangers, at least one of the two wanted to continue.

Most people also failed at intuiting* their partner's desires. When participants guessed at when their partner had wanted to stop talking, they were off (e) by about 64 percent of the total conversation length.

That people fail so completely in judging when a conversation partner wishes to wrap things up (オ) "is an astounding* and important finding," says Thalia Wheatley, a social psychologist at Dartmouth College, who was not involved in the research. Conversations are otherwise "such an elegant expression of mutual (f) coordination," she says. "And yet it all falls apart (g) at the end because we just can't figure out when to stop." This puzzle is probably one reason why people like to have talks over coffee, drinks or a meal, Wheatley adds, because "the empty cup or check gives us an out (カ) — a critical conversation-ending crutch*."

Nicholas Epley, a behavioral scientist at the University of Chicago, who was not on the research team, wonders what would happen if most conversations ended exactly when we wanted them to. "How many new insights (h), novel perspectives or interesting facts of life have we missed because we avoided a longer or deeper conversation that we might have had with another person?" he asks.

While this cannot be determined in the countless exchanges of everyday life, scientists can design an experiment in which talks either end at precisely the point when a participant first wants to stop or continue for some point beyond. "Do those whose conversations end just when they want them to actually end up (Z) better conversations than those that last longer?" Epley asks. "I don't know, but I'd love to see the results of that experiment."

The findings also open up many other questions. Are the rules of conversation clearer in other cultures? Which cues, if any, do expert conversationalists pick up on (キ)? What about the dynamics of group chats?

"The burgeoning* science of conversation needs rigorous descriptive papers like this one, but we also need causal experiments to test strategies that might help us navigate (i) the important and pervasive challenges of conversation," says Alison Wood Brooks, a professor of business administration at Harvard Business School, who was not involved in the study. "I think it's pretty wild that we can put rovers* on Mars, and yet we're just beginning to rigorously understand how people talk to each other."

(By Rachel Nuwer, writing for *Scientific American*, March 1, 2021)

［注］ black-tie party　フォーマルなパーティー
extricate　解放する
perpetuate　永続させる
Proceedings of the National Academy of Sciences USA　『米国科学アカデミー紀要』(米国科学アカデミーの機関誌)
interlocutors　対談者
dynamics　力学
significant other　伴侶、パートナー
intuiting　(intuit　直感で知る)
astounding　びっくり仰天させる
crutch　助け
burgeoning　(burgeon　発展し始める)
rovers　探査車

Ⅱ－A　空所(W)～(Z)に入るもっとも適切なものを次の1～4の中からそれぞれ一つ選び、その番号を解答欄に記入しなさい。

(W)	1 as	2 but	3 for	4 so
(X)	1 from	2 in	3 of	4 on
(Y)	1 into	2 out	3 up	4 within
(Z)	1 down	2 over	3 to	4 with

Ⅱ－B　下線部(a)～(i)の意味・内容にもっとも近いものを次の1～4の中からそれぞれ一つ選び、その番号を解答欄に記入しなさい。

(a) explored

1 collected 2 expanded 3 ignored 4 investigated

(b) undertook

1 called off 2 carried out

3 handed over 4 went under

(c) estimated

1 approximated 2 described

3 emphasized 4 proved

(d) interactions

1 exchanges 2 interpretations

3 lectures 4 operations

(e) were off

1 got right 2 guessed wrong

3 made sense 4 took note

(f) mutual

1 careful 2 independent

3 shared 4 virtual

(g) falls apart

1 breaks down 2 comes out

3 settles down 4 works out

(h) insights

1 displays 2 ideas 3 scenes 4 studies

(i) navigate

1 discuss 2 handle 3 recognize 4 travel

II－C 波線部 (ア)〜(キ) の意味・内容をもっとも的確に示すものを次の１〜４の中からそれぞれ一つ選び、その番号を解答欄に記入しなさい。

(ア) wind up stuck

1 be at a loss for words

2 find himself locked

3 gradually get upset

4 make himself understood

(イ) climbed into the heads of talkers

1 asked people to say how tall they are

2 found out what happens in the mind when people chat

3 studied the movements of people's heads

4 took scans to study the brains of healthy people

(ウ) call it quits

1 conclude a conversation

2 go out of doors

3 name the game

4 return another time

(エ) people are held hostage by talks

1 conversations lengthen when people have much to contribute

2 people bind themselves into conversations

3 people have a habit of talking too much

4 private conversations are prohibited

(オ) wrap things up

1 cover the matter up

2 end the encounter

3 keep things back

4 put it all together

(カ) gives us an out

1 leaves us hungry

2 offers us a way to escape

3 permits us to leave without paying

4 provides us an occasion to quarrel

(キ) pick up on

1 catch up with

2 do away with

3　lose sight of

4　take notice of

II－D　二重下線部の空所(あ)～(お)に次の1～7から選んだ語を入れて文を完成させたとき、(い)と(う)と(お)に入る語の番号を解答欄に記入しなさい。同じ語を二度使ってはいけません。選択肢の中には使われないものが二つ含まれています。

So you might (　あ　)(　い　) leave at the first time it seems appropriate, because it's (　う　) to be left wanting more (　え　)(　お　).

1　as　　2　better　　3　have　　4　less

5　much　　6　than　　7　well

II－E　本文の意味・内容に合致するものを次の1～8の中から三つ選び、その番号を解答欄に記入しなさい。

1　According to the *Proceedings of the National Academy of Sciences USA*, people choose how long they wish to talk.

2　Psychologists seldom study how effectively people use words while conversing.

3　In the first experiment, most of the conversations the 806 online participants talked about were with people particularly close to them.

4　The second experiment showed that at most one third of conversations ended when one of the participants wanted them to.

5　In the second experiment, researchers found that about one third of conversations lasted longer when participants knew each other well.

6　Wheatley claims that people tend to converse longer while eating and drinking.

7　Epley is curious about how people might benefit from long conversation.

8　Researchers who were not involved in the studies settled the much-debated question about how conversations end.

Ⅱ－Ｆ　本文中の太い下線部を日本語に訳しなさい。

Participants in both studies reported, on average, that the desired length of their conversation was about half of its actual length.

〔Ⅲ〕　次の会話を読んで設問に答えなさい。(50点)

(*Natalie sees her friend Greg on campus wearing headphones.*)

Natalie:　Hey Greg, what are you listening to?

Greg:　Oh, hey Natalie. I'm listening to *Oliver Twist*.

Natalie:　Wait... there's a band called *Oliver Twist*?

Greg:　No, it's the book by Charles Dickens. Surely, you've read it.

Natalie:　______(a)______

Greg:　Yeah, it's an audiobook.

Natalie:　So, you're listening to someone read a book to you? ______(b)______ Wouldn't that be faster?

Greg:　Yeah, I always thought the same thing until I tried an audiobook. You're right that you can read faster by yourself, but I've found that I have much more time to listen than I do to read. I can listen while I'm on the train or walking to class. Now I can't stop listening to them, and I've been getting through many more books than usual.

Natalie:　______(c)______

Greg:　Sure, but I can't while exercising or something like that. I depend on audiobooks especially when I'm out jogging.

Natalie:　Yeah, it would be pretty dangerous to try to read a book while you're running. But isn't it hard to pay attention to the story?

Greg:　It's usually not so difficult. Actually, it helps me ignore the pain of running. ______(d)______

Natalie: I wonder if audiobooks would help me clean my room. I always hate doing that.

Greg: Yeah, you should try it! ______(e)______

Natalie: I wish they could help me get through my homework!

Greg: That might not work so well. You have to focus on your homework.

Natalie: Don't you get bored listening to the same voice for hours?

Greg: It depends on the narrator. They're professionals, so most of them are quite good at it. ______(f)______ They're like voice actors. It's really interesting to hear one person play all the roles.

Natalie: But I guess if you don't like the narrator you can't enjoy the book.

Greg: Right, that's happened to me before. And then I can't listen to any other books read by the same narrator. But there are usually a few different versions of older books. When I listened to *Crime and Punishment* by Dostoevsky, I could choose from three or four different narrators! ______(g)______

Natalie: But doesn't it affect your imagination? What I like about reading books is that I can create the world in my head. I think if you have a narrator doing character voices it might affect your experience.

Greg: Yeah, that's true. It affects you a little bit, but I think some of the best narrators can really add to the feeling of the story. Some of them really get into it! [オーディオブックを聴くことは、本を読む前に映画版を観ることほど悪くないよ。]

Natalie: Right, I can't do that. I don't want to have any fixed image when I start reading a story. But it's interesting to see the movie after you read the book. ______(h)______

Greg: I know what you mean. It's usually completely different!

Natalie: Well, I won't interrupt your adventures with *Oliver Twist* any longer. Enjoy!

Ⅲ－A 空所 (a)～(h) に入るもっとも適切なものを次の１～10の中からそれぞれ一つ選び、その番号を解答欄に記入しなさい。同じ選択肢を二度使ってはいけません。選択肢の中には使われないものが二つ含まれています。

1 I can just listen to the story and forget that my legs are tired.
2 Isn't that by the same author?
3 It's almost like choosing different translations.
4 Oh, I didn't really like the movie version.
5 They're great for anything tedious like that.
6 Well, you can easily read a book on the train.
7 Why not just read the book yourself?
8 You can see how different it is from what you imagined.
9 You'd be amazed to hear one person do lots of different characters.
10 You're listening to a book?

Ⅲ－B 本文中の［　　　］内の日本語を英語で表現しなさい。

オーディオブックを聴くことは、本を読む前に映画版を観ることほど悪くないよ。

日本史

(75分)

〔Ⅰ〕 次の（1）～（3）を読み、設問に解答せよ。　(60点)

（1） 藤原京から平城京へ遷都がなされた際には、寺院の移転がみられた。藤原京には薬師寺アや（　a　）などの官寺、そしてそれに準じる元来蘇我氏の氏寺であった飛鳥寺（法興寺）などがあったが、これらは平城京に移転され、（　a　）は大安寺、飛鳥寺は（　b　）となった。山階《やましな》で創建され、藤原京に移されていた藤原氏の氏寺も、さらに平城京に移転されて興福寺となった。

こののち、京の内外にはいくつかの寺院が創建された。最も注目されるのが、平城京東方の条坊外の地に創建された東大寺である。聖武天皇が大仏(盧舎那仏）造立の詔を出したイ1のは（　c　）宮においてであったが、平城京への還都ののち事業は京の東方、条坊外の地で継続された。唐・新羅の僧侶から華厳を学び、聖武の信頼を得ていた（　ウ　）や、和泉・河内をはじめとする諸地域で民間布教につとめていた（　エ　）の尽力によって造営事業は進み、752年に開眼供養がおこなわれた。754年には、唐から渡来して日本に戒律を伝えた（　オ　）によって、常設の戒壇も設置された。伽藍は、大仏殿と東西の七重塔を中心とする大規模なものであった。

また、平城宮西側の右京一条に創建された西大寺は、藤原仲麻呂の乱イ2を鎮圧するため、孝謙太上天皇dが四天王像を造立したのが起こりである。その翌年より本格的に造営され始め、多くの堂舎を擁する伽藍が形成されていった。

平安遷都後、これらの有力寺院は新京へ移転されることなく、そのまま残された。とくにこの六寺は、斑鳩の法隆寺カとともに南都七大寺と呼ばれるようになり、唐招提寺キなどとともに南都巡礼の対象とされた。

【設問ア】下線部アの薬師寺は、ある人物が皇后の病気平癒を祈り創建したものである。この人物名を次のうちから選び、その番号を解答欄Ｉ－Ｂに記入せよ。

1．草壁皇子　　2．天智天皇　　3．天武天皇　　4．文武天皇

【設問ａ・ｂ・ｃ】空欄（　ａ　）（　ｂ　）（　ｃ　）にあてはまる語を、それぞれ解答欄Ｉ－Ａに漢字で記せ。

【設問イ】下線部イ１・２について、次のなかからイ１の出来事と、イ２の出来事の中間の時期にあたるものを選び、その番号を解答欄Ｉ－Ｂに記入せよ。

1．宇佐八幡神託事件　　2．『懐風藻』の成立

3．『弘仁格式』の完成　　4．『日本書紀』の完成

5．天然痘の流行による藤原四子の死

【設問ウ・エ・オ】空欄（　ウ　）（　エ　）（　オ　）にあてはまる人物名を以下の語群から選び、その番号をそれぞれ解答欄Ｉ－Ｂに記入せよ。

1．鑑　真　　2．義　淵　　3．行　基　　4．玄　昉

5．道　鏡　　6．道　慈　　7．曇　徴　　8．良　弁

【設問ｄ】下線部ｄの孝謙太上天皇は、重祚したのちの770年、10ヶ寺に10万基ずつ、陀羅尼を納入した木製の三重小塔を分置したが、これらの塔のことを何と呼ぶか。その名を解答欄Ｉ－Ａに漢字３字で記せ。

【設問カ】下線部カの法隆寺は、古代の美術作品を多く現在に伝えている。次のうちには、現在法隆寺以外の寺院に所蔵されている作品が一つ含まれているが、その番号を選び、解答欄Ｉ－Ｂに記入せよ。

1．金堂壁画　　2．玉虫厨子　　3．天寿国繡帳　　4．夢殿救世観音像

【設問キ】下線部キの唐招提寺の堂舎には、奈良時代の建築として貴重なものが含まれるが、唐招提寺講堂の説明として正しいものを次のうちから選び、その番号を解答欄Ｉ－Ｂに記入せよ。

1．貴族邸宅を仏堂風に改めたもので、当時の高級住宅を考えるうえで貴重である。

2．聖武太上天皇の遺品など数千点を所蔵しており、開扉には天皇の許可が必要であった。

3．朝集殿を移築したもので、平城宮唯一の遺構として重要である。

4．白鳳様式を伝えるもので、その美しい姿に「凍れる音楽」の異称がある。

（2）　平安遷都以後には天台e・真言fなどの新たな仏教が発展したが、そののちにも南都の寺院の宗教的な重要性がすぐに低下したわけではなかった。しかし、律令国家の支配が衰退していくにつれて、食封や荘園からの収入を失うなど衰微の傾向をみせていくこととなる。

そのようななかで、最も寺勢を維持・拡大したのが、（　ク　）にあった藤原氏の氏寺、興福寺ケである。とくに藤原氏の嫡流、摂関家から子弟が入寺するようになった11世紀の後半あたりからその傾向は顕著で、藤原氏の氏神を祀《まつ》る（　g　）社を取り込みつつ、大和国内における影響力を格段に強めていった。また、興福寺の僧侶たちは、自らの宗教的権威を背景にして、たびたび強訴をおこなった。（　g　）社の神木を持ち出して強訴をおこなう興福寺は、比叡山延暦寺と並んで恐れられた。

ところが、そのように勢威を振るった興福寺も、平安末期に大きな危機におそわれた。1180年、平家に反発して蜂起した以仁王に加担する動きをみせたため、討伐を受けることとなったのである。派遣された（　h　）・平通盛らの軍は僧坊に火をかけたが、この火が燃え広がって興福寺の伽藍の大半が焼けてしまった。また、このとき東大寺も戦火にかかり、盧舎那仏・大仏殿が焼け落ちることとなったのである。

【設問e】下線部e天台宗の日本における開祖となった最澄は、独自の戒壇の創設を目指して、南都寺院から激しい批判を受けた。そのような南都からの批判に対して、最澄が反論した著作の名を、解答欄Ⅰ－Aに漢字で記せ。

【設問f】下線部fの真言宗は、東大寺に強い影響を及ぼした。開祖の空海が嵯峨天皇から与えられた平安京内の寺院の名を、解答欄Ⅰ－Aに漢字2字で記せ。

【設問ク】空欄（　ク　）にあてはまる語句を次のうちから選び、その番号を解答欄Ⅰ－Bに記入せよ。

1．右　京　　2．外　京　　3．左　京　　4．平城宮

【設問ケ】下線部ケの興福寺に現在伝えられている美術作品や、現存している建

築について、次のものを制作・建造順に時系列で並べた場合、2番目に古いものはどれか。その番号を解答欄Ⅰ－Bに記入せよ。

1．興福寺八部衆像　　　　2．興福寺五重塔

3．興福寺仏頭　　　　　　4．興福寺無著・世親像

【設問g】空欄（　g　）にあてはまる語句を、解答欄Ⅰ－Aに漢字2字で記せ。

【設問h】空欄（　h　）には、平清盛の子息で、このとき清盛の命を受けて南都に兵を出していた人物の名が入る。その人物名を、解答欄Ⅰ－Aに漢字で記せ。

（3）　平家によって大きな被害を受けた興福寺・東大寺であったが、そののち再建の動きが本格化した。東大寺については後白河法皇がとくに積極的で、大勧進に任命された（　i　）を中心にして造営事業が進められた。盧舎那仏の開眼供養は、<u>平家が滅亡した</u>コ1 1185年のうちに遂行された。事業には源頼朝も協力的で、<u>大仏殿再建の供養法会が後白河没後の1195年におこなわれた</u>コ2 際には、頼朝自身が大勢の武士を引き連れて上洛し、会場周辺の警固にあたっている。興福寺のほうも30年ほどかけて、順次再建が進んだ。このような一連の再建事業のなかで、<u>奈良仏師による新しい作風をもつ彫像が多数作られた点は特徴的である</u>サ。

また、鎌倉時代の南都では、旧仏教のなかの改革運動が進められた点も注目される。藤原通憲（信西）の孫で興福寺の僧侶だった（　シ　）は、法相の教学を学ぶとともに戒律を重視し、その復興をはかった。その孫弟子にあたる（　ス　）は、西大寺を拠点にしつつ同じく戒律の復興につとめ、幅広い帰依を受けており、それによって衰微していた西大寺も再興されることとなった。また、（　ス　）は、（　j　）の招きを受けて1262年に鎌倉に下向しており、<u>北条氏を含む鎌倉幕府要人からも帰依を得ている</u>セ。これに先んじて（　ス　）の弟子にあたる<u>忍性</u>ソが関東で布教をおこなっていたこともあって、以後西大寺流律宗は関東にも広まっていくこととなる。

【設問i】空欄（　i　）にあてはまる人物名を、解答欄Ⅰ－Aに漢字で記せ。

【設問コ】下線部コ1・コ2の中間の時期に起こった出来事として、適切でないものはどれか。次から選び、その番号を解答欄Ⅰ－Bに記入せよ。

1．鎌倉幕府軍が奥州藤原氏を滅ぼした。

2．北条時政が比企能員を滅ぼした。

3．源頼朝が征夷大将軍に任命された。

4．源頼朝が右近衛大将に任命された。

【設問サ】下線部サについて、この時期の奈良仏師にあたる人物を次から選び、その番号を解答欄Ｉ－Ｂに記入せよ。

1．円　伊　　2．康　勝　　3．定　朝　　4．成　忍

【設問シ、ス】空欄（　シ　）（　ス　）にあてはまる人物名を以下の語群から選び、その番号を解答欄Ｉ－Ｂに記入せよ。

1．栄　西　　2．叡　尊　　3．空　也　　4．俊　芿

5．貞　慶　　6．親　鸞　　7．道　元　　8．明　恵

【設問ｊ】空欄（　ｊ　）には、武蔵国六浦荘の別邸に、仏書をはじめとする書庫を置いた人物の名が入る。この人物名を解答欄Ｉ－Ａに漢字で記せ。

【設問セ】下線部セについて、この当時の鎌倉幕府では（　セ１　）が実権を握りつつ、京都から将軍（　セ２　）を迎えて政治がおこなわれていた。この空欄（　セ１　）（　セ２　）に入る人物の組み合わせとして適切なものを次から選び、その番号を解答欄Ｉ－Ｂに記入せよ。

1．北条時頼、藤原頼経　　2．北条時頼、宗尊親王

3．北条泰時、藤原頼経　　4．北条泰時、宗尊親王

【設問ソ】下線部ソの忍性に関する説明として、正しいものはどれか。次から選び、その番号を解答欄Ｉ－Ｂに記入せよ。

1．北山にハンセン病患者の救済施設を建てるなど、慈善事業をおこなった。

2．日本最初の仏教通史を漢文体で著述した。

3．法然の『選択本願念仏集』を批判して、『摧邪輪』を著した。

4．民間で念仏行脚をおこない、「市聖」と呼ばれた。

〔Ⅱ〕 次の史料（1）～（5）を読んで、下記の設問ア～チに答えよ。　（45点）

（1）「一　日本ハ神国たる処《ところ》、きりしたん国ア より邪法を授け候儀、太《はなはだ》以て《もって》然《しか》るべからず候事。

一　其国郡の者を近付け門徒になし、神社仏閣を打破るの由《よし》、前代未聞に候。国郡在所知行等給人に下され候儀は、当座の事に候。天下よりの御法度を相守り、諸事其意を得べき処、下々として猥《みだ》りの義曲事《くせごと》の事。

一　（　イ　）、其知恵の法を以て、心ざし次第ニ檀那を持ち候と思召され候へハ、右の如く日域（日本）の仏法を相破る事曲事に候条、（　イ　）儀、日本の地ニハおかせられ間敷《まじく》候間、今日より廿日の間ニ用意仕《つかまつ》り帰国すべく候。……

一　黒船の儀ハ商売の事に候間、各別に候の条、年月を経、諸事売買いたすべき事。

一　自今以後、仏法のさまたげを成さざる輩《ともがら》ハ、商人の儀ハ申すに及ばず、いづれにてもきりしたん国より往還くるしからず候条、其意を成すべき事。已上

天正十五年六月十九日」　（「松浦文書」）

【設問ア】下線部アに該当する国は二国である。この二国を下記から2つ選び、その番号を解答欄Ⅱ－Bに記入せよ。

1．ポーランド　2．ポルトガル　3．ロシア　4．イスパニア

【設問イ】空欄（　イ　）には、キリスト教を日本にもたらした当時の宣教師・神父に対する呼称が入る。この宣教師・神父に対する呼称を、カタカナで解答欄Ⅱ－Aに記せ。

【設問ウ】史料（1）は、九州で発令されたキリスト教布教禁止や南蛮貿易などに対する文書であるが、これを発令した人物名を漢字で解答欄Ⅱ－Aに記せ。

（2）「長崎の奉行は叛乱の原因を調査し、それが有馬の地の領主である奉行長門守エ の苛酷をきわめた虐政によるものであることを見出した。すなわち農民は毎年、一般の貢物として米と小麦と大麦とを納めたが、その上更にノノとカンガとの二種類を納めなければならなかった。更に煙草一株につき税とし

てその葉の半数を取られたが、それは常に極上で、最も大きな葉が選ばれた。……すべては憐れな農民の血と汗を代償として、殿の収入を増すために行われたので、納められない人々は迫害を加えられ、その妻を取上げられた。……長門殿の奉行や役人たちが、このような傲慢、暴虐によって農民に圧制を加えたことが原因となって、その領主に対する蜂起、叛乱となったのであって、キリスト教徒によるものではない。ところが、殿の重臣たちは、これをキリスト教徒が蜂起したものと言明して、その虐政を蔽い隠し、日本国中の領主たちと皇帝に対して面目を失わないように図ったのであった。……叛徒は、日野江城と原城の二城を占領し、総勢がたてこもった。城の固めは厳重だったが兵糧の用意が足りなかった。そのことが落城の原因のすべてであった。婦女子を除いて三万五千以上の大軍を擁していたからである。……一揆の全軍を指揮した司令官は（　オ　）という少年で、十八歳をこえていないということである。」

（「ドアルテ＝コレアの島原一揆報告書」）

『詳説日本史史料集』山川出版社

（注記）「ノノ」とは布のことであり，「カンガ」とはマクワウリや甘瓜の類いを指すか。

【設問エ】下線部エは、百姓の酷使や過重な年貢負担によっておきた日本史上最大規模の一揆の主因となった大名家のことをさしている。この大名家を下記から選び、その番号を解答欄Ⅱ－Bに記入せよ。

1．松　倉　　2．細　川　　3．小　西　　4．黒　田

【設問オ】史料（2）の一揆の全軍を指揮した司令官である少年は誰か。この人物名を漢字で解答欄Ⅱ－Aに記せ。

【設問カ】史料（2）の一揆を鎮圧することに功のあった幕府側の総司令官は誰か。彼は、将軍・徳川家光の小姓から老中となり、その後由井正雪の乱・明暦の大火の事後処理においても力を発揮した。「知恵伊豆」とも称されたこの人物名を漢字で解答欄Ⅱ－Aに記せ。

（3）「近来英吉利国王キより支那国帝に対し兵を出して烈《はげ》しく戦争せし本末ハ、我国の舶《ふね》、毎年長崎に到て呈する風説書を見られて既に知り給ふべし。

……謹《つつし》んで古今の時勢を通考するに、天下の民ハ速ニ相親しむものにして、其勢ハ人力のよく防ぐ所に非ず。蒸気船を創製せるにより、以来各国相距ること遠くて猶《なお》近きに異ならず。斯《かく》の如く互に好を通する時に当りて、独《ひとり》国を鎖して万国と相親しまざるハ人の好ミする所にあらず。貴国歴代の法に異国の人と交を結ぶことを厳禁し玉ふハ、欧羅巴州にて遍く知る所なり。……是に殿下ク に丁寧に忠告する所なり。今貴国の幸福なる地をして兵乱の為に荒廃せざらしめんと欲せば、異国の人を厳禁する法を弛《ゆる》め給ふべし。」

（「通航一覧続輯」）

【設問キ】下線部キの英吉利国王は誰か。この国王名を下記から選び、その番号を解答欄Ⅱ－Bに記入せよ。

1．エカチェリーナ　　2．ジョン

3．セオドア　　4．ヴィクトリア

【設問ク】下線部クの殿下とは誰か。この人物名を下記から選び、その番号を解答欄Ⅱ－Bに記入せよ。

1．徳川吉宗　　2．徳川家慶　　3．徳川家康　　4．徳川家治

【設問ケ】史料（３）は、あるヨーロッパの国王が幕府に行った開国勧告である。この国の名前を解答欄Ⅱ－Aに記せ。

（４）「第一ケ条　一日本と合衆国とハ、其人民永世不朽の和親を取結ひ、場所・人柄の差別これ無き事。

第二ケ条　一伊豆（　コ　）・松前地（　サ　）の両港ハ、日本政府ニ於て、亜墨利加船（　シ　）・食料・石炭欠乏の品を、日本にて調ひ候丈《だけ》ハ給し候為メ、渡来の儀差し免し候。……

第九ケ条　一日本政府、外国人江当節亜墨利加人江差し免さす候廉《かど》相免し候節ハ、亜墨利加人江も同様差し免し申すへし。右に付、談判猶予致さす候事。

第十一ケ条　一両国政府に於て、拠《よんどころ》無き儀これ有り候模様ニより、合衆国官吏のもの下田に差し置き候儀もこれ有るへし。尤《もっと》も約定調印より十八ケ月後ニこれ無く候てハ、其儀に及はす候事。」

（「幕末外国関係文書」）

【設問コ】空欄（　コ　）に入る地名を漢字で解答欄Ⅱ－Aに記せ。

【設問サ】空欄（　サ　）に入る地名を漢字で解答欄Ⅱ－Aに記せ。

【設問シ】空欄（　シ　）に入る物品を下記から選び、その番号を解答欄Ⅱ－Bに記入せよ。

　1．薪　水　　2．材　木　　3．酒　　4．石　油

（5）「第一条　向後日本大君ス と、亜墨利加合衆国と、世々親睦なるへし。

……

第三条（　コ　）・（　サ　）港の外、次にいふ所の場所を、左の期限より開くへし。

（　セ　）……西洋紀元千八百五十九年七月四日

（　ソ　）……同断

（　タ　）……千八百六十年一月一日

兵庫　……千八百六十三年一月一日

若し（　タ　）港を開き難き事あらは、其代りとして同所前後に於て、一港を別に撰ふへし。（　セ　）港を開く後六箇月にして（　コ　）港は鎖すへし。此箇条の内に載《のせ》たる各地は亜墨利加人に居留を許すへし。……双方の国人品物を売買する事、総て障《さわ》りなく、其払方等に付ては、日本役人これに立会ハす。諸日本人亜墨利加人より得たる品を売買し、或は所持する、倶《とも》に妨なし。……

……

第六条　日本人に対し、法を犯せる亜墨利加人は、亜墨利加コンシユル裁断所にて吟味の上、亜墨利加の法度を以て罰すへし。チ 亜墨利加人へ対し、法を犯したる日本人は、日本役人糺《ただし》の上、日本の法度を以て罰すへし。……」

（「幕末外国関係文書」）

【設問ス】下線部スは、1858年にアメリカ合衆国との間で条約を結んだときの将軍のことである。このときの将軍は誰か。その人物名を漢字4字で解答欄Ⅱ－Aに記せ。

【設問セ】空欄（　セ　）に入る地名を下記から選び、その番号を解答欄Ⅱ－Bに記入せよ。

　1．長　崎　　2．大　坂　　3．神奈川　　4．堺

【設問ソ】空欄（　ソ　）は鎖国政策の下でも唯一の貿易港として栄えた。空欄（　ソ　）に入る地名を下記から選び、その番号を解答欄Ⅱ－Bに記入せよ。

1．長　崎　　2．神奈川　　3．大　坂　　4．神　戸

【設問タ】空欄（　タ　）に入る地名を下記から選び、その番号を解答欄Ⅱ－Bに記入せよ。

1．下　関　　2．新　潟　　3．平　戸　　4．品　川

【設問チ】下線部チは、1858年にアメリカとの間で結ばれた条約の中に含まれている日本の司法にとって不平等な規定である。外国人が日本の法律に拘束されないこの特権を何というか、漢字4字で解答欄Ⅱ－Aに記せ。

〔Ⅲ〕　次の（1）（2）の文章を読んで、下記の【設問ア】～【設問ツ】に答えよ。

（45点）

（1）　大正デモクラシーとは、日露戦争後から昭和前期にかけ、政治・文化・社会など各方面に現れた、民主主義的・自由主義的改革を求めた思想および運動のことを示す。1905年の日露戦争講和条約反対運動ア以降、国民による政治的関心が広がり、市民的自由を求める声も大きくなるなか、デモクラシーの潮流は1912年末に起こった第一次護憲運動でさらなる高まりを見せた。そこでは、立憲政友会の尾崎行雄や立憲国民党の犬養毅を中心とする野党勢力やジャーナリストたちに商工業者や都市民衆が加わり、「（　イ　）・憲政擁護」のスローガンのもと、内閣打倒の国民運動が展開した。この運動の結果として、第二次西園寺公望内閣ウを引き継いだ第三次桂太郎エ内閣が1913年に総辞職に追いこまれるが、この一連の過程は大正政変とも呼ばれている。

その後、新聞・雑誌や、民本主義を唱える（　オ　）ら知識人がデモクラシーの風潮を鼓吹するなか、その影響は都市中間層や労働者階級など幅広く社会に広がることとなる。こうした状況の下、1918年には立憲政友会総裁の原敬カが衆議院議員として初めて首相に任命されることとなる。

1921年に原内閣が総辞職してからは、再び非政党内閣が続くものの、1924年には護憲三派キが中心となり、普通選挙断行、政党内閣の実現、貴族院・枢

密院改革、行政整理などを掲げた第二次護憲運動が展開される。この運動により、元枢密院議長であった清浦奎吾内閣が総辞職に追い込まれ、護憲三派を基盤とする加藤高明内閣クの発足へとつながった。そして、翌1925年には衆議院議員選挙法が改正され、原則として満25歳以上のすべての男性に選挙権が与えられる普通選挙制度ケが成立する。その一方で、日ソ国交樹立による共産主義思想の波及を防ぎ、労働者階級の政治的影響力の増大に備えるための（　コ　）も成立することになった。

【設問ア】下線部アの日露戦争講和条約反対運動のなかで、民衆による暴動事件が1905年９月５日に東京で起こった。この暴動事件が起こる契機となった日露戦争講和反対国民大会が開催された東京の場所名を、解答欄Ⅲ―Ａに漢字５字で記せ。

【設問イ】空欄（　イ　）に当てはまる用語を解答欄Ⅲ―Ａに漢字４字で記せ。

【設問ウ】日露戦争後、陸軍はさらなる軍事強化として、下線部ウの第二次西園寺公望内閣に対して、二個師団増設を求めた。この時、二個師団の配置先として候補となった地域を、下記から選び、その番号を解答欄Ⅲ―Ｂに記入せよ。

1．沖　縄　　2．朝　鮮　　3．北海道　　4．台　湾

【設問エ】下線部エの桂太郎が結成を宣言し、彼の死後1913年12月に創立した政党名を解答欄Ⅲ―Ａに漢字で記せ。

【設問オ】空欄（　オ　）に入る人物名を解答欄Ⅲ―Ａに漢字で記せ。この人物は『中央公論』1916年１月号に「憲政の本義を説いて其有終の美を済すの途を論ず」を発表している。

【設問カ】下線部カの原敬内閣は、当時、立憲政友会が掲げていた積極政策に基づき、大きく四つの政策を提示した。原内閣が推進した政策として、正しくないものを下記から選び、その番号を解答欄Ⅲ―Ｂに記入せよ。

1．教育施設の改善充実　　2．交通機関の整備

3．農産物の輸入自由化　　4．国防の強化

【設問キ】下線部キの護憲三派に含まれる政党の正しい組み合わせを下記から選び、その番号を解答欄Ⅲ―Ｂに記入せよ。

1．立憲国民党・政友本党・進歩党

2．立憲政友会・憲政会・政友本党

3．立憲政友会・憲政会・革新倶楽部

4．立憲国民党・進歩党・革新倶楽部

【設問ク】下線部クの加藤高明内閣成立以降およそ8年間、二大政党である立憲政友会と憲政会（のち立憲民政党）の総裁が交代で内閣を組織する、いわゆる「憲政の常道」が続いた。この「憲政の常道」の期間の最後となる内閣を下記から選び、その番号を解答欄Ⅲ—Bに記入せよ。

1．犬養毅内閣　　2．斎藤実内閣

3．田中義一内閣　　4．浜口雄幸内閣

【設問ケ】下線部ケの普通選挙制度に基づく初めての衆議院議員総選挙が1928年に実施された。この選挙での選挙人（選挙権を有する人々）は当時の全人口に対してどの程度の割合であったか、最も近い比率を下記から選び、その番号を解答欄Ⅲ—Bに記入せよ。

1．5％　　2．10％　　3．20％　　4．30％

【設問コ】空欄（　コ　）に当てはまる法律名を解答欄Ⅲ—Aに漢字で記せ。なお、この法律の第一条第一項は「国体ヲ変革シ、又ハ私有財産制度ヲ否認スルコトヲ目的トシテ結社ヲ組織シ、又ハ情ヲ知リテ之ニ加入シタル者ハ、十年以下ノ懲役又ハ禁錮ニ処ス」と定められている。

（2）1910年の大逆事件サ以降、社会主義者たちの活動は「冬の時代」にあったが、大正期に入ると、世界的な民主主義の風潮の影響を受けるとともに、第一次世界大戦以降の産業化の進展を背景とした都市化シの展開を踏まえて、彼らの活動も再開し、また各地で多様な社会運動が勃興することになった。

まず、象徴的な事件として挙げられるのが、1918年の米騒動であった。大戦景気によってインフレーションが起こり、米価も高騰するなか、シベリア出兵方針が決定されたことで、米穀商や地主による米の投機的な買い占めが誘発されることになる。これに対して民衆の怒りが爆発する。1918年7月下旬、（　ス　）県のある漁村での騒擾をきっかけとして、米穀商や精米会社が群衆に襲撃される事件が、東京・大阪をはじめ全国38市・153町・177村で頻発したのである。

こうした煽りを受けつつ、各地で労働運動も活発化し、運動の組織化も積極的に行なわれた。1912年に鈴木文治らによって結成された（　セ―1　）は、1921年には本格的な労働組合として（　セ―2　）と名称を改め、それまでの労使協調主義の立場から明確に階級闘争主義の方針に転じることとなった。1920年には日本最初のメーデーも行われ、官営八幡製鉄所や神戸の三菱・川崎両造船所でのストライキをはじめ、大規模な労働争議が各地で勃発した。一方、農村では1921年以降、小作争議ソが全国で頻発していた。ここでの運動は、小作人たちが自ら小作人組合を結成し、小作料減免や耕作権確立の要求を出すという点で画期的であった。

またこの時期、職業婦人と呼ばれた女性たちの社会進出を背景にして、女性運動も活発化していた。1911年、平塚らいてうは女流文学者たちの団体として（　タ　）を結成して、女性解放運動を進めていたが、1920年には（　チ　）や奥むめおらとともに新婦人協会の結成に携わり、治安警察法第五条の「女子の政治結社加入・政治集会参加」禁止条項の撤廃を求め、女性の政治参加を主張した。さらに、賤民廃止後も不当な社会的差別を受けていた被差別部落の人々が、政府の部落改善策への不満のなか、差別を糾弾する運動を起こし、1922年には全国的な組織として、（　ツ　）を創立した。

【設問サ】下線部サの大逆事件で逮捕され、刑死した代表的な人物として幸徳秋水が挙げられる。彼が1903年に堺利彦とともに結成した結社名を解答欄Ⅲ―Aに漢字で記せ。

【設問シ】下線部シの都市化に関して、1910年代後半から1930年代前半に見られた日本の都市社会の変化のうち、正しくないものを下記から選び、その番号を解答欄Ⅲ―Bに記入せよ。

1．地下鉄の開通

2．百貨店（デパート）の誕生

3．俸給生活者の出現

4．家庭電化製品（「三種の神器」）の普及

【設問ス】空欄（　ス　）に入る県名を下記から選び、その番号を解答欄Ⅲ―B

に記入せよ。

1．福　井　　2．石　川　　3．富　山　　4．新　潟

【設問セ】空欄（　セ―1　）と（　セ―2　）に入る団体名の組み合わせで正しいものを下記から選び、その番号を解答欄Ⅲ―Bに記入せよ。

1．セ―1：友愛会　　セ―2：日本労働総同盟

2．セ―1：友愛会　　セ―2：大日本労働総同盟

3．セ―1：黎明会　　セ―2：日本労働総同盟

4．セ―1：黎明会　　セ―2：大日本労働総同盟

【設問ソ】農村の小作料引き下げを求める文中の下線部ソの小作争議の頻発を受けて、1922年に杉山元治郎らによって設立された全国組織の名称を、解答欄Ⅲ―Aに漢字で記せ。

【設問タ】空欄（　タ　）に入る組織名を解答欄Ⅲ―Aに漢字で記せ。

【設問チ】空欄（　チ　）に入る人物名を下記から選び、その番号を解答欄Ⅲ―Bに記入せよ。

1．山川菊栄　　2．景山（福田）英子

3．市川房枝　　4．樋口一葉

【設問ツ】空欄（　ツ　）に入る組織名をⅢ―Aに漢字5字で記せ。

世界史

（75 分）

〔Ⅰ〕　次の文章を読み，設問 1 ～12に答えなさい。　（50点）

古代ギリシアでは(ア)数学や(イ)医学，物理学や(ウ)天文学などの(エ)自然科学，また哲学や論理学などが発展を見せた。これらの学問は人類の進歩に大きく貢献するものではあったが，必ずしも「役に立つ（金儲けに直結する）」ものではないため，古代ローマで発展した，(オ)土木工学や法律のような実用的な諸学と異なり，失われる危険性も存在した。実際，西ローマ帝国崩壊後に成立したゲルマン諸王国には継承されなかった学問的成果も多かった。それでは，これらの学問は，どのようにして後世に伝えられたのだろうか。

ギリシア文明圏では，古くより人類の知的成果を総合し，発展させて継承しようとする動きが見られた。（　**a**　）エジプトがアレクサンドリアに建設したムセイオンや，プラトンがアテネに設立したアカデメイアなどがその代表的な実践例である。しかしその後，(カ)地中海圏がローマの支配下に入り，キリスト教がローマ帝国の(A)国教となっていくと，非キリスト教的な学問を排斥する傾向が現れた。ムセイオンは 5 世紀初めに破壊され，529年には，東ローマ帝国のユスティニアヌス 1 世が非キリスト教的な学校を閉鎖したため，アカデメイアも閉鎖された。キリスト教内の異端も攻撃を受けた。エデッサにあった(B)ネストリウス派の神学と科学の学校も 5 世紀末に東ローマ皇帝によって閉鎖されている。

エデッサから追放された人々，またエジプトやアテネから逃れた哲学者や医学・天文学・数学の研究者の多くが，(キ)ササン朝ペルシアに亡命した。同国の国教であった(C)ゾロアスター教は，知を神から人類への贈り物と考え，重視しており，その君主ホスロー 1 世（在位531－579年）はこれらの亡命者を受け入れ，同国の都市ジュンディーシャープールは医療や学問で知られるようになった。医学や天文学など比較的実用的な分野が重視されたものの，亡命者によってギリシア語や

［　F　］，シリア語などの文献がパフラヴィー語（当時のペルシア語）に翻訳された。ホスロー1世は東方の(D)インドや中国からも学者の招聘を試み，またサンスクリット語文献の翻訳などを行わせた。ササン朝からもゾロアスター教やネストリウス派のキリスト教が唐代の中国に伝わり，前者は（　**b**　），後者は景教と呼ばれた。こうしてササン朝時代の(E)イランは文化面で繁栄したが，イスラーム勢力が勃興するとその攻撃を受け，651年に滅亡した。

ジュンディーシャープールは学問の拠点として存続したが，832年に（　**c**　）のカリフのマームーンがバグダードに「知恵の館」を設立し，学問研究を奨励すると，ジュンディーシャープールの学問方法や学問成果はそこに吸収されていった。知恵の館では，ササン朝から継承した文献や，ローマ帝国・ビザンツ帝国由来の文献が研究され，アラビア語への翻訳が進められた。アラビア語で書かれた翻訳や研究成果はイスラーム世界全体に広がった。

12世紀頃，(ク)シチリアや(ケ)スペインでキリスト教諸国がイスラーム地域への征服を進めると，これらの文献もキリスト教徒の手に入り，シチリア王国の首都（　**d**　）やカスティーリャ王国の都市［　G　］で，アラビア語から［　F　］に翻訳された。中世ヨーロッパに伝えられたこれらの学問的成果は，［　H　］と呼ばれる文化の復興につながり，またゴシック建築や騎士道文学が花開いた。

設問1　空欄（　**a**　）～（　**d**　）に入る最も適切な語句を次の語群より選び，その番号を解答欄Ⅰ－Aに記入しなさい。

［語群］

1．アッバース朝	2．アンティゴノス朝	3．ウマイヤ朝
4．祆教	5．サーマーン朝	6．セレウコス朝
7．全真教	8．道教	9．ナポリ
10．パレルモ	11．ピサ	12．白蓮教
13．ファーティマ朝	14．プトレマイオス朝	15．ブワイフ朝
16．ボローニャ		

設問2　下線部(ア)の数学に関する以下の文のうち，(a)(b)とも正しければ数字の1，

(a)のみ正しければ数字の**2**，(b)のみが正しければ数字の**3**，(a)(b)とも誤っていれば数字の**4**を，解答欄Ⅰ－Bに記入しなさい。

(a)　インドからゼロの概念がイスラーム世界に伝えられた。

(b)　エウクレイデスは，平面幾何学を大成した。

設問3　下線部(イ)の医学に関する以下の４つの文のうち，**誤っているもの**を１つ選び，その番号を解答欄Ⅰ－Bに記入しなさい。

1．アヴィケンナは『医学典範』を著した。

2．サレルノ大学で医学教育が盛んになった。

3．ハーヴェーは血液が循環していることを発見した。

4．パストゥールは種痘法を開発した。

設問4　下線部(ウ)の天文学に関する以下の４つの文のうち，**誤っているもの**を１つ選び，その番号を解答欄Ⅰ－Bに記入しなさい。

1．エラトステネスは，地球の自転と公転を主張した。

2．ユリウス暦は，太陽暦である。

3．元代に，イスラームの天文学を取り入れた授時暦が作られた。

4．ケプラーは，惑星の運行法則を発見した。

設問5　下線部(エ)の自然科学に関する以下の４つの文のうち，**誤っているもの**を１つ選び，その番号を解答欄Ⅰ－Bに記入しなさい。

1．ヘラクレイトスは，万物の根源を原子と考えた。

2．アルキメデスは，浮体の原理を発見した。

3．ファラデーは，電磁気学の基礎を築いた。

4．ラヴォワジェは，物体が燃焼する理論を明らかにした。

設問6　下線部(オ)の土木工学に関連して，建築や土木に関する以下の４つの文のうち，**誤っているもの**を１つ選び，その番号を解答欄Ⅰ－Bに記入しなさい。

1．パルテノン神殿は，重厚なドーリア式で建てられている。

2．アッピア街道は，ローマと北イタリアを結んでいた。

3．ムハンマド＝アリー朝の時代に，スエズ運河が開通した。

4．アメリカで最初の大陸横断鉄道は，ゴールドラッシュのおよそ20年後に開通した。

設問7　下線部(カ)に関連して，ローマの地中海地域征服に関する以下の４つの文のうち，**誤っているもの**を１つ選び，その番号を解答欄Ｉ－Ｂに記入しなさい。

1．ローマはエトルリア人を征服し，前４世紀にイタリア半島を統一した。

2．ローマはスキピオの活躍などで，前３世紀に第２次ポエニ戦争に勝利した。

3．前２世紀，ローマはマケドニアとギリシアを支配下に置いた。

4．前１世紀，オクタウィアヌスはエジプトを征服した。

設問8　下線部(キ)のササン朝ペルシアに関する以下の４つの文のうち，**誤っているもの**を１つ選び，その番号を解答欄Ｉ－Ｂに記入しなさい。

1．アルダシール１世は，パルティアを滅ぼした。

2．アルサケスは，ローマ皇帝ウァレリアヌスを破り，捕虜とした。

3．シャープール１世は，クシャーナ朝を破った。

4．ホスロー１世は，突厥と結んでエフタルを滅ぼした。

設問9　下線部(ク)のシチリアに関する以下の４つの文のうち，**誤っているもの**を１つ選び，その番号を解答欄Ｉ－Ｂに記入しなさい。

1．シチリアは第１次ポエニ戦争の結果，ローマの属州となった。

2．ノルマン人によって，12世紀にシチリア王国が建国された。

3．「青年イタリア」出身のガリバルディが，両シチリア王国を占領した。

4．シチリア島は「未回収のイタリア」と呼ばれた。

設問10　下線部(ケ)のスペインに関する以下の4つの文のうち，**誤っているもの**を1つ選び，その番号を解答欄Ⅰ－Bに記入しなさい。

1．国王カルロス1世が，神聖ローマ帝国の皇帝に選ばれた。

2．スペイン継承戦争によって，ブルボン家が王位を失った。

3．ゴヤは，ナポレオンの侵略やそれに対する民衆の抵抗を絵画にした。

4．第二次世界大戦中は中立を維持した。

設問11　波線部(A)～(E)について，以下の問いに対する答えを解答欄Ⅰ－Cにそれぞれ記入しなさい。

(A)　キリスト教がローマ帝国によって公認され，また国教化されたのは，紀元何世紀か。「世紀」をつけた形で書きなさい。

(B)　ネストリウス派が異端とされた，431年の公会議の名称を「◯◯公会議」という形で書きなさい。

(C)　ササン朝において，ゾロアスター教や仏教，キリスト教の影響を受けて3世紀に創始された宗教の名前を書きなさい。

(D)　戯曲『シャクンタラー』をサンスクリット語で著した，インドの詩人の名前を書きなさい。

(E)　イラン高原で始まったとされる，山麓の井戸を利用した灌漑施設を何と呼ぶか。カタカナで書きなさい。

設問12　空欄［　F　］～［　H　］について，以下の問いに対する答えを解答欄Ⅰ－Cにそれぞれ記入しなさい。

(F)　空欄［　F　］に入る，古代から中世にかけ，西ヨーロッパで公用語または学術用語として使用された言語の名前を書きなさい。

(G)　空欄［　G　］に入る，イベリア半島中央部の都市の名前を書きなさい。

(H)　空欄［　H　］に入る，最も適切な語句を書きなさい。

〔Ⅱ〕　次の文章を読み，また地図を見て，設問1～11に答えなさい。　　(50点)

8世紀以降，唐では人口の増加と商業の発達にともない，貧富の差が開いて没落する農民が増え，諸制度のゆきづまりが明らかになってきた。財政難におちいった唐は，780年に(あ)新たな原則にもとづく税法を採用したが，この税法の施行は一面で小農民を貨幣経済に巻きこみ，その没落を加速させることにつながった。

唐末から五代十国を経て宋にかけての時期には，魏晋南北朝以来の貴族にかわって，新興の地主層が台頭してきた。（　**a**　）と呼ばれるこうした地主層は，貨幣経済の発達ともあいまって，買い集めた土地を（　**b**　）と呼ばれる小作人に貸して小作料を取る方式で経済力をのばした。大運河の開通とそれにともなう開発の進展によって，経済の中心はしだいに江南に移り，すでに唐代より都の（　**c**　）よりも大運河に近い洛陽の比重が高まっていたが，(い)後唐をのぞく五代の諸政権および北宋は開封を都とした。契丹（遼）や西夏あるいは（　**d**　）人が建てた金といった北方の諸政権と対峙した宋では，外交・軍事支出の増大に対応すべく，中央集権的な財政運営によって全国から税を集めようとする政策がとられたが，このことも全国的な物資流通を活発にする一因となった。宋代には江南の開発がすすんで穀倉地帯となったほか，茶の栽培の拡大と喫茶の流行は(う)陶磁器生産の発達をうながし，茶・陶磁器ともに重要な輸出品となった。この時期すでに中国商人が用いていた（　**e**　）は，船腹が水をとおさない隔壁で仕切られ，一部が浸水しても沈みにくい構造をした大型の外洋船であり，陶磁器のような重量物を積載するのに適していた。

13世紀後半，元が南宋を滅ぼし，(え)中国全土がモンゴル帝国の広域的な交易網の中に組みこまれることとなった。元では広大な領域を経営する必要から商業・流通の活発化が図られ，江南から首都の大都まで物資を効率よく運ぶために大運河が補修されたほか，江南から山東半島をまわって大都に至る（　**f**　）も発達した。中央政府の収入は商品の売却地で一律に徴収する商税と（　**g**　）専売の利益が大部分を占めた。帝国全域で銀が基本通貨となり，その補助として（　**h**　）と呼ばれる紙幣が発行されたほか，専売品なるがゆえに巨額の利益を生んだ（　**g**　）の引換券も事実上の高額紙幣として流通した。

(お)14世紀，ユーラシア全域でつづいた天災は元の支配をもゆるがした。財政難打開のために元の政府が行った（　**g**　）専売の強化や（　**h**　）の濫発は，飢饉ともあいまって民衆を苦しめ，各地で反乱があいついだ。こうした中で元の朝廷はモンゴル高原へ退き，かわって中国を支配することになった明は，元とは対照的に(か)社会全般への統制を強めることで経済の混乱を収束させようとした。しかし，その統制色の強い財政・経済の制度は(き)明代中期以降に加速する商業化との矛盾を拡大させてゆく。

明代後期には農村で商品作物の生産や手工業が発展し，それにともなって国内でも遠隔地商業がさかんになった。徽州商人や長城に隣接する地の利を生かして活動を展開した（　**i**　）商人のように全国的なネットワークをもつ商人集団は，北方の軍事拠点への物資調達など，明の財政とも深くかかわることで巨万の富を築いた。特に(く)16世紀に入ると，世界的な商業発展の影響を受けて，国外における中国産品への需要も高まり，海外交易も活発化した。中国産品の対価として，日本銀のほか，スペインが植民地としていたメキシコ南部の（　**j**　）の港から積み出されたメキシコ銀が大量に流入したが，これらの銀が中国で貨幣として流通するようになると，新たな税法として［　け　］がしだいに広がった。しかし，農業・商工業の発展にもかかわらず，農村は重い負担に苦しみ，繁栄する都市との格差も広がって，深刻な社会問題となった。

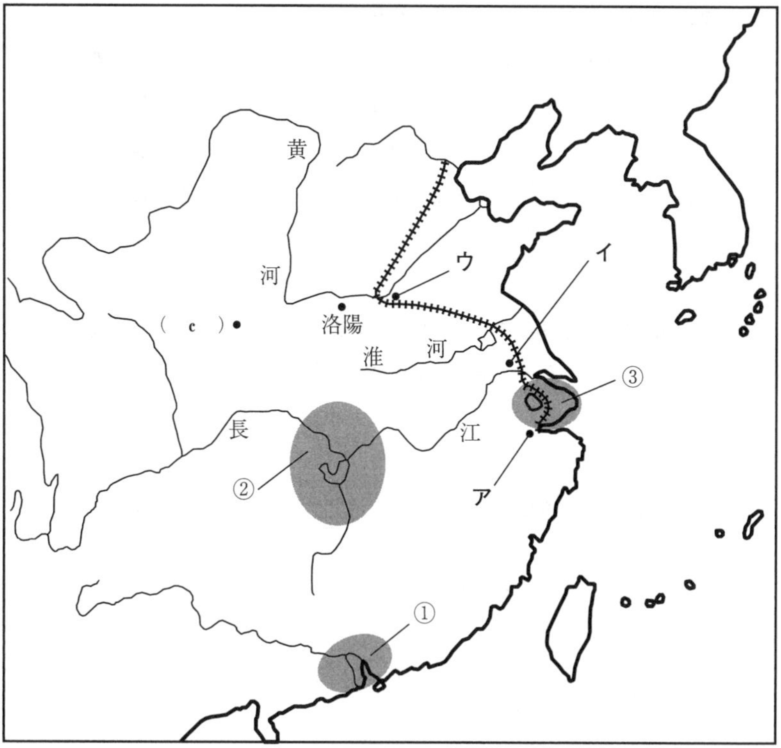

※地図中の++++++は隋の時代の大運河を示す。

設問1　上の文章ならびに地図中の（　a　）～（　j　）に入る最も適切な語句を下の語群から選び，解答欄Ⅱ－Aに番号で答えなさい。同じ記号には同じ語句が入る。

1．アカプルコ	2．駅伝	3．海運
4．会子	5．河南	6．カリカット
7．ガレオン船	8．漢城	9．広東
10．郷紳	11．クスコ	12．軍戸
13．形勢戸	14．建康	15．交子
16．交鈔	17．酒	18．山西
19．三段櫂船	20．塩	21．ジャンク船

22. 女真（女直）　23. 鮮卑
24. 隊商（キャラバン）　25. ダウ船
26. タングート　27. 長安　28. 鉄
29. 佃戸　30. 銅　31. 農奴
32. 八旗　33. 平城　34. 福建
35. 法幣　36. ポトシ　37. 民戸

設問2　下線部(あ)で述べられている税法の新たな原則について正しく述べたものを下の1～4から一つ選び，解答欄Ⅱ－Aに番号で答えなさい。

1．農民に土地を与えて，それを国家が直接に支配するという原則にもとづいていた。

2．民間における地主の勢力をおさえ，大土地所有を制限する方針にのっとっていた。

3．土地の自由な売買を認め，現実に所有している土地・財産の多少に応じて課税した。

4．現物で納税することが原則とされ，銭納は禁じられた。

設問3　下線部(い)に述べられている開封の位置は地図中のア～ウのどれか。またここに述べられている諸政権のねらいを説明したものとして最も適切なのは下のX～Zのどれか。正しい組み合わせを下の1～9から一つ選び，解答欄Ⅱ－Aに番号で答えなさい。

X．水路をつうじて中国の東西南北を結ぶ商業網の中枢に位置するこの都市を都とすることで，物流の要衝をより直接におさえようとした。

Y．宋代に市舶司が設置されたように，古くから海上交易の拠点であったこの都市に都をおくことで，対外貿易の利益を国家財政の柱にしようとした。

Z．長江を下って海に出られる港町として唐代よりさかえ，水運の要衝となっていたこの都市に都を定めることで，国内外の物流と貿易をコントロールしようとした。

1．ア―X	2．ア―Y	3．ア―Z
4．イ―X	5．イ―Y	6．イ―Z
7．ウ―X	8．ウ―Y	9．ウ―Z

設問4 下線部(う)に関連して，宋代以降，明清時代に至るまで，中国随一の陶磁器生産地であった現在の江西省にある都市はどこか。都市名を解答欄Ⅱ－Bに漢字3文字で答えなさい。

設問5 下線部(え)に関連して，13世紀末にローマ教皇の使節として派遣され，大都の大司教に任ぜられて，中国ではじめてカトリックを布教した人物は誰か。人名を解答欄Ⅱ－Bに答えなさい。

設問6 下線部(お)にいう14世紀の天災の影響はヨーロッパにも波及し，これにより荘園制（土地領主制）が危機に見舞われたとされる。こうした危機に対応すべく支配を強めようとした領主層に対して，社会的地位を上昇させた農民が起こした一揆のうち，1358年にフランスで起きた農民一揆は何と呼ばれるか。名称を解答欄Ⅱ－Bに答えなさい。

設問7 下線部(か)に関連して，明初に制定された諸制度のうち，全国的な人口調査にもとづいて農村の人民を組織し，輪番で組織内の徴税事務や治安維持にあたらせた村落行政制度の名称を解答欄Ⅱ－Bに漢字3文字で答えなさい。

設問8 下線部(き)に関連して，16世紀なかばをピークとして，海禁に代表される明の統制的な制度と国内外で高まる貿易需要との矛盾は，南北の辺境で密貿易の横行や外敵の侵攻激化を招いた。こうした南北からの外圧は当時の中国で何と総称されたか。解答欄Ⅱ－Bに漢字4文字で答えなさい。

設問9 下線部(く)に関連して，以下の4つの文のうち，16世紀の事柄を述べたものとして正しい文はいくつあるか。正しい文の数を解答欄Ⅱ－Ａに数字**1**～**4**で答えなさい。なお，正しい文がない場合は**5**を記入しなさい。

1．オランダ東インド会社（連合東インド会社）が設立された。

2．スペインがマニラを拠点として，フィリピン支配をはじめた。

3．ポルトガルがマカオに居住権を得た。

4．琉球王国が薩摩藩の島津氏の支配を受けるようになった。

設問10　空欄［　け　］に入る税法の名称とその説明として正しい組み合わせを下の1～9から一つ選び，解答欄Ⅱ－Ａに番号で答えなさい。

あ．一条鞭法　　い．地丁銀制　　う．募役法

X．労役のかわりとして徴収した免役銭で希望者を雇用した。

Y．人頭税を土地税に組み入れて銀で納めさせ，課税対象を土地に一本化した。

Z．土地税をはじめとする各種の税や徭役《ようえき》を一括して銀で納めさせた。

1．あ—X　　2．あ—Y　　3．あ—Z

4．い—X　　5．い—Y　　6．い—Z

7．う—X　　8．う—Y　　9．う—Z

設問11　二つの波線部に関連して，中国における穀倉地帯をいう俗諺として，宋代には「［　Ａ　］熟せば天下足る」といわれたが，明代後期になると，商業化の進展にともなって米の主要産地も移り，「［　Ｂ　］熟せば天下足る」といわれるようになった。［　Ａ　］・［　Ｂ　］に入る適切な語句と，それぞれの位置を示した地図中の①～③との組み合わせとして正しいものを下の1～12から一つ選び，解答欄Ⅱ－Ａに番号で答えなさい。

1．Ａ：蘇湖（江浙）—①　　Ｂ：湖広—②

2．Ａ：蘇湖（江浙）—①　　Ｂ：湖広—③

3．Ａ：湖広—①　　Ｂ：蘇湖（江浙）—②

4．A：湖広―①　　　B：蘇湖（江浙）―③
5．A：蘇湖（江浙）―②　　　B：湖広―①
6．A：蘇湖（江浙）―②　　　B：湖広―③
7．A：湖広―②　　　B：蘇湖（江浙）―①
8．A：湖広―②　　　B：蘇湖（江浙）―③
9．A：蘇湖（江浙）―③　　　B：湖広―①
10．A：蘇湖（江浙）―③　　　B：湖広―②
11．A：湖広―③　　　B：蘇湖（江浙）―①
12．A：湖広―③　　　B：蘇湖（江浙）―②

〔Ⅲ〕　次の文章を読み，設問1～6に答えなさい。　　　(50点)

1871年に成立したドイツ帝国では，国家統一は成し遂げられたものの，国内は宗教的，社会的な分断が大きかった。帝国宰相となったビスマルクは，まず，プロテスタントが多数を占めるプロイセン主導のドイツ統一に不満をいだく①カトリック教徒やその政党を弾圧し，その社会的影響力を低下させようと試みた。

急激な工業発展と経済不況を背景に新たな社会的対立も生じた。大規模な工場生産が拡大するとともに増大した労働者階級が勢力を伸ばし，1875年には（　**a**　）が結成された。こうした動きを警戒するビスマルクは，一方で1878年に［　あ　］法を制定し，他方で労働者階級を懐柔するため，1880年代から災害保険，疾病保険，養老保険などの社会保険制度を導入した。

外交面では，ビスマルクはフランスを孤立させてドイツの安全をはかるため，欧州列強間の外交関係を再構築した。1873年，ドイツ，オーストリア，ロシアは（　**b**　）を結んだ。しかし，ロシアがバルカンで(ア)パン＝スラヴ主義を利用して勢力拡大をはかると，ビスマルクが開催した1878年のベルリン会議で，列強の利害が調停され，ロシアの拡大は抑えられた。このため，ロシアにおいてドイツに対する反発が強まり，独露関係が冷え込み，一度は（　**b**　）は事実上消滅するものの，81年に復活した。

1882年には，北アフリカでフランスとの対立を強めたイタリアがオーストリアに接近した結果，ドイツ，オーストリア，イタリアの間で三国同盟が結成された。その後，オーストリアとロシアの対立が激化すると，1887年に（　**b**　）が消滅し，同年ドイツはロシアと（　**c**　）を結んで，フランスを包囲する体制を続けようとした。

ヴィルヘルム2世が皇帝に就くと，ドイツは欧州列強の勢力均衡を重視したビスマルクの外交政策を転換し，海軍を増強し，（　**c**　）の更新を拒否するなど，②積極的な対外膨張政策にのりだした。この結果，イギリスと建艦競争を繰り広げるなど，厳しく対立するようになる。一方，フランスはドイツの進出を警戒し，イギリスとの関係改善にのりだし，1904年(イ)英仏協商が誕生した。

ドイツの対外膨張政策はアフリカにもおよんだ。ドイツはすでに（　**d**　）などを占領していたが，2度にわたる（　**e**　）事件を起こし，（　**e**　）におけるフランスの優越的な地位に挑戦したものの，いずれも失敗した。

ドイツはまた中東への進出姿勢も強めたが，イギリスとロシアはともにこれに対して警戒心をいだき，1907年に英露協商を結んだ。すでに露仏同盟が成立していたので，イギリス・フランス・ロシア陣営が築かれることになった。

第一次世界大戦はオーストリアのセルビアに対する宣戦布告によって開始されたが，まもなく，ドイツ・オーストリア陣営と，イギリス・フランス・ロシア陣営が戦争に突入した。当初，戦争は短期決着と予想されていたが，東部戦線では，1914年8月の（　**f**　）でドイツ軍がロシア軍を破ったのち，膠着状態におちいった。西部戦線も同様に，ドイツ軍は中立国ベルギーに侵入してフランスに向かったものの，1914年9月の（　**g**　）でフランス軍にくいとめられ塹壕戦となった。その結果，戦争は長期戦となり国民生活全体を巻き込む総力戦となっていった。

1917年2月，連合国側の物資輸入を困難にするため，ドイツは，中立国の商船を含む全船舶を攻撃することを目指す［　い　］作戦を開始した。これまでアメリカ合衆国は中立を保っていたが，ドイツのこの行動を直接の理由としてドイツに宣戦し，戦争の趨勢に大きな影響を与えた。

1917年11月，(ウ)ロシアで革命がおこり，革命政権が翌年3月，ドイツと単独講和条約にふみきり，③ポーランドやバルト地方などをドイツに譲る（　h　）を締結し，ロシアは戦線から離脱した。

1918年11月，（　i　）軍港の水兵の反乱をきっかけにドイツ革命がおこり，11月10日，皇帝ヴィルヘルム２世が退位してドイツ共和国が成立し，翌日，連合国と休戦協定が結ばれた。

ドイツ革命によって，ロシアのソヴィエトにならって，各地に労働者・兵士の評議会である［　う　］が結成された。臨時政府は，議会制民主主義をめざす一方，社会主義革命を目指すスパルタクス団などの左派をおさえた。これに反発したスパルタクス団は1919年１月にベルリンで蜂起するものの，鎮圧された。翌２月に中部ドイツのヴァイマルで開かれた国民議会で（　j　）が初代大統領に選出され，８月には民主的なヴァイマル憲法が制定され，(エ)ヴァイマル共和国が発足した。

設問１　文中の［　あ　］～［　う　］に入る最も適切な語句を解答欄Ⅲ－Aに記入しなさい。

設問２　文中の（　a　）～（　j　）に入る最も適切な語句を次の語群より選び，その番号を解答欄Ⅲ－Bに記入しなさい。なお，同じ記号には同じ語句が入る。

1．アルジェリア　　2．アンゴラ
3．ヴェルダンの戦い　　4．エジプト　　5．エディルネ
6．エーベルト　　7．カール＝リープクネヒト
8．カメルーン　　9．関税同盟　　10．キール
11．ケニア　　12．国民社会主義ドイツ労働者党
13．再保障条約　　14．三国協商　　15．三帝同盟
16．社会主義統一党　　17．神聖同盟　　18．ソンムの戦い
19．対仏大同盟　　20．タンネンベルクの戦い
21．チュニジア　　22．ドイツ共産党
23．ドイツ社会主義労働者党
24．ドイツ社会民主党　　25．独ソ不可侵条約　　26．ナイジェリア

27. ヌイイ条約　28. ハンブルク
29. ブリアン＝ケロッグ条約
30. ブレスト＝リトフスク条約　31. ブレーメン
32. ベーベル　33. ベルンシュタイン　34. マルヌの戦い
35. モロッコ　36. ライプツィヒの戦い　37. ラサール
38. ラパロ条約　39. リューベック　40. ローデシア

設問3　波線部①に関する以下の問いに対する答えを，解答欄Ⅲ－Aに記入しなさい。

ビスマルクが国家統合のためにおこなった，聖職者の政治参加の抑制や宗教学校に対する監督強化などのカトリック陣営の社会的・政治的影響力を排除するための政策は何と呼ばれるか。

設問4　波線部②に関する以下の問いに対する答えを，解答欄Ⅲ－Aに記入しなさい。

ヴィルヘルム２世は，積極的な対外膨張政策をつうじて植民地獲得と世界強国としての覇権を追求した。このようなドイツの帝国主義政策は何と呼ばれるか。

設問5　波線部③に関する以下の文章のなかの［　　］に入る最も適切な語句を，解答欄Ⅲ－Aに記入しなさい。

第一次世界大戦後にポーランドは独立国家になったが，独立運動の指導者だった［　　］は1926年にクーデターをおこして独裁体制をしいた。

設問6　二重下線部(ア)〜(エ)に関する以下の文のうち，(a)(b)とも正しければ数字の**1**，(a)のみ正しければ数字の**2**，(b)のみ正しければ数字の**3**，(a)(b)とも誤っていれば数字の**4**を，解答欄Ⅲ－Bに記入しなさい。

(ア) パン＝スラヴ主義

(a) ロシアはサン＝ステファノ条約によってバルカンへの勢力拡大に成功した。

(b) バルカンでのパン＝スラヴ主義を利用したロシアの勢力拡大にオーストリアが抵抗した。

(イ) 英仏協商

(a) 英仏協商が締結される前，英仏がアフリカ分割競争を繰り広げるなかで，両国の部隊が遭遇したファショダ事件は，イギリスの譲歩により解決した。

(b) イギリスとフランスは，英仏協商により南アフリカにおけるイギリスの優越性を認めた。

(ウ) ロシアで革命

(a) ロシア二月革命（三月革命）によって，ロマノフ朝が崩壊し，臨時政府が樹立された。

(b) ケレンスキーを指導者とするロシア共産党は，1919年，コミンテルンを創設して，世界革命の推進を目指した。

(エ) ヴァイマル共和国

(a) ヒトラーは首相に任命されると，全権委任法を成立させてナチス以外の政党や団体を解散させ，ヒンデンブルク大統領を解任した。

(b) 外相シュトレーゼマンは，国際協調外交を展開し，ロカルノ条約締結，国際連盟への加入を達成した。

政治・経済

（75分）

〔Ｉ〕　次の文章を読み、下の設問（設問１～設問８）に答えよ。　（50点）

日本国憲法第41条は「国会は、（　ア　）であつて、国の唯一の立法機関である」と定めている。国会が立法機関であることを憲法上保障するだけでなく、（　Ａ　）である国民の代表が構成する国会を（　ア　）とすることで、国民主権を保障し国会中心主義をとることを明示している。

日本国憲法第43条１項は、国会を「（　イ　）を代表する選挙された議員でこれを組織する」としており、国会議員は、特定の地域や立場の人々のみを代表するものではないとされている。

国会議員は、「法律の定めるところにより、国庫から相当額の（　ウ　）を受ける」（日本国憲法第49条）ことができる。国会の会期中は，不逮捕特権やⓐ免責特権などの特権があたえられている。

国会は衆議院と参議院から構成される二院制を採用している。

二院制は、慎重な審議や選挙制度の変更による多様な人材獲得を可能とする。参議院議員の任期に関して日本国憲法第46条では、「６年とし、３年ごとに議員の（　エ　）を改選する」とされている。衆議院解散中には、参議院だけで国会の役割をはたすことができる利点もある。国会には、通常国会（常会）があるほか、衆議院解散中は参議院の（　Ｂ　）が求められることもある。

国会は、法律の制定など立法府としての権限をもつことに加えて、ⓑ行政府に対する権限と司法府に対する権限を有している。

法律は、議案として、内閣から提出または所属議員から発議され、まず委員会で審議される。両議院で設置される委員会には、（　Ｃ　）と、国会ごとに設置される特別委員会とがある。ⓒ委員会で問題点の指摘や修正がおこなわれたのちに（　Ｄ　）で審議され、採決されることになる。衆議院で可決された議案は参議院に送付され、衆議院と同様に審議されたのちに採決される。議決においては、通常、出席議員の（　E　）で可否が決せられるが、ⓓ両議院の議決が一致せず、参議院が衆議院での可決と異なった議決をなした法律案については、日本国憲法第59条２項が「衆議院で（　F　）の３分の２以上の多数で再び可決したときは、法律となる」とする。再議決が可能な場合であっても、ⓔ両院協議会の開催を衆議院が求めることは妨げられない。

また、日本国憲法第65条は「行政権は、ⓕ内閣に属する」と規定する。内閣総理大臣は、国会の指名により国会議員の中から選出される。日本国憲法第66条２項は、「内閣総理大臣その他の国務大臣は、（　オ　）でなければならない」とする。内閣総理大臣は、「内閣を代表して議案を国会に提出し、一般国務及び（　カ　）について国会に報告し、並びに行政各部を指揮監督する」（日本国憲法第72条）とされている。

【設問１】文中の（　ア　）～（　カ　）に入る最も適切な憲法上の語句を、解答欄Ｉ－甲のア～カに記入せよ。

【設問２】文中の（　A　）～（　F　）に入る最も適切な語句を、次の語群から１つ選び、その番号を、解答欄Ｉ－乙のA～Fに記入せよ。

［語群］

1．証人	2．経済財政諮問会議	3．閉会中審査
4．４分の３以上	5．緊急集会	6．公害等調整委員会
7．主権者	8．議院法制局	9．全会一致
10．臨時会	11．特別会	12．元首
13．出席議員	14．地域経済委員会	15．国家戦略会議
16．代議士	17．過半数	18．秘密会
19．公務員	20．常任委員会	21．４分の１以上
22．元老	23．本会議	24．総議員

【設問３】下線部ⓐに関連して，最も適切なものを，次の１～４の記述のうちから１つ選び，その番号を，解答欄Ⅰ－乙に記入せよ。

１．国会の会期中は逮捕されず，会期前に逮捕された議員でも所属議院の要求があれば会期中は釈放される。
２．駐在国において裁判権・警察権・課税権などの対象となることを免れる。
３．議院での演説・討論・表決について院外で責任を問われない。
４．裁判で確定した刑の中身を，国家の恩典によって免除・軽減される。

【設問４】下線部ⓑに関連して，次のａ～ｃの記述について，**正しいものには数字の１を，正しくないものには数字の２を**，解答欄Ⅰ－乙のａ～ｃに記入せよ。

ａ．国政に関する調査をおこない，証人の出頭・証言・記録の提出を要求できる国政調査権をもつのは衆議院のみである。
ｂ．各議院の議員は，内閣に対し，質問権をもっており，内閣総理大臣や国務大臣は答弁または説明を求められた場合には，議院に出席しなければならない。
ｃ．都道府県の財政の処理に関する権限は，国会の議決に基づいて，行使しなければならない。

【設問５】下線部ⓒに関連して，委員会が国会法第51条の定めに従い利害関係者や学識経験者から意見を聴くために開くものを何というか。解答欄Ⅰ－甲に記入せよ。

【設問６】下線部ⓓに関連して，次の文章の（　キ　）に入る最も適切な憲法上の語句を，解答欄Ⅰ－甲のキに記入せよ。

両議院は，日本国憲法第56条１項の定めにより議事を開き議決をおこなうことができるが、同条２項は、「両議院の議事は、この憲法に特別の定のある場合を除いては、……可否同数のときは、（　キ　）の決するところによる」としている。

【設問７】下線部ⓔに関連して、最も適切なものを、次の１～４の記述のうちから１つ選び、その番号を、解答欄Ⅰ－乙に記入せよ。

1．両院議員の懲罰を審査する。各議院内での不穏当な発言や秩序を乱す行為に対する内部規律を扱う。
2．各議院で選ばれた10人ずつの議員で構成される。内閣総理大臣の指名で両院の議決が異なったときは必ず開かれる。
3．各政党が、国会・両議院運営の方針を決めたり、他の政党との連絡・調整をおこなったりするために設置している。
4．各議院におかれ、議院の運営関連事項や議長の諮問に関する事項などの議院運営を扱う。

【設問８】下線部ⓕに関連して、次の文章の（　G　）と（　H　）に入る最も適切な憲法上の語句を、下の語群から１つ選び、その番号を、解答欄Ⅰ－乙のGとHに記入せよ。

日本国憲法第73条は、内閣の職務として、一般行政事務の外、いくつかの事務を列挙しており、５号では「（　G　）を作成して国会に提出すること」、６号では「この憲法及び法律の規定を実施するために、（　H　）を制定すること」が定められている。

［語群］

1．政府演説	2．政令	3．骨太の方針
4．委任立法	5．予算	6．省令
7．歳出	8．規則	

〔Ⅱ〕　次の文章を読み、下の設問（設問1～設問7）に答えよ。　　　　（50点）

経済活動は、家計、企業、政府の三主体の間で、財やサービスを生産・分配・流通・消費することで成り立っている。これら三主体の役割や権限などの相違によって、各国のⓐ経済体制は異なる。とりわけ、資本主義経済下では、企業は効率性を追求し、利潤を最大化するように生産活動をおこなう。他方、家計は労働力を供給することで得られる所得によって、生活に必要な財やサービスを得る。企業も家計も、市場における自由な競争原理に基づき行動することで効率性が確保され、社会的に望ましい状態が達成される、と考えられている。

しかし、すべての財やサービスを極端な競争原理に基づいて供給すると、社会が不安定化する場合がある。それを回避するためには、国民の生命に直結する財やサービスについてはⓑ社会的共通資本として位置づけ、社会的な基準にしたがい安定的に供給される必要がある、という考え方がある。この社会的共通資本には、食料やそれを生み出す自然環境が含まれている。その利用や管理については、ⓒ政府の果たす役割が重要になる。たとえば、戦後、日本は米価支持制度をはじめ農産品の価格安定を図る補助金政策などにより、国内の農業を保護してきた。しかし、1975年以降、アメリカを中心とする食料輸出大国からの圧力によって農産品の輸入自由化が進んだ。1986年からは国際的な交渉の場において日本の米輸入の自由化が一つの焦点となり、1995年に日本政府は国内消費量の4～8パーセントの米を（　ア　）と位置づけ、その輸入を認めた。1999年からは、ⓓ米の全面関税化が実施されるようになった。

このような米をはじめとする農産品におけるⓔ貿易の自由化の流れが大きな契機となり、日本国内の農林業はもとより、その基盤である農山村経済は衰弱の一途をたどった。農山村経済の衰弱は様々な問題を引き起こしている。たとえば、山の斜面や谷間の傾斜地を利用し階段状に作られた水田すなわち（　イ　）では、耕作放棄が進んできた。（　ウ　）とよばれる広葉樹を主体とするかつての農用林もまた、利用が激減し放置されているところが多くみられる。その結果、集落全体の景観が損なわれたり、不法投棄の原因になったりしている。現在、このようなⓕ農山村の抱える諸問題への対応が必要不可欠になっている。

【設問1】文中の（　ア　）～（　ウ　）に入る最も適切な語句を、解答欄Ⅱ－甲のア～ウに記入せよ。

【設問2】下線部ⓐに関連して、次のａ～ｃの記述について、**正しいものには数字の1を、正しくないものには数字の2を**、解答欄Ⅱ－乙のａ～ｃに記入せよ。

ａ．社会主義経済では、土地や工場などの生産手段は社会的所有とされる。
ｂ．社会主義経済では、すべての生産物は労働の質と量に関係なく労働者に均分されなければならない。
ｃ．社会主義経済では、一般に、財の価格や量は、競争的市場で決定される。

【設問3】下線部ⓑに関連して、次の文中の（　エ　）と（　オ　）に入る最も適切な語句を、解答欄Ⅱ－甲のエとオに記入せよ。

日本の経済学者である（　エ　）が提唱した社会的共通資本は、上下水道・港湾などの社会資本、学校や医療などの制度資本、道路、公園、森・川・大気・水などの自然資本から構成されている。社会的共通資本は、『経済学の国民的体系』を著したドイツの経済学者である（　オ　）の考え方にも通じる点がある。

【設問4】下線部ⓒに関連して、次の文章の（　カ　）と（　キ　）に入る最も適切な語句を、解答欄Ⅱ－甲のカとキに記入せよ。

人々が日常生活を送るうえで、市場で供給される財やサービス以外にも、必要不可欠なものは多い。たとえば、道路や河川の整備、上下水道整備、治山治水や災害復旧などの事業である。そのような整備や事業は（　カ　）とよばれ、政府などにより実施される。近年、（　カ　）に要する支出だけでなく、社会保障関連費の増加が著しい。このような歳出を租税で賄いきれないため、政府は（　キ　）を発行し、財源確保をおこなっている。

【設問5】下線部ⓓに関連して、次のd～fの記述について、**正しいものには数字の1を、正しくないものには数字の2を**、解答欄Ⅱ－乙のd～fに記入せよ。

d．日本に輸入される米には、778パーセントの関税がかけられている。

e．戦後、米などの主要食料については、農業基本法を根拠に、政府が全量を買い上げる政策が実施された。

f．米の全面関税化とは、輸入量を一定程度に制限したうえで、米にかかる関税を支払えば、原則として米を自由に輸入できるようにすることである。

【設問6】下線部ⓔに関連して、次の文章の（ A ）～（ C ）に入る最も適切な語句を、下の語群から1つ選び、その番号を、解答欄Ⅱ－乙のA～Cに記入せよ。

木材に関しては、戦後の早い段階で貿易の自由化が進んだ。その結果、安価な外国産の木材が日本の木材市場を圧倒し、国産の木材に対する需要は著しく低迷した。このため、スギやヒノキの人工林は、必要な手入れも十分なされず、放置される傾向にある。他方、農業においては、これまでの大量生産・大量消費による弊害を是正するため、地域で収穫した農産品を当該地域内で消費することを促す（ A ）の取り組みも展開している。長らく続く農山村経済の低迷への対応策として、農産物生産者ら自身が、生産・加工・流通・販売までを手がける（ B ）の取り組みも進んでいる。他方、農業の条件不利地で過疎化が進行する地域に対して、耕作放棄防止と多面的機能の強化を目的とした（ C ）も2000年から実施されている。

［語群］

1．農業の機械化　2．農業の近代化　3．第6次産業化
4．地産地消　5．食育　6．スローフード
7．中山間地域等直接支払制度　8．戸別所得補償制度
9．農業経営基盤化促進法

【設問7】下線部ⓕに関連して、次の文章の（　ク　）に最も適切な語句を、解答欄Ⅱ－甲のクに記入せよ。また、（　D　）～（　G　）に入る適切な語句や数字を、下の語群から1つ選び、その番号を、解答欄Ⅱ－乙のD～Gに記入せよ。

国連食糧農業機関（FAO）は、（　ク　）を「人々すべてが常時必要とする基本食糧に物理的・経済的に確実にアクセスできることである」と定義している。この考え方からみると、2017年度、カロリーベースで日本の食料自給率が（　D　）パーセントにとどまっている状態は望ましくない、との懸念もある。戦後しばらくは徹底した農業保護政策によって、日本の食料自給率は高く維持されていた。1960年代にはいると米は供給過多になり、1971年から、政府は農家に対し米の生産量の抑制をはかる（　E　）を実施した。一方、農産品の輸入自由化が進んだことなどにより、食料自給率は低下傾向をたどった。

低水準の食料自給率と密接に関係する農産物の輸入自由化は、環境面からも問題視されている。たとえば、農産物の生産に必要な水資源量を総計して表す（　F　）という指標からみると、日本は農産品輸入を通じて、多くの国々から大量の水を輸入していることになる。水不足が深刻な国や地域が多いなか、日本の農産物の他国依存は問題である。また、国内外から大量に調達した食料のうち、1年に約（　G　）万トンは消費されぬまま破棄されるフードロスを発生させている。フードロスは、環境面だけでなく倫理面においても問題が大きく、その改善が叫ばれている。

[語群]

1．6　　2．17　　3．38
4．45　　5．600　　6．6000
7．農産物価格維持制度　　8．ヴァーチャル・ウォーター
9．エコロジカル・フットプリント　　10．世界水フォーラム
11．減反政策　　12．農外所得

〔Ⅲ〕　次の文章を読み、下の設問（設問１～設問７）に答えよ。　（50点）

第二次世界大戦後、アメリカを中心とする資本主義陣営（西側陣営）とソ連を中心とする共産主義陣営（東側陣営）は、イデオロギー的にも軍事的にも激しく対立するようになった。1947年、共産主義勢力の伸長に脅威を感じたアメリカは「（　ア　）・ドクトリン」を発表し、ギリシアやトルコの自由主義勢力を軍事的に支援すると表明した。これは冷戦の開始を告げる宣言となった。アメリカは（　A　）を通して西側諸国の経済復興を援助し、また1949年には西側の11カ国とともに（　イ　）を結成して、軍事的結束を強めた。こうした動きに対抗して、ソ連も1949年に（　ウ　）を設立して東側陣営の経済的結束をはかり、1955年には（　エ　）の結成を通じて軍事的結束を強めた。東西両陣営はそれぞれ軍備を拡張し、米ソはⓐ核兵器の開発競争に乗り出していった。

アジアでも中国に共産党政権が誕生し、冷戦構造が表面化するようになった。米ソ間の直接的な軍事衝突は発生しなかったものの、ⓑ朝鮮戦争やⓒベトナム戦争にみられるように、米ソの代理戦争が繰り返された。1956年にスターリン批判をおこなったソ連共産党第一書記（　B　）は、平和共存政策を掲げてアメリカを訪問し、東西貿易が再開されたが、その一方で米ソ間の軍拡競争は激化し、1962年にはキューバ危機が勃発した。ソ連がキューバにミサイル基地を建設しようとしたところ、これに強く反発したアメリカ大統領（　C　）が核戦争も辞さない強硬な姿勢をみせたため、一触即発の状態となった。しかし、ソ連がミサイルを撤去したことで、戦争の危機はかろうじて回避された。

キューバ危機後、米ソは1963年に（　オ　）条約に調印し、核軍縮に向けた取り組みもおこなわれるようになった。1968年には国連でⓓ核兵器不拡散条約（ＮＰＴ）が採択された。また1975年には東西ヨーロッパ諸国とアメリカなどが参加した（　カ　）会議がヘルシンキで開催され、東西緊張は緩和された。

しかし、1979年にソ連が（　D　）に侵攻すると、米ソ関係は再び悪化した。1983年、アメリカ大統領レーガンは（　キ　）を発表し、ソ連のミサイルを空中・宇宙で迎撃するためのミサイル開発に着手した。こうして米ソは新冷戦の局面を迎えたが、1985年にゴルバチョフがソ連共産党書記長に就任すると、（　ク　）

外交とよばれる米ソ協調路線を推し進め、両国の関係は急速に改善されていった。そして1989年12月、アメリカ大統領ブッシュ（父）とゴルバチョフは（　E　）会談においてⓔ冷戦の終結を宣言した。

【設問１】文中の（　ア　）～（　ク　）に入る最も適切な語句を、解答欄Ⅲ－甲のア～クに記入せよ。

【設問２】文中の（　A　）～（　E　）に入る最も適切な語句を、次の語群から１つ選び、その番号を、解答欄Ⅲ－乙のA～Eに記入せよ。

［語群］

1．ブレジネフ	2．エリツィン	3．フルシチョフ
4．アンドロポフ	5．ニクソン	6．ケネディ
7．ジョンソン	8．アイゼンハウアー	9．グレナダ
10．ハンガリー	11．フォークランド	12．アフガニスタン
13．ジュネーブ	14．ウィーン	15．マルタ
16．キャンプ・デーヴィッド		17．マーシャル・プラン
18．ホットライン	19．米州機構	20．南米諸国連合

【設問３】下線部ⓐに関する記述として最も適切なものを、次の１～４のうちから１つ選び、その番号を、解答欄Ⅲ－乙に記入せよ。

1．核軍拡競争を引き起こす要因として、核抑止論の考え方がある。この考え方によれば、核兵器保有国は先制攻撃を受けた場合でも核兵器で報復することができるので、仮想敵国に核攻撃を思いとどまらせることができる。

2．1954年、ソ連がビキニ環礁でおこなった水爆実験により、日本のマグロ漁船第五福竜丸が「死の灰」を浴びるという事件が起こった。これをきっかけに、広島で原水爆禁止世界大会が開催されるなど、日本でも反核運動が広がった。

3．米ソ間の軍拡競争が激化するなか、核廃絶のための科学者の結集をよびかけるラッセル・アインシュタイン宣言が1955年に出された。これを受けてストックホルムで平和擁護世界大会が開催され、ストックホルム・アピールが採択された。

4．軍縮を求める国際世論に押されて、1978年に国連軍縮特別総会が開かれた。そこで軍縮問題について討議がおこなわれたが、核兵器保有国と非核兵器保有国が対立したため、これを最後に国連軍縮特別総会は開催されていない。

【設問4】下線部ⓑに関連して、次の記述について、**正しい記述ならば数字の1**を、**正しくない記述ならば数字の2**を、解答欄Ⅲ－乙に記入せよ。

1950年、朝鮮民主主義人民共和国（北朝鮮）が南進して軍事衝突を起こすと、大韓民国（韓国）にはアメリカ軍が、北朝鮮には中国の人民義勇軍が支援して戦争は泥沼化したが、1953年に休戦協定が成立した。

【設問5】下線部ⓒに関連して、次の記述について、**正しい記述ならば数字の1**を、**正しくない記述ならば数字の2**を、解答欄Ⅲ－乙に記入せよ。

1965年からアメリカは南ベトナムへの爆撃を本格化させ、大軍を投入したものの、戦争の長期化とともに、反戦運動の高まりを受けて撤退に追い込まれた。

【設問6】下線部ⓓに関連する記述として**適当でないもの**を、次の1～4のうちから1つ選び、その番号を、解答欄Ⅲ－乙に記入せよ。

1．現在、ＮＰＴによって核兵器保有国として規定されているのは、アメリカ、ロシア、イギリス、フランス、中国の5カ国である。

2．インドとパキスタンは当初、ＮＰＴが核兵器保有国に核を独占させる不平等条約であるとして参加しなかったが、1992年には両国とも加入した。

3．ＮＰＴは、非核兵器保有国に対し、国際原子力機関（ＩＡＥＡ）による査察の受け入れを条件に、原子力の平和的利用を認めている。
4．朝鮮民主主義人民共和国（北朝鮮）は、2003年にＮＰＴからの脱退を表明し、その後、数回にわたって核実験を実施した。

【設問７】下線部ⓔに関連して、次の文章の（　Ｆ　）～（　Ｉ　）に入る最も適切な語句を、下の語群から１つ選び、その番号を、解答欄Ⅲ－乙のＦ～Ｉに記入せよ。

冷戦終結後も、核軍縮の推進は国際平和を確立するための喫緊の課題となっている。まず1991年、アメリカとソ連は（　Ｆ　）に署名した。ソ連崩壊後、当該条約上の義務はロシアをはじめとする４カ国に引き継がれ、1994年に発効した。2009年にはアメリカ大統領オバマが「核兵器のない世界」をめざすと宣言し、その翌年、米ロは（　Ｆ　）の後継条約に署名した。

大量破壊兵器についても軍縮が進んでおり、1993年には（　Ｇ　）がパリで署名され、1997年に発効した。日本も1995年に同条約を批准している。通常兵器については、1997年に（　Ｈ　）が採択され、2008年に（　Ｉ　）が採択された。前者はオタワ条約、後者はオスロ条約ともよばれ、いずれも非政府組織（ＮＧＯ）が主導したことで知られている。

［語群］

1．弾道弾迎撃ミサイル制限条約
2．中距離核戦力全廃条約
3．戦略兵器制限条約
4．戦略兵器削減条約
5．化学兵器禁止条約
6．カットオフ条約
7．生物兵器禁止条約
8．地下核実験制限条約
9．クラスター爆弾禁止条約
10．武器貿易条約
11．対人地雷全面禁止条約
12．ヨーロッパ通常戦力条約

数学

（75 分）

〔Ｉ〕 次の $\boxed{}$ に適する数または式を，解答用紙の同じ記号の付いた $\boxed{}$ の中に記入せよ。

(1) 11 人を部屋割りする際に，部屋 A，B，C には 3 人ずつ，部屋 D には 2 人を割り当てる方法は，$\boxed{\text{ア}}$ 通りある。また，11 人を部屋の区別なく，3 人，3 人，3 人，2 人の 4 組に分ける方法は，$\boxed{\text{イ}}$ 通りある。

(2) 整式 $P(x)$ は，$2x+1$ で割ると余りが -1 であり，$x-3$ で割ると余りが 13 である。このとき，$P(x)$ を $2x^2-5x-3$ で割ったときの余りは $\boxed{\text{ウ}}$ である。また，この整式 $P(x)$ が，$4x+1$ で割り切れるような 3 次の整式であり，かつ x^3 の係数が 1 であるとする。このとき，$P(x)$ を $4x+1$ で割ったときの商は $\boxed{\text{エ}}$ である。

(3) 数列 $\{a_n\}$ を $a_1=3$，$2a_{n+1}-a_n=4$ $(n=1,2,\cdots)$ で定める。$b_n=a_n-\boxed{\text{オ}}$ とおくと，数列 $\{b_n\}$ は等比数列となり，これより $\{a_n\}$ の一般項は $a_n=\boxed{\text{カ}}$ と求まる。$\{a_n\}$ の初項から第 n 項までの和を S_n とおくと，数列 $\{S_n\}$ の一般項は $S_n=\boxed{\text{キ}}$ である。

(4) 関数 $y=(\log_{0.5}x)^2-\log_{0.5}x^2-\log_{0.5}x+2$ は，$\dfrac{1}{16}\leqq x\leqq 1$ の範囲において，最大値は $\boxed{\text{ク}}$ であり，$x=\boxed{\text{ケ}}$ のとき最小値 $\boxed{\text{コ}}$ をとる。

〔 II 〕 関数 $f(x) = x^2 - 2|x| + 2$ に対して，座標平面上の曲線 $y = f(x)$ を C とする。このとき，次の問いに答えよ。

(1) C 上の点 $(-2, 2)$ における C の接線を l とする。また，C の接線のうちで傾きが $2\sqrt{5}$ となるものを m とする。このとき，l と m の方程式を求めよ。

(2) l と m および C で囲まれた部分の面積を求めよ。

〔 III 〕 O を原点とする座標平面上に 3 点 A$(1, 0)$，B$(0, 2)$，P$(-3, 0)$ をとる。点 P から直線 AB に垂線 PQ を下ろす。直線 PQ と直線 OB の交点を S とする。点 R を直線 PQ 上にとり，かつ線分 OB が ∠ROQ の二等分線となるようにする。$\vec{a} = \overrightarrow{\mathrm{OA}}$，$\vec{b} = \overrightarrow{\mathrm{OB}}$ とおく。このとき，次の問いに答えよ。

(1) $\overrightarrow{\mathrm{OQ}}$，$\overrightarrow{\mathrm{PQ}}$ を $\vec{a}$，$\vec{b}$ を用いて表せ。

(2) $\overrightarrow{\mathrm{OS}}$，$\overrightarrow{\mathrm{OR}}$ を成分で表せ。

(3) $\theta = \angle\mathrm{ROQ}$ とおくとき，$\cos\theta$ を求めよ。また，△ROQ の面積を求めよ。

3　当時律師であった余慶僧正は、寛朝僧正に高山の僧について思っていることを伝えた。
4　僧正たちは皆、高山の僧の病が治るように加持をした。
5　宮中に異臭がしたので、上達部も殿上人も皆、大騒ぎした。
6　高山の僧は投獄されたが、脱獄に成功した。

㈤　傍線――「世の人皆尊びける」について、何を尊んだのか、具体的に説明せよ（句読点とも三十字以内）。

（以上・六十点）

4　思いもよらないことだ。天皇への加持を続けていくには、なにか秘訣があるにちがいない

5　思いもよらないことだ。数々の不思議な現象をなくすためには、なにか手段があるにちがいない

ウ　これ大きなることわりなり

1　天狗の力で投げ倒されたのは、なんともしかたがないことだ

2　僧正たちに罰せられたのは、まったくもってもっともなことだ

3　天皇に召されて加持をするのは、やはり辞退するべきことだった

4　こりずに天皇の加持を続けようとしたのは、実に自然なことだった

5　人々に敬われるようにしてくださいと祈ったのは、極めて当然のことだ

(三)　傍線＝＝＝「かく召されて参りたるなり」の「なり」と文法的意味・用法が同じものを、次に示す文中の1〜5のうちから一つ選び、その番号を記せ。

1　聖人あんなり

2　この法師いかばかりの者なれば

3　何のなるぞ

4　こはいかなることを

5　いと悲しげなり

(四)　本文の内容に合致するものを、次のうちから二つ選び、その番号を記せ。

1　高山の僧が奈良から宇治を通って宮中に来るまで、絶え間なく空から花が降っていた。

2　高山の僧が宮中に到着するまで、僧正たちは加持を始めるのを待っていた。

設問

㈠ 傍線――a・bの意味として適当なものを、次のうちからそれぞれ一つ選び、その番号を記せ。

a なかんづくに

1 おそらく
2 かえって
3 たしかに
4 とりわけ
5 にわかに

b すゑ

1 供え
2 座らせ
3 縛り付け
4 閉じ込め
5 見張らせ

㈡ 傍線～～ア～ウの解釈として適当なものを、次のうちからそれぞれ一つ選び、その番号を記せ。

ア いはむやいみじくとも、程ありてこそ霊験はあらはるべきに

1 まして高山の僧がいかにすばらしいとしても、時間が経ってはじめて加持の効能はあらわれるはずなのに
2 まして高山の僧がいかに劣っているとしても、修行を積めばかならず加持の効能はあらわれるはずなのに
3 まして高山の僧がいかに劣っているとしても、時間が経てばやがて加持の効能はあらわれるはずなのに
4 まして僧正たちがいかにすばらしいとしても、時間が経ってはじめて加持の効能はあらわれるはずなのに
5 まして僧正たちがいかに劣っているとしても、修行を積めばかならず加持の効能はあらわれるはずなのに

イ さればこそ。こはやうあることぞ

1 思っていたとおりだ。改めて加持をするからには、なにか方法があるにちがいない
2 思っていたとおりだ。天皇が再び病になったことには、なにか原因があるにちがいない
3 思っていたとおりだ。今まで不思議な現象が起きたことには、なにか訳があるにちがいない

狗《いぬ》の糞の香の、清涼殿の内に満ちて臭かりければ、候ひと候ふ人、「こはいかなることを」と言ひののしりけるに、この加持する人々は、「さればこそ。こはやうあることぞ」と思ひつるに、かくあやしきことどもあれば、いよいよ心を励まし、おのおの年ごろの行を頼みて加持す。

しかる間に、この法師にはかに帳の外にのけざまに投げ伏せられぬ。上達部・殿上人これを見て、「こはいかに」とあやしぶ。天皇もおどろきたまひぬ。この法師投げ伏せられて、よく打ちて責められてのち、曰く、「助けたまへ。このたびの命を生けたまへ。我年ごろ高山に住して、天狗を祭るをもつて役として、『ひとしきれ人に尊ばせたまへ』と祈りしるしに、かく召されて参りたるなり。これ大きなることわりなり。今に至りては大きに懲り候ひぬ。助けたまへ」と、声をあげて叫びののしりければ、この加持する人々、「さればよ」と言ひて、おのおの喜びけり。

これを天皇聞こしめして、「速やかに捕らへて獄にたまはれ」と定めありけれども、別の仰せありて、「ただ追ひ逃がすべし」と仰せありて、追ひいださるれば、法師喜びをなして、逃げ失せにけり。そこばくの人これを見て、かつは笑ひかつは憎みけり。御悩をいえしめたてまつりたりし程は仏のごとく尊ばれしかども、追ひいださるる時はいと悲しげなり。

しかれば、かやうのもの祭りたる者は、霊験掲焉《けちえん》なるやうなれども、つひにはあらはれぬやうなし。これにつきても、かく加持しあらはかしたる人々をぞ、世の人皆尊びける。

（『今昔物語集』）

注　五壇の御修法　五体の明王を、中壇とその四方の壇にそれぞれ安置して加持すること。
掲焉　非常にはっきりしていること。

二　次の文章を読んで、後の設問に答えよ。

今は昔、円融院の天皇の久しく御悩ありけるに、さまざまの御祈りどもありけり。[a]なかんづくに御もののけにてありければ、世にしるしありときこゆる僧をば、数を尽くして召して、御加持を参るに、つゆそのしるしなし。

しかれば、きはめて恐れさせたまふ間、人ありて奏して曰く、「東大寺の南に高山といふ山あり。その山に仏道を修行して、久しく住する聖人あん[1]なり。行ひの薫修積もりて、野に走る獣を加持し留め、空に飛ぶ鳥加持し落とすなり。彼を召して、御加持を奉らせば、必ずそのしるし候ひなむ」と。天皇これを聞こしめして、すなはち召すべきよしを仰せ下されて、使ひを遣はして召すに、使ひに従ひて参る。その参る間、奈良より宇治までは、空よりさまざまの花を降らして参りければ、見る人これを尊ぶこと限りなし。それに、宇治より北には、花降ることなかりけり。すでに内に参りぬれば、御前に召して、御加持参るに、いく程を経ずして、御病かきのごふやうにいえさせたまひぬ。

しかる間、もとより御祈りをするやむごとなき人々ありけり。その中に五壇の御修法を行はれけるに、広沢の寛朝僧正中壇として、時のやむごとなき人々をもつて行はれけれどもそのしるしもなきに、この高山の僧の参りて、すなはちいえさせたまひぬれば、奇異と思ひあひてありけるに、余慶僧正の律師にてありけるが、金剛夜叉の壇を行ずるに、その律師中壇の僧正に語りて曰く、「我ら仏を頼みたてまつりて、法を修行して、皆年ごろを経たり。心のいたして、日ごろ御加持を参るに、つゆそのしるしおはしまさぬに、この法師いかばかりの者[2]なればたちまちにそのしるしはあらはるべきぞ。たとひ霊験我らに勝るといふとも、あまたの力、彼が一人に劣るべきにあらず。[ア]いはむやいみじくとも、程ありてこそ霊験はあらはるべきに」。

加持参るついでに、この法師のゐたる所に向かひて、もろ心に皆心を励まして、ひと時ばかり加持するに、この高山の僧のゐたる所には、几帳を立てめぐらかして、その内になむ[b]すゑられたりける。それに、このやむごとなき人々の、心をいたしてかく加持する間、この僧のゐたる几帳の内に、物のはたりはたりとなりければ、「何の[3]なるぞ」など思ひあへりける程に、にはかにな目標を設定しつつも人を成長させてきた。

5　詠んだ歌にコメントをもらったり、添削してもらったりする教育方法が確立し、現在の気持ちを表現する和歌の目的が達成された。

㈥　本文の内容に合致するものを、次のうちから二つ選び、その番号を記せ。

1　筆者は卒業論文のテーマを決めあぐねていたときに、寺山短歌に出会ったことがきっかけとなって、近現代の短歌に関心を持つようになった。

2　筆者は中学二年生のころ、寺山修司の歌のモデルとなった若い先生に教えてもらったことがある。

3　和歌への理解を深めるために、『源氏物語』を踏まえた和歌を詠む必要があった。

4　筆者は、和歌は社会的な詩ではあるが、抒情的な詩ではないと考えている。

5　祝うべき特定の対象を歌に詠みこむ賀歌は、歌としては特殊な部類に入る。

6　現在の「君が代」のもとになった歌の「千」や「八千」は数えきれないほどの長さを表している。

㈦　傍線———について、「和歌は、自分で作ることのできる祈りの言葉なのだ」とはどういうことか、説明せよ（句読点とも四十字以内）。

（以上・九十点）

和歌が長く続くのに都合のよい存在形態であったということ。

2　和歌が長く持続するという現象の基には、もっぱら制作する一方の人と鑑賞するだけの人との間に、緊密な結びつきがあったということ。

3　かつて和歌が生きていた千年前の時代には、古来の和歌を十全に学びながら和歌を詠むことができた人は、例外的で貴重な存在だったということ。

4　和歌の継続には、和歌を詠むうえで古くからの和歌作品を学ぶ必要があり、和歌を学ぶうえで自分でも作ってみることが求められるという連鎖があったということ。

5　現代の私たちが見落としがちな和歌を学ぶことの大事さや、和歌を享受する意識に注視することを抜きにしては、和歌の歴史の持続性を語ることはできないということ。

(五)　傍線――Cについて、「和歌が教育と結びついたことで活力を得てきた」の説明として適当なものを、次のうちから一つ選び、その番号を記せ。

1　信仰における布教は教育の一種であり、経典の内容を和歌で表す能動的学習法が利用されることで、和歌に刻印される思いが一定の宗教的方向へ仕向けられるようになった。

2　歌語辞典や例歌集など和歌教育を目的とする書物が陸続と書写・刊行されることで、目標を持たない人を成長させるための和歌の学習機会が設けられてきた。

3　入門者からプロ級の歌人まで、教育課程と呼んでおかしくないほどの指導のシステム化や参加型教育が行われ、和歌への主体的な関わりが強化された。

4　詠歌方法の解説書等が著述・編集され、和歌を作り学習するというアクティブ・ラーニングが行われるようになり、無謀とのできる祈りの言葉なのだ。

（渡部泰明『和歌史　なぜ千年を越えて続いたか』）

設問

㈠　空欄［　　］a・bに入る語句として適当なものを、次のうちからそれぞれ一つ選び、その番号を記せ。

1　けれども　2　ところで　3　だから　4　いわゆる　5　なぜならば　6　たとえ

㈡　空欄〔　　〕に入る語句として適当なものを、次のうちから一つ選び、その番号を記せ。

1　鳴かず飛ばずの　2　平々凡々な　3　肩透かしの　4　自家薬籠中の　5　向こう見ずな

㈢　傍線――A「演劇・映画・現代詩等々、現代文化の諸領域に小さからぬ足跡を残した寺山修司は、俳句・短歌という定型詩をその表現の営みの出発点とした」とはどういうことか、適当なものを次のうちから一つ選び、その番号を記せ。

1　和歌の持続を可能にした力が、寺山に心の一部分を狙いすましているような、意味のわからない面白さを感じさせた。

2　定型という枷が表現への推進力を与え、寺山という芸術家に様々な領域で活躍をする言葉の自由をもたらした。

3　千年を越える歴史をもつ和歌が、表現者寺山にわけがわからない言葉を使わずに胸を打つ表現力を与えた。

4　和歌の定型は寺山とその時代の詩人たちにとって足枷となりながらも、意味を越えて心に届く言葉の力を与えた。

5　定型という枷が、寺山に縄目なしには自由の恩恵はわかりがたいことを気づかせ、和歌が続いた秘密を解明させた。

㈣　傍線――B「それは、和歌を作る人と味わう人は、必ず重なっている、という事実である」の説明として適当なものを、次のうちから一つ選び、その番号を記せ。

1　実際に作る必要はないが、歌を読み味わうときに自分が詠んでいるつもりになって読むことが求められるという営みが、を、敬虔に受け入れる心性が含まれる。自分の意志を越えて起こる出来事を、従容と受け止める心根を伴う。こうした精神が和歌を永らえさせた働きの基本にあると考える。和歌とは祈りを表現するものだ、と見なすところから始めたい。すると和歌の見方、味わい方も変わってこないだろうか。

和歌における理想とは何だろうか。和歌には、端的に理想を主題とした歌があるので、それが手掛かりとなる。「賀」の歌である。賀の歌では、判で押したように、永遠の生命が歌われる。

わが君は千代に八千代にさざれ石の巌となりて苔のむすまで　（古今集・賀・三四三・よみ人しらず）

（あなたの寿命は、千代にも八千代にも、小石が大きな岩になり苔が生えるまで続いてください）

現在の「君が代」のもとになった歌である。初句が「わが君は」となっていることに気をつけたい。天皇に限定されているわけではない。ともあれ、「千」にしても「八千」にしても具体的な数というよりも、数えきれないほどの長さを表す言葉だから、とわの寿命であれと寿いでいるのである。永遠の生命。それが和歌の理想の一つであることは間違いない。もとより、祝うべき特定の対象があって、それを歌に詠みこむ賀歌は、歌としては特殊な部類に入る。普通は、永遠には至りがたい現実として、死や、老耄・衰滅・終焉などが好んで歌われることになる。あるいは常に完全なる状態に届かない、未完・未然の現状を嘆くことになる。手に入らないものを受け入れるという形でこそ、和歌は永遠の命への祈りなのである。

祈りと見ることの最大の利点は、類型的な表現を価値づけられることである。信仰における祈りの多くは、聖典・経典の言葉である。同じ文言が繰り返し用いられる。内容以上に、唱えるという行為に意味がある。和歌でも、似たような表現であることに、むしろ祈念する営みとしての価値が生じると見なすことができる。信仰上の祈りに類比していえば、和歌は、自分で作るこ和歌は社会的な詩である。思いを表現するのは確かだが、そこには集団的な思いが刻印されている。集団的な思いは必ず方向性を持つ。でないと形にならない。その方向性を、ひとまず理想と捉えておく。つまり、和歌は理想を表現するものなのである。こうであったらいいなあ、という理想である。現状報告だけでは、和歌にふさわしい「心」にならないのだ。理想が未来に投影されれば、希望や願望と名付けることができる。逆に過去に投影されれば、昔は良かった、という回想や懐古となる。願望や懐古は、和歌の基本となる情緒である。

理想を表現する？　いやいや、それは違う、和歌には寂しさや悲しさ、あるいは恨みつらみがしばしば詠まれるではないか、と反論されるかもしれない。もちろん和歌は憂愁に満ち満ちている。悲傷・怨嗟は和歌の基本的な感情といえるだろう。[a]少し丁寧に読めば、和歌に表された寂しさや悲しさは、何か理想的な状況が奪われているからこそ痛感していると気づくに違いない。逆にいえば、理想状態が切望されているのである。たとえば恋の歌は、原則的に叶えられぬ恋ゆえのつらさを詠む。デートできて嬉しいなどと手放しで悦に入っている歌は、基本的にない。では逢えてとても幸せだったという内容は詠めないのか？　そんなことはない。明け方になってお別れするのがつらかった――[b]「きぬぎぬの別れ」である――と詠めば、どれほど喜びに満ちた逢瀬であったかが伝わるだろう。叶えられず、満ち足りぬ恋心を詠むことが、理想的な恋を裏側から表すのである。

ここで注意しておきたいのは、和歌が、現在の自分の――つまり作者の――感覚や心情を表現するものであることは間違いない、ということである。その意味では、和歌は詩であり、その中でも抒情詩に分類されるべきものである。だとすれば、和歌とは、現在の自分からの、理想的な事柄への思いを表現するものだ、ということになるだろう。理想への思いとは、多くの場合願いであり、願いがさらに強まれば、祈りとなる。そこでこちらの趣旨を明確にするために、この祈りという言葉を用いることにしよう。もっとも祈りといった場合には、ただ強い願望というだけにとどまらなくなる。そこには、向こう側から到来するもの歌にコメントをもらったり、添削してもらったりする教育方法も確立していった。入門者からプロ級の歌人まで、教育課程と呼んでおかしくないほど、指導のシステム化が見られるようにもなった。「古今伝授」などは、たとえていえば、大学院博士課程における特待生の修了プログラムのようなものかもしれない。

和歌を学ぶことだけにとどまらない。『源氏物語』を学ぶ際に、この物語を踏まえた和歌を詠むことで、『源氏物語』への理解を深める、などということも行われた。そもそもこの物語自体が、和歌を重要な構成要素としているので、和歌がわからなければきちんと理解したことにならないのである。

こうして教育と結びついたことは、和歌の意義を飛躍的に高めた。和歌自体が参加型で教育されていただけではない。さまざまな分野の教育に和歌が利用されてもきた。信仰における布教も教育の一種と見なせば、神祇信仰はもとより仏教も和歌を用いたりした。経典の内容を和歌で表せば、それは教理への理解を格段に深めることになったのである。

教育への接近は、和歌への主体的な関わりを強化した。和歌との主体的な関わり、とくに和歌を作ることの教育的意義という問題が浮かび上がってきた。さて、ではこのことを踏まえて、和歌史を見る本書の視点を示しておくことにしよう。

和歌と教育とは密接に関連する。そう述べた。教育とは、無謀を承知で思い切り簡単にいえば、人を成長させるために行う営みのことだろう。精神的に、あるいは技術的・肉体的に成長へと導くために、人は教育を志す。そこには、目的や目標が設定される。もちろん、目的や目標がなくても人は成長するが、こと教育を前提とするからには、理想や理念に基づいた目的・目標は不可欠といってよいだろう。それは和歌と無縁であろうか。

翻って和歌を考えよう。そもそも和歌とは何を表現するものだろうか。古典詩歌とはいえ、和歌も詩であるのならば、今の心を、すなわち現在の気持ちを表現するものだろう。たしかにそうだ。しかしそれは、半分当たっているが、半分外れている。人間生きていればいろいろなことを思い、感じる。どんなことでもそれを表現したら和歌になるかといえば、そんなことはない。

けれども、挑戦したいという気持ちは、結局なくならなかった。四十数年を経て、今この問いに答えようとしたのが本書である。

さて、和歌がどうして継続したかを考えるとき、必ずその糸口になるだろうと以前から予想していたことがある。Bそれは、和歌を作る人と味わう人は、必ず重なっている、という事実である。和歌が生きていた時代には、もっぱら制作する一方の人も、鑑賞するだけの人も、いなかったとはいわないが、基本的に例外的な存在といってよい。和歌は創作と享受とが、不可分なものとして緊密に結びついているのである。和歌を詠む人は、古来の和歌を学ぶことが必須となる。反対に、和歌を十全に学ぼうとするなら、自分でも作ってみることが当然視される。和歌を学んで初めて和歌を詠むことができ、その作品を享受して、また歌が創作される――和歌が持続するという現象は、そうした行為の連続として捉えることができる。とくに現代の私たちが見落としがちなのは、作ることの大事さであるから、和歌を制作する意識にとりわけ注視したい。和歌に関する営みは、それ抜きに語れないのである。歌を読み味わうときにさえ、自分が詠んでいるつもりになって読んでいたかもしれない。

さて、創作と享受が鎖のように連なっていることが、和歌が長く続くのに都合のよい存在形態であることはわかりやすいだろう。読む―詠む―読む……という連鎖が発生するのである。理屈の上からは、無限の連鎖が生じてもおかしくない。しかし物事は理屈どおりにはいかない。継続するのに都合がよい形態であることだけでは、続いたという謎にはたどり着かない。持続したからには、そこに何らかの力学が働いていたわけで、その力学の動態に接近しなければ、答えにならないのである。

Cそこでもう一つ、和歌が教育と結びついたことで活力を得てきたというファクターを視野に入れたい。和歌は作ることで学習する。実践しつつ学ぶことは、高い教育効果をもたらす。昨今教育の場で「アクティブ・ラーニング」（能動的学習法）が話題にされるが、和歌は古来アクティブ・ラーニングを実行してきたともいえる。もっとも私自身は、参加型教育と呼んでいる。主体の参加を促すからである。和歌を詠むために、歌学も発達した。歌語辞典や例歌集、和歌注釈書や詠歌方法の解説書、歌会などにおける礼儀作法書等々、和歌教育を目的とした書物が、途切れることなく著述・編集され、陸続と書写・刊行された。詠んだ葉に出会った。私の場合、むしろ関心は、近現代の短歌でも文学でもなく、古典の和歌に向かった。ああいう八面六臂の活躍をする芸術家に言葉の自由をもたらした、定型というものの力の源泉を尋ねてみたかったのである。

　煙草くさき国語教師が言うときに明日という語は最もかなし　（『空には本』）

そう寺山が歌う通りの若い先生から、ガリ版刷りのプリントで教えてもらった寺山短歌に衝撃を受けた、中学二年生のころの記憶も甦ってきていた。

　マッチ擦るつかのま海に霧ふかし身捨つるほどの祖国はありや　（『空には本』）

　大工町寺町米町仏町老母買ふ町あらずやつばめよ　（『田園に死す』）

　わけがわからないのに胸を打つ言葉があること、言葉には意味を越えて心に届く力があることに気づかされた。ただしそれは、意味のわからない面白さ、というのとは少し違った。その当時はもちろんうまく言葉にはできなかったけれども、誰しもが持つ心の一部分を狙いすましているような、意志的なものを感じていたのだと思う。

　彼は、定型という枷が表現の自由を与えたという。それは寺山だけのことだろうか。和歌は、その時代その時代の詩人たちに、一面で足枷となりながら、それ以上に表現への推進力を与えてきたのではなかっただろうか。そうやってずっと、和歌は続いてきたのではなかったか。もしその足跡をたどることができれば、和歌が千数百年続いた秘密を解明できるのではないか。どうせ研究をやるならその謎に挑んでみたい――若気の至りという言葉がぴったりの、気恥ずかしいばかりの〔　　〕問いだった。

国語

（七五分）

一　次の文章を読んで、後の設問に答えよ。

和歌は、千年を越える歴史をもつ。おおよそ七世紀前半には形態を整え、少なくとも江戸時代までは、命脈を保った。千二百年以上続いたのである。なぜこれほど長く続いたのだろう。和歌の持続を可能にした力は、どこにあったのだろう。不思議なことである。その不思議さを考えてみよう、というのが本書の意図である。

和歌の歴史の持続を考えようとするとき、個人的に忘れがたい言葉がある。

縄目なしには自由の恩恵はわかりがたいように、定型という枷《かせ》が僕に言語の自由をもたらした。

（寺山修司「僕のノオト」『空には本』）

A演劇・映画・現代詩等々、現代文化の諸領域に小さからぬ足跡を残した寺山修司は、俳句・短歌という定型詩をその表現の営みの出発点とした。一九八三年に没して以後も、表現者寺山への関心は衰えない。寺山は、自身がなぜ古臭い定型詩から表現を始めたのかを、右のように語っている。もう四十年以上前、国文学の卒業論文のテーマを決めあぐねていたときに、こうした言

解答編

英語

I **解答**　A．(Y)―4　(Z)―1

B．(a)―1　(b)―2　(c)―2　(d)―1　(e)―4　(f)―3　(g)―2　(h)―2

C．(ア)―1　(イ)―2　(ウ)―4

D．(い)―8　(う)―2　(お)―3

E．2・3・5

◆全　訳◆

≪人と同じ能力を持つ鳥類≫

ニュージーランドのオタゴ大学でマイケル＝コロンボ教授が教える心理学の学部課程を終えた後，ダミアン＝スカーフは動物の認識に夢中になった。人間だけにあると研究者たちが以前は考えていた認識能力を，人ではない動物が有している可能性があることを，どのように彼や他の行動学研究者たちが証明しているかを，コロンボ教授はスカーフに語った。「こうした人間に特有の能力を検証することは素晴らしく思えた。それで翌年，動物学から心理学に専門を変更した」とスカーフは思い出を語る。

スカーフはコロンボの研究室で博士研究を終え，現在はオタゴ大学の専任講師であり，その大学で人間特有と思われていた特徴を示す人間以外の動物の能力を検証し続けている。彼の研究のほとんどに鳥がかかわっており，それは鳥が人間特有という概念を繰り返し覆してきたからだ。例えば，カレドニアカラスの道具を使う能力を科学者は徹底的に詳細に記録しているが，その能力は人間だけが使うと長い間信じられてきた技術であった。同様に，アメリカカケスは過去の出来事を覚えていて，それに従って行動することを研究者は示してきた。「そして数字の区別や単語の区別について言えば，ハトはその両方を持っている」とスカーフは言う。

今年，スカーフとコロンボらは，英語に現れる文字のパターンを認識するハトの能力を検証した。2年間ほぼ毎日，スカーフは4羽のハトを訓練した。彼はタッチスクリーンを備えた箱の中にそのハトを入れ，正しい，あるいは間違った4文字の語と，その語の下に星を付けてそのハトに提示した。もしその語が正しければ，ハトはくちばしでその語をつつくことに，もし間違っていたら星をつつくことになっていた。ハトが正しく答えたら，少量の小麦がもらえた。訓練の最後で，ハトは，一度も見たことがない語も含めて数十個の単語を70パーセントの正確さで認識できるようになった。

「これは全く斬新な発見だ」とオックスフォード大学で比較認知科学を研究するアレックス＝カセルニクは言う。「ハトが驚くべき程度まで，許容できる文字の順序の関係や許容できない文字の順序の関係を処理する能力があると示すことは，私には非常に興味深く思える」

もちろんハトは文字を使えない。しかしハトは視対象のパターンを認識することに慣れているとスカーフは考える。「霊長類の脳の視覚野だけでなく，ハトの視覚野にも生まれつき備わっていると思われる柔軟性のおかげで，まるで自然環境の中で目にした対象の組み合わせや対象の特徴を暗号化したかのように，ハトは文字の組み合わせを暗号化している」と彼は言う。しかしながら，人間が語を処理するのに使う視覚野の同じ場所をハトも使っているかどうかはまだわからないと，スカーフは付け加える。「これがすべて視覚野の1つの部分に限局しているのかどうかを見るために，電気生理学を使って調査する予定である」

どのようにして鳥はこのような高度に知的な芸当を行うことができるのかを理解することは難しいことがわかってきた。例えば1998年，ケンブリッジ大学のニッキー＝クレイトンらは，アメリカカケスが食糧を蓄えた後すぐ，隠された傷みやすい食糧だけを探し求めることを発見し，その鳥が未来について考えそれに従って行動すると示唆したが，どのようにしてそれができるのかは謎のままである。「その鳥が未来について考えていることはわかるが，どのようにして行っているのかはわからない」とクレイトンは言う。（中略）

人間とは異なる方法で鳥が刺激を処理しているのは，いくつかのケースでは明らかだ。例えば今年，カセルニクとオックスフォード大学の彼の同僚である動物学者のアントン＝マルチーニョは，産まれたばかりの子ガモが2つの異なる物質の相対的な大きさと色の刷り込み学習を受けたことを示した。子ガモは産まれたときに2つの同じ大きさのものを見ると，その後生涯，異なるものであっても同じ大きさならその後をついていく。「これは全く目を見張るような能力だ」とカセルニクは言う。このような相対概念は「高度な訓練をした高い知性の動物だけが利用できると考えられているが，この動物は卵から孵って15分でそれを行う」。

実際，どの2つの種をとっても同じものはない，とカセルニクは言う。「すべての種は共通の祖先を持ち，多くの共通するプロセスを共有するが，種の間で明らかに同じではない特別な能力も発達させてきた」と彼は言う。「人間にはハトが巣に帰るようなナビゲーション能力はないし，ハトは人間がするようにチェスをすることはできない。違いがないという主張は有益ではない」

しかしスカーフはこのような違いについてのより多くの主張に，特に人間だけの能力という主張に注目する予定である。「(人間あるいは) 霊長類特有とされるものが他にも出てくるだろう」と彼は言う。「そして私たちはこれまでしてきているのと同じことをこれからもしていく。つまりそれはハトを使って試し検証することだ」

◀解　説▶

A．(Y) be accustomed to *doing*「～することに慣れている」

(Z) for instance「例えば」

B．(a) traits「特徴，特質」より，1．characteristics「特徴，特質」が正解。2．colors「色」　3．rebellions「反乱，反抗」　4．signals「信号」

(b) discriminations は「差別」という意味があるが，この文では「区別，識別」。ゆえに，2．distinctions「区別」が正解。1．bullies「いじめっ子」　3．insights「洞察」　4．prejudices「偏見，先入観」

(c) subjects は多義語で「教科，主語，主題」など様々な意味があるが，この文では「被験者」。ここでの実験の「被験者」は第3段第2文(Nearly every day …)「2年間ほぼ毎日，スカーフは4羽のハトを訓練した」より，2．pigeons「ハト」が正解。1．crows「カラス」　3．researchers「研究者」　4．students「学生」

(d) この文での novel は名詞「小説」ではなく，形容詞で「斬新な」という意味。ゆえに，1．fresh「斬新な」が正解。2．literal「文字通りの」

3．predictable「予測できる」　4．romantic「ロマンチックな」

(e) inherent in ～「～に生まれつき存在する」より，4．natural to ～「～に生まれつきの」が正解。1．derived from ～「～から生じる」　2．expanded beyond ～「～を超えて拡大する」　3．located near ～「～の近くに位置する」

(f) stimuli は stimulus「刺激になるもの」の複数形。この文では実験で「鳥に見せるもの」を指すので，3．inputs「(情報の) 入力」がもっとも近い。1．atmospheres「雰囲気」　2．calculations「計算」　4．situations「状況」

(g) striking「著しい，際立った」より，2．remarkable「注目すべき」が正解。1．demanding「骨の折れる，きつい」　3．violent「乱暴な」　4．winning「勝った」

(h) evolved「発達させた」より，2．developed「発達させた」が正解。1．declined「辞退した」　3．rotated「回転させた」　4．terminated「終わらせた」

C．(ア) human-unique abilities「人に特有の能力」より，1．capabilities peculiar to humans が正解。capabilities は「能力」，peculiar to ～ は「～に特有の」という意味。2．「人だけが好むもの」　3．「人が面白いと思うもの」　4．「人も持っている普遍的な技術」

(イ) act accordingly「それに応じて行動する」より，2．make use of them「それらを利用する」が正解。make use of ～「～を利用する」　1．「他の人が言うようにする」　3．「割り当てられた役割をする」　4．「集団として一緒に働く」

(ウ) advanced mental feats「高度な知的偉業」より，4．sophisticated intellectual activities「高度な知的活動」が正解。sophisticated は「洗練された，高度な」という意味。1．「学習プロセス」　2．「将来の心理学の発展」　3．「洗練された精神的行為」

D．完成文は Showing (that) pigeons have, (to) a remarkable (degree), the ability to process relations (between) letters in allowable or not allowable sequences is (in) my view extremely interesting.

Showing (　あ　) の直後が S＋V の形になっているので，(　あ　) 以下がthat節になっていると類推できる。（　い　）a remarkable（　う　）は前後にカンマがあることから挿入句となる。（　う　）はa remarkableの直後なので名詞になるが，選択肢の中で名詞はdegreeのみ。（　う　）にdegreeが入ることにより，（　い　）はto a～degree「～の程度まで」のtoが入る。（　え　）はrelation between＋複数名詞「～の間の関係」よりbetween。なおrelations以下はrelations between letters in allowable（sequences）or（relations between letters in）not allowable sequencesのように，（　）内の語句が省略されている。（　お　）はin *one's* view「～の意見では」よりinが入る。

E．1．「他の種の動物も人間に特有な能力を多く持っていると，研究者たちは以前は信じていた」 第1段第2文（Colombo told Scarf…）「人間だけにあると研究者たちが以前は考えていた認識能力」に不一致。

2．「道具を使える鳥もいると科学者は報告している」 第2段第3文（For example, scientists…）「カレドニアカラスの道具を使う能力を科学者は徹底的に詳細に記録している」に一致。

3．「ハトは提示された4文字の単語のおよそ70パーセントを正確に認識した」 第3段最終文（At the end…）「ハトは数十個の単語を70パーセントの正確さで認識できるようになった」に一致。

4．「ハトが単語を処理するのに活性化する脳の視覚野は，人間が単語を処理するときに活性化する視覚野と一致する」 第5段第3文（Whether they are…）「人間が語を処理するのに使う視覚野の同じ場所をハトも使っているかどうかはまだわからない」に不一致。該当文のremains to be seenは「まだわからない」という意味。

5．「未来に向けて計画を立てる鳥もいることに科学者は気づいているが，その方法はわからない」 第6段第2文（（　Z　）instance, in…）「その鳥が未来について考えそれに従って行動すると示唆したが，どのようにしてそれができるのかは謎のままである」に一致。

6．「1日につき15分訓練することで，ほとんどの鳥は大きさや色のような相対概念を習得できる」 第7段最終文（Such relational concepts…）「このような相対概念は高度な訓練をした高い知性の動物だけが利用できると考えられているが，この動物は卵から孵って15分でそれを行う」とあるが，「1日15分の訓練で習得できる」という記述はない。

7.「人間を含めた哺乳類はハトに匹敵するナビゲーション能力を発達させてきた」 第8段第3文（“Humans cannot navigate …)「人にはハトが巣に帰るようなナビゲーション能力はない」に不一致。

8.「霊長類特有の能力をさらに調べるために，スカーフは調査を人間を含めたものにまで広げた」 最終段第2文（“There'll be something …）「私たちはこれまでしてきたのと同じことをこれからもしていく。つまりそれはハトを使って試し検証することだ」とあるが，「人間を含めたものにまで広げた」という記述はない。

II 解答

A．(W)―2　(X)―4　(Y)―1　(Z)―4

B．(a)―4　(b)―2　(c)―1　(d)―1　(e)―2　(f)―3　(g)―1　(h)―2　(i)―2

C．(ア)―2　(イ)―2　(ウ)―1　(エ)―2　(オ)―2　(カ)―2　(キ)―4

D．(い)―7　(う)―2　(お)―4

E．3・4・7

F．全訳下線部参照。

◆全　訳◆

≪会話はいつ止めるべきか≫

ある晩アダム＝マストロヤンニは，出席する気になれないオックスフォード大学のフォーマルなパーティーにさらにまた1つ行くために，いやいやネクタイを締めていた。当時，大学の心理学の修士課程の学生だったマストロヤンニは，必然的に，ていよく抜け出す方法のない望まぬ果てしない会話にはまり込んでしまう羽目になることがわかっていた。さらに悪いことに，自分自身も相手に望まぬ会話というトラップを永続させてしまっている一人かもしれないと突然悟った。「会話の両者がまったく同じことを考えているのに，実際に会話は終わっていても先に進むことができないので，どちらも行き詰まっているのだとしたら？」と彼は疑問に思った。

マストロヤンニの直感は的中していた可能性がある。『米国科学アカデミー紀要』の3月1日号に掲載されたある研究は，ある特定の会話がどれほど長く続くべきかに対する感情を測定するために，話し手が心の中で考えていることを調べ，発見したことについて報告した。会話は両者が終えたいと思うときには，ほぼ決して終わることはなく，人々は相手がいつ会話を終えたいと思っているかを判断するのがとても苦手であることを，その研究チームは発見した。しかしながら，時には，対談者はその会話が長く続きすぎているからではなく，短すぎるのでがっかりしている場合もあった。

「相手が何を望んでいるかと考えても，間違っているかもしれない」と，現在ハーバード大学の心理学の博士号取得候補者のマストロヤンニは言う。「だから会話を止めるのに適切だと思えた最初のときに止めてもよい。なぜならもっと短いよりは，もっと長い会話を望んだままにしておくほうがよいからだ」

会話に関する過去のほとんどの研究は，言語学者や社会学者によって行われてきた。一方，会話を研究してきた心理学者はほとんどが，例えば説得するのにどのように言葉を使うかのような，他の問題に対処する手段としてその研究を活用してきた。会話を終えるのにどんな言葉を個々の人々が言うかを調べた研究も 2，3 あったが，その焦点はいつその言葉を言うのを選ぶか，ではなかった。「これは本当に興味深く重要な社会的行動であるという事実に，心理学は今やっと気づきつつある」とマストロヤンニは言う。

彼と彼の同僚は会話の力学を調べるために 2 つの実験を行った。第一の実験では，オンラインで参加した 806 人に最近の会話の長さについて質問した。その会話のほとんどが伴侶や家族のメンバーや友達との間で行われていた。この実験に参加した個々の人々は，その会話を止めたいと思った時点があったかどうか詳細に述べ，実際にその会話が終わったときと比べて，それがいつだったかを推測した。

実験室で行われた第二の実験では，252 人の参加者を見知らぬ人とのペアに分け，1 分から 45 分の間で，話したいことは何でもよいので話すよう指示した。その後，研究チームは被験者たちに，いつその会話が終わってほしかったかと，同じ質問に対する相手の答えを推測するよう頼んだ。

マストロヤンニと彼の同僚は，会話のほんの 2 パーセントだけが両者が望んだときに終わり，30 パーセントだけがペアの一方が望んだときに終わったことを発見した。会話のおよそ半分は，両者が話を早く切り上げたいと思っていたが，止めるポイントはたいてい異なっていた。2 つの研究の参加者たちは，平均して，望ましい会話の長さは実際の長さのおよそ半分であると報告した。研究者たちが驚いたことには，人々が会話に縛り付けられているというのは，必ずしも正しいというわけではないということもわかった。会話の10パーセントでは，実験の参加者の両方が会話がもっと長く続くことを望んでいた。見知らぬ人との会話のおよそ31パーセントでは，少なくとも一方はもっと続くことを望んでいた。

ほとんどの人が相手の願望を直感的に知ることもできていなかった。相手がいつ話すのを止めたいと思っていたかを参加者が推測したとき，会話の長さ全体の約64パーセントはずれていた。

会話の相手が終わりたいと思っているときを判断することが全くできないということは「驚くべき重要な発見である」と，この研究には参加していないダートマス大学の社会心理学者タリア＝ホイートリは言う。会話は失敗しなければ「とても優雅な相互連携表現である」と彼女は言う。「しかしいつ止めるべきか全くわからないので，最後にはばらばらになってしまう」 この難問がおそらく人がコーヒーや飲食をしながら会話をするのを好む理由であろう。なぜなら「空っぽのカップや勘定書は言い訳，つまり会話を終える決定的な助けを与えてくれるからだ」とホイートリは加えて言う。

この研究チームの一員でないが，シカゴ大学の行動科学者ニコラス＝エプリーは，もしほとんどの会話が正確に望んだときに終わったとしたらどうなるだろう，と疑問に思っている。「相手としていたかもしれない，より長いより深い会話を避けてしまうことで，どれほど多くの新しい洞察，新しい観点，人生における興味深い事実を逃すことになるだろうか」と彼は問う。

このことは日常生活における無数の会話では測定できないが，参加者が最初に止めたいと思ったときに正確に会話を止めるか，あるいはある時点を超えて続けるかという実験を科学者は計画できる。「止めたいと思ったときに会話が終わる人は，より長く続ける人よりも，最終的によりよい会話をしたことになるのだろうか」とエプリーは問う。「私にはわからないが，その実験の結果は見てみたいと思う」

その発見はさらに多くの疑問を生み出す。他の文化では会話のルールはもっとはっきりしているのだろうか。会話の達人は，もしあるとしたらどんなきっかけに気づくのだろうか。集団でのおしゃべりにおける力学はどうだろうか。

「発展し始める会話の科学には，この論文のような正確な記述論文が必要であるが，会話という重要で広範囲にわたる難問をうまく処理するのに役立つかもしれない戦略を検証する，堅苦しくない実験も必要である」と，この研究には参加していないハーバード大学大学院経営学研究科の経営管理学教授アリソン＝ウッド＝ブルックスは言う。「火星に探査車を置くのはかなり無謀であると思うが，私たちは人がどのように会話をしているかを正確に理解し始めたばかりなのだ」

◀解　説▶

A．(W)not because ～ but because …「～だからではなく…なので」

(X)the focus is on ～「関心の的は～だ」

(Y)split *A* into *B*「*A* を *B* に分ける」

(Z)end up with ～「～で終わる」

B．(a)explored「調査した」より，4．investigated「調査した」が正解。1．collected「集めた」　2．expanded「拡大した」　3．ignored「無視した」

(b)undertook「着手した，始めた」より，2．carried out「実行した」が正解。1．called off「中止した」　3．handed over「手渡した，譲った」　4．went under ～「～の名で知られていた」

(c)estimated「推定した」より，1．approximated「見積もった」が正解。2．described「述べた」　3．emphasized「強調した」　4．proved「証明した」

(d)interactions「言葉のやりとり」より，1．exchanges「(意見の）やりとり，会話」が正解。2．interpretations「解釈」　3．lectures「講義」　4．operations「作業，操作，手術」

(e)were off「推測が間違った」より，2．guessed wrong「間違えて推測した」が正解。1．got right「正しくなった」　3．made sense「意味が通じた」　4．took note「注意を払った」

(f)mutual「相互に行われる」より，3．shared「共有の」が正解。1．careful「注意深い」　2．independent「独立した」　4．virtual「実質上の」

(g)falls apart「崩壊する，破綻する」より，1．breaks down「決裂する，

破綻する」が正解。2．comes out「知られる，明らかになる」 3．settles down「(興奮・嵐が) 静まる，定住する，くつろぐ」 4．works out「うまくいく」

(h)insights「理解，見識」より，2．ideas「思いつき，考え」が正解。1．displays「展示，表現」 3．scenes「場面」 4．studies「研究，学業」

(i)navigate「誘導する，導く」より，2．handle「(問題を) 取り扱う，処理する」が正解。1．discuss「話し合う」 3．recognize「認める」 4．travel「旅行する，行く」

C．(ア)wind up ～「結局～する羽目になる」より，wind up stuck (in ～) は「結局～から抜け出せない羽目になる」という意味。ゆえに，2．find himself locked「気がつくと (～に) 固定されて動けない」が正解。1．「言葉に詰まる，なんと言っていいかわからない」 3．「次第に腹を立てる」 4．「自分の言うことを理解してもらう」

(イ)climb into ～「～にもぐり込む」より，climb into the heads of talkersは「話し手の頭の中にもぐり込む」，つまり「話し手の考えていることを調べる」という意味。ゆえに，2．found out what happens in the mind when people chat「人々が話すとき心の中で何が起きているのか見つけ出した」が正解。1．「人々に背の高さを言うように頼む」 3．「人々の頭の動きを研究した」 4．「健康な人々の頭脳を研究するためにスキャンした」

(ウ)call it quits「(仕事などを) 切り上げる」より，1．conclude a conversation「会話を終える」が正解。2．「玄関から出て行く」 3．「そのゲームに名付ける」 4．「また別の時にもどってくる」

(エ)hold *A* hostageは「*A*を人質にとる」より，people are held hostage by talksは「会話によって人質にとられる」，つまり「会話から抜け出せない」という意味。ゆえに，2．people bind themselves into conversations「自分自身を会話に縛りつける」が正解。1．「人々が意見を述べる量が多いとき会話は長くなる」 3．「人々には話しすぎる習慣がある」 4．「個人的な会話は禁止されている」

(オ)wrap *A* up「*A*を終わりにする」より，warp things upは「それら (会話) を終わりにする」という意味。ゆえに，2．end the encounter「出会いを終える」が正解。なお，wrap upには「(話し合いなどを) まとめ上げる」の意味もあり，４．put it all together「まとめる」と紛らわしいが，この文脈では，何らかの結論を出すというより，ただ「会話をおしまいにする」という意味で用いられていると考えられるので，２の方がふさわしいと判断できる。

(カ) gives us an out「私たちに口実を与える」 名詞の out（単数形）には「口実，言い訳」の意味がある。よって，２．offers us a way to escape「私たちに逃げ道を提供する」が正解。

(キ) pick up on ～「～に気づく」より，４．take notice of ～「～に気づく」が正解。１．「追いつく」　２．「廃止する」　３．「見失う」

D．完成文は So you might (as) (well) leave at the first time it seems appropriate, because it's (better) to be left wanting more (than) (less).

might as well *do*「(もっと良い選択肢がないので) ～してもよい」より，(あ)(い)には as well が入る。it's (う) to be より it は形式主語，(う)は形容詞と類推できる。ゆえに，(う)には better が入る。better が入ることにより (え)(お)には比較の対象が入ると類推できる。ゆえに，wanting more (than) (less)「より少なく望むより，より多く望む」となる。

E．１．「『米国科学アカデミー紀要』によると，人々は話したい会話の長さを選んでいる」 第２段第３文（The team found …）「会話は両者が終えたいと思うときには，ほぼ決して終わることはない」に不一致。

２．「人々が会話をするとき，どれほど効果的に語句を使っているかについて，心理学者はめったに研究していない」 第４段第２文（Psychologists who have …）「心理学者はほとんどが，たとえば説得するのにどのように言葉を使うかのような，他の問題に対処する手段としてその研究を活用してきた」に不一致。

３．「最初の実験で806人のオンライン参加者がした会話のほとんどが，特に親しい人とであった」 第５段第３文（Most of them …）「その会話のほとんどが伴侶や家族のメンバーや友達との間で行われていた」に一致。

４．「第二の実験は，会話の多くとも３分の１が会話参加者の一方が終わらせたいと思ったとき終わったことを示した」 第７段第１文（Mastroianni and his …）「会話の30パーセントだけがペアの一方が望んだときに終わったことを発見した」に一致。

5.「第二の実験で，会話参加者がお互いによく知っているとき，会話の約 3 分の 1 がより長く続いたことを研究者たちは発見した」 第 7 段最終文（And in about …）に「見知らぬ人との会話のおよそ 31 パーセントでは，少なくとも一方はもっと続くことを望んでいた」という記述はあるが，「お互いによく知っているときの会話」については述べられていない。

6.「人々は食べたり飲んだりしているとき，より長く会話する傾向があるとホイートリは主張する」 第 9 段最終文（This puzzle is …）「空っぽのカップや勘定書は言い訳，つまり会話を終える決定的な助けを与えてくれるからだ」より，「飲食は会話を止めるための言い訳」であり，「長く会話する」ことにはならない。

7.「エプリーは人々が長い会話からどのような利益を得るかについて知りたがっている」 第 10 段第 2 文（“How many new …）「相手としていたかもしれない，より長いより深い会話を避けてしまうことで，どれほど多くの新しい洞察，新しい観点，人生における興味深い事実を逃すことになるだろうか」に一致する。

8.「この研究に参加しなかった研究者たちは，どのように会話が終わるかというかなり議論された問題を解決した」 最終段最終文（“I think it's …）に「私たちは人がどのように会話をしているかを正確に理解し始めたばかりなのだ」という記述はあるが，「どのように会話が終わるかという問題を解決した」という記述はない。

F. participants「参加者」 on average「平均して」 that the desired … actual length は reported「報告した」の目的語。desired length of their conversation「望ましい会話の長さ」 its actual length「(会話の) 実際の長さ」

Ⅲ **解答**

A. (a)—10　(b)—7　(c)—6　(d)—1　(e)—5　(f)—9　(g)—3　(h)—8

B.〈解答例 1〉Listening to an audiobook is not as bad as seeing the movie version of the book before reading it.

〈解答例 2〉It is not as bad to listen to an audiobook as it is to see the movie version of the book before reading it.

◆全　訳◆

≪オーディオブックについての会話≫

（ナタリーは大学のキャンパスでヘッドフォンをしている友達のグレッグに出会う。）

ナタリー：こんにちは，グレッグ。何を聴いているの？

グレッグ：やぁ，ナタリー。『オリバーツイスト』を聴いているんだよ。

ナタリー：ちょっと待って。オリバーツイストなんてバンドあったかな？

グレッグ：バンドじゃないよ。チャールズ＝ディケンズの本だよ。きっと読んだことがあるはずだよ。

ナタリー：本を聴いているの？

グレッグ：そう，オーディオブックなんだ。

ナタリー：つまり，誰かがあなたに朗読しているのを聴いているの？　自分で読んだらどう？　その方が速くない？

グレッグ：オーディオブックを試してみるまで僕もずっとそう思っていたよ。自分で読んだほうが速いというのは正しいよ。でも読む時間より聴く時間のほうがずっと多くあることがわかったんだ。電車に乗っている間も授業に歩いて行く間も聴くことができるよ。今では聴くのを止めることができなくて，いつもより多くの本を読み終えているよ。

ナタリー：でも電車でも本は簡単に読めるよ。

グレッグ：そうだね，でも運動とかそのようなことをしている間はできないよね。僕は特にジョギングをしているときにオーディオブックに頼っているよ。

ナタリー：そうね，走っているときに本を読もうとするのはかなり危険よね。でも物語に集中するのは難しくないの？

グレッグ：そんなに難しくないよ。実際，走る苦しさを忘れるのに役立つよ。物語を聴いていると足が疲れていることを忘れてしまうんだ。

ナタリー：オーディオブックは部屋を掃除するのに役立つかしら。掃除はいつも嫌いなの。

グレッグ：そうだね，試してみるといいよ！　オーディオブックはそういう退屈なことにとても役立つよ。

ナタリー：宿題を終えるのに役立つといいのだけど！

グレッグ：それはうまくいかないかも。宿題は集中してしなくちゃね。

ナタリー：何時間も同じ人の声を聴くのは飽きない？

グレッグ：語り手しだいだね。彼らはプロだから，ほとんどの人がかなりうまいよ。一人でたくさんの登場人物を演じるのを聴いたら驚くよ。声優のようなんだ。一人がすべての役を演じるのを聴くのは面白いよ。

ナタリー：でもその語り手が好みじゃなかったら本を楽しめないよね。

グレッグ：その通りだよ。以前そういうことがあったんだ。それからその同じ語り手が読んだ他の本を聴くことができないんだ。でも古い本ならいくつか異なるバージョンがあるよ。ドストエフスキーの『罪と罰』を聴いたときは，3，4 人の語り手から選ぶことができたんだ！　異なる翻訳を選ぶのに似ているね。

ナタリー：でも想像力に影響はないの？　私が読書で好きなのは自分の頭の中にその本の世界を作れることなんだけど。もし語り手が登場人物の声をしたら，その読書の経験に影響を与えるかもしれないわ。

グレッグ：うん，そのとおりだね。少しは影響あるだろうね。でも最高の語り手ならその物語に良い印象を加えてくれるよ。その物語に入り込んでいる人もいるからね！　オーディオブックを聴くことは，本を読む前に映画版を観ることほど悪くないよ。

ナタリー：そうね。それは私もできないわ。物語を読み始めるときに固定したイメージを持ちたくないよね。でも本を読んだ後，その映画を観るのはおもしろいわ。想像していたのとどれほど違うか見られるからね。

グレッグ：言いたいことわかるよ。普通全く違うよね！

ナタリー：じゃ，『オリバーツイスト』との冒険をこれ以上邪魔するつもりはないわ。楽しんでね！

◀解　説▶

A．(a)グレッグの「そう，オーディオブックなんだ」という応答に適切な質問は 10.「本を聴いているの？」。

(b)空所直後のナタリーの発言「それの方が速くない？」の「それ」に該当

する部分を含む発言は7.「自分で読んだらどう？」が適切。Why not ～?「～してはどうですか？」

(c)空所の前のグレッグの発言「電車に乗っている間も…聴くことができるよ」に対して適切なナタリーの発言は6.「でも電車でも本は簡単に読めるよ」。

(d)空所直前のグレッグの発言「実際，走る苦しさを忘れるのに役立つよ」を具体的に説明している発言は1.「物語を聴いていると足が疲れていることを忘れてしまうんだ」が適切。

(e)空所直前のナタリーの発言「オーディオブックは部屋を掃除するのに役立つかしら。掃除はいつも嫌いなの」に適切な応答は5.「オーディオブックはそういう退屈なことにとても役立つよ」。that は clean my room を指す。

(f)空所直前のグレッグの発言「彼ら（語り手）はプロだから，ほとんどの人がかなりうまいよ」に続く文として，「語り手」について説明した9.「一人でたくさんの登場人物を演じるのを聴いたら驚くよ」が正解。

(g)空所直前のグレッグの発言「ドストエフスキーの『罪と罰』を聴いたときは，3，4人の語り手から選ぶことができたんだ」の説明になる選択肢は3.「異なる翻訳を選ぶのに似ているね」。It は choose from three or four different narrators を指す。

(h)空所直前のナタリーの発言「でも本を読んだ後，その映画を観るのはおもしろいわ」の理由となる選択肢は8.「想像していたのとどれほど違うか見られるからね」。

B.「オーディブックを聴くこと」を不定詞を用いて表すと〈解答例2〉のようになるが，受験生にはやや書きにくいかもしれない。動名詞を用いた〈解答例1〉のほうが簡単だろう。「本を読む前に」は before you read it でもよい。「映画版」は A の問題の選択肢4の the movie version を使う。映画版が複数あると考えれば a movie version でもよい。「映画を観る」は次のナタリーの発言にある see the movie を使うが，watch the movie でもよい。「…ほど～でない」not as ～ as …

❖講　評

2022年度も例年どおり，長文読解問題2題，会話文問題1題という形式であった。配点はⅠが 61 点，Ⅱが 89 点，Ⅲが 50 点の 200 点満点。

Ⅰは「人と同じ能力を持つ鳥類」についての論説文で約 760 語。内容的になじみがなく専門性も高いが，個々の鳥や実験が具体的に記述され，複雑な構造の文も少ないので標準的な英文である。A の空所補充問題は基本的なイディオムを問う問題で易しい。B の同意語句を選ぶ問題も標準的な語が問われているが，(b)，(c)，(d)は多義語が問われているので，本文での意味を読み取る必要がある。特に(c) subjects はその語の意味だけでなく文中でそれが何を指すかが問われている。C は語句の意味が正確にとれれば正解を見つけられるが，peculiar to や make use of という熟語の知識が必要である。D は選択肢の半分が前置詞で，名詞の前後に置くのに適切なものが問われている。E の内容真偽問題は，答えに該当する部分も見つけやすく，紛らわしい選択肢も少ない。

Ⅱは「会話はいつ止めるべきか」についての論説文で約 990 語。内容自体は親しみのあるテーマだが，1 文が長く複雑な構文の文もあり，やや難しい英文である。A の空所補充の問題は(W)と(Y)は易しく(X)と(Z)は標準的。B の同意語句の問題は標準的な問題で，これは全て正解を目指したいところ。C はなじみのないイディオムや表現が多く，文章の前後関係から類推する必要があり，やや難しい。D の空所補充では，空所(あ)〜(う)は文法力で解くことができるが，空所(え)・(お)は文脈から判断して選択肢を選ぶ必要がある。E の内容真偽問題は，本文の該当する部分が見つかれば解きやすいが，本文自体が難しいので解くのに時間がかかったかもしれない。

Ⅲの会話文問題は，一般的なトピックで，選択肢も紛らわしいものはない。和文英訳も基本的な構文を使えば書くことができ，また，会話や A の問題の選択肢にヒントがあり，書きやすい。和文英訳も含めて全問正解をねらいたい。

2022 年度の問題は，Ⅰの論説文が標準的で，Ⅱの論説文が難しく，Ⅲの会話文問題が基本的な問題であった。全体の難易度はやや難ではあるが，取り組みやすい問題も多く見られた。

日本史

Ⅰ　解答

【設問ア】3　【設問イ】2　【設問ウ】8
【設問エ】3　【設問オ】1　【設問カ】3
【設問キ】3　【設問ク】2　【設問ケ】1　【設問コ】2
【設問サ】2　【設問シ】5　【設問ス】2　【設問セ】2
【設問ソ】1　【設問ａ】大官大寺　【設問ｂ】元興寺　【設問ｃ】紫香楽
【設問ｄ】百万塔　【設問ｅ】顕戒論　【設問ｆ】東寺　【設問ｇ】春日
【設問ｈ】平重衡　【設問ｉ】重源　【設問ｊ】金沢実時〔北条実時〕

◀解　説▶

≪古代・中世の仏教史≫

【設問ア】薬師寺は，天武天皇が「皇后（のちの持統天皇）の病気平癒を祈り創建したもの」である。

【設問イ】やや難。743年の大仏（盧舎那仏）造立の詔発布と764年の藤原仲麻呂の乱の間の751年に『懐風藻』は成立した。1．宇佐八幡神託事件が769年（藤原仲麻呂の敗死後の道鏡政権での出来事），3．『弘仁格式』の完成が嵯峨天皇の時（平安時代），4．『日本書紀』の完成は720年，5．天然痘の流行による藤原四子の死は737年（大仏造立の詔が発せられた橘諸兄政権の前）の知識から，消去法で2を選択できるとよい。

【設問ウ】やや難。「華厳を学び」から東大寺初代別当となった良弁を導く。

【設問エ】「和泉・河内…民間布教」を手がかりに行基を導く。

【設問オ】「唐から渡来」「戒律を伝えた」を手がかりに鑑真を導く。

【設問カ】天寿国繡帳は中宮寺所蔵の飛鳥時代を代表する刺繡作品である。

【設問キ】やや難。3．正文。平城宮の「朝集殿を移築した」とされるのは唐招提寺講堂。1の「貴族邸宅を仏堂風に改めた」建築物は法隆寺伝法堂，2の「聖武太上天皇の遺品など数千点を所蔵」しているのは正倉院宝庫，4の「白鳳様式を伝え」「凍れる音楽」と評されるのは薬師寺東塔。

【設問ク】外京は左京の東側に拡張された区画である。外京には興福寺があり，外京のさらに東に東大寺がある。

【設問ケ】3．興福寺仏頭（白鳳文化）→1．興福寺八部衆像（天平文化）

→4．興福寺無著・世親像（鎌倉文化）→2．興福寺五重塔（北山文化）の順である。

【設問コ】 2．不適。北条時政が比企能員を滅ぼしたのは 1203 年である。1185～95 年は，その他の選択肢からも源頼朝の時代。比企能員が 2 代将軍源頼家の義父として勢力を伸ばした後，滅ぼされたことから判断できるとよい。

【設問サ】康勝は運慶の四男で，京都の六波羅蜜寺空也上人像の作者である。なお，奈良仏師は定朝の孫である頼助よりはじまり，運慶・快慶らの慶派を輩出する。円伊は『一遍上人絵伝』，成忍は『明恵上人樹上坐禅図』を描いたとされる。

【設問シ】「旧仏教のなかの改革運動」と「法相の教学を学ぶ」から貞慶を導く。貞慶は「藤原通憲（信西）の孫」であった。

【設問ス】「西大寺を拠点に…戒律の復興」「弟子にあたる忍性」を手がかりに叡尊を導く。

【設問セ】1262 年のころの執権は北条長時であるが，北条時頼が得宗として皇族将軍宗尊親王を擁し実権を掌握していた。

【設問ソ】 2．誤文。「日本最初の仏教通史」である『元亨釈書』を著したのは虎関師錬。

3．誤文。法然を批判して『摧邪輪』を著したのは明恵（高弁）。

4．誤文。「民間で念仏行脚」し，「市聖」と呼ばれたのは空也。

【設問 a】舒明天皇創建の百済大寺が天武天皇の時代に移転されて大官大寺と改称され，さらに平城京の左京六条四坊に移されて大安寺と名を改めた。

【設問 b】飛鳥寺（法興寺）は平城京外京に移転されて元興寺となった。

【設問 c】「大仏（盧舎那仏）造立の詔を出した」場所は紫香楽宮であるが，当時の都は恭仁京でその造営が続けられていた。聖武天皇は 744 年に難波宮に遷都したが，まもなく紫香楽宮に行幸して実質的な都とした。

【設問 d】百万塔は，孝謙太上天皇（重祚して称徳天皇）が藤原仲麻呂（恵美押勝）の乱の戦没者を慰霊するためにつくらせたと伝えられる。なお，塔に納められた陀羅尼経は現存する世界最古の印刷物といわれている。

【設問 e】『顕戒論』は，最澄が大乗戒壇設立に反対する南都諸宗に反論した著作である。

【設問ｆ】「空海が嵯峨天皇から与えられた平安京内の寺院」は東寺である。教王護国寺とも呼ばれるが，「漢字２字」の指定があるため注意しよう。

【設問ｇ】「藤原氏の氏神」であったこと，「興福寺の僧侶」が「神木を持ち出して強訴」したことから，これは春日社である。

【設問ｈ】平重衡は清盛の五男で，彼による1180年の興福寺・東大寺の焼き払いを南都焼打ちと呼ぶ。

【設問ｉ】東大寺再建の「大勧進」から重源を答えたい。重源は勧進と呼ばれる財源確保のほか，陳和卿などの技術者を集め，大仏様といわれる建築様式導入などを指導した。

【設問ｊ】「武蔵国六浦荘の別邸に，…書庫を置いた」から，金沢（北条）実時が金沢文庫を設けたことを想起したい。

Ⅱ　解答

【設問ア】２・４　【設問イ】バテレン

【設問ウ】豊臣秀吉　【設問エ】１

【設問オ】天草四郎時貞〔益田時貞〕【設問カ】松平信綱

【設問キ】４　【設問ク】２　【設問ケ】オランダ　【設問コ】下田

【設問サ】箱館　【設問シ】１　【設問ス】徳川家定　【設問セ】３

【設問ソ】１　【設問タ】２　【設問チ】治外法権

◀解　説▶

≪豊臣・徳川政権の対外関係史≫

【設問イ】宣教師のことを伴天連と呼んだ。「カタカナ」と指定されているので正解は「バテレン」である。

【設問ウ】史料(1)はバテレン追放令で，九州平定後の1587年，豊臣秀吉が博多で発令した。

【設問エ】史料(2)は，出典名から島原の乱（島原・天草一揆）に関するものだとわかる。松倉氏の領した島原は，もとはキリシタン大名有馬晴信の領地であった。また，天草領主は寺沢氏で，天草がかつてのキリシタン大名小西行長の領地であったことも押さえておきたい。

【設問オ】益田時貞は，父益田甚兵衛が小西行長に仕えたことでキリシタンとなった。天草四郎時貞という名がよく知られている。

【設問カ】「伊豆」守であった老中松平信綱が「由井正雪の乱（慶安の変）・明暦の大火の事後処理」をしたのは４代将軍徳川家綱のときである。

【設問キ】【設問ケ】史料(3)の「蒸気船」，また，【設問ケ】の設問文の「開国勧告」から，1844年にオランダ国王が幕府に行った開国勧告だと判断したい。このときの「英吉利国王（イギリス国王）」は，イギリス帝国主義の最盛期を築いたヴィクトリア女王（在位1837～1901年）である。1はラクスマンを日本に派遣したロシア皇帝エカチェリーナ2世，3は日露戦争の講和を仲介したアメリカ大統領セオドア＝ローズヴェルトを想起して除外できる。2は世界史の知識となり，判断するのはやや難。1215年大憲章（マグナ＝カルタ）を承認したイギリス（イングランド）国王がジョン王である。

【設問ク】オランダ国王の開国勧告（1844年）のときの「殿下」，すなわち第12代将軍徳川家慶である。天保の改革（1841～43年）のときの将軍として思い出せればよい。家慶はペリー来航直後の1853年に死亡した。

【設問コ】～【設問シ】史料(4)は日米和親条約である。「伊豆」から下田，「松前地」から箱館の開港地を導く。アメリカ船への補給物資としては，「薪水」とともに蒸気船に不可欠な燃料として「石炭」にも注意したい。

【設問ス】史料(5)は日米修好通商条約で，第13代将軍徳川家定のときに調印された。この直後，大老井伊直弼が擁立した徳川慶福が家茂と改名して第14代将軍に就任する。

【設問セ】条約では神奈川とするが，実際にはその南にある横浜が開港する。横浜開港後に下田は閉鎖された。

【設問ソ】設問文「鎖国政策の下でも唯一の貿易港」で長崎とわかる。

【設問タ】新潟と兵庫は開港延期になり，実際には新潟は1868年，兵庫は1867年（場所も兵庫港東の神戸港に移る）に開港される。

【設問チ】「日本の司法にとって不平等な規定」により「外国人が日本の法律に拘束されない」特権とは，治外法権である。日本に滞在する外国人の裁判をその国の「コンシユル（領事）」が行うため，「漢字4字」の指定がなければ領事裁判権と答えてもよい。

Ⅲ　解答

【設問ア】日比谷公園　【設問イ】閥族打破
【設問ウ】2　【設問エ】立憲同志会
【設問オ】吉野作造　【設問カ】3　【設問キ】3　【設問ク】1
【設問ケ】3　【設問コ】治安維持法　【設問サ】平民社

【設問シ】4 【設問ス】3 【設問セ】1 【設問ソ】日本農民組合
【設問タ】青鞜社 【設問チ】3 【設問ツ】全国水平社

◀解 説▶

≪近代の政治・社会運動≫

【設問ア】日比谷焼打ち事件は，日比谷公園で開催された日露戦争講和条約反対国民大会に端を発する。

【設問イ】第一次護憲運動で掲げられたスローガンは「閥族打破・憲政擁護」である。閥族とは，薩長を中心とした藩閥・軍閥を指す。

【設問ウ】第2次西園寺公望内閣へ提出された陸軍二個師団増設案では，1911年の辛亥革命後の中国情勢に備えるため，植民地朝鮮に増設を求めた。

【設問エ】立憲同志会は加藤高明を総裁として1913年に結党され，第2次大隈重信内閣の与党となり，1916年には憲政会へ発展した。

【設問オ】吉野作造は，雑誌『中央公論』に論文「憲政の本義を説いて其有終の美を済すの途を論ず」を発表し，民本主義を唱えた。

【設問カ】3．「農作物の輸入自由化」は1980年代に対日貿易赤字に苦しむアメリカが日本にせまったもので，1988年のオレンジ・牛肉の輸入自由化，1993年の米市場の部分開放の決定につながった。なお，原敬内閣が掲げた「四つの政策（四大政綱）」は，教育施設の改善充実，交通機関の整備，国防の強化，産業の奨励（通商貿易の振興）である。

【設問ク】「憲政の常道」は犬養毅首相が暗殺された1932年の五・一五事件で終わり，政党内閣は敗戦まで復活することはなかった。

【設問ケ】衆議院議員選挙法の公布・改正（選挙権の納税資格）と総選挙時の選挙人の全人口比は，1889年の公布（直接国税15円以上）による1890年の実施では1.1％→1900年改正（直接国税10円以上）による1902年の実施では2.2％→1919年改正（直接国税3円以上）による1920年の実施では5.5％→1925年改正（資格制限撤廃）による1928年の実施では20.8％である。

【設問コ】1925年には，加藤高明内閣のもとで日ソ基本条約締結による日ソの国交が樹立し，治安維持法と普通選挙法が成立した。「共産主義思想の波及を防ぎ」や，設問文にある「法律の第一条」からも治安維持法と見抜けるとよい。

【設問サ】1903年，日露戦争を前に開戦論に転じた『万朝報』を退社した幸徳秋水と堺利彦が平民社を創設し，『平民新聞』を発刊した。

【設問シ】 4．「家庭電化製品（「三種の神器」）」は，白黒テレビ・電気洗濯機・電気冷蔵庫を指し，その普及は戦後の高度経済成長期である。

【設問ス】1918年，富山県の漁民の妻など女性たちが起こした米騒動が「越中女一揆」と新聞報道され，騒動は全国化した。

【設問セ】1912年に鈴木文治らによって結成された友愛会は，1919年に大日本労働総同盟友愛会，1921年に日本労働総同盟と改称され，労資協調主義から階級闘争主義へ転換していった。

【設問ソ】杉山元治郎は，賀川豊彦らとともに日本農民組合を設立し，初代組合長（理事長）となった。なお，キリスト教社会運動家の賀川豊彦には自伝的小説の『死線を越えて』という著書がある。

【設問タ】「平塚らいてう」が設立に関わった組織で「1911年」の「女流文学者たちの団体」は青鞜社。機関誌『青鞜』は日本初の女性文芸誌である。

【設問チ】市川房枝は，平塚らいてうとともに1920年に新婦人協会を結成した。これを母体として1924年には婦人参政権獲得期成同盟会を結成し，女性の参政権要求などの運動を推進した。

【設問ツ】1922年に創立された全国水平社は被差別部落解放運動の中心となり，日本の人権運動に多大な影響を与えた。西光万吉が起草した「水平社宣言」の結び「人の世に熱あれ，人間に光あれ」は押さえておきたい。

❖講　評

Ⅰ　奈良時代から鎌倉時代の仏教と，それに関連する文化（建築・美術など）を中心に，政治史などを交えた知識を問う。設問の多くは標準的レベルであるが，【設問イ】などは政治と文化の関連を問い，【設問キ】は唐招提寺講堂に関する知識を問うなど，やや難の問題も見受けられる。これらへの有効な対策は，教科書の精読に加え，用語集・図説を用いて知識を正確にしておくことである。また，Ⅰには本学部2021年度のⅠ先史・古代の社会・政治史や，Ⅱ中世の文化史と同様の趣旨の問いもあり，過去問学習は有効である。

Ⅱ　「バテレン追放令」「オランダ国王の開国勧告」「日米和親条約」

「日米修好通商条約」など，教科書・教科書準拠史料集に掲載されている史料については，基本・標準的な知識を問う設問がほとんどであるが，ヴィクトリア女王という世界史に絡む【設問キ】はやや難で，空欄補充の【設問シ】【設問セ】【設問タ】などは史料を精読して演習を重ねていないと迷う問いである。「ドアルテ＝コレアの島原一揆報告書」は初見史料であるが，設問が一問一答形式であるため，解答はしやすい。なお，Ⅱも本学部2021年度のⅢ近世～近代の対外関係史と重複したテーマである。

Ⅲ　日露戦争後から昭和前期までの政治と社会運動に関する知識を問うもので，ほとんどの設問文は一問一答形式として解答可能である。そのレベルは基本・標準で，戦後の知識が選択肢にある【設問カ】や，戦前の選挙人の全人口比を選択させる【設問ケ】で迷う程度である。日比谷焼打ち事件・米騒動などの民衆運動や社会主義運動，労働運動，小作争議，女性解放運動，被差別部落解放運動といった明治から大正時代の社会運動に関する問題は，同志社大学の定番といえるほど頻出である。本学部だけでなく他学部・他日程の過去問にも取り組むことで確実に得点できるだろう。

やや難しい設問も数問見られたが，基本・標準レベルの割合は例年並みである。教科書中心に用語集・図説を用いて知識を正確に習得し，同志社大学の過去問演習を徹底して行い，高得点をねらいたい。

世界史

I 解答

設問1．a－14　b－4　c－1　d－10
設問2．1　設問3．4　設問4．1　設問5．1
設問6．2　設問7．1　設問8．2　設問9．4　設問10．2
設問11．(A)4世紀　(B)エフェソス公会議　(C)マニ教　(D)カーリダーサ　(E)カナート
設問12．(F)ラテン語　(G)トレド　(H)12世紀ルネサンス

◀解　説▶

≪ギリシア文化の継承から見た地中海周辺の古代～近代文化≫

設問1．d．やや難。パレルモはシチリア王国の首都で，シチリア島北西部に位置している。

設問2．ともに正文。エウクレイデス（英語読みではユークリッド）が平面幾何学を大成したことから，平面幾何学はユークリッド幾何学とも呼ばれる。

設問3．4．誤文。天然痘を予防する種痘法を開発したのはイギリスのジェンナー。パストゥールは狂犬病の予防接種に成功したフランスの化学者・微生物学者。

設問4．1．誤文。地球の自転と公転を主張したのはアリスタルコス。エラトステネスは比例法で地球の周囲の長さを測定したギリシアの学者で，ムセイオンの館長も務めた。

設問5．1．誤文。万物の根源を原子としたのはデモクリトス。ヘラクレイトスは万物の根源を変化自体と考えた。

設問6．2．誤文。アッピア街道はローマと南イタリアのタレントゥムなどを結んだ。

設問7．1．誤文。ローマがイタリア半島を統一したのは前3世紀前半。

設問8．2．誤文。アルサケスはパルティア（前248頃～後224年）の創始者。ウァレリアヌスを破り（エデッサの戦い），捕虜にしたのはシャープール1世。

設問9．4．誤文。「未回収のイタリア」とは，イタリアとオーストリア

国境付近のトリエステや南チロルを指す言葉で，1870年代以降に使用された。

設問10．２．誤文。スペイン継承戦争（1701～13〔14〕年）の結果，ユトレヒト条約（1713年）ではブルボン家の王位継承が認められている。王位継承を認められたのは，ルイ14世の孫のフェリペ5世。

設問11．(A)コンスタンティヌス帝がキリスト教をミラノ勅令で公認したのは313年，テオドシウス帝がキリスト教（アタナシウス派）を国教としたのは392年。

(B)ネストリウス派は，キリストの神性と人性は分離すると主張したことから異端とされた。アリウス派が異端とされたのはニケーア公会議（325年）。

(C)マニ教は善悪二元論や禁欲主義，偶像の禁止などを特徴とする宗教で，ササン朝では弾圧されたものの，南フランスや中国などにも伝わり，ウイグルでは国教とされている。

(D)カーリダーサはグプタ朝（320頃～550年頃）期の詩人・戯曲作家で，チャンドラグプタ2世にも仕えた。

(E)カナートはイランでの呼び名。アフガニスタン・パキスタンなどではカレーズ，北アフリカではフォガラと呼ばれている。

設問12．(F)ラテン語はもともとローマ帝国の公用語で，イタリア・フランス・スペインなどの諸言語の基となっている。

(G)・(H)トレドはカスティーリャ王国の首都でもあり，12世紀ルネサンスにおいて中心的役割を果たした都市の一つ。

II　解答

設問1．a－13　b－29　c－27　d－22　e－21
f－3　g－20　h－16　i－18　j－1

設問2．3　設問3．7　設問4．景徳鎮　設問5．モンテ＝コルヴィノ

設問6．ジャックリーの乱　設問7．里甲制　設問8．北虜南倭

設問9．2　設問10．3　設問11．10

◀解　説▶

≪唐～明代における中国の社会・経済≫

設問1．d．女真（女直）は北方のツングース系の民族で金を建てた。なお，リード文中の西夏（大夏）を建てたのはチベット系のタングート。

e．ダウ船は三角帆を特徴とする帆船で，ムスリム商人がインド洋で使用したもの。ガレオン船はポルトガル・スペインが遠洋航海に使用した大型帆船の先駆け。

g．やや難。元の専売が塩であったことは細かい内容だが，宋代にも塩や茶が専売だったことから推測したい。

h．交子は北宋で使用された世界最古の紙幣，会子は南宋で発行された紙幣。

設問2．下線部の「新たな原則にもとづく税法」は両税法。

1・2．誤文。国家が支配する土地を農民に与え，地主の勢力を抑えて大土地所有を制限するというのは，租調庸制の原則。

4．誤文。両税法は銭納も認めていた。

設問3．開封は黄河と大運河の結節点にあり，東西南北交通の要衝であったことを把握していれば，その位置はウを，説明文ではXを選択できる。地図中のイは揚州（大運河と長江の結節点），アは大運河の南端に位置する杭州。また，説明文Yは文中の「市舶司」「都」「対外貿易」などから，南宋の都となった杭州（臨安）の説明であり，Zは同様に「長江を下って海に出られる港町」から揚州の説明文と判断できる。

設問5．モンテ＝コルヴィノはフランチェスコ会の修道士。モンゴル国に派遣されたフランチェスコ会修道士としては，教皇インノケンティウス4世が派遣したプラノ＝カルピニや，ルイ9世が派遣したルブルックもいる。

設問6．「14世紀の天災」とは，ペスト（黒死病）の大流行。ジャックリーの乱のような農民反乱としては，イギリスで起こったワット＝タイラーの乱（1381年）もある。

設問7．里甲制では1里は農家110戸で構成され，裕福な10戸を里長戸とし，残る100戸を10甲に分けて甲首戸が置かれた。

設問8．北虜南倭とは，具体的には北方でのモンゴル諸部族の侵入を，南方では大陸東南沿岸を襲った倭寇（後期倭寇）を指している。

設問9．1．誤文。オランダが東インド会社を設立したのは1602年なので，17世紀の出来事。イギリスの東インド会社設立は1600年。

2・3．正文。

4．誤文。琉球王国が薩摩藩の島津氏の支配を受けるようになったのは17世紀初め。江戸幕府が成立したのは1603年なので，そもそもそれ以前には外様大名の薩摩藩は存在していない。
以上より，正文は２つ。
設問 10.「明代後期」の「16 世紀」に実施された新たな税法なので，空欄は一条鞭法。一条鞭法は各種の税と徭役を銀納で一本化させた税制であると知っていれば，あ－Ｚの組み合わせを選択できる。Ｘは募役法（王安石による新法の一つ）の説明だが，その中身から税制ではないことがわかる。Ｙは清代（康熙帝の時代）に実施された地丁銀制の説明。
設問 11．宋代には「蘇湖（江浙）熟せば天下足る」，明代後期には「湖広熟せば天下足る」といわれた。蘇湖（江浙）とは現在の江蘇省と浙江省のことを指すので長江下流域であり，地図中の③が該当する。湖広とは現在の湖北省・湖南省のことなので長江の中流域，地図中の②に該当。よって，正答は 10。

Ⅲ　解答

設問１．あ．社会主義者鎮圧　い．無制限潜水艦
う．レーテ
設問２．ａ－23　ｂ－15　ｃ－13　ｄ－８　ｅ－35　ｆ－20　ｇ－34
ｈ－30　ｉ－10　ｊ－６
設問３．文化闘争　設問４．世界政策　設問５．ピウスツキ
設問６．(ア)－１　(イ)－４　(ウ)－２　(エ)－３

◀解　説▶

≪統一からヴァイマル共和国成立までのドイツ史≫
設問１．あ．社会主義者鎮圧法は，制定と同じ 1878 年に起こったヴィルヘルム１世（在位 1861～88 年）への皇帝狙撃事件を口実にビスマルクが制定したもの。
う．レーテは「ソヴィエト」のドイツ語訳。
設問２．ａ．リード文に「1875 年」結成とあるのでドイツ社会主義労働者党。この政党は労働運動を主導したラサール派とベーベルが指導したアイゼナハ派が合流して結成されたが，社会主義者鎮圧法（空欄あ）を経て 1890 年にはドイツ社会民主党に改称している。
ｂ．三帝同盟締結時（1873 年）のロシア皇帝はアレクサンドル２世（在位 1855～81 年），オーストリア皇帝はフランツ＝ヨーゼフ１世（在位 1848～1916 年）。

c．再保障条約は 1890 年にドイツのヴィルヘルム 2 世（在位 1888〜1918 年）が延長を拒否したため消滅したが，これをきっかけにロシアとフランスが接近して 1891〜94 年に露仏同盟が成立している。

d．アフリカにおけるドイツの植民地には，カメルーンの他にも南西アフリカ植民地（現在のナミビア）などがあった。

e．第 1 次モロッコ事件（1905 年）ではモロッコ北端のタンジールが，第 2 次モロッコ事件（1911 年）では南部のアガディールがそれぞれの舞台となっている。

g．西部戦線での主な戦いとしてはマルヌの戦い以外に，ヴェルダン要塞攻防戦（1916 年 2 〜12 月），イギリスが初めて戦車を導入したソンムの戦い（1916 年 6 〜11 月）などがある。

設問 3．文化闘争は自由主義者たちが称した「(近代) 文化のための闘争」に由来する。弾圧の対象となったのは，主に南ドイツのカトリック勢力。

設問 4．世界政策を推進したヴィルヘルム 2 世は，第一次世界大戦末期のドイツ革命による退位で，ホーエンツォレルン家最後の皇帝となった。

設問 5．ピウスツキはポーランドがロシアに侵攻したポーランド＝ソヴィエト戦争（1920〜21 年）を指導した政治家。

設問 6．(イ)(a)誤文。ファショダ事件（1898 年）で譲歩したのはフランス。(b)誤文。英仏協商では，エジプトにおけるイギリスの，モロッコにおけるフランスの優越権を相互に認めた。よって，正答は 4。

(ウ)(a)正文。(b)誤文。ロシア共産党を指導し，モスクワでコミンテルンを創設したのはレーニン。ケレンスキーは臨時政府で首相となり，レーニンらと対立した社会革命党の政治家。よって，正答は 2。

(エ)(a)誤文。ヒトラーは 1934 年のヒンデンブルク大統領の死去に伴って大統領権限をも掌握して独裁体制を確立しているので，ヒンデンブルクを解任していない。(b)正文。よって，正答は 3。

❖講　評

Ⅰ　古代ギリシア文化の継承をテーマに，主に古代から近代におけるギリシア・ローマ・西アジア・ヨーロッパの文化を問う大問である。リード文には宗教史も含まれており，小問レベルで政治史も問われている。大半が基本事項の把握で対処できるが，手薄となりがちな文化史中心の出題のため，対策の有無で点差が生じやすい。地理的知識も問われ，特に設問１のｄは内容が細かかった。

Ⅱ　８世紀以降の唐代から明代後期における社会・経済の変化をテーマとする問題だが，大半を経済史が占めている。小問レベルで中世・近世のヨーロッパ史も含まれる。教科書レベルの知識で対応可能なものが多いが，元代の専売品目を問う設問１のｇはやや難である。また，説明文と地図の組み合わせを選択する問題も，消去法で確実に対応したい。

Ⅲ　ドイツ統一から第一次世界大戦後のヴァイマル共和国成立までのドイツ近代・現代史をテーマとする。政治・国際史のみで構成され，帝国主義に関連してアフリカからも出題されているが，難問レベルの出題はみられない。ただ，選択肢に紛らわしい語句が多く，正誤法も４問出題されており，現代史の内容も含まれていることから，慎重な対処で取りこぼしのないようにしたい。

政治・経済

I 解答

【設問1】ア．国権の最高機関　イ．全国民　ウ．歳費　エ．半数　オ．文民　カ．外交関係

【設問2】A－7　B－5　C－20　D－23　E－17　F－13

【設問3】3

【設問4】a－2　b－1　c－2

【設問5】公聴会

【設問6】議長

【設問7】2

【設問8】G－5　H－2

◀解　説▶

≪国会と内閣の関係≫

【設問1】ア～エは憲法上の文言が空欄として問われている。いずれも教科書で必ず記載される内容であり，完答できるようにしたい。

【設問2】C．衆参両院にそれぞれ17の常任委員会が設置され，それ以外にも国会ごとに特別委員会が設置される場合がある。

D．日本の国会は委員会中心主義を採用しているため，本会議は形式的な審議で終わるのが通例である。

F．法律案の議決について，参議院が衆議院での可決と異なった議決をなした場合，衆議院で出席議員の3分の2以上の多数で再可決されれば法律は成立する。

【設問3】正解は3である。1．誤文。内容的には正しいが，免責特権ではなく，不逮捕特権の内容になっている。

【設問4】a．誤文。国政調査権は衆議院だけでなく，参議院も有する。

b．正文。c．誤文。都道府県の財政の処理に関する権限は，各都道府県議会が行使するのであって，国会の議決に基づくわけではない。

【設問7】正解は2である。1．誤文。懲罰委員会に関する記述。3．誤文。国会対策委員会に関する記述。4．誤文。議院運営委員会に関する記述。

【設問８】Ｈ．内閣が制定するという点から「政令」と判断する。

Ⅱ　解答　【設問１】ア．ミニマム・アクセス〔最低輸入量〕
イ．棚田　ウ．里山

【設問２】ａ－１　ｂ－２　ｃ－２
【設問３】エ．宇沢弘文　オ．リスト
【設問４】カ．公共事業（公共投資も可）　キ．国債
【設問５】ｄ－２　ｅ－２　ｆ－２
【設問６】Ａ－４　Ｂ－３　Ｃ－７
【設問７】ク．食料〔食糧〕安全保障　Ｄ－３　Ｅ－11　Ｆ－８　Ｇ－５

◀解　説▶

≪日本の農業問題≫

【設問１】ア．正解は「ミニマム・アクセス」である。最低輸入量の意味である。GATT ウルグアイ＝ラウンドでは「例外なき関税化」が提唱されていたが，日本は自国の米に関しては，即時の関税化ではなく，時間的猶予を求めた。そしてその代替措置として，ミニマム・アクセス（最低輸入量）として，国内消費量の４～８％の米を輸入することを認めた。

ウ．正解は「里山」である。「政治・経済」の問題としてはやや難しいが，近年，一部の地方自治体において里山の多面的機能を活用する試みがなされている。

【設問２】ａ．正文。ｂ．誤文。「労働の質と量に関係なく」という記述は誤り。社会主義経済においても，生産物は労働の質や量に応じて配分されなければならない。ｃ．誤文。社会主義経済で自由競争は行われない。

【設問３】エ．やや難。正解は「宇沢弘文」である。宇沢弘文は，高度経済成長期に起きた大気汚染や海洋汚染など公害問題に対して，人間を介さない経済のあり方を批判した。社会的共通資本を，海や森などの「自然資本」，道路や水路などの「設備資本」，教育・医療・福祉などの「制度資本」の３つに分類し，これらを国家権力や市場論理ではなく，専門家たちの手に任せ運用すべきであると主張した。

オ．正解は「リスト」である。ドイツの経済学者であるリストは，自著『経済学の国民的体系』の中で，産業は段階的に発展していくという発展段階説を唱え，ドイツの産業はまだ「幼稚」なので，保護すべきであると

いう保護貿易主義を唱えた。

【設問4】キ．正解は「国債」である。空欄キの直前の「社会保障関連費の増加が著しい。このような歳出を租税で賄いきれないため」という記述だけを見ると，「赤字国債（特例国債）」が正解となると判断できるかもしれない。ただ，空欄カ「公共事業（公共投資）」に要する支出を賄うことまで考慮すると，赤字国債に限定しない方がよいだろう。

【設問5】d．誤文。かつて日本の米の関税率は778％であったが，現在は280％である。e．誤文。農業基本法ではなく，食糧管理法の誤り。f．誤文。輸入量を制限するのではなく，関税を支払えば，米を自由に輸入できる。

【設問6】B．正解は3である。農家などの第一次産業が，製造や加工といった第二次産業も，そして流通や販売といった第三次産業も担う形態を第6次産業化という。

C．やや難。正解は7である。中山間地域等直接支払制度とは，中山間地の耕作放棄地の発生防止や解消を図り，適切な農業生産活動の維持を通して多面的機能を確保する観点から，平地に比べて傾斜地が多いなど農業生産条件が不利な農地について，それを維持・管理する集落に対して，ある一定の条件の下で交付金が支払われる国の制度である。

【設問7】E．正解は11である。減反政策は1971年に始まり，2018年に廃止された。

F．正解は8である。ヴァーチャル・ウォーターとは，輸入する農産物を国内で生産した場合にかかる水量である。

Ⅲ 解答

【設問1】ア．トルーマン

イ．北大西洋条約機構〔NATO〕

ウ．コメコン〔COMECON，経済相互援助会議〕

エ．ワルシャワ条約機構〔WTO〕 オ．部分的核実験禁止

カ．欧州安全保障協力（全欧安全保障協力も可）

キ．戦略防衛構想〔SDI〕 ク．新思考

【設問2】A－17 B－3 C－6 D－12 E－15

【設問3】1

【設問4】1

【設問５】２

【設問６】２

【設問７】Ｆ－４　Ｇ－５　Ｈ－11　Ｉ－９

◀解　説▶

≪冷戦における国際情勢≫

【設問１】ア．トルーマン＝ドクトリンとは，共産主義圏が西ヨーロッパに拡大することを阻止しようという共産主義封じ込め政策のことである。

イ～エ．アメリカが，西欧諸国に対する経済復興を支援する計画（マーシャルプラン）を打ち立てたことに対抗して，ソ連はコメコン（経済相互援助会議）を設立して，東欧諸国を中心に東側陣営の経済的結束を強めようとした。また，アメリカは西側陣営の軍事的結束を強めるために，1949年に北大西洋条約機構（NATO）を設立した。西ドイツがNATOに加盟した1955年に，ソ連はワルシャワ条約機構を設立し，東側の軍事的結束を強めた。

オ．1962年のキューバ危機以降，米ソの緊張関係は緩和し（雪解け），1963年に米ソは部分的核実験禁止条約（PTBT）に調印した。

カ．欧州安全保障協力会議（CSCE）は，加盟国の信頼醸成を高めるために1995年に欧州安全保障協力機構（OSCE）に改組された。

【設問２】Ｂ・Ｃ．キューバ危機の際，アメリカはケネディ大統領，ソ連がフルシチョフ第一書記長，キューバはカストロ議長が首脳であった。

【設問３】正解は１である。２．誤文。ビキニ環礁で水爆実験を行ったのはアメリカである。３．誤文。ラッセル・アインシュタイン宣言の後に開催されたのは，パグウォッシュ会議である。４．誤文。国連軍縮特別総会は，1978年以降も1982年，1988年と開催されている。

【設問４】正文。朝鮮戦争ではアメリカを主体とする「国連軍」が支援した。

【設問５】誤文。ベトナム戦争において，アメリカが爆撃を開始したのは北ベトナムに対してである。

【設問６】２．誤文。インドとパキスタンは，核拡散防止条約（核不拡散条約，NPT）に加入していない。

【設問７】Ｈ．正解は11である。空欄の後の「オタワ条約」がヒントとなる。対人地雷全面禁止条約は，カナダなどの有志国により主導され，

NGO の連合体である地雷禁止国際キャンペーンがそれに協力するという方式（オタワ＝プロセス）で成立した。

I．正解は9である。空欄の後の「オスロ条約」がヒントとなる。クラスター爆弾禁止条約は，その交渉過程においてNGOが主導して，有志国がそれに協力するという方式（オスロ＝プロセス）によって採択された。

❖講　評

Ⅰ　国会や内閣の権能について述べた文章をもとに，国会の仕組みや法律の制定過程，国会議員の特権などについて出題している。【設問3】や【設問7】では，選択肢の内容の正誤だけでなく，下線部との整合性なども問われており，注意して解答しなければならない。

Ⅱ　農業問題を中心にさまざまな経済分野の問題が出題されている。【設問3】のエでは，「宇沢弘文」を解答させる問題が出題されている。【設問5】のｄでは，日本の米の関税率を問う問題が出題されている。また，【設問6】のＣでは，中山間地域等直接支払制度について問われた。いずれも高度な知識がないと，解答できない問題であった。

Ⅲ　米ソ冷戦と軍縮問題をテーマとした文章を読んで，キューバ危機，軍縮，朝鮮戦争，ベトナム戦争などについて出題している。概ね教科書に準拠した標準的な問題であった。ただ，朝鮮戦争やベトナム戦争に関する問題は，武力紛争の内容について正しい知識を持っていないと判断に迷う問題であった。

数学

I

解答　ア．92400　イ．15400　ウ．$4x+1$

エ．$\frac{1}{4}x^2-\frac{5}{8}x+\frac{5}{8}$　オ．4　カ．$-\left(\frac{1}{2}\right)^{n-1}+4$

キ．$\left(\frac{1}{2}\right)^{n-1}+4n-2$　ク．6　ケ．$\frac{\sqrt{2}}{4}$　コ．$-\frac{1}{4}$

◀解　説▶

≪部屋割りと組分けの方法，剰余の定理，漸化式と数列，対数関数の最大・最小≫

(1)　11人から部屋Aに割り当てる3人を選ぶ方法は　　$_{11}C_3$ 通り
残り8人から部屋Bに割り当てる3人を選ぶ方法は　　$_8C_3$ 通り
残り5人から部屋Cに割り当てる3人を選ぶ方法は　　$_5C_3$ 通り
部屋Dにはあとの2人が入るから，4部屋に割り当てる方法は

$$_{11}C_3\cdot{}_8C_3\cdot{}_5C_3=\frac{11\cdot10\cdot9}{3\cdot2\cdot1}\cdot\frac{8\cdot7\cdot6}{3\cdot2\cdot1}\cdot\frac{5\cdot4\cdot3}{3\cdot2\cdot1}=92400 \text{ 通り}\quad(\to ア)$$

さらに，この割り当て方でA，B，Cの区別をなくすと，同じ分け方が3!通りずつできるから，4組に分ける方法は

$$\frac{92400}{3!}=15400 \text{ 通り}\quad(\to イ)$$

(2)　$P(x)$ を $2x^2-5x-3=(2x+1)(x-3)$ で割った商を $Q(x)$ とおくと，定数 a，b を用いて

$$P(x)=(2x+1)(x-3)Q(x)+ax+b$$

と表せる。

剰余の定理により，$P\left(-\frac{1}{2}\right)=-1$，$P(3)=13$ であるから

$$-\frac{1}{2}a+b=-1,\ 3a+b=13$$

連立して解くと　　$a=4$，$b=1$

すなわち，求める余りは　　$4x+1$　(→ウ)

このとき　　$P(x)=(2x+1)(x-3)Q(x)+4x+1$

$P(x)$ が $4x+1$ で割り切れるとき，$P(x)-(4x+1)=(2x+1)(x-3)Q(x)$ も $4x+1$ で割り切れるから，$Q(x)$ は $4x+1$ で割り切れる。

さらに，$P(x)$ が x^3 の係数が 1 である 3 次式であるとき

$$Q(x)=\frac{1}{8}(4x+1)$$

このとき

$$P(x)=(2x+1)(x-3)\cdot\frac{1}{8}(4x+1)+4x+1$$

$$=(4x+1)\left\{\frac{1}{8}(2x^2-5x-3)+1\right\}$$

すなわち，求める商は

$$\frac{1}{8}(2x^2-5x-3)+1=\frac{1}{4}x^2-\frac{5}{8}x+\frac{5}{8}\quad (\to エ)$$

(3)　$2\alpha-\alpha=4$ の解 $\alpha=4$ を用いると，与えられた漸化式は次のように変形できる。

$$2(a_{n+1}-4)-(a_n-4)=0\qquad a_{n+1}-4=\frac{1}{2}(a_n-4)$$

これより，$b_n=a_n-4$ とおくと，$\{b_n\}$ は等比数列である。(→オ)

その初項は $b_1=a_1-4=-1$，公比は $\frac{1}{2}$ であるから

$$b_n=-1\cdot\left(\frac{1}{2}\right)^{n-1}$$

すなわち　　$a_n-4=-\left(\frac{1}{2}\right)^{n-1}$

よって　　$a_n=-\left(\frac{1}{2}\right)^{n-1}+4$　(→カ)

また

$$S_n=\sum_{k=1}^{n}a_k=\sum_{k=1}^{n}\left\{-\left(\frac{1}{2}\right)^{k-1}+4\right\}$$

$$=\frac{-1\left\{1-\left(\frac{1}{2}\right)^n\right\}}{1-\frac{1}{2}}+4n$$

$$=-2\left\{1-\left(\frac{1}{2}\right)^n\right\}+4n$$

$$=\left(\frac{1}{2}\right)^{n-1}+4n-2 \quad (\to キ)$$

〔注〕 与えられた漸化式の n を $n+1$ に置き換えた式 $2a_{n+2}-a_{n+1}=4$ を辺々引くと

$$2(a_{n+2}-a_{n+1})-(a_{n+1}-a_n)=0$$

これより　$a_{n+2}-a_{n+1}=\frac{1}{2}(a_{n+1}-a_n)$

この式は，$\{a_n\}$ の階差数列 $\{a_{n+1}-a_n\}$ が公比 $\frac{1}{2}$ の等比数列であることを示している。同様に考えると，$\{a_n-a_{n+1}\}$ も公比 $\frac{1}{2}$ の等比数列であるから，オの解答を a_{n+1} とすることも考えられる。

(4) $\log_{0.5}x=t$ とおくと，$\log_{0.5}x^2=2\log_{0.5}x=2t$ であるから，与えられた関数は

$$y=t^2-2t-t+2=t^2-3t+2=\left(t-\frac{3}{2}\right)^2-\frac{1}{4}$$

$x=1$ のとき $t=0$，$x=\frac{1}{16}$ のとき，$\frac{1}{16}=\left(\frac{1}{2}\right)^4=0.5^4$ より $t=\log_{0.5}0.5^4=4$ であるから

$$0\leqq t\leqq 4$$

よって，y が最大となるのは $t=4$ のときで，最大値は

$$4^2-3\cdot 4+2=6 \quad (\to ク)$$

y が最小となるのは $t=\frac{3}{2}$ のときであり，このとき $\log_{0.5}x=\frac{3}{2}$ から

$$x=0.5^{\frac{3}{2}}=\left(\frac{1}{2}\right)^{\frac{3}{2}}=\frac{1}{2^{\frac{3}{2}}}=\frac{1}{2\sqrt{2}}=\frac{\sqrt{2}}{4} \quad (\to ケ)$$

最小値は　$-\frac{1}{4}$　(→コ)

II

解答　(1)　$x \geqq 0$ のとき，$|x|=x$ であるから

$$f(x)=x^2-2x+2 \quad \cdots\cdots ①$$
$$f'(x)=2x-2 \quad \cdots\cdots ②$$

$x<0$ のとき，$|x|=-x$ であるから

$$f(x)=x^2+2x+2$$
$$f'(x)=2x+2 \quad \cdots\cdots ③$$

これらより，$f'(-2)$ は③に $x=-2$ を代入した値で

$$f'(-2)=-2$$

よって，l の方程式は　　$y-2=-2(x+2)$

すなわち　　$y=-2x-2$　……(答)

$f'(x)=2\sqrt{5}$ を満たす x は，②より　　$2x-2=2\sqrt{5}$

これを解くと　　$x=1+\sqrt{5}$

これは $x \geqq 0$ を満たす。

③より　　$2x+2=2\sqrt{5}$

これを解くと　　$x=-1+\sqrt{5}$

これは $x<0$ を満たさない。

よって，m と C との接点の x 座標は　　$1+\sqrt{5}$

これを①に代入して，y 座標は　　$f(1+\sqrt{5})=6$

したがって，m の方程式は

$$y-6=2\sqrt{5}\{x-(1+\sqrt{5})\}$$

整理すると　　$y=2\sqrt{5}x-2\sqrt{5}-4$　……(答)

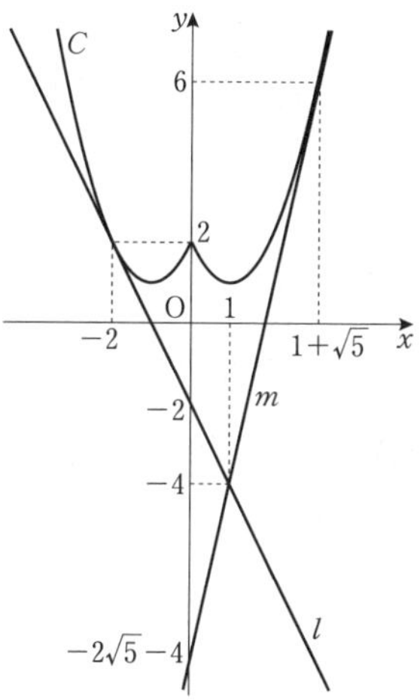

参考　①は $f(x)=(x-1)^2+1$ と変形できることに注意すると

$$f(1+\sqrt{5})=(1+\sqrt{5}-1)^2+1$$
$$=(\sqrt{5})^2+1=5+1=6$$

(2)　(1)で考えたことより，C と l，m との位置関係は右図のようになる。

l と m の方程式を連立して解くことにより，交点の座標は $(1,\ -4)$ となるから，求める面積 S は

$$S=\int_{-2}^{1}\{f(x)-(-2x-2)\}dx$$

$$+\int_{1}^{1+\sqrt{5}}\{f(x)-(2\sqrt{5}x-2\sqrt{5}-4)\}dx$$

$$=\int_{-2}^{0}\{(x^2+2x+2)-(-2x-2)\}dx$$

$$+\int_{0}^{1}\{(x^2-2x+2)-(-2x-2)\}dx$$

$$+\int_{1}^{1+\sqrt{5}}\{(x^2-2x+2)-(2\sqrt{5}x-2\sqrt{5}-4)\}dx$$

$$=\int_{-2}^{0}(x^2+4x+4)dx+\int_{0}^{1}(x^2+4)dx$$

$$+\int_{1}^{1+\sqrt{5}}\{x^2-(2+2\sqrt{5})x+2\sqrt{5}+6\}dx$$

$$=7+\frac{5}{3}\sqrt{5}$$ ……(答)

参考

$$\int_{-2}^{0}(x^2+4x+4)dx=\int_{-2}^{0}(x+2)^2dx=\frac{1}{3}\{0-(-2)\}^3=\frac{8}{3}$$

$$\int_{0}^{1}(x^2+4)dx=\left[\frac{x^3}{3}+4x\right]_0^1=\frac{1}{3}+4=\frac{13}{3}$$

$$\int_{1}^{1+\sqrt{5}}\{x^2-(2+2\sqrt{5})x+2\sqrt{5}+6\}dx$$

$$=\int_{1}^{1+\sqrt{5}}\{x^2-2(1+\sqrt{5})x+(1+\sqrt{5})^2\}dx$$

$$=\int_{1}^{1+\sqrt{5}}\{x-(1+\sqrt{5})\}^2dx=\frac{1}{3}\{(1+\sqrt{5})-1\}^3$$

$$=\frac{1}{3}\cdot(\sqrt{5})^3=\frac{5}{3}\sqrt{5}$$

これらより

$$S=\frac{8}{3}+\frac{13}{3}+\frac{5}{3}\sqrt{5}=7+\frac{5}{3}\sqrt{5}$$

別解 3点 $(0,\ -2)$，$(0,\ -2\sqrt{5}-4)$，$(1,\ -4)$ を頂点とする三角形の面積 T は

$$T=\frac{1}{2}\cdot\{(-2)-(-2\sqrt{5}-4)\}\cdot 1$$

$$=\frac{1}{2}\cdot(2\sqrt{5}+2)\cdot 1=1+\sqrt{5}$$

これより

$$S=\int_{-2}^{0}(x^2+4x+4)\,dx+\underline{\int_{0}^{1+\sqrt{5}}\{x^2-(2+2\sqrt{5})x+2\sqrt{5}+6\}x}-T$$

ここで，上記〔参考〕と同様の方法で＿＿部を計算すると

$$\int_{0}^{1+\sqrt{5}}\{x-(1+\sqrt{5})\}^2dx=\frac{1}{3}(1+\sqrt{5})^3=\frac{1}{3}(1+3\sqrt{5}+3\cdot 5+5\sqrt{5})$$

$$=\frac{16}{3}+\frac{8}{3}\sqrt{5}$$

となることに注意すると

$$S=\frac{8}{3}+\left(\frac{16}{3}+\frac{8}{3}\sqrt{5}\right)-(1+\sqrt{5})=7+\frac{5}{3}\sqrt{5}$$

◀解　説▶

≪絶対値を含む関数で表される曲線の接線，面積≫

絶対値を含む関数で表された曲線と，その接線に囲まれる図形の面積に関する問題である。標準的かつ典型的な問題であるから，ぜひ完答したい。

(1)では，まず場合分けにより $f(x)$ の絶対値記号を外したうえで，正しく微分し，接線の方程式を求める。傾きが与えられる接線 m の方程式を求める際には，求める接点がどの範囲に存在するか，正しく議論すること。

(2)は，曲線 C と2接線 l，m の位置関係を正しく図示し，面積を求める式を立式すること。計算を行う際，普通に計算してもよいが，本問は平方根を含むので煩雑になる。そこで，公式 $\int_{\alpha}^{\beta}(x-\alpha)^2dx=\int_{\alpha}^{\beta}(x-\beta)^2dx=\frac{1}{3}(\beta-\alpha)^3$ の利用を考えたい。解答時間に余裕があれば，〔別解〕で示したものなど複数の方法で計算してみて，ミスの発見・防止に努めるのもよいであろう。

III 解答

(1)　$\vec{a}=(1,\ 0)$ より

$$\overrightarrow{OP}=(-3,\ 0)=-3(1,\ 0)=-3\vec{a}$$

Qは直線AB上の点であるから，実数 t を用いて

$$\overrightarrow{OQ}=(1-t)\vec{a}+t\vec{b}\quad\cdots\cdots①$$

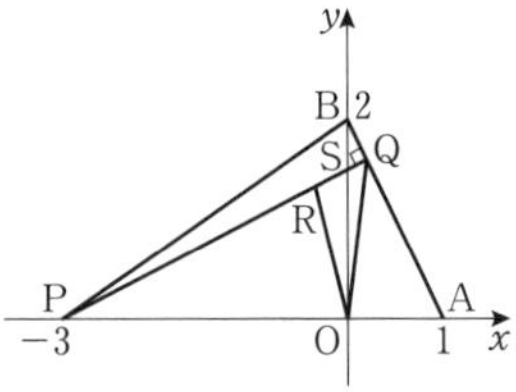

すなわち $\overrightarrow{OQ}=(1-t,\ 2t)$ と表せる。

また

$$\overrightarrow{PQ}=\overrightarrow{OQ}-\overrightarrow{OP}$$

$$=(1-t)\vec{a}+t\vec{b}-(-3\vec{a})$$

$$=(4-t)\vec{a}+t\vec{b}\quad\cdots\cdots②$$

すなわち　$\overrightarrow{PQ}=(4-t,\ 2t)$

$$\overrightarrow{AB}=\vec{b}-\vec{a}=(0,\ 2)-(1,\ 0)=(-1,\ 2)$$

$\overrightarrow{AB}\perp\overrightarrow{PQ}$ より $\overrightarrow{AB}\cdot\overrightarrow{PQ}=0$ であるから

$$(4-t)\times(-1)+2t\times2=5t-4=0$$

これを解いて　$t=\dfrac{4}{5}$

これを①，②に代入して

$$\overrightarrow{OQ}=\frac{1}{5}\vec{a}+\frac{4}{5}\vec{b},\ \overrightarrow{PQ}=\frac{16}{5}\vec{a}+\frac{4}{5}\vec{b}\quad\cdots\cdots(答)$$

別解　直線 AB の傾きは -2 であるから，その方程式は

$$y=-2x+2\quad\cdots\cdots③$$

直線 PQ の傾きを m とすると，$AB\perp PQ$ より　$-2m=-1$

よって　$m=\dfrac{1}{2}$

したがって，直線 PQ の方程式は　$y=\dfrac{1}{2}(x+3)$

すなわち　$y=\dfrac{1}{2}x+\dfrac{3}{2}\quad\cdots\cdots④$

③，④を連立して解くと　$x=\dfrac{1}{5},\ y=\dfrac{8}{5}$

すなわち　$\overrightarrow{OQ}=\left(\dfrac{1}{5},\ \dfrac{8}{5}\right)\quad\cdots\cdots⑤$

これより　$\overrightarrow{OQ}=\dfrac{1}{5}(1,\ 0)+\dfrac{4}{5}(0,\ 2)=\dfrac{1}{5}\vec{a}+\dfrac{4}{5}\vec{b}$

(2)　S は直線 PQ 上の点であるから，実数 u を用いて

$$\overrightarrow{OS}=(1-u)\overrightarrow{OP}+u\overrightarrow{OQ}$$

$$=-3(1-u)\vec{a}+u\left(\frac{1}{5}\vec{a}+\frac{4}{5}\vec{b}\right)$$

$$=\left(\frac{16}{5}u-3\right)\vec{a}+\frac{4}{5}u\vec{b}\quad\cdots\cdots⑥$$

と表せる。

S は直線 OB 上の点であるから　$\frac{16}{5}u-3=0$

これを解いて　$u=\frac{15}{16}$

よって　$\overrightarrow{OS}=\frac{4}{5}\times\frac{15}{16}\vec{b}=\frac{3}{4}\vec{b}=\frac{3}{4}(0,\ 2)$

$$=\left(0,\ \frac{3}{2}\right)\quad\cdots\cdots(答)$$

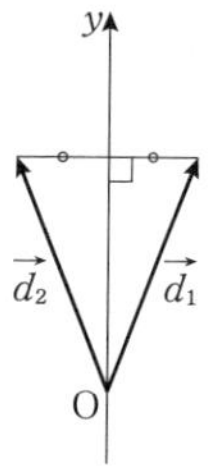

さて，これまでに考えたことより，直線 OQ の方向ベクトルの 1 つは

$$\vec{d_1}=(1,\ 8)$$

ここで，条件より，直線 OR は直線 OB，すなわち y 軸に関して直線 OQ に対称であるから，その方向ベクトルの 1 つは

$$\vec{d_2}=(-1,\ 8)$$

これより，実数 v を用いて

$$\overrightarrow{OR}=v\vec{d_2}=(-v,\ 8v)$$

と表せる。

一方，⑥と同様に考えると，実数 w を用いて

$$\overrightarrow{OR}=\left(\frac{16}{5}w-3\right)\vec{a}+\frac{4}{5}w\vec{b}$$

$$=\left(\frac{16}{5}w-3\right)(1,\ 0)+\frac{4}{5}w(0,\ 2)$$

$$=\left(\frac{16}{5}w-3,\ \frac{8}{5}w\right)$$

と表せる。

これらより　$-v=\frac{16}{5}w-3,\ 8v=\frac{8}{5}w$

連立して解くと　$v=\frac{3}{17},\ w=\frac{15}{17}$

したがって　　$\overrightarrow{OR}=\frac{3}{17}\overrightarrow{d_2}=\left(-\frac{3}{17},\ \frac{24}{17}\right)$　……(答)

別解　〈その1〉　⑤より，直線OQの方程式は $y=8x$ であり，条件より直線ORは直線OB，すなわち y 軸に関して直線OQに対称であるから，その方程式は

$$y=-8x$$

これと直線PQの方程式④を連立して解くと

$$x=-\frac{3}{17},\ y=\frac{24}{17}$$

すなわち　　$\overrightarrow{OR}=\left(-\frac{3}{17},\ \frac{24}{17}\right)$

〈その2〉　直線PQの方程式④から，直線PQの y 切片 $\frac{3}{2}$ がSの y 座標である。

これより　　$\overrightarrow{OS}=\left(0,\ \frac{3}{2}\right)$

(3)　(2)で考えたことより，θ は $\overrightarrow{d_1}$，$\overrightarrow{d_2}$ のなす角である。

$$|\overrightarrow{d_1}|=|\overrightarrow{d_2}|=\sqrt{1^2+8^2}=\sqrt{65}$$

$$\overrightarrow{d_1}\cdot\overrightarrow{d_2}=1\times(-1)+8\times8=63$$

より

$$\cos\theta=\frac{63}{\sqrt{65}\times\sqrt{65}}=\frac{63}{65}$$　……(答)

$0°<\theta<180°$ より，$\sin\theta>0$ であるから

$$\sin\theta=\sqrt{1-\cos^2\theta}=\sqrt{1-\left(\frac{63}{65}\right)^2}=\frac{16}{65}$$

$|\overrightarrow{OQ}|=\frac{1}{5}|\overrightarrow{d_1}|=\frac{\sqrt{65}}{5}$，$|\overrightarrow{OR}|=\frac{3}{17}|\overrightarrow{d_2}|=\frac{3}{17}\sqrt{65}$ より，求める面積は

$$\frac{1}{2}|\overrightarrow{OQ}||\overrightarrow{OR}|\sin\theta=\frac{1}{2}\times\frac{\sqrt{65}}{5}\times\frac{3}{17}\sqrt{65}\times\frac{16}{65}$$

$$=\frac{3\times8}{5\times17}=\frac{24}{85}$$　……(答)

別解　〈その1〉　図と条件より　　$\angle BOQ=\frac{\theta}{2}$

直線 OQ の傾きが 8 であることから　　$\tan\left(90^\circ-\dfrac{\theta}{2}\right)=8$

よって　　$\tan\dfrac{\theta}{2}=\dfrac{1}{8}$

これを $1+\tan^2\dfrac{\theta}{2}=\dfrac{1}{\cos^2\dfrac{\theta}{2}}$ に代入して整理すると

$$\cos^2\frac{\theta}{2}=\frac{64}{65}$$

これを cos の 2 倍角の公式に代入すれば

$$\cos\theta=2\cos^2\frac{\theta}{2}-1=2\times\frac{64}{65}-1=\frac{63}{65}$$

〈その 2〉　3 点 O，(1，8)，(−1，8) を頂点とする三角形を考える。

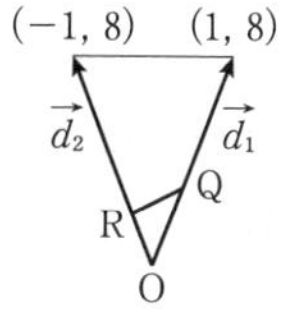

この三角形の面積は　　$\dfrac{1}{2}\times2\times8=8$

$\overrightarrow{OQ}=\dfrac{1}{5}\vec{d_1}$，$\overrightarrow{OR}=\dfrac{3}{17}\vec{d_2}$ であったから，△ROQ の面積は

$$\frac{1}{5}\times\frac{3}{17}\times8=\frac{24}{85}$$

〈その 3〉　△ROQ の面積は，底辺 OS を共通とする 2 つの三角形 OQS，ORS の面積の和として考えられる。

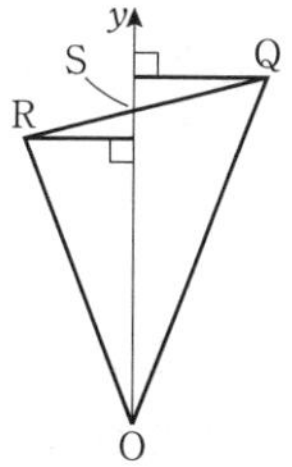

共通の底辺 OS の長さは，(2)で求めた S の y 座標に等しく

$$\frac{3}{2}$$

それぞれの高さは，Q，R の x 座標の絶対値に等しく

$$\frac{1}{5},\ \frac{3}{17}$$

これらより，求める面積は

$$\frac{1}{2}\times\frac{3}{2}\times\left(\frac{1}{5}+\frac{3}{17}\right)=\frac{3}{4}\times\frac{17+15}{85}=\frac{24}{85}$$

◀解　説▶

≪ベクトルと座標平面上の図形，三角形の面積≫

ベクトルを用いて，座標平面上の直線によって作られる図形について考

える問題である。(1)では，垂直条件をベクトルの内積から立式して $\overrightarrow{OQ}$ を $\vec{a}$，$\vec{b}$ を用いて表す方法，座標平面上の 2 直線の垂直条件を用いて，直接 Q の座標を求める方法が考えられる。

同様に，(2)でも，$\overrightarrow{OS}$ が $\vec{b}$ の実数倍で表される条件を用いる方法，S が y 軸上の点であることに注意して，直線 PQ の y 切片として直接 S の y 座標を求める方法が考えられる。$\overrightarrow{OR}$ については，まずは問題文の条件「線分 OB が ∠ROQ の二等分線となるように」を正しく読み取り，R を図示すること。加えて，この条件をどのように式にするかで，多くの受験生が悩んだと思われる。R が「動く」状況では，角の二等分線と比の定理から「RS：SQ＝OR：OQ」とする方法はとりづらい。〔解答〕では，直線 OQ，OR が直線 OB すなわち y 軸に関して対称になることを用いたが，いずれにせよ図形の特徴をとらえ，多角的に考える必要に迫られる。

同様に(3)でも，$\cos\theta$ をどのように求めるか，受験生によって方針が分かれたと思われる。「数学 B」の教科書に忠実にいくなら $\cos\theta=\dfrac{\overrightarrow{OQ}\cdot\overrightarrow{OR}}{|\overrightarrow{OQ}||\overrightarrow{OR}|}$ とすることになるが，その場合も極力，分数を含まない形で処理したいところ。(3)の〔別解〕〈その 1〉で述べたように，直線 OQ の傾き 8 から $\cos\dfrac{\theta}{2}$ の値を求め，三角関数の 2 倍角の公式を用いて $\cos\theta$ を求める方法もある。さらに，△ROQ の面積についても，三角比の相互関係を用いて $\cos\theta$ から $\sin\theta$ を求める方法のほか，〔別解〕〈その 2〉のように面積比に着目する方法もある。さらには，〔別解〕〈その 3〉のように OS を底辺とする 2 つの三角形 OQS，ORS に分けて求めることもでき，この場合は(2)で求めた $\overrightarrow{OS}$ の成分が利用できる。少々余談になるが，同志社大学を受験するような受験生で，高校受験も経験した者は，〔別解〕〈その 3〉のような方法で座標平面上の三角形の面積を求めたことが一度はあるのではないだろうか。

全体を通じて，様々な方法で取り組める問題であるから，よく研究しておきたい。

❖講　評

大問3題からなる出題。Ⅰは4問の小問に分かれた空所補充問題で，空所の箇所は合計10個であった。小問は「数学Ⅰ・Ａ」からの出題が1問，「数学Ⅱ・Ｂ」からの出題が3問。Ⅱ以降は記述式で，Ⅱは微・積分法（「数学Ⅱ」）からの出題。Ⅲは図形と方程式（「数学Ⅱ」）とベクトル（「数学Ｂ」）の知識が総合的に問われる問題であった。

Ⅰの(1)は，部屋割りと組分けの基本問題。(2)は剰余の定理の問題で，[エ]を求める際は前問[ウ]の結果をうまく用いたい。(3)は漸化式で与えられた数列の一般項と，求めた数列の和を求める基本問題。(4)は対数関数の最大・最小問題で，置き換えにより2次関数に帰着できるタイプ。最小値を与えるxの値には平方根が含まれるが，正しく処理したい。2021年度より1問多い4問の小問に分かれているが，合わせて30分で解答したい。

Ⅱは絶対値を含む関数で表された曲線とその接線により囲まれる図形の面積を求める頻出定型問題である。積分区間に平方根が含まれ，計算が煩雑になるが，20分で解答したい。

Ⅲは座標平面上の三角形，垂線，角の二等分線などについて，ベクトルも用いながら考える問題であった。問題文の状況を正しく把握したうえで，効率のよい立式・計算方法を適宜選びながら，見通しよく解き進めていく必要がある。25分で解答したい。

いずれの問題も標準的であり，特にⅢは良問である。基礎知識や計算力，論理的思考力，記述力をきちんと身につけているかどうかで差がつくだろう。

❖講　評

大問は例年通りの二題。現代文は全体に難しくはなく、記述問題への対応が問われるものとなっている。古文は、物語の筋を読み違えたりさえしなければ、それほど難しくない。

一の現代文は、二〇二一年度同様に読みやすい評論文で、設問の選択肢も正誤がわかりやすく、その分、確実に正解することが求められる。(七)の記述問題は、「和歌は」という主語で始まる解答の形ができているかどうかという点と、傍線部の「信仰上の祈りに類比して」の部分の説明を入れることができるかどうかが問われている。「和歌とは、現在の自分からの、理想的な事柄への思いを表現するものだ」（空欄ａ・ｂの次段落）という本文の一箇所だけを使った答えにしないことが肝要。それでは抜き出し問題と変わらないので、記述問題として問う意味があまりないからである。

二の古文は、物語の筋を自分で創作しないように、全体を注意深く読むことが肝要となるであろう。「高山の僧」が素晴らしい霊験により天皇の病を治してしまったのに、「狗の糞」や「天狗」が出てきて「正体」が暴かれ指弾されるという物語の道理がややわかりにくいからである。設問自体は一般的なレベルの基礎力で対応できる分、物語の筋を読み間違えてそれに引っ張られ、判断を誤ることがないように注意しなければならない。記述問題も、物語全体の筋を決定づける箇所の具体的説明をすることになるので、例えば傍線部直前の「つひにはあらはれぬやうなし」という二重否定の表現を正確に読み取ることがポイントになる。

ウ、「ことわり」とは〝物事の道理〟を言う。その道理の結果、「高山の僧」は「大きに懲り候ひぬ。助けたまへ」と赦しを請うているのだから、「これ」は自分の正体が僧正たちに暴かれたことを指していると考えられる。

㈢　傍線部「参りたるなり」の「なり」は、完了の助動詞「たり」の連体形に接続し〝〜である〟の意になっているので、断定の助動詞「なり」である。1はラ変動詞「あり」の連体形「ある」の撥音便に接続する伝聞推定の助動詞「なり」、3は単独で文節を作る四段動詞の「鳴る」、4は形容動詞「如何なり」の連体形「いかなる」の活用語尾、5も形容動詞「悲しげなり」の終止形の活用語尾である。

㈣　合致するものを選ぶ点に注意。1は「宮中に来るまで」が不可。「宇治より北には、花降ることなかりけり」（第二段落の後ろから二行目）とある。2は「僧正たちは加持を始めるのを待っていた」が不可。「五壇の御修法」を行じていた僧正たちは「日ごろ御加持を参るに、つゆそのしるしおはしまさぬに」（第三段落の四〜五行目）とあり、何日も加持をしていたのに効果がなかったのである。4は「高山の僧の病が治るように加持をした」が不可。6は「脱獄に成功した」が不可。最後から二つ目の段落の第一文に「『ただ追ひ逃がすべし』と仰せあり」とあり、追い出されたのである。

㈤　「具体的に説明」することを求められている点に注意。「かく加持しあらはかしたる人々」とは「高山の僧」の正体を暴いた僧正たちを指す。「加持しあらはかしたる」は、「高山の僧」が不可解な力で天皇の病をたちどころに治したことを疑い、「高山の僧」が〈天狗を祭る〉ことで怪しげな力を得た者だったことを加持の力で暴いたことをいう。設問は「何を」と問うているので、僧正たちがした〈こと〉を答える形にする。ただし、本文は「人々をぞ……尊びける」と「人々」を強調して対象としている。よって、その「人々」がなしたことを含めて「人々」を尊んだ、という形にした答え方（例えば「天狗を祭っていた高山の僧の正体を加持の力で暴いた僧正たち。」）でもよいであろう。

参上したのです。こうなったのはまったくの道理なのです。今この事態となっては大いに懲りました。お助けください」と、声をあげて泣き叫び騒いだので、この加持をしている人々は、「だから（悪いことはできないもの）だ」と言って、それぞれに喜んだ。

　このことを天皇はお聞きになり、「すぐさま捕らえて投獄いたせ」とご命令があったけれども、（すぐさま）別の命を下されて、「ただちに追い払ってしまえ」とご命じになって、（法師は宮中から）追い出されたので、法師は喜びいさんで、逃げ失せてしまったのだった。多くの人がこれを見て、あざ笑ったり憎んだりした。（天皇の）御病気を治してさしあげた間は仏のように尊ばれたけれども、追い出されたときはたいそう悲しそうな様子である。

　こういうことであるので、このような（怪しげな）ものを祭っている者は、際立った霊験が得られるようであるけれども、結局のところ（その正体を）現さないではいられないものである。この一件についても、このように加持をして（怪しい者の正体を）暴いた僧たちこそを、世の人々は尊んだのであった。

▲解　説▼

㈠　a、「就中」とも書く副詞「なかんづく」と同じで、〝とりわけ〟の意となる。

b、「すゑ」は、「高山の僧」を「几帳」を巡らせた内側に「すゑ」という文脈から、〝すわる〟の意のワ行下二段動詞「据《す》う」の未然形だと考えられる。

㈡　ア、「程ありてこそ霊験はあらはるべきに」とは〝霊験が現れるのに時間がかかるはずなのに〟という疑念を表す。「高山の僧」の力がいかに素晴らしくとも（「いみじくとも」）、「程を経ずして、御病かきのごふやうにいえ」た（第二段落の最終文）というのは不可解だ、と言うのである。

イ、「さればこそ」の直訳は〝そうであるからこそ〟となるが、文脈に応じ〝思った通りだ〟という意にとる。「これは」は〝これは〟。「やう」は「様」で、〝理由、事情〟の意。僧正たちが力を合わせて「高山の僧」に向かって加持祈禱すると「狗の糞」の臭いにおいがしてきたので、皆が疑っていた通り、何か訳ありの僧なのだと思ったのである。

広沢の寛朝僧正は（五壇のうちの）中壇として、そのときの高僧の方々を伴ってお勤めなさったけれども何の効験もないのに、この高山の僧が参内して、ただちに（天皇の御病気を）癒えさせなさったので、奇異なことだと（高僧同士で）思いあっていたところ、余慶僧正が（そのとき）律師であったのだが、金剛夜叉の壇を勤めているところで、その律師が中壇を勤めていた（寛朝）僧正に語って言うことに、「私どもは仏をお頼りいたして、仏法を奉じて修行し、皆が何年も勤めてきた。（その私どもが今も）心のかぎりをこめて、何日も御加持をお勤めいたすけれども、まったくその効能も現れなさらないのに、この法師はどれほどの（立派な）者だから即座にその効能を現すことができたというのか。たとえ（あの者の）霊験の力が私どもに勝るものだというにしても、多くの高僧たちが合わせた力が、あの者一人に劣るはずがない。ましてや仮にそれほど格別の力があったとしても、（相応の）時間が経ってはじめて霊験は現れるはずではないか」。（そこで天皇に対する）加持をお勤めいたすついでに、この法師が座っている所に向かって、皆が心を合わせ熱心に、二時間ほど加持すると、この高山の僧が座っている所には、几帳を立て巡らせて、その中に（僧を）座らせていたのだった。そこに、この高僧たちが、心を込めてこのように加持すると、この僧が座っている几帳の中で、物音がばたりばたりとしたので、「何の音が鳴っているのか」などと（その場にいる人たちが）皆思っているうちに、急に狗《いぬ》の糞のにおいが、清涼殿の中に充満して臭かったので、その場に控えている人すべてが、「これはいったいどうしたことか」と騒ぎあっていたところ、この加持をしている高僧たちは、「思った通りだ。これは何か理由があることだったのだ」と思ったのだが、このように奇異なことなどがあるので、いっそう心を強くかき立てて、それぞれに長年の修行の力を頼りにして加持に勤めた。

そうするうちに、この法師が突然几帳の外へ仰向けに投げ出された。上達部や殿上人はこれを見て、「これはいったいどうしたことか」と怪しむ。天皇も驚きなされた。この法師は投げ出されて、ひどく打ちのめされた後で、言うことには、「お助けください。今度だけは命を助けてください。私は長年高山に住んで、天狗を祭ることを勤めとして、『少しの間でも人々に尊ばれるようにしてください』と祈ってきたその甲斐があって、このように（天皇からの）お召し出しがあって

二

出典　『今昔物語集』〈巻第二十　祭天狗僧参内裏現被追語第四〉

解答

(一)　a―4　b―2

(二)　ア―1　イ―3　ウ―2

(三)　2

(四)　3、5

(五)　僧正たちが加持の力で天狗を祭る高山の僧の正体を暴いたこと。（三十字以内）

◆全　訳◆

今となっては昔のこと、円融天皇が長く御病気であったときに、様々な（病気平癒の）御祈禱などがあった。とりわけ（その病が）御物《もの》の怪《け》（によるもの）であったので、世間に霊験ありと噂の僧を、ことごとくお招きになって、御加持をさせなさるものの、まったくその効き目がない。

それゆえ、（天皇が）たいそう（病を）恐れなさる間に、ある人が奏上して言うことには、「東大寺の南に高山という山があります。その山に仏道を修行して、長く住んでいる聖人がいると聞いています。仏道修行を重ねた功徳で、野に走る獣を加持の力で仕留め、空を飛ぶ鳥を加持の力で落とすということです。その僧をお召しになって、御加持をさせなさったならば、きっとその効果がございましょう」と（いうことであった）。天皇はこれをお聞きになって、ただちに招くようにとの仰せを下されて、使いをやってお招きになると、（その僧は）使いに従って参内する。その参上する間に、奈良から宇治までは、空から様々な花を降らせて参上したので、（その姿を）見る人はこの僧を尊ぶことこの上ない。それなのに、宇治より北では、花が降ることはなかったという。いよいよ宮中に参内したので、御前にお呼びになって、御加持をさせなさると、いくらもしないうちに、（天皇の）御病気は何かで掻き拭うように快癒なさった。

その間に、もともと御祈禱をする身分の高い方々（＝高僧たち）がいた。その中で五壇の御修《みず》法《ほう》をお勤めなさったが、し、歌学の発達、和歌教育を目的とする書物の刊行、添削などの教育方法の確立などを挙げて、「入門者からプロ級の歌人まで、教育課程と呼んでおかしくないほど、指導のシステム化が見られる」と説明している。よって、3が正解。1は「信仰における布教」「一定の宗教的方向へ仕向けられ」、2は「目標を持たない人を成長させるための和歌の学習機会」、4は「無謀な目標を設定しつつも人を成長させてきた」、5は「現在の気持ちを表現する和歌の目的が達成された」が、それぞれ不適である。

㈥　5と6は、「わが君は千代に八千代に……」と歌が引用された直後の段落にある説明と合致している。1は「近現代の短歌に関心を持つようになった」が不適。傍線Aの段落に「むしろ関心は」「古典の和歌に向かった」とある。2は「寺山修司の歌のモデルとなった若い先生」が不適。「煙草くさき……」の歌の直後にあるように、「寺山が歌う通りの若い先生」に寺山の歌を教えてもらったのである。3は「和歌への理解を深めるために」としている点が不適。傍線Cの段落の次段落にあるように、むしろ逆に「『源氏物語』への理解を深める」ために「和歌を詠む」ことが必要なのである。4は「抒情的な詩ではないと考えている」が不適。空欄bの四行後に「和歌は詩であり、その中でも抒情詩に分類されるべきものである」とある。

㈦　設問は、傍線部について、「和歌は、自分で作ることのできる祈りの言葉なのだ」の部分の説明を求めている。よって、解答の形は 和歌は……ということ。 となり、そこに傍線部の「信仰上の祈りに類比して」という条件の内容も反映させることが必要。「信仰上の祈り」については傍線部直前に「聖典・経典の言葉」の「同じ文言が繰り返し用いられる」「唱えるという行為」だとある。「和歌」については、「和歌とは、現在の自分からの、理想的な事柄への思いを表現するものだ」と説明されている（最後から四段落目）。「和歌とは」の説明を最小限に切り詰め、そこに信仰上の「祈り」が「聖典の言葉」を「唱える」ものである点を類比点として取り出し、組み込むようにするとよい。

▲解説▼

㈠ aは、「和歌は理想を表現するもの」という前段落の考えに対して、予想される反論を挙げ、その反論に認めうる根拠を「もちろん」と示しつつも、それが反論になりえないことを逆接の接続詞を置いてその後で説く、という挿入的表現〈もちろん〜。しかし…〉の形になっている。空欄はその逆接の接続詞が入る。bは、直前の「明け方になってお別れするのがつらかった」という「恋の歌」によく詠まれる場面を、古典の世界では「きぬぎぬの別れ」と呼んでいるという、一般的呼称を提示する部分になる。

㈡ 自分の問いによって「和歌が千数百年続いた秘密」を解明したい、という若い頃の研究に対する意欲を、自ら「若気の至り」と謙遜しつつ誇りに思ってもいる文脈。試みの壮大さに応じた表現として考えると、5「向こう見ずな」が入る。

㈢ 傍線部は、寺山の「定型という枷が僕に言語の自由をもたらした」という言葉を通じて、寺山が「俳句・短歌という定型詩をその表現の営みの出発点とし」て「演劇・映画・現代詩等々」にまで多くの表現を生み出し、成果を残したことを確認している。よって、2が正解。1は「心の一部分を狙いすましているような」、3は「わけがわからない言葉を使わずに」、4は「その時代の詩人たちにとって」「意味を越えて心に届く言葉の力」、5は「縄目なしには自由の恩恵はわかりがたいことを気づかせ」「秘密を解明させた」が、それぞれ不適である。

㈣ 傍線部の直後に「和歌は創作と享受とが、不可分なものとして緊密に結びついている」と指摘され、「和歌を詠む人は、古来の和歌を学ぶことが必須」で、「和歌を十全に学ぼうとするなら、自分でも作ってみることが当然視される」と説明されているので、4が正解。1は「実際に作る必要はない」、2は「もっぱら制作する一方の人と鑑賞するだけの人」、3は「学びながら和歌を詠むことができた人は、例外的で貴重な存在だった」、5は「和歌を学ぶことの大事さや、和歌を享受する意識に注視すること」が、それぞれ不適である。

㈤ 傍線部の直後に、和歌を作ることの「教育効果」が、「参加型教育」とも呼ぶ「主体の参加を促す」点にあると指摘

国語

一

出典　渡部泰明『和歌史─なぜ千年を越えて続いたか』〈はじめに〉（角川選書）

解答

(一)　a─1　b─4

(二)　5

(三)　2

(四)　4

(五)　3

(六)　5、6

(七)　和歌は聖典の言葉を唱える祈りのように自分の理想を言葉で表現するものだということ。（四十字以内）

◆要　旨◆

和歌が千年を越えて続いたのはなぜか。私をこの問いに導いたのは、「定型という枷《かせ》が僕に言語の自由をもたらした」という寺山修司の言葉である。定型は表現への推進力を与える。そして和歌は創作と享受とが不可分に結びつき、読む─詠む─読む……という連鎖を発生させる。和歌を詠むには学ぶことが必須となり、和歌と教育との密接な結びつきが、和歌への主体的な関わりを強化させる。そこで和歌は作者の理想への思いを表現するものとなる。信仰上の祈りに似て、自分の意志を越えて起こる出来事を従容と受け止めながら、たとえば永遠の命への祈りを、言葉によって表現するのである。

//////////////////// · memo · ////////////////////

//////////////////// · memo · ////////////////////

/////////////////// ·memo· //////////////////

//////////////////// · memo · ////////////////////

//////////////////// · memo · ///////////////////

/////////////////// · memo · ///////////////////

/////////////////// · memo · ///////////////////

教学社 刊行一覧

2025年版 大学赤本シリーズ

国公立大学（都道府県順）

374大学556点
全都道府県を網羅

全国の書店で取り扱っています。店頭にない場合は，お取り寄せができます。

1 北海道大学（文系−前期日程）
2 北海道大学（理系−前期日程） 医
3 北海道大学（後期日程）
4 旭川医科大学（医学部〈医学科〉） 医
5 小樽商科大学
6 帯広畜産大学
7 北海道教育大学
8 室蘭工業大学／北見工業大学
9 釧路公立大学
10 公立千歳科学技術大学
11 公立はこだて未来大学 総推
12 札幌医科大学（医学部） 医
13 弘前大学 医
14 岩手大学
15 岩手県立大学・盛岡短期大学部・宮古短期大学部
16 東北大学（文系−前期日程）
17 東北大学（理系−前期日程） 医
18 東北大学（後期日程）
19 宮城教育大学
20 宮城大学
21 秋田大学 医
22 秋田県立大学
23 国際教養大学 総推
24 山形大学 医
25 福島大学
26 会津大学
27 福島県立医科大学（医・保健科学部） 医
28 茨城大学（文系）
29 茨城大学（理系）
30 筑波大学（推薦入試） 医 総推
31 筑波大学（文系−前期日程）
32 筑波大学（理系−前期日程） 医
33 筑波大学（後期日程）
34 宇都宮大学
35 群馬大学 医
36 群馬県立女子大学
37 高崎経済大学
38 前橋工科大学
39 埼玉大学（文系）
40 埼玉大学（理系）
41 千葉大学（文系−前期日程）
42 千葉大学（理系−前期日程） 医
43 千葉大学（後期日程） 医
44 東京大学（文科） DL
45 東京大学（理科） DL 医
46 お茶の水女子大学
47 電気通信大学
48 東京外国語大学 DL
49 東京海洋大学
50 東京科学大学（旧 東京工業大学）
51 東京科学大学（旧 東京医科歯科大学） 医
52 東京学芸大学
53 東京藝術大学
54 東京農工大学
55 一橋大学（前期日程）
56 一橋大学（後期日程）
57 東京都立大学（文系）
58 東京都立大学（理系）
59 横浜国立大学（文系）
60 横浜国立大学（理系）
61 横浜市立大学（国際教養・国際商・理・データサイエンス・医〈看護〉学部）
62 横浜市立大学（医学部〈医学科〉） 医
63 新潟大学（人文・教育〈文系〉・法・経済科・医〈看護〉・創生学部）
64 新潟大学（教育〈理系〉・理・医〈看護を除く〉・歯・工・農学部） 医
65 新潟県立大学
66 富山大学（文系）
67 富山大学（理系） 医
68 富山県立大学
69 金沢大学（文系）
70 金沢大学（理系） 医
71 福井大学（教育・医〈看護〉・工・国際地域学部）
72 福井大学（医学部〈医学科〉） 医
73 福井県立大学
74 山梨大学（教育・医〈看護〉・工・生命環境学部）
75 山梨大学（医学部〈医学科〉） 医
76 都留文科大学
77 信州大学（文系−前期日程）
78 信州大学（理系−前期日程） 医
79 信州大学（後期日程）
80 公立諏訪東京理科大学 総推
81 岐阜大学（前期日程） 医
82 岐阜大学（後期日程）
83 岐阜薬科大学
84 静岡大学（前期日程）
85 静岡大学（後期日程）
86 浜松医科大学（医学部〈医学科〉） 医
87 静岡県立大学
88 静岡文化芸術大学
89 名古屋大学（文系）
90 名古屋大学（理系） 医
91 愛知教育大学
92 名古屋工業大学
93 愛知県立大学
94 名古屋市立大学（経済・人文社会・芸術工・看護・総合生命理・データサイエンス学部）
95 名古屋市立大学（医学部〈医学科〉） 医
96 名古屋市立大学（薬学部）
97 三重大学（人文・教育・医〈看護〉学部）
98 三重大学（医〈医〉・工・生物資源学部） 医
99 滋賀大学
100 滋賀医科大学（医学部〈医学科〉） 医
101 滋賀県立大学
102 京都大学（文系）
103 京都大学（理系） 医
104 京都教育大学
105 京都工芸繊維大学
106 京都府立大学
107 京都府立医科大学（医学部〈医学科〉） 医
108 大阪大学（文系） DL
109 大阪大学（理系） 医
110 大阪教育大学
111 大阪公立大学（現代システム科学域〈文系〉・文・法・経済・商・看護・生活科〈居住環境・人間福祉〉学部−前期日程）
112 大阪公立大学（現代システム科学域〈理系〉・理・工・農・獣医・医・生活科〈食栄養〉学部−前期日程） 医
113 大阪公立大学（中期日程）
114 大阪公立大学（後期日程）
115 神戸大学（文系−前期日程）
116 神戸大学（理系−前期日程） 医
117 神戸大学（後期日程）
118 神戸市外国語大学 DL
119 兵庫県立大学（国際商経・社会情報科・看護学部）
120 兵庫県立大学（工・理・環境人間学部）
121 奈良教育大学／奈良県立大学
122 奈良女子大学
123 奈良県立医科大学（医学部〈医学科〉） 医
124 和歌山大学
125 和歌山県立医科大学（医・薬学部） 医
126 鳥取大学 医
127 公立鳥取環境大学
128 島根大学 医
129 岡山大学（文系）
130 岡山大学（理系） 医
131 岡山県立大学
132 広島大学（文系−前期日程）
133 広島大学（理系−前期日程） 医
134 広島大学（後期日程）
135 尾道市立大学 総推
136 県立広島大学
137 広島市立大学
138 福山市立大学 総推
139 山口大学（人文・教育〈文系〉・経済・医〈看護〉・国際総合科学部）
140 山口大学（教育〈理系〉・理・医〈看護を除く〉・工・農・共同獣医学部） 医
141 山陽小野田市立山口東京理科大学 総推
142 下関市立大学／山口県立大学
143 周南公立大学 新 総推
144 徳島大学 医
145 香川大学 医
146 愛媛大学 医
147 高知大学 医
148 高知工科大学
149 九州大学（文系−前期日程）
150 九州大学（理系−前期日程） 医
151 九州大学（後期日程）
152 九州工業大学
153 福岡教育大学
154 北九州市立大学
155 九州歯科大学
156 福岡県立大学／福岡女子大学
157 佐賀大学 医
158 長崎大学（多文化社会・教育〈文系〉・経済・医〈保健〉・環境科〈文系〉学部）
159 長崎大学（教育〈理系〉・医〈医〉・歯・薬・情報データ科・工・環境科〈理系〉・水産学部） 医
160 長崎県立大学 総推
161 熊本大学（文・教育・法・医〈看護〉学部・情報融合学環〈文系型〉）
162 熊本大学（理・医〈看護を除く〉・薬・工学部・情報融合学環〈理系型〉） 医
163 熊本県立大学
164 大分大学（教育・経済・医〈看護〉・理工・福祉健康科学部）
165 大分大学（医学部〈医・先進医療科学科〉） 医
166 宮崎大学（教育・医〈看護〉・工・農・地域資源創成学部）
167 宮崎大学（医学部〈医学科〉） 医
168 鹿児島大学（文系）
169 鹿児島大学（理系） 医
170 琉球大学 医

2025年版　大学赤本シリーズ

国公立大学 その他

171 〔国公立大〕医学部医学科 総合型選抜・学校推薦型選抜※ 医 総推
172 看護・医療系大学〈国公立 東日本〉※
173 看護・医療系大学〈国公立 中日本〉※
174 看護・医療系大学〈国公立 西日本〉※
175 海上保安大学校／気象大学校
176 航空保安大学校
177 国立看護大学校
178 防衛大学校 総推
179 防衛医科大学校(医学科) 医
180 防衛医科大学校(看護学科)

※No.171～174の収載大学は赤本ウェブサイト(http://akahon.net/)でご確認ください。

私立大学①

北海道の大学(50音順)

201 札幌大学
202 札幌学院大学
203 北星学園大学
204 北海学園大学
205 北海道医療大学
206 北海道科学大学
207 北海道武蔵女子大学・短期大学
208 酪農学園大学(獣医学群〈獣医学類〉)

東北の大学(50音順)

209 岩手医科大学(医・歯・薬学部) 医
210 仙台大学 総推
211 東北医科薬科大学(医・薬学部) 医
212 東北学院大学
213 東北工業大学
214 東北福祉大学
215 宮城学院女子大学 総推

関東の大学(50音順)

あ行(関東の大学)

216 青山学院大学(法・国際政治経済学部−個別学部日程)
217 青山学院大学(経済学部−個別学部日程)
218 青山学院大学(経営学部−個別学部日程)
219 青山学院大学(文・教育人間科学部−個別学部日程)
220 青山学院大学(総合文化政策・社会情報・地球社会共生・コミュニティ人間科学部−個別学部日程)
221 青山学院大学(理工学部−個別学部日程)
222 青山学院大学(全学部日程)
223 麻布大学(獣医、生命・環境科学部)
224 亜細亜大学
226 桜美林大学
227 大妻女子大学・短期大学部

か行(関東の大学)

228 学習院大学(法学部−コア試験)
229 学習院大学(経済学部−コア試験)
230 学習院大学(文学部−コア試験)
231 学習院大学(国際社会科学部−コア試験)
232 学習院大学(理学部−コア試験)
233 学習院女子大学
234 神奈川大学(給費生試験)
235 神奈川大学(一般入試)
236 神奈川工科大学
237 鎌倉女子大学・短期大学部
238 川村学園女子大学
239 神田外語大学
240 関東学院大学
241 北里大学(理学部)
242 北里大学(医学部) 医
243 北里大学(薬学部)
244 北里大学(看護・医療衛生学部)
245 北里大学(未来工・獣医・海洋生命科学部)
246 共立女子大学・短期大学
247 杏林大学(医学部) 医
248 杏林大学(保健学部)
249 群馬医療福祉大学・短期大学部
250 群馬パース大学 総推
251 慶應義塾大学(法学部)
252 慶應義塾大学(経済学部)
253 慶應義塾大学(商学部)
254 慶應義塾大学(文学部) 総推
255 慶應義塾大学(総合政策学部)
256 慶應義塾大学(環境情報学部)
257 慶應義塾大学(理工学部)
258 慶應義塾大学(医学部) 医
259 慶應義塾大学(薬学部)
260 慶應義塾大学(看護医療学部)
261 工学院大学
262 國學院大學
263 国際医療福祉大学 医
264 国際基督教大学
265 国士舘大学
266 駒澤大学(一般選抜T方式・S方式)
267 駒澤大学(全学部統一日程選抜)

さ行(関東の大学)

268 埼玉医科大学(医学部) 医
269 相模女子大学・短期大学部
270 産業能率大学
271 自治医科大学(医学部) 医
272 自治医科大学(看護学部)／東京慈恵会医科大学(医学部〈看護学科〉)
273 実践女子大学 総推
274 芝浦工業大学(前期日程)
275 芝浦工業大学(全学統一日程・後期日程)
276 十文字学園女子大学
277 淑徳大学
278 順天堂大学(医学部) 医
279 順天堂大学(スポーツ健康科・医療看護・保健看護・国際教養・保健医療・医療科・健康データサイエンス・薬学部) 総推
280 上智大学(神・文・総合人間科学部)
281 上智大学(法・経済学部)
282 上智大学(外国語・総合グローバル学部)
283 上智大学(理工学部)
284 上智大学(TEAPスコア利用方式)
285 湘南工科大学
286 昭和大学(医学部) 医
287 昭和大学(歯・薬・保健医療学部)
288 昭和女子大学
289 昭和薬科大学
290 女子栄養大学・短期大学部 総推
291 白百合女子大学
292 成蹊大学(法学部−A方式)
293 成蹊大学(経済・経営学部−A方式)
294 成蹊大学(文学部−A方式)
295 成蹊大学(理工学部−A方式)
296 成蹊大学(E方式・G方式・P方式)
297 成城大学(経済・社会イノベーション学部−A方式)
298 成城大学(文芸・法学部−A方式)
299 成城大学(S方式〈全学部統一選抜〉)
300 聖心女子大学
301 清泉女子大学
303 聖マリアンナ医科大学 医
304 聖路加国際大学(看護学部)
305 専修大学(スカラシップ・全国入試)
306 専修大学(前期入試〈学部個別入試〉)
307 専修大学(前期入試〈全学部入試・スカラシップ入試〉)

た行(関東の大学)

308 大正大学
309 大東文化大学
310 高崎健康福祉大学
311 拓殖大学
312 玉川大学
313 多摩美術大学
314 千葉工業大学
315 中央大学(法学部−学部別選抜)
316 中央大学(経済学部−学部別選抜)
317 中央大学(商学部−学部別選抜)
318 中央大学(文学部−学部別選抜)
319 中央大学(総合政策学部−学部別選抜)
320 中央大学(国際経営・国際情報学部−学部別選抜)
321 中央大学(理工学部−学部別選抜)
322 中央大学(5学部共通選抜)
323 中央学院大学
324 津田塾大学
325 帝京大学(薬・経済・法・文・外国語・教育・理工・医療技術・福岡医療技術学部)
326 帝京大学(医学部) 医
327 帝京科学大学 総推
328 帝京平成大学 総推
329 東海大学(医〈医〉学部を除く−一般選抜)
330 東海大学(文系・理系学部統一選抜)
331 東海大学(医学部〈医学科〉) 医
332 東京医科大学(医学部〈医学科〉) 医
333 東京家政大学・短期大学部 総推
334 東京経済大学
335 東京工科大学
336 東京工芸大学
337 東京国際大学
338 東京歯科大学
339 東京慈恵会医科大学(医学部〈医学科〉) 医
340 東京情報大学
341 東京女子大学
342 東京女子医科大学(医学部) 医
343 東京電機大学
344 東京都市大学
345 東京農業大学
346 東京薬科大学(薬学部) 総推
347 東京薬科大学(生命科学部) 総推
348 東京理科大学(理学部〈第一部〉−B方式)
349 東京理科大学(創域理工学部−B方式・S方式)
350 東京理科大学(工学部−B方式)
351 東京理科大学(先進工学部−B方式)
352 東京理科大学(薬学部−B方式)
353 東京理科大学(経営学部−B方式)
354 東京理科大学(C方式、グローバル方式、理学部〈第二部〉−B方式)
355 東邦大学(医学部) 医
356 東邦大学(薬学部)

2025年版　大学赤本シリーズ

私立大学②

357 東邦大学(理・看護・健康科学部)
358 東洋大学(文・経済・経営・法・社会・国際・国際観光学部)
359 東洋大学(情報連携・福祉社会デザイン・健康スポーツ科・理工・総合情報・生命科・食環境科学部)
360 東洋大学(英語〈3日程×3カ年〉)
361 東洋大学(国語〈3日程×3カ年〉)
362 東洋大学(日本史・世界史〈2日程×3カ年〉)
363 東洋英和女学院大学
364 常磐大学・短期大学 総推
365 獨協大学
366 獨協医科大学(医学部) 医

な行(関東の大学)

367 二松学舎大学
368 日本大学(法学部)
369 日本大学(経済学部)
370 日本大学(商学部)
371 日本大学(文理学部〈文系〉)
372 日本大学(文理学部〈理系〉)
373 日本大学(芸術学部〈専門試験併用型〉)
374 日本大学(国際関係学部)
375 日本大学(危機管理・スポーツ科学部)
376 日本大学(理工学部)
377 日本大学(生産工・工学部)
378 日本大学(生物資源科学部)
379 日本大学(医学部) 医
380 日本大学(歯・松戸歯学部)
381 日本大学(薬学部)
382 日本大学(N全学統一方式−医・芸術〈専門試験併用型〉学部を除く)
383 日本医科大学 医
384 日本工業大学
385 日本歯科大学
386 日本社会事業大学 総推
387 日本獣医生命科学大学
388 日本女子大学
389 日本体育大学

は行(関東の大学)

390 白鷗大学(学業特待選抜・一般選抜)
391 フェリス女学院大学
392 文教大学
393 法政大学(法〈Ⅰ日程〉・文〈Ⅱ日程〉・経営〈Ⅱ日程〉学部−A方式)
394 法政大学(法〈Ⅱ日程〉・国際文化・キャリアデザイン学部−A方式)
395 法政大学(文〈Ⅰ日程〉・経営〈Ⅰ日程〉・人間環境・グローバル教養学部−A方式)
396 法政大学(経済〈Ⅰ日程〉・社会〈Ⅰ日程〉・現代福祉学部−A方式)
397 法政大学(経済〈Ⅱ日程〉・社会〈Ⅱ日程〉・スポーツ健康学部−A方式)
398 法政大学(情報科・デザイン工・理工・生命科学部−A方式)
399 法政大学(T日程〈統一日程〉・英語外部試験利用入試)
400 星薬科大学 総推

ま行(関東の大学)

401 武蔵大学
402 武蔵野大学
403 武蔵野美術大学
404 明海大学
405 明治大学(法学部−学部別入試)
406 明治大学(政治経済学部−学部別入試)
407 明治大学(商学部−学部別入試)
408 明治大学(経営学部−学部別入試)
409 明治大学(文学部−学部別入試)
410 明治大学(国際日本学部−学部別入試)
411 明治大学(情報コミュニケーション学部−学部別入試)
412 明治大学(理工学部−学部別入試)
413 明治大学(総合数理学部−学部別入試)
414 明治大学(農学部−学部別入試)
415 明治大学(全学部統一入試)
416 明治学院大学(A日程)
417 明治学院大学(全学部日程)
418 明治薬科大学 総推
419 明星大学
420 目白大学・短期大学部

ら・わ行(関東の大学)

421 立教大学(文系学部−一般入試〈大学独自の英語を課さない日程〉)
422 立教大学(国語〈3日程×3カ年〉)
423 立教大学(日本史・世界史〈2日程×3カ年〉)
424 立教大学(文学部−一般入試〈大学独自の英語を課す日程〉)
425 立教大学(理学部−一般入試)
426 立正大学
427 早稲田大学(法学部)
428 早稲田大学(政治経済学部)
429 早稲田大学(商学部)
430 早稲田大学(社会科学部)
431 早稲田大学(文学部)
432 早稲田大学(文化構想学部)
433 早稲田大学(教育学部〈文科系〉)
434 早稲田大学(教育学部〈理科系〉)
435 早稲田大学(人間科・スポーツ科学部)
436 早稲田大学(国際教養学部)
437 早稲田大学(基幹理工・創造理工・先進理工学部)
438 和洋女子大学 総推

中部の大学(50音順)

439 愛知大学
440 愛知医科大学(医学部) 医
441 愛知学院大学・短期大学部
442 愛知工業大学 総推
443 愛知淑徳大学
444 朝日大学 総推
445 金沢医科大学(医学部) 医
446 金沢工業大学
447 岐阜聖徳学園大学 総推
448 金城学院大学
449 至学館大学 総推
450 静岡理工科大学
451 椙山女学園大学
452 大同大学
453 中京大学
454 中部大学
455 名古屋外国語大学 総推
456 名古屋学院大学 総推
457 名古屋学芸大学 総推
458 名古屋女子大学 総推
459 南山大学(外国語〈英米〉・法・総合政策・国際教養学部)
460 南山大学(人文・外国語〈英米を除く〉・経済・経営・理工学部)
461 新潟国際情報大学
462 日本福祉大学
463 福井工業大学
464 藤田医科大学(医学部) 医
465 藤田医科大学(医療科・保健衛生学部)
466 名城大学(法・経営・経済・外国語・人間・都市情報学部)
467 名城大学(情報工・理工・農・薬学部)
468 山梨学院大学

近畿の大学(50音順)

469 追手門学院大学 総推
470 大阪医科薬科大学(医学部) 医
471 大阪医科薬科大学(薬学部) 総推
472 大阪学院大学 総推
473 大阪経済大学 総推
474 大阪経済法科大学 総推
475 大阪工業大学 総推
476 大阪国際大学・短期大学部 総推
477 大阪産業大学 総推
478 大阪歯科大学(歯学部)
479 大阪商業大学 総推
480 大阪成蹊大学・短期大学 総推
481 大谷大学 総推
482 大手前大学・短期大学 総推
483 関西大学(文系)
484 関西大学(理系)
485 関西大学(英語〈3日程×3カ年〉)
486 関西大学(国語〈3日程×3カ年〉)
487 関西大学(日本史・世界史・文系数学〈3日程×3カ年〉)
488 関西医科大学(医学部) 医
489 関西医療大学 総推
490 関西外国語大学・短期大学部 総推
491 関西学院大学(文・法・商・人間福祉・総合政策学部−学部個別日程)
492 関西学院大学(神・社会・経済・国際・教育学部−学部個別日程)
493 関西学院大学(全学部日程〈文系型〉)
494 関西学院大学(全学部日程〈理系型〉)
495 関西学院大学(共通テスト併用日程〈数学〉・英数日程)
496 関西学院大学(英語〈3日程×3カ年〉) 新
497 関西学院大学(国語〈3日程×3カ年〉) 新
498 関西学院大学(日本史・世界史・文系数学〈3日程×3カ年〉) 新
499 畿央大学 総推
500 京都外国語大学・短期大学 総推
502 京都産業大学(公募推薦入試) 総推
503 京都産業大学(一般選抜入試〈前期日程〉)
504 京都女子大学 総推
505 京都先端科学大学 総推
506 京都橘大学 総推
507 京都ノートルダム女子大学 総推
508 京都薬科大学 総推
509 近畿大学・短期大学部(医学部を除く−推薦入試) 総推
510 近畿大学・短期大学部(医学部を除く−一般入試前期)
511 近畿大学(英語〈医学部を除く3日程×3カ年〉)
512 近畿大学(理系数学〈医学部を除く3日程×3カ年〉)
513 近畿大学(国語〈医学部を除く3日程×3カ年〉)
514 近畿大学(医学部−推薦入試・一般入試前期) 医 総推
515 近畿大学・短期大学部(一般入試後期) 医
516 皇學館大学 総推
517 甲南大学 総推
518 甲南女子大学(学校推薦型選抜) 新 総推
519 神戸学院大学 総推
520 神戸国際大学 総推
521 神戸女学院大学 総推
522 神戸女子大学・短期大学 総推
523 神戸薬科大学 総推
524 四天王寺大学・短期大学部 総推
525 摂南大学(公募制推薦入試) 総推
526 摂南大学(一般選抜前期日程)
527 帝塚山学院大学 総推
528 同志社大学(法、グローバル・コミュニケーション学部−学部個別日程)

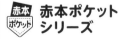

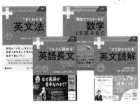

2025 年版　大学赤本シリーズ　No. 529

同志社大学
（文学部・経済学部－学部個別日程）

2024 年 6 月 10 日　第 1 刷発行
ISBN978-4-325-26587-0
定価は裏表紙に表示しています

編　集　教学社編集部
発行者　上原 寿明
発行所　教学社
〒606-0031
京都市左京区岩倉南桑原町56
電話　075-721-6500
振替　01020-1-15695
印　刷　中央精版印刷